Jack Cavanaugh

DIE KOLONISTEN

Amerika Chronik
Buch 2

Aus dem Amerikanischen
von Dr. Friedemann Lux

ONE WAY VERLAG WUPPERTAL UND
LUTHERSTADT WITTENBERG

Die Deutsche Bibliothek CIP-Einheitsaufnahme
Cavanaugh, Jack:
Amerika Chronik / Jack Cavanaugh
[Übers. aus dem Amerikan. von Dr. Friedemann Lux].
Wuppertal; Lutherstadt Wittenberg:
One-Way-Verl.
Buch 2 Die Kolonisten - 1999
(Reihe: One Way Roman; 2508)
ISBN 3-931822-84-2

Titel der Originalausgabe:
The Colonists

Übersetzt aus dem Amerikanischen
von Dr. Friedemann Lux
Coverdesign: Paul Higdon
Coverillustration: Chris Cocozza
Karten: Andrea Boven
Gesamtherstellung: S.C. Emaus, Brasov
Reihe: One Way Roman 2508

Printed in Romania

ISBN 3-931822-84-2

Meiner Frau Marni und meinen Kindern Elizabeth, Keri und Sam. Als junger Mann hätte ich nie davon geträumt, der Vater einer so fröhlichen Familie zu werden. Manchmal kann ich kaum glauben, dass wir so viel Spaß miteinander haben.

Dank

Das ist der zweite Band der Serie und damit das zweite Mal, dass einige Namen auf dieser Seite erscheinen. Mein Dank ist deshalb nicht weniger herzlich. Er gilt vor allem:

Barbara Ring und Carol Rogers, die die erste Fassung lasen. Danke für eure kritischen Anmerkungen, die stets ins Schwarze trafen.

John Mueller, meinem wandelnden Seefahrtslexikon und geschätzten Romankritiker. Ich freue mich, dass deine Zeit bei der Marine nicht umsonst war.

Judith Deem Dupree. Deine Gedichte sind mir immer eine Inspiration. Danke, dass ich „O Child“ benutzen durfte; es drückt Anne Pierponts Wesen sehr treffend aus.

Elizabeth Cavanaugh. Ich staune, wie jemand, der so jung ist, so souverän mit Worten und literarischen Formen umgehen kann. Danke, dass du Annes Liebesgedicht verfasst hast. Du machst mich stolz.

Greg Clouse und den Mitarbeitern des Verlags. Bei euch fühle ich mich wie in einer großen Familie. Freunde wie ihr es seid, kann man nicht genug haben.

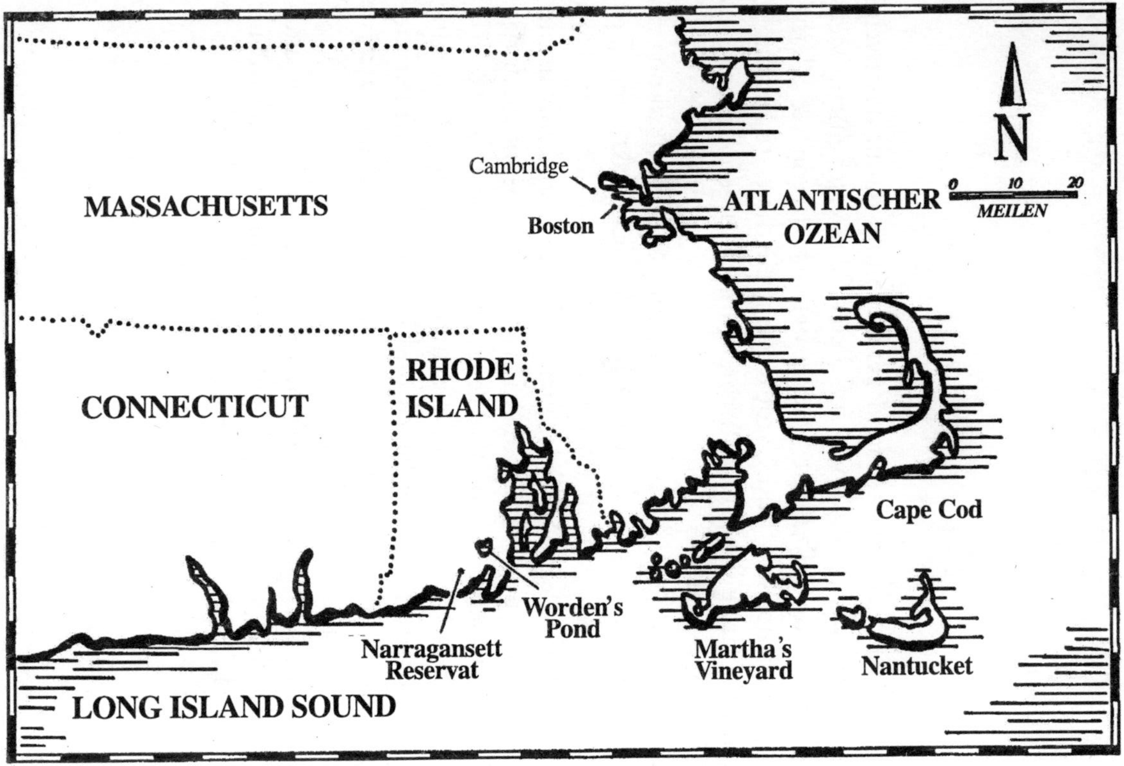
N
0 10 20
MEILEN
MASSACHUSETTS
Cambridge
Boston
ATLANTISCHER
OZEAN
CONNECTICUT
RHODE
ISLAND
Cape Cod
Worden's
Pond
Narragansett
Reservat
Martha's
Vineyard
Nantucket
LONG ISLAND SOUND

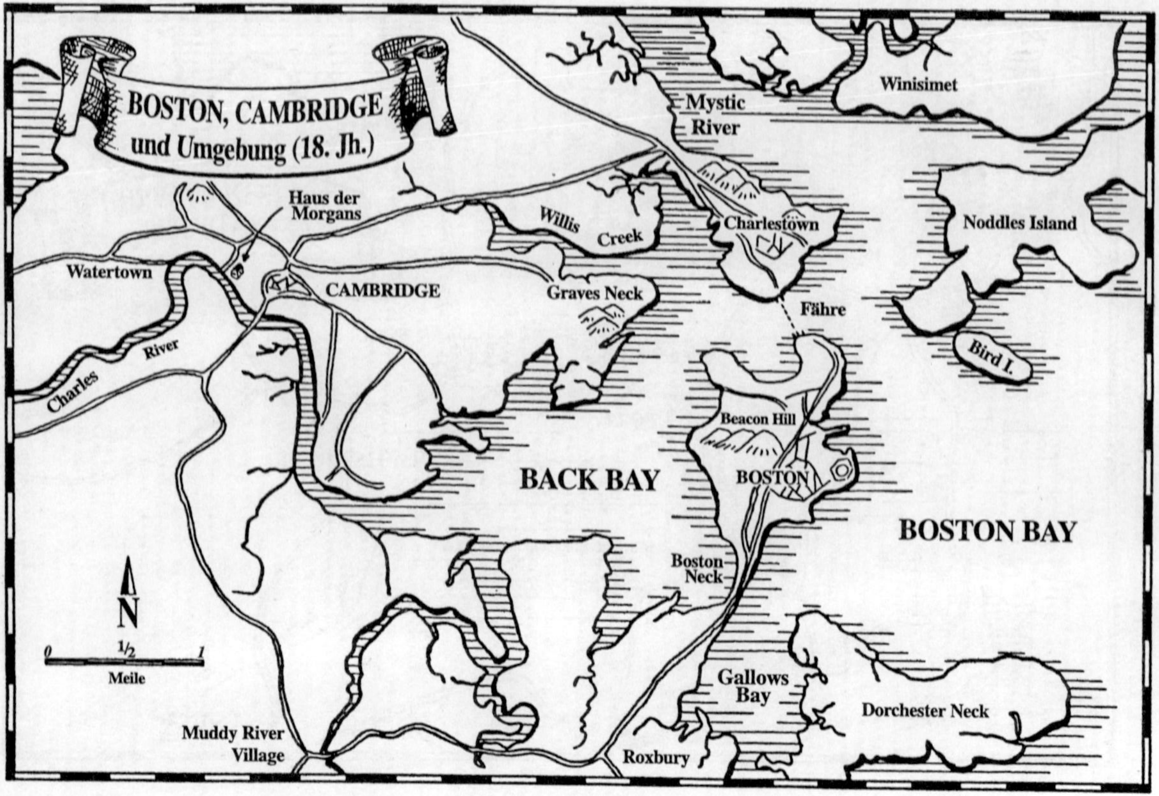
BOSTON, CAMBRIDGE
und Umgebung (18. Jh.)
Winisimet
Mystic
River
Haus der
Morgans
Willis
Creek
Charlestown
Noddles Island
Watertown
CAMBRIDGE
Graves Neck
Fähre
Bird I.
Charles
River
Beacon Hill
BOSTON
BACK BAY
BOSTON BAY
Boston
Neck
N
0
1/2
1
Meile
Gallows
Bay
Dorchester Neck
Muddy River
Village
Roxbury

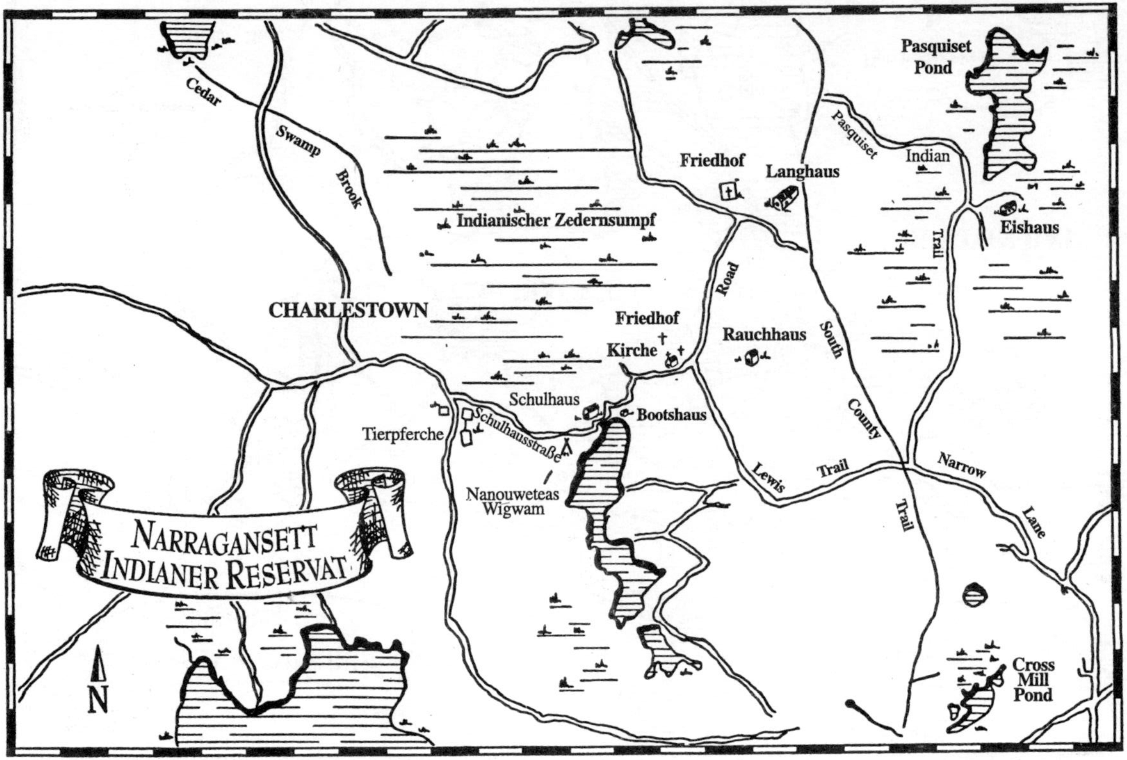
Narragansett
Indianer Reservat
Pasquiset
Pond
Cedar
Swamp
Brook
Pasquiset
Indian
Trail
Friedhof
Langhaus
Eishaus
Indianischer Zedernsumpf
CHARLESTOWN
Friedhof
Kirche
Road
Rauchhaus
South
County
Trail
Schulhaus
Bootshaus
Tierpferche
Schulhausstraße
Nanouweteas
Wigwam
Lewis
Trail
Narrow
Lane
Cross
Mill
Pond
N

Kapitel 1

Im Jahre 1727 erfüllte sich für Benjamin Morgan der Traum seines Lebens - im Tod. Der Harvard-College-Dozent lebte nicht lange genug, um die Früchte seiner Hingabe zu sehen, aber für seine Kinder gab es kaum einen Zweifel, dass sein Tod die Saat war, die zur Ernte führte.

Das Wohnzimmer, in dem er aufgebahrt lag, sah anders aus als sonst. Das wuchtige Zentrum des Raums, der große runde Tisch, stand entthront in einer Ecke, verdrängt durch die mit schwarzem Tuch verhängte Bahre, die den offenen Sarg trug. Aus dem Tuch leuchteten ohne erkennbare Ordnung angebrachte Papierzettel hervor - letzte Grüße trauernder Freunde und Verwandter, mal in Versen, mal in Prosa. Die Stühle, sonst ein zum Gespräch einladender lockerer Kreis, standen soldatisch starr in Reih und Glied an den Wänden. Die ungemütlich weit offen stehende Tür ließ den kalten Wind des Charles River herein, so dass Priscilla Morgan unwillkürlich fröstelte.

Sie stand allein, mit dem Rücken an der Wand, schob ein paar störrische Strähnen ihres leuchtend roten Haars beiseite und schaute der dünnen Parade der Freunde und Kollegen ihres Vaters zu, die einer nach dem andern durch die zugige Tür traten, um dem Toten die letzte Ehre zu erweisen.

Lauter Schwachköpfe und Idioten, dachte sie verbissen.

Von euch hat doch keiner auch nur einen originellen Gedanken im Leben gehabt.

Wie um ihr Recht zu geben, befolgte jeder von den Männern genau das gleiche kleine Zeremoniell. Beim Eintritt durch die Tür nahm er mit seiner linken Hand den Hut ab und strich mit seiner Rechten das Haar glatt. Dann trat er an den Sarg, betrachtete den Leichnam, verzog feierlich das Gesicht, ging weiter zu dem Tisch mit den Getränken, nahm ein Glas von seinem Lieblingsschnaps und ging wieder hinaus, um eine Unterhaltung über weniger unangenehme Dinge zu beginnen - Politik, die neue Straße, die Weizenernte oder wer die besten Pferde hatte.

Vaters Tod bedeutet ihnen nichts, murmelte Priscilla. *Denen ist gleichgültig, dass sein Leichnam wie ein Frachtstück in dieser Kiste steckt, dass sein Mund zu einem grimmigen Strich zusammengezogen ist, dass seine Arme nichts mehr fühlen und seine Finger kalt und reglos auf seiner Brust liegen.*

Sie biss sich auf die Lippe, um die Tränen zurückzudrängen. *Geheult wird nicht,* hatte sie sich selbst versprochen. Nein, nicht vor diesen Menschen; dieses Schauspiel würde sie ihnen verweigern. Und doch merkte sie, wie ihre Augen feucht wurden. Vaters bleiche Hände - wie oft hatten diese lieben Finger ihr über die Wange gestrichen, als sie klein war. Oder sie in fröhlichem Überfall auf seinen Schoß gehoben und an seine Brust gedrückt.

Oder das Bärenspiel. Papa saß im Sessel und las, und das kleine Mädchen schlich sich an, leise, leise, um dann mit einem plötzlichen Satz, unter seinem Buch hindurch, auf seinen Schoß zu springen. Hallo, hier bin ich! Und Papa tat zum ungezählten Mal so, als habe er sie nicht kommen sehen, und zog erschrocken den Kopf zurück. Worauf er - besonders langsam, um die vorfreudige Spannung zu erhöhen - sein Lesezeichen in das Buch legte, das Buch zuklappte und beiseite legte und umständlich seine Brille abnahm. Kaum berührte die Brille die Tischplatte, brummte er laut: Der große wilde Bär. Warte, jetzt pack ich dich ... Sie kicherte und kreischte natürlich: Hilfe, friss mich nicht ... Und er zog sie zu sich bis ihre Wange die seine berührte. Sie spürte sie jetzt noch, seine kratzigen Barthaare, roch das Kaffeearoma seines Atems, während er sie zärtlich hin und her schaukelte.

Raues Männerlachen drang durch die offene Tür und riss sie aus ihren Erinnerungen. Elende Störer. Sie spürte, wie sie wütend wurde. Und Priscilla verstand es gut, immer das Beste aus ihrer Wut zu machen.

Sie packte die neue Wut und hielt sich an ihr fest, um nicht in sentimentale Erinnerungen zurückzugleiten. Was konnte sie noch packen? Ach ja, das schwere Ding an ihrer rechten Hand. Den Trauerring.

Eine dumme Sitte, und teuer noch dazu, dachte sie, während sie an dem Goldring nestelte. Er trug auf schwarzem Email das Bild eines Sargs, in dem ein Skelett lag. Neben dem Sarg waren die Initialen ihres Vaters eingraviert: BTM, dazu das Datum seines Todes: 20. Juni 1727. Alle Familienmitglieder trugen einen solchen Ring.

Als ihre Mutter erwähnt hatte, dass sie die Ringe beim Goldschmied würden bestellen müssen, hatte Priscilla protestiert. Ein Pfund das Stück? Viel zu teuer, lächerlich, verrückt! Aber natürlich hatte niemand auf sie gehört. Aber hatten ihre Verwandten je auf sie gehört? Mit Brauch und Sitte brechen?, hatte es geheißen. Niemals! Ihre Mutter war entsetzt, dass Priscilla so etwas überhaupt denken konnte.

Die Ringe waren nicht der einzige Trauerbrauch, den Priscilla am liebsten mit dem nächsten Schiff zurück nach England geschickt hätte. Die Handschuhe waren auch so eine Geschichte. Wie hatte ihre Mutter sich mit der Handschuhliste abgemüht! Für den Gouverneur, die Ratsherren und die Collegedozenten mussten es Handschuhe zu zwölf Shilling das Paar sein; etwas Billigeres, so Constance Morgan, wäre ein Skandal gewesen. Für die Freunde und Verwandten Fünf-Shilling-Handschuhe, für flüchtige Bekannte taten es welche zu zweieinhalb Shilling. Was brauchten die flüchtigen Bekannten überhaupt Handschuhe?

Am deutlichsten wurde der ganze Unfug des Handschuhkults bei den Pastoren. Würden Handschuhe ein Zahlungsmittel sein, die Pastoren wären steinreich gewesen. Sie erhielten Handschuhe nicht nur bei Beerdigungen, sondern auch bei Trauungen und Taufen. Was sollte ein Mann mit diesem Handschuhberg anfangen? Er hatte doch nur zwei Hände! Priscilla stellte sich vor, wie so ein Pastor eines schönen Tages beim Öffnen seines Kleiderschranks von einer Handschuhlawine begraben wurde. Aber Halt, einen Vorteil gab es: Wenn der Pastor starb, musste seine Witwe keine Handschuhe für die Beerdigung kaufen, sondern konnte einfach die Sammlung ihres Mannes auflösen.

Priscilla schüttelte angewidert den Kopf. Für sie waren die ganzen Beerdigungssitten nur eine Methode, kleine Geister beschäftigt zu halten, damit sie sich nicht der Realität des Todes stellen mussten.

Sie warf einen Blick auf die Kaminuhr. War es nicht Zeit, den Trauerzug zu beginnen? Ihre Augen suchten den Raum nach dem handschuhreichsten Mann in Cambridge ab, ihrem Pastor, Reverend Horace Russell. Da hinten stand er. Er hielt seine vorläufig arbeitslosen Handschuhe gerade in einer Hand und schlug mit ihnen gegen die Handfäche der anderen. Die Personen im Gespräch mit ihm waren ihr älterer Bruder Philip und seine vornehme Verlobte, Penelope Chauncy.

Neben dem kleinen etwas dicken Pastor sah Philip Morgan noch länger und dünner aus als sonst. Sein dunkelbrauner Haarschopf tanzte über seiner Stirn hin und her während er sprach. Philips Kopf tanzte immer, es war eine dumme Angewohnheit von ihm. Priscilla erinnerte sich, wie ihr Vater einmal nach dem Abendessen prophezeit hatte, dass Philips Wackelkopf eines Tages auf den Fußboden fallen und er ihn mit seinen großen Füßen forttreten und nie mehr finden würde. Er hatte ihnen vorgemacht, wie Philip verzweifelt seine Schultern nach seinem Kopf absuchte; sie musste lächeln bei der Erinnerung.

Die Gefühle wollten wieder in ihr hochsteigen. Sie fing sich gerade noch. *Genug!*

Das Gelächter ihres Bruders gab ihr die nötige Wut, um den Kampf gegen ihre Gefühle zu gewinnen. Sie war so neidisch auf ihn, dass es schon an Hass grenzte. Warum war er als Junge geboren worden und sie nicht? Sie war genauso intelligent wie er und konnte besser organisieren und mit Zahlen umgehen. Hätte er allein für das Begräbnis sorgen müssen, wäre rein nichts geschehen! Sie hatte die Ringe und Handschuhe bestellt; sie hatte für das Läuten der Glocke gesorgt, den Trauerzug zum Friedhof organisiert, die Sarg- und Tuchträger zusammengetrommelt, den Grabstein gekauft, die Inschrift auf ihm anbringen und das Grab ausheben lassen. Und er? Er hatte sich eingeschlossen, um die Bücher der Familie und die beruflichen und privaten Papiere seines Vaters durchzugehen. Was für eine Ahnung hatte er denn von diesen Dingen? Er durfte es nur, weil er der älteste Sohn war, und nicht etwa, weil er gescheiter oder geeigneter gewesen wäre, ja nicht einmal, weil er es wollte. Es war sein Job, weil er männlichen Geschlechts und älter war als sie - zwei Dinge, für die er nichts konnte, genauso wenig wie sie die Schuld daran trug, dass sie eine Frau und erst nach ihm geboren war. Es war ungerecht, einfach ungerecht!

Priscilla hatte es immer schwer gehabt, genügend von ihrem Vater beachtet zu werden. Nicht, dass Benjamin Morgan keine Zeit für seine drei Kinder gehabt hätte. Er hatte sich mehr um sie gekümmert als die meisten anderen Väter. Aber Philip war nun einmal derjenige, der unter seinem Vater am Harvard College studierte, und auch zu Hause hatten Vater und Sohn sich in Latein unterhalten, sehr zum Ärger der übrigen Familienmitglieder und besonders zum Ärger von Priscilla, die sich sehnlichst wünschte, auch eine Geheimsprache zu haben, die nur ihr Vater und sie kannten. Aber sie musste stattdessen Mr. Brownells Schule für junge Frauen besuchen, wo man ihr die Künste einer guten Hausfrau beibrachte: Kochen, Spinnen, Weben, Stricken. Sie hasste diese Schule und verachtete die Mädchen, die sie so brav besuchten. Fast alles hätte sie für die Möglichkeit gegeben, wie ihre Brüder ein Gymnasium zu besuchen und Latein, Mathematik und Theologie zu lernen.

Sie hatte nie erfahren, ob ihr Vater schließlich nachgegeben hatte, weil er sie verstand oder weil er wollte, dass sie Ruhe gab. Aber was auch der Grund war, er hatte einen Handel mit seiner Tochter gemacht: Wenn sie Brownells Schule besuchte, würde er ihr abends Hausunterricht geben.

In diesen kostbaren Stunden hatte sich für Priscilla eine neue Welt aufgetan. Hier war sie frei von der Öde des Frauenalltags, hier konnte sie die Welt der antiken Autoren erforschen und ihren Geist an schwierigen philosophischen Begriffen üben. Am allermeisten aber faszinierte sie die strenge Schönheit der Mathematik.

Doch diese Tage, sie waren nicht mehr. Jetzt gehörte das Studierzimmer nicht mehr Vater, sondern Philip. Er war schon immer das goldene Kind gewesen, das Angeld der Puritaner auf die nächste Generation, der Inbegriff von allem, was ihnen am liebsten war. Man erwartete große Dinge von

Philip. Sicher würde er einmal Rektor von Harvard werden, vielleicht gar Gouverneur der Kolonie. Er war der Liebling verstaubter konservativer Hirne, geschaffen nach ihrem Bild. Nein, Philip würde seine Schwester nie verstehen; nie mehr würde er sie in das Studierzimmer lassen.

Sie hatte sich überlegt, ob sie ihn bitten sollte, aber den Gedanken gleich wieder verworfen. Warum sollte er sie in das Zimmer lassen? Sie war sicher, dass er sie genauso hasste wie sie ihn. Nein, der Tod ihres Vaters hatte ihr die Tür zur Wissenschaft vor der Nase zugeschlagen.

Der düstere Klang der Kirchenglocke drang herein. Die Trauergäste unterbrachen wohlerzogen ihre Beschäftigung und lauschten wie Puppen erstarrt. Der Pastor schloss den Sargdeckel, und die jungen Sargträger versammelten sich, um Benjamin Morgans Leib auf seiner letzten Reise zu begleiten. Doch ein Platz war leer; ein Träger fehlte. Sechs sollten es sein, aber nur fünf waren zu sehen.

Jared Morgan stürzte in den Raum. Er hüpfte auf einem Bein, während er versuchte, den anderen vor Nässe triefenden Fuß in den Schuh zu befördern. *Typisch Jared,* dachte Priscilla. *Denkt wieder mal nur an sich selber.* Er hatte natürlich wieder am Flussufer im Wasser spielen müssen. Als er den Schuh halb anhatte, verlor er das Gleichgewicht und knallte mit Fuß und Schuh auf den Holzfußboden, was dazu führte, dass der Fuß in seinen Schuh rutschte. Jared erkannte es sofort und stampfte mehrere Male mit dem Fuß auf, bis der Schuh richtig saß. Dann richtete er sich auf, kämmte sich mit beiden Händen durch sein hellbraunes Haar und rannte zu seinem Platz am Sarg.

Begleitet von dem einförmigen Ruf der Glocke hoben die Sargträger den Sarg auf ihre Schultern. Das Sargtuch, ein schweres schwarzes Baumwolltuch, das städtisches Eigentum war, wurde über den Sarg und die Träger gelegt.

Die Tuchträger, Männer von Rang und Alter, fassten die Zipfel des Tuchs, damit es nicht verrutschen konnte. Die Prozession konnte beginnen.

Der Pastor und die Ratsherren gingen voran. Hinter ihnen kamen die Sargträger, dann die Familie und die engen Freunde, zum Schluss Kirchenmitglieder und Bekannte. Priscilla sah sich um. Wo war ihre Mutter? Sie runzelte die Stirn. Constance Morgan hatte sich bei Philip eingehakt. An ihrer anderen Seite war Daniel Cole, ein schwergewichtiger Kaufmann aus Boston, während Penelope direkt hinter ihr herging.

Daniel Cole und Constance Mayhew waren seit ihrer Kindheit miteinander befreundet, und zwar so eng, dass die meisten Leute erwartet hatten, dass sie heiraten würden. Soweit Priscilla wusste, war jeder erstaunt, als Constance sich stattdessen für Benjamin Morgan entschied.

Constance sah neben dem fülligen Händler wie ein Zwerg aus. Er war ein Bär von einem Mann, auch sein weiß behaarter Kopf war gewaltig. Eine seiner großen Pranken war um Priscillas Mutter gelegt und ruhte auf ihrer Schulter. Priscilla gefiel es nicht. Der Mann hatte ihr noch nie gefallen, und der Gedanke, dass er ihre Mutter berührte, war ihr widerlich.

Priscilla Morgan schloss sich dem Trauerzug ihres Vaters in sicherer Entfernung vom Rest der Familie an. *So soll es also sein*, dachte sie. *Allein. Gut, von mir aus. Dann ist das Leben eben einfacher. Sieh zu, dass du durchkommst. Komm keinem zu nah; er würde dich nur verletzen.*

„Ich darf ja eigentlich nicht hier vorne sein", ertönte eine leise Stimme von hinten. „Aber sie stellen mich ja wohl nicht an den Pranger, wenn ich neben dir gehe, oder?"

Priscilla drehte sich um, damit sie sah, wer sie da ansprach. Es war Anne Pierpont, eine schlanke junge Dame mit unschuldigen Augen und einem gewinnenden Lächeln. Obwohl mehrere Jahre jünger als Priscilla war sie größer. Aber die meisten Menschen waren größer als die zierliche Priscilla. Anne war eine von den wenigen Frauen, die Priscilla bewunderte. Sie war intelligent und eine begabte Dichterin.

Priscilla fand es seltsam, dass sie Anne so mochte, war sie doch so ganz anders als sie. Wut war für Priscilla nichts Fremdes, aber Anne hatte sich noch nie auch nur leicht verärgert gezeigt. Allerhand. Wie konnte ein Mensch so leben? Aber der größte Unterschied lag nicht in ihren Charakteren, sondern bei Jared, für den Anne schwärmte und der - auf die ihm eigene linkische Art - diese Zuneigung ein Stück weit erwiderte. Priscilla konnte nicht begreifen, was an ihrem Bruder eine intelligente Person wie Anne anziehen konnte; es war einfach nicht normal.

„Wenn du lieber allein bist, geh ich auch wieder nach hinten", sagte Anne.

Priscilla zögerte. Sie dachte an ihre verbissene Entschlossenheit. „Ist schon gut", meinte sie dann, „du kannst gern mit mir gehen."

Anne Pierpont lächelte. Es war ein herzliches Lächeln, das wie ein warmer Balsam über Priscilla strömte.

Der Zug schlängelte sich den Charles River entlang zu dem kaum eine Meile entfernten auf einer Hügelkuppe gelegenen kleinen Friedhof. An der Spitze des Zuges ertönte Philips pfeifender Husten. Seit seiner Kindheit bekam er diese Hustenanfälle. Staub, Anstrengung, Angst - alles Mögliche konnte sie auslösen. Priscilla waren die Anfälle verdächtig. Sie glaubte zwar nicht, dass er sie simulierte, aber es war doch merkwürdig, dass er immer dann einen Anfall zu haben schien, wenn er irgendetwas nicht tun wollte.

Die Trauernden versammelten sich stumm um das offene Grab. Der Friedhof war kahl und unwirtlich. Dornen und Unkraut bildeten filzige Dickichte. Junge Birken und Berberitzen bahnten sich ihren Weg durch das hohe Gras. Die Gräber sahen zusammengewürfelt aus, ohne Plan und erkennbare Ordnung.

Es gab keine Predigt, keinen Gottesdienst, nichts. Die Puritaner waren so bestrebt, der papistischen Sitte des Betens für die Toten keine Nahrung zu geben, dass sie lieber gar nichts sagten. Schweigend schaute die Trauerversammlung zu, wie der Sarg in das Grab gesenkt wurde. Das einzige Lebenszeugnis des Toten - abgesehen von seiner menschlichen Hinterlassenschaft - waren die Worte auf dem Grabstein. Anne Pierpont hatte sie verfasst.

Als Priscilla den Stein gekauft hatte - ein dunkles hartes Stück Schiefer aus Nord-Wales -, war sie gefragt worden, was darauf stehen sollte. Sie hatte noch nicht weiter darüber nachgedacht und bat um einige Beispiele. Die Standardinschrift, so sagte man ihr, lautete:

So wie ich bin, so wirst du sein,
bereite dich und folge mein.

Andere Vorschläge klangen nicht besser, und so hatte sie Anne Pierpont gebeten, etwas Passendes zu dichten. Die Inschrift auf Benjamin Morgans Grabstein lautete:

Am Morgen kam ich - Frühling war es,
und ich lächelte.
Am Mittag ging ich hinaus - Sommer war es,
und ich war fröhlich.
Am Abend setzte ich mich - Herbst war es,
und ich war traurig.
Als die Nacht kam, legte ich mich - Winter war es,
und ich schlief.

Priscilla beugte sich zu Anne hinüber. „Das ist richtig schön", flüsterte sie.

Die schüchterne Dichterin errötete. „Danke."

Das Begräbnis war vorüber. Die Trauergäste, die den Verstorbenen am wenigsten gekannt hatten, gingen zuerst den Hügel wieder hinunter. Jared ging mit ihnen. Philip stand noch neben dem Grab, neben ihm Penelope. Jetzt war er also das Oberhaupt der Familie Morgan. Priscilla konnte es immer noch nicht akzeptieren. Nur ein halbes Menschenalter hatte Benjamin Morgan erreicht; er war so freundlich und gütig gewesen.

Warum ist er getötet worden und nicht Philip?

Die Frage geisterte ihr durch den Kopf, seit sie vom Tod ihres Vaters erfahren hatte, und so sehr sie auch ihren Bruder hasste und ihren Vater liebte, sie wusste, dass die Frage ungerecht war. Sie versuchte, sie fortzuschieben, aber ständig kam sie wieder. Warum hatte es nicht Philip getroffen?

Ihr Vater und Philip hatten sich auf eine Reise begeben, und nur Philip war zurückgekommen. Sein Vater war von zwei Pfeilen und einer Kugel durchbohrt, aber ihr Bruder hatte keinen Kratzer. Es war nicht zu begreifen. Hätte Philip nicht etwas unternehmen können, um seinen Vater zu retten? Ohne Zweifel ja. Hatte er es versucht? Er behauptete es. Aber hatte er wirklich alles getan, was er konnte, oder hatte er nur seine eigene Haut gerettet?

„Priscilla."

Die plötzliche Anrede ließ sie zusammenzucken.

„Hab ich dich erschreckt?" Es war keine Entschuldigung; fast klang es prahlerisch. Der riesige Körper des Händlers Daniel Cole erhob sich über ihr. Seine Augen waren von einem unangenehmen Stahlgrau. „Ich wollte dir nur sagen: Wenn ich irgendetwas für die Deinen tun kann ... ich meine, was auch immer ... Deine Mutter und ich sind ja seit langem gute Bekannte.“

„Danke, Sir, ich weiß Eure Geste zu schätzen“, entgegnete sie kühl.

Ihr Ton schien dem Händler zu missfallen. „Der Tod ist nicht das Ende, sondern der Anfang“, erklärte er. „Die beiden Tage, an denen ich meine Frau und meinen Sohn begrub, waren die besten meines Lebens! Wenn du nicht so selbstsüchtig wärst, würdest du erkennen, dass es so am besten für deinen Vater ist.“

Er drehte sich um und stolzierte davon. Anne legte tröstend ihre Hand auf Priscillas Schulter. „Er meint es gut.“

Sie hatte Recht. Daniel Cole hatte lediglich der gängigen puritanischen Hoffnung Ausdruck verliehen, dass der Gläubige bei seinem Tod unmittelbar in Gottes himmlisches Reich versetzt wird. Auch Priscilla teilte diesen Glauben, aber gegen ihre Trauer half er nicht viel. „Für seine Frau und seinen Sohn war es bestimmt auch der schönste Tag“, meinte sie sarkastisch.

Priscilla und Anne verließen den Friedhof als Letzte. Anne ging einige Schritte hinter Priscilla, um sie mit ihren Gedanken allein zu lassen. Priscilla registrierte es dankbar. Sie blieb stehen und sah auf die Häuser von Cambridge hinunter. Der Wind wehte gegen ihre Kleider. Im Hintergrund sah man die Back Bay und Boston. Weiter vorn schlängelte sich der Charles River entlang, und zwischen den Bäumen lugte das Dach vom Haus der Morgans hervor. Zu Hause - sie musste schlucken.

Heute Abend würde ihr Vater nicht nach Hause kommen. Er war jetzt hier, in der kalten Erde dieses Hügels. Ihr tapferer Vorsatz, ihre Gefühle zu beherrschen, zerriss wie ein vom Blitz getroffener Damm.

Annes sanfte Umarmung machte ihre bebenden Schultern wieder fest. Anne meinte es gut, aber die Umarmung erinnerte Priscilla nur daran, was sie sich geschworen hatte. „Danke, es geht schon wieder."

Mit neuer Wut reparierte Sie ihren Gefühlsdamm. Auf diesem Hügel über der Stadt Cambridge beschloss sie, niemals mehr einen Menschen zu lieben, nie mehr jemand so nah an sich heranzulassen, dass er sie verletzen konnte. Sie würde allein leben; sie würde es allen zeigen; sie würde sich nicht in eine Schublade stecken lassen. Sie würde studieren, sie würde lernen und sie würde erfolgreich sein. Die Menschen achteten den Reichtum - vielleicht so sehr, dass es die Tatsache, dass sie eine Frau war, aufwiegen würde.

Kapitel 2

Das Klicken des Türriegels ließ ihn aufschrecken. Er öffnete mühsam seine müden Augen, suchte nach einem Stückchen Helligkeit. Er fand nichts, der Raum war stockdunkel.

Jetzt knarrte die Haustür - ein leises, lang hingezogenes Knarren, die Art von Geräusch, die eine Tür macht, wenn jemand unbemerkt durch sie hindurchschlüpfen will. Dann war alles still.

Philip Morgan, jetzt hellwach, setzte sich heftig auf. Ein Augenblick Verwirrung. Wo war er? Nicht in seinem Schlafzimmer. Er versuchte, seine Augen klar zu reiben. Die dunklen Schatten nahmen langsam Gestalt an. Natürlich, er war ja im Büro seines Vaters. Er war eingeschlafen, während er am Schreibtisch saß und arbeitete. Rücken und Arme schmerzten vom Holzstuhl.

Die Haustür knarrte erneut. Philips Augen suchten nach einer Waffe. Zum zweiten Mal klickte der Riegel. In der dunklen Nachtstille des Hauses klang es beängstigend laut.

Mit angehaltenem Atem lauschte Philip auf Fußschritte. Nichts. *Eine Waffe, ich brauche eine Waffe!* Seine Augen durchschweiften den Raum. Gab es hier nichts, das sich als Knüppel benutzen ließ?

Jetzt eine Stimme, von draußen. „Beeil dich!"

Philip ging auf Zehenspitzen ans Fenster und schaute seitlich hinaus, so dass ihn niemand sehen konnte. Ein voller Mond goss sein Silberlicht auf den Weg, das sanfte Gefälle des Gartens und die verstreut dastehenden Bäume. Eine plötzliche Bewegung erregte seine Aufmerksamkeit. Jemand entfernte sich vom Haus, mit leichten großen Schritten; in seiner rechten Hand hielt er eine Muskete. An seiner Seite baumelte, im Takt seiner Schritte, ein Pulverhorn.

Jared!

Philip erkannte den athletischen Gang seines Bruders sofort. Schon als kleiner Junge hatte er ihn deswegen beneidet. Seit eh und je war Jared der Stärkere und Schnellere von ihnen, während Philip der Studierende war.

Warum schleicht Jared sich mitten in der Nacht aus dem Haus? Philip nahm sich vor, es gleich am Morgen seinem Vater vorzutragen. Aber Moment, der war ja tot; er hatte keinen Vater mehr. Deswegen saß er ja in seinem Arbeitszimmer. Er war jetzt des Haupt der Familie, er war jetzt für seinen Bruder verantwortlich. Er starrte hinter Jared her, der auf ein Gehölz am Flussufer zusteuerte. *Eigentlich müsste ich jetzt hinterher und ihn zurückholen,* dachte er.

Zwei dunkle Gestalten lösten sich aus dem Schatten der Bäume. Die eine war groß, die andere klein und gedrungen. Das Bild rief Philip eine andere Szene in Erinnerung, bei der auch zwei Männer aus den Bäumen hervorgetreten waren.

Plötzlich begann seine Luftröhre sich zu verkrampfen. Er keuchte und hustete, rang nach Luft. Eine Hand griff Halt suchend ans Fensterbrett, sein Körper krümmte sich unter dem Anfall. Er hatte diese Attacken schon so lange er sich zurückerinnern konnte, aber so heftig war es noch nie. Seit dem Todestag seines Vaters waren die Anfälle immer schlimmer geworden; er dachte jedes Mal, sein Ende sei gekommen. Und obwohl er es sich und anderen nie eingestand, betrachtete ein Teil von ihm den Tod als willkommene Erlösung.

Die Hustenstöße wurden weniger heftig, und Philip tastete sich im Dunkeln von der Fensterbank über das Bücherregal und den Schreibtisch zum Stuhl vor und ließ sich darauf fallen. Der Anfall nahm einen letzten Anlauf, und Philip hustete so heftig, dass seine Füße sich vom Boden hoben. Ein paar angsterfüllte Augenblicke später war es vorbei; Philip Morgan sackte im Stuhl zusammen. Die Arme baumelten seitlich herunter, von seinem Gesicht strömte der Schweiß.

Er saß lange so ausgepumpt auf dem Stuhl. Er dachte an Jared. *Müsste ihn holen. Sollte ihn zurückbringen.* Aber er hatte nicht die Kraft dazu. Er würde abwarten und seinen Bruder am Morgen zur Rede stellen müssen.

Wieder erschienen zwei dunkle Bilder in seinem Kopf. Er versuchte sie aus seinem Gedächtnis zu verbannen, aber das war ein ebenso nutzloses Unterfangen wie die Asthmaanfälle stoppen zu wollen. Er sah ihn wieder vor sich, den Tag, an dem sein Vater gestorben war, und Tränen mischten sich in den Schweiß auf seinem Gesicht.

Es war ein ganz normaler Ritt nach Boston, um wegen einer Investition nach dem Rechten zu sehen. Obwohl Philip der Älteste der Morgan-Kinder war, wusste er wenig über die finanziellen Geschäfte der Familie. Bis jetzt hatte sein Vater sich um derlei Dinge gekümmert - auf eine, wie Philip jetzt herausfand, recht ungeschickte Art. Benjamin Morgan war ein Gelehrter und kein Geschäftsmann. Er kümmerte sich um Geldangelegenheiten nur, wenn er musste, und sein Sohn tat es ihm nach; auch er las lieber einen griechischen Philosophen als ein Kassenbuch. Aber jetzt hatten wichtige Geschäfte den Vater nach Boston gerufen, und weil er gern in Gesellschaft reisen wollte und es an der Zeit fand, dass sein Ältester in die Familienfinanzen eingeführt wurde, hatte er Philip gebeten, ihn zu begleiten.

Vater und Sohn hatten nicht die Fähre von Charlestown nach Boston genommen, sondern den viel längeren Landweg gewählt. Der ältere Morgan hatte nie einen Hehl aus seiner Angst vor dem Wasser gemacht. Man konnte es trinken, man konnte darin baden, aber darauf fahren - niemals. Woher diese Angst kam, hatte Philip nie herausfinden können, aber irgendwie milderte sie die Distanz zwischen Vater und Sohn - vielleicht, weil sie den Vater menschlicher machte.

Und so hatten die beiden Cambridge früh am Morgen zu Pferd verlassen. Sie hatten den Charles River auf der Brükke überquert und waren nach Süden geritten. Kurz hinter Muddy River Village, auf dem Weg nach Roxbury, war es passiert. Benjamin Morgan hatte sich gerade an seinen Sohn gewandt, um etwas zu sagen, als der erste Pfeil ihn traf.

Er kam aus einem kleinen Waldstück auf Benjamin Morgans Seite, und weil er sich gerade zu Philip gedreht hatte, traf er ihn in den Rücken. Benjamin Morgan riss die Augen weit auf, vor Schmerz und Überraschung. Dann erscholl der Knall einer Muskete, und sein Körper ruckte zur Seite. Seine Pupillen rollten nach oben, und er stürzte vom Pferd auf die Straße.

Philip war vom Pferd gesprungen. Jeder Instinkt in ihm rief: *Hilf deinem Vater!* Aber zuerst musste er sich um die Angreifer kümmern. Er musste die Muskete nehmen. Sie steckte am Sattel seines Vaters. Das Pferd war zum Glück stehen geblieben und schaute ahnungslos auf seinen Herrn hinunter. Philip benutzte es als Deckung gegen die Angreifer. Das Stöhnen des Vaters in den Ohren, griff er über den Rücken des Tiers und packte den Kolben der Muskete. Im gleichen Augenblick sah er, wie sie aus den Bäumen traten.

Was für ein seltsames Paar, hatte er denken müssen. Die beiden Angreifer waren ein paar Schritte vor ihrem Versteck stehen geblieben und hatten mit der größten Ruhe der Welt ihre Opfer gemustert. Der eine war ein Indianer - Mohegan, Pequot, Naragansett? Für Philip sahen alle Indianer gleich aus. Und sein Begleiter war - und das war das Unerhörte gewesen - ein Matrose! Was hatte ein Matrose hier im Wald zu suchen und seinen Vater anzugreifen? Der Matrose trug sackartig weite Kniehosen, die eine Handbreit über den Knöcheln endeten, ein blau-weiß kariertes Leinenhemd und eine Mütze. Er war klein und drahtig, unter dem Rand seiner Mütze quollen ein paar graue Haarsträhen hervor. Die riesige Knollennase schien über die Hälfte seines Gesichts zu bedecken. Philip war sprachlos. Zwei wildfremde Menschen, die ihn und seinen Vater umbringen wollten. Warum?

Benjamin Morgans Hand packte den Vorderlauf des Pferdes. Er begann sich hochzuziehen. Der Matrose sah es und sagte etwas zu dem Indianer; der zog den nächsten Pfeil aus dem Köcher.

Philips Warnruf erstickte ihm in der Kehle, als der Anfall kam. Er hustete pfeifend und rasselnd, rang keuchend nach Luft.

Der Indianer legte den Pfeil an und spannte den Bogen. Philip konnte nur zuschauen, eine Hand hilflos an seiner Kehle. Der Pfeil schwirrte, Benjamin Morgan sackte nach hinten.

Auch Philip fiel zu Boden, hilflos zusammengekrümmt unter der Wucht der Attacke. Gleich würde auch ihn ein Pfeil treffen. Oder würden sie ihm lieber die Kehle aufschlitzen oder ihn skalpieren? Aber es flog kein Pfeil, es ertönte kein Schuss, kein Gesicht tauchte über ihm auf.

Als der Husten nachließ, rappelte Philip sich auf die Knie. Die Angreifer waren verschwunden. Benjamin Morgan lag mit dem Gesicht nach unten auf der Straße. Die beiden Pfeile in seinem Rücken bewegten sich kaum merklich im Rhythmus seines flachen Atems. Eine dritte Wunde in seinem Rücken war von Pulver und Blut schwarz und rot verschmiert.

Mit rauer Stimme rief sein Vater nach ihm. Er rutschte zu ihm und beugte sich über ihn. Sollte er die Pfeile herausziehen, oder würde das die Wunden nur noch verschlimmern?

Benjamin Morgan hob den Kopf und drehte ihn zu Philip. „Komm hierher, mein Sohn, hier hinunter."

Philip hatte sich neben ihn gelegt, den Kopf im Staub der Straße.

„Geht es dir gut?"

„Ja, Vater."

„Weißt du, wer es war?" Benjamin Morgans Stimme war kaum mehr als ein Flüstern.

„Nein, Vater, ich habe sie noch nie gesehen. Es waren ein Matrose und ein Indianer. Warum sollten ein Matrose und ein Indianer dir etwas Böses wollen?"

Ein Fragezeichen zog über das Gesicht des älteren Morgan. „Ein Matrose und ein Indianer?"

Ein Kichern kam aus dem Mund seines Vaters, dann zuckte er schmerzlich zusammen. „Stell dir das vor! Ein Matrose und ein Indianer ..."

„Vater, ich heb dich auf dein Pferd und bring dich zu einem Arzt."

„Zu spät." Der Atem seines Vaters ging pfeifend. „Es tut mir Leid, dass ich von dir weg muss, Junge."

„Du musst nicht weg!", brüllte Philip. „Es wird alles gut. Ich hole den Arzt und bring ihn hierher!"

„Sag deiner Mutter, dass ich sie liebe", flüsterte Benjamin Morgan. Seine Augen schlossen sich kurz. „Ich hätte es ihr öfter sagen sollen."

„Ich sage es ihr, Vater, ich versprech's."

„Und Priscilla und Jared. Sag ihnen, dass ich sie liebe."

„Ja, Vater."

„Ich weiß, dass ihr euch nicht gut versteht, deine Geschwister und du, aber versprich mir, dass du dich um sie kümmerst. Versprich mir das. Die Familie ist wichtig, vielleicht das Wichtigste auf der Welt überhaupt. Vergiss das niemals."

Tränen flossen aus Philips Augen und bildeten kleine Krater im Straßenstaub.

„Und noch etwas."

„Was du willst, Vater."

Der ältere Morgan hustete rasselnd. Seine Augen pressten sich zusammen. Als er sie wieder öffnete, sahen sie wie in weite Ferne. „Ich möchte, dass du eine Arbeit für mich fertig machst", sagte er. „In dem kleinen Schrank in meinem Studierzimmer. Ein Tagebuch. Lies es. Es gehörte einem unserer Vorfahren." Ein neuer Hustenkrampf unterbrach ihn. „Es handelt von einer Bibel. Familienbibel. Unsere. Verloren gegangen ..." Erneutes Husten. „... seit über fünfzig Jahren. Philip, ich will, dass du sie suchst. Bring sie nach Hause. Versprich es mir."

„Ich werde sie finden, Vater, ich verspreche es ... ich verspreche es ... ich verspreche es."

Philip ließ seinen Tränen in der Dunkelheit des Studierzimmers freien Lauf. „Ich hätte ihn retten müssen! Wenn ich nur schneller gewesen wäre, würde Vater heute noch leben. Warum, Gott? Warum hab ich einen Asthmaanfall bekommen, als mein Vater mich am meisten brauchte?"

Er hustete pfeifend.

„Du hast den falschen Sohn mitgenommen!", brüllte er in das Zimmer hinein. „Du hättest Jared mitnehmen sollen, der hätte schneller gehandelt. Wenn Jared bei dir gewesen wäre, würdest du jetzt leben. Er hätte dich retten können. Ach Vater, es tut mir so Leid, so Leid! Du bist tot, weil ich versagt habe. Ich war nicht schnell genug, nicht stark genug. Warum hast du mich mitgenommen und nicht Jared?"

Philip vergrub seinen Kopf in den Armen und weinte, bis der Schlaf ihn übermannte.

Er schlief nicht lange, vielleicht nur eine Stunde. Seit dem Tod seines Vaters hatte er keine Nacht mehr durchgeschlafen, und jedes Mal, wenn er wach wurde, zogen die gleichen Worte durch seinen Kopf: Die Bibel holen ... die Bibel holen ... die Bibel holen.

Er stand auf, wischte sich über die Augen, reckte sich und zündete eine Kerze an. Die Gegenstände auf dem Schreibtisch wurden sichtbar. Ein Stapel Rechnungen für die Beerdigung - Grabstein, Ringe, Handschuhe, Getränke und verschiedene andere Posten. Beerdigungen waren teuer; ein Fünftel vom Vermögen des Verstorbenen war die Norm. Philip nahm den ganzen Stapel, stopfte ihn in eine Schachtel und schob sie beiseite. Er wollte jetzt nicht an diese Dinge denken. Die übrigen Papiere waren aus dem Schrank, den sein Vater erwähnt hatte: Verschiedene lose Blätter, Bücher und ein Tagebuch, die alle von der Geschichte der Familie Morgan handelten.

Fast ein Jahr lang hatte sein Vater sich zwei-, manchmal dreimal pro Woche abends in sein Arbeitszimmer eingeschlossen. Er hatte niemand gesagt, woran er arbeitete, nur, dass es etwas Wichtiges war und dass er hoffte, es ihnen bald sagen zu können.

Die Blätter, die da über den Schreibtisch verstreut lagen, waren ein Sammelsurium von Recherchen und persönlichen Anmerkungen. Ein Blatt zeigte einen Familienstammbaum. So ziemlich das Einzige, was Philip über seine Vorfahren wusste, war, dass einer von ihnen, Drew Morgan, zusammen mit John Winthrop, dem großen Gouverneur und Kolonisator, an Bord der *Arabella* von England gekommen war. Nach dem Stammbaum auf dem Blatt waren die Kinder von Benjamin Morgan die fünfte Generation, die in der Kolonie Massachusetts lebte.

Philip hielt das Blatt ans Licht. Die Informationen waren teilweise nur skizzenhaft, aber immer ausreichend. Drew Morgan war 1611 geboren - Monat und Tag waren nicht erwähnt - und am 24. September 1682 gestorben. Drew und seine Frau Nell - geborene Matthews - hatten drei Kinder: Den 1634 geborenen Christopher - ein Todesdatum war nicht vermerkt -, Lucy - 1635-1704 - und Roger, der 1638 geboren wurde und 1701, vielleicht auch erst 1702 verstarb. Roger, Philips Urgroßvater, heiratete Mary Shepard - ein Datum fehlte -, mit der er drei Kinder hatte: Thomas, Timothy und Tyler. Thomas, der Älteste, war Philips Großvater. Philip hatte ihn als eine Art Exzentriker in Erinnerung: Ein stolzer Engländer, der ständig davon redete, zurück nach Hause, sprich: England, zu gehen, wo er hingehörte, obwohl er sein ganzes Leben in den Kolonien verbracht hatte und nie in England gewesen war. Seine Frau Ann starb in dem Jahr, als der fünfzehnjährige Sohn Benjamin sein Studium am Harvard College aufnahm, an Blattern. Thomas gab dem elenden Leben in den Kolonien die Schuld an ihrem Tod und bestieg keine vier Wochen nach der Beerdigung ein Schiff nach England; seinen einzigen Sohn ließ er allein zurück. Philip erinnerte sich an einen Brief - der jetzt irgendwo unter dem Papierhaufen auf dem Schreibtisch begraben lag - von einem Master Higgenbothem in Exeter/England, der Benjamin Morgan vom Ableben seines Vaters informierte; das war 1725, also vor gerade zwei Jahren.

Unter Thomas Morgan und Ann Weston hatte Benjamin

seinen Namen und den seiner Frau Constance eingetragen. Darunter standen ihre Geburtsdaten: Er war 1682 geboren, sie 1690. Den Raum für sein Todesdatum hatte er freigelassen. Mit unsicherer Hand nahm Philip Morgan eine Feder und kratzte den Todestag seines Vaters auf das Papier - 20. Juni 1727. Von den Namen Benjamin und Constance ging ein Ast mit drei Zweigen aus: Philip, Priscilla und Jared.

Eine Handvoll Blätter waren zwischen die Seiten eines alten Tagebuchs gestopft. Die Handschrift auf den Blättern war die seines Vaters und kaum leserlich. Die hastig hingeworfenen Buchstaben und die vielen Ausrufezeichen zeigten an, wie sehr der Inhalt des Tagebuchs Benjamin Morgan fasziniert hatte. Nach diesen Aufzeichnungen war das Tagebuch erst kürzlich in der Dachkammer eines alten Hauses im Hafen von Boston entdeckt worden. Als der Besitzer des Gebäudes, ein Geschäftsfreund von Benjamin Morgan, den Nachnamen des Tagebuchverfassers las, hatte er es an Philips Vater ausgehändigt. Das Tagebuch war der persönliche Bericht eines gewissen Drew Morgan. Es beschrieb die frühen Jahre der Kolonie in der Massachusetts Bay und erwähnte mehrere Male nebenbei ein kleines Dorf namens Edenford in Devonshire/England, aber vor allem handelte es von Drews geistlichem Leben und seiner Hingabe, seine Kinder in der Furcht Gottes aufzuziehen. Benjamins Aufzeichnungen waren an der Stelle in die Seiten des Tagebuchs hineingeschoben, wo dieses von einer alten Familienbibel sprach. Philip las:

26. August 1682

(Das Datum des Eintrags lag nur wenige Wochen vor Drews Tod. Drew hatte diese Zeilen als einundsiebzigjähriger geschrieben.)

Heute sind es sieben Jahre, dass wir das letzte Mal von Christoper hörten. Wir haben wenig Hoffnung, dass er noch lebt. Die letzte Nachricht, die wir bekamen (und auch die nur über Dritte), war, dass er bei den Betenden Indianern des Wampanoag-Stamms mit dem Wort diente, kurz vor Ausbruch der Feindseligkeiten. Doch auch wenn wir nicht wissen, wo er ist und wie es ihm geht, sind wir doch voller Zuversicht, dass sein Leben in Gottes Hand ist. Christopher fürchtete nicht die, die seinen Leib verderben konnten, wusste er doch, dass sie seine Seele nicht würden antasten können. Mein einziger Schmerz ist, dass er, so weit wir wissen, ohne Nachkommen starb, ohne einen Sohn gezeugt zu haben, an den er die Familienbibel weitergeben konnte, getreu dem feierlichen Auftrag, den er von mir erhielt. Vielleicht tue ich unrecht, wenn ich einem äußerlichen Zeichen so viel Bedeutung beilege. Gott benötigt weder Tinte noch Papier, um die Seinen zu kennen. Meine eine letzte Hoffnung für diese Welt ist, dass die Familie Morgan keine Generation kennen wird, die nicht den HERRN anbetet.

Nell geht es nicht gut in den letzten Wochen. Schon ihr Vater und ihre Schwester kamen durch Frevlerhand um, und es kommt sie schwer an, dass sie ihren Erstgeborenen womöglich auf gleiche Art verloren hat. HERR, tröste Du sie!

Vor kurzem hörten wir, dass Lucy wieder guter Hoffnung ist. Wenn Gott diesem neuen Kind Leben gewährt, wird es ihr zwölftes sein; drei andere starben bei der Geburt. Sie hat viel getan, um der Linie der Sinclairs gottesfürchtige Nachkommen zu schenken.

Zuletzt bitte ich den HERRN, dass er mir Geduld mit Roger gebe. Über wenig in diesem Leben wie im nächsten sind er und ich uns einig. Öffne Du seine Augen, HERR. Lehre ihn, nicht auf die Dinge dieser Welt zu vertrauen.

Der Gelehrte in Philip erwachte, als er dieses Dokument las. Drew Morgans Geschichte - das war nicht nur ein Stück der Geschichte von Massachusetts, es war ein Stück seiner Geschichte. Der Mann, der vor fünfundvierzig Jahren diese Worte niedergeschrieben hatte, war sein Vorfahr!

Auf dem Rest der Blätter, die er in das Tagebuch geschoben hatte, beschrieb sein Vater seine Nachforschungen über die verlorene Bibel. Er erwähnte eine Korrespondenz mit seinen Vettern - den Kindern von Timothy und Tyler Morgan. Die Briefe selber steckten wahrscheinlich in einem der zahlreichen kleinen Ablagefächer im Schreibtisch. Benjamin hatte seine Vettern gefragt, ob sie etwas über eine Familienbibel wussten. Sie hatten geantwortet, dass ihr Großvater Roger sie erwähnt hatte, wenn er betrunken und wütend war. Ein Vetter erwähnte auch, wie sein Großvater seinen Bruder verflucht hatte; „Jesus der Narragansett" und „Reservatsapostel" hatte er ihn genannt. Benjamin kommentierte aufgeregt:

Ich glaube, dass die Morgan-Bibel noch existiert! Hypothese: Christopher Morgan lehrte die Indianer, Gott und sein Wort zu ehren. Werden seine Jünger nach seinem Tod nicht die Bibel ihres Meisters in Ehren gehalten haben? Um meine Hypothese zu prüfen, will ich selber in das Reservat der Narragansett reisen, um zu sehen, ob ich nicht vielleicht dieses Symbol des geistlichen Lebens unserer Familie wiederbekommen kann.

Philip zog tief und pfeifend die Luft ein. Die Mission seines Vaters war jetzt seine Mission! Er hatte ihm sein Wort gegeben. Doch je mehr er darüber nachdachte, um so enger wurde es in seiner Brust und die Schweißtropfen auf seiner Stirn glänzten im Licht der Kerze.

Kapitel 3

Er hat die Muskete!", rief Will halb flüsternd.

Will Hopkins und „Chuckers" Thomas traten aus dem Schatten des Baums in das silberne Mondlicht und begrüßten begeistert den dritten der nächtlichen Abenteurer.

„Ah, du hast das Pulver", sagte Chuckers, als er das Horn sah, das von Jareds Gürtel baumelte. „Auch Munition?"

„Natürlich, du Dummkopf", erwiderte Jared. „Was bringt'ne Muskete ohne Kugeln?"

„Lass mal sehen." Chuckers streckte seine Hand aus, und Jared gab ihm die Muskete. So war es immer. Obwohl die Jungen so dicke Freunde waren, dass sie einander „Dummkopf" und „Trottel" nennen konnten, war Chuckers, der fast ein ganzes Jahr älter war als Will und Jared, der Anführer, dem die anderen ohne Zögern folgten.

Will war schlaksig und fast so groß wie Jareds älterer Bruder Philip, obwohl er drei Jahre jünger als dieser war. Er hatte einen nach oben gebogenen großen Grinsemund, seine Ohren standen ab wie Segel in einem starken Wind. Er war ein gutmütiger und freundlicher Kerl, auch wenn das Gehirn, das Gott ihm mitgegeben hatte, nicht das hellste zu sein schien.

Chuckers hieß eigentlich Charles Thomas. Seinen Spitznamen hatte er als kleiner Junge bekommen, als er das erste Mal versuchte, seinen Namen auszusprechen. Er war kleiner, breiter und wesentlich schlauer als Will und mit seiner stämmigen Statur, den fleischigen Armen und riesigen Händen der geborene Anführer. Fast jeder Quadratzentimeter der Haut des Sechzehnjährigen war von dicken schwarzen Haaren bedeckt, zur neidvollen Bewunderung seiner Gleichaltrigen, die ein Zeichen großer Männlichkeit darin sahen.

Der intelligenteste, stärkste und schnellste der drei war Jared Morgan, und normalerweise hätte ihn das zum Anführer prädestiniert. Aber er wollte kein Anführer sein, und jedes Mal, wenn seine überlegenen Fähigkeiten ihm einen Vorsprung vor seinen Kameraden verschafften, bremste er sich, bis das Konto wieder ausgeglichen war.

Die Rollenverteilung zwischen den drei Freunden hatte sich in einem jahrelangen, nicht immer ganz glatten Gewöhnungsprozess herauskristallisiert. Chuckers war der Boss, Will der Clown und Jared der loyale Mitstreiter und Hauptausführende der Streiche.

Wie an dem Sonntag, an dem Chuckers eine Vogelfeder mit in den Gottesdienst brachte. Will, Chuckers und Jared saßen zusammen in der Jungenbank, die an die geschlossene Familienbank der Tomlins grenzte. Mr. Tomlin, von Beruf Imker, war dafür bekannt, dass er während der Predigt einschlief, noch bevor das Stundenglas zum ersten Mal gedreht wurde. Für gewöhnlich begnügten die Jungen sich mit dem Spaß, den es brachte, wenn der Kirchenaufseher mit seinem langen Stock kam, an dessen Ende der Schwanz eines Fuchsfells befestigt war, und Mr. Tomlins Gesicht mit dem Fell kitzelte. Reichte dies nicht, um den Schläfer zu wecken, stach der Aufseher ihn mit einem an einem anderen Stab befestigten Dorn in die Hand.

An diesem besonderen Sonntag ließ Mr. Tomlin wie

gewöhnlich seine beginnende Glatze gegen die Abtrennung zur Jungenbank sinken und schlummerte ein. Während der Aufseher auf der anderen Seite der Kirche beschäftigt war, beugte Jared sich auf Chuckers' Anstiftung zu dem schlafenden Imker hinunter, summte wie eine Biene und kitzelte Mr. Tomlins Kopf mit der Feder, worauf dieser, entschlossen weiterschlafend, das imaginäre Insekt verscheuchte, zum großen Vergnügen der gesamten Jungenbank. Das ging so mehrere Minuten, in denen Jared die verschiedensten Bienenlaute imitierte und verschiedene Teile von Mr. Tomlins Schädel mit der Feder erforschte.

Ein Rippenstoß warnte Jared, dass Gefahr in Verzug war. Er drehte seinen Kopf zu dem Prediger und schob die Feder unter sein Bein. Die Gesichter aufmerksam auf die Kanzel gerichtet, beobachtete die gesamte Jungenbank verstohlen das Nahen des Kirchenaufsehers. Jetzt war er da und ließ den Fuchsschwanz gegen Mr. Tomlins Wange baumeln. Der Imker wischte ihn fort. Ein zweiter Versuch brachte das gleiche Ergebnis. Der Aufseher änderte seine Taktik und nahm den Dornenstock zur Hand. Will Hopkins begann zu kichern. Chuckers musste ihn in die Seite stoßen, damit er aufhörte.

Mit der gemessenen Würde eines Königs, der seinen getreuen Untertanen zum Ritter schlägt, schob der Kirchenaufseher seinen Stock auf die Seite von Mr. Tomlins Bank und stach ihn in die Hand. Mr. Tomlin sprang wie von der Tarantel gestochen auf die Füße und verwünschte mit weit aufgerissenen Augen, wild fuchtelnden Armen und einem Dutzend Flüchen den unsichtbaren Bienenschwarm.

Es dauerte lange, bis der Imker wieder im Gottesdienst einschlief.

Ein anderes Mal saßen Jared und Chuckers zusammen im Glockenturm. Jared war in seiner Eigenschaft als Sohn des hoch angesehenen Professors Morgan für einen Sonntag zum Glöckner ernannt worden, weil der eigentliche Glöckner zu Besuch bei Verwandten in Providence war. Er hatte seinen Vater gefragt, ob Chuckers während des Gottesdienstes mit ihm im Turm sitzen dürfe, was Benjamin Morgan gutmütig erlaubt hatte.

An besagtem Sonntag saßen die beiden Jungen nach getaner Arbeit am Fuß der Glockenturmtreppe, wo sie wie zwei Spatzen im Deckengebälk den vollkommenen Überblick über den Rest der Gemeinde hatten. Als es Chuckers, wie in jedem Gottesdienst, langweilig wurde, begann er an dem Putz herumzukratzen, der die Ritzen zwischen den Brettern verschloss. Ein winziges Stück löste sich, rollte über die Kante einer Stufe und fiel direkt in die andächtigen Reihen unter ihnen, haarscharf am Kopf eines nichtsahnenden älteren Gläubigen vorbei. Chuckers und Jared betrachteten es und hatten eine kapitale Idee.

Die beiden Jungen bearbeiteten den Putz mit ihren Fingernägeln, bis sie eine ganze Handvoll kleiner Geschosse besaßen. Zuerst waren sie vorsichtig und warfen sie nur dann, wenn die Köpfe unter ihnen zum Gebet geneigt waren. Die beiden Artilleristen hatten alle Mühe, ihr Kichern zu unterdrücken, wenn einer von ihnen einen Treffer gelandet hatte und der erschrockene Gottesdienstbesucher unter ihnen sich den Kopf rieb und zum Dach empor sah, nicht ahnend, dass das Steinchen von hinten gekommen war. Aber die Gebete waren nur zu bald zu Ende, und es dauerte nicht lange, bis Chuckers und Jared von der großen Predigtlangeweile gepackt wurden und ungeachtet der größeren Gefahr, entdeckt zu werden, ihre Angriffe erneuerten. Ihr Ziel war jetzt die Jungenbank.

Ein Putzsteinchen, von Jared abgeschossen, traf Wills älteren Bruder, der heute direkt neben ihm saß. Er versetzte

Will einen kräftigen Rippenstoß als Strafe für die vermeintliche Kopfnuss. Vergeblich beteuerte Will seine Unschuld, zum großen Vergnügen der Glockenturmschützen.

Das Vergnügen endete abrupt, als Harry Stanford, der zappelige zehnjährige Sohn des öffentlichen Ausrufers, sich genau in dem Augenblick umdrehte, als Jared das nächste Geschoss abfeuerte. Das Putzstück traf ihn im Auge. Ein markerschütternder Schrei zerriss die Luft, so dass selbst Mr. Tomlin augenblicklich aufwachte. Der Verletzte bedeckte mit einer Hand sein blutendes Auge, mit der anderen zeigte er auf den Übeltäter.

Es war das letzte Mal, dass Jared Morgan die Glocke läuten durfte. Die Strafaktion seines Vaters war ebenso gerecht wie denkwürdig; mehrere Tage konnte Jared nur unter Schwierigkeiten sitzen.

Aber jetzt war der Bestrafer tot, und wenn Jared auch keine Schadenfreude über den Tod seines Vaters verspürte, so wusste ein Teil von ihm doch, dass das Abenteuer dieser Nacht riskanter gewesen wäre, würde der Vater noch leben.

„Ist das das Fleisch?“ Jared zeigte auf das Papierbündel, das Will unter dem Arm trug.

„Ja. Zwei Stück. Hab auch den Hammer.“ Will hob sein Hemd hoch und zeigte den Hammer, dessen Stiel in seinem Hosenbund steckte. „Und Nägel.“ Er zog drei rostige Nägel aus seiner Hosentasche.

„Was für Fleisch ist das?“

„Rehfleisch.“

„Wird deine Mutter es nicht vermissen?“, fragte Jared. Will zuckte mit einem dümmlichen Grinsen mit den Schultern. Dass seine Mutter die Lücke in ihren Vorräten bemerken könnte, schien ihm noch nicht in den Sinn gekommen zu sein.

„Taugt nicht sehr viel“, knurrte Chuckers, der die

Muskete inspizierte. Er hielt den Kolben an seine Schulter und zielte über den Fluss.

„Ist die einzige, die wir haben“, erklärte Jared. „Mein Vater hat ... hatte nicht viel für Gewehre übrig.“

Die Erinnerung an Benjamin Morgans Tod ließ die kleine Versammlung verlegen verstummen. Chuckers löste den Bann, indem er den Startbefehl gab. „Geh'n wir.“ Er führte sie, die Muskete in der Hand, unter die Bäume.

Will Hopkins drückte das ausgepackte Fleischstück mit der linken Hand gegen den Baumstamm. Chuckers und Jared schauten zu. Wills Rechte fischte in seiner Hosentasche nach einem Nagel, dann nahm er den Hammer. Die Schläge hallten laut durch den Wald. Das Fleisch war angenagelt, etwa brusthoch.

„So“, meinte Will. „Aber wie sollen die Wölfe merken, dass das Fleisch hier ist?“

„Indem sie's riechen, du Knallkopf!“, rief Chuckers.

„Hab ja nur gefragt. Und sag nicht Knallkopf zu mir!“

Chuckers überhörte die Warnung. „Was willst du denn hören? Schrumpfhirn?“

Will sah beleidigt aus. Normalerweise konnten die Jungen sich stundenlang so necken, ohne dass einer wütend wurde. *Muss der fehlende Schlaf sein,* dachte Jared. *Bin selber ein wenig nervös.*

„Du hast es zu niedrig angebracht“, nörgelte Chuckers. „Da kommen sie ja dran!“

„Na und? Das sollen sie doch!“, schrie Will. „Ist doch ein Köder, oder?“

„Du bist wirklich 'ne Blödnuss! Wenn die Wölfe dran kommen, reißen sie's runter und hauen ab und wir gucken in die Röhre! Aber wenn es hoch genug ist, tanzen sie um den Baum herum und wir können einen schießen. Dann schleifen wir den Kadaver weg und warten etwas, bis der Nächste kommt, weil ja der Köder noch da ist. Wir erhalten zehn Shilling für jeden Wolf - minus das, was mein Bruder dafür bekommt, dass er sie für uns abliefert. Also, Will, was ist die bessere Methode - deine oder meine?“

Will antwortete nicht. Mit finsterer Miene nagelte er das zweite Fleischstück an einen anderen Baum, so hoch wie er hinaufreichte.

Die Jungen duckten sich Schulter an Schulter hinter einen Busch und warteten auf ihre Beute. Nur der Lauf der Muskete schaute aus den Blättern hervor. Es war Jared, der die Waffe in Anschlag hielt. Eigentlich hatte Chuckers den Schützen machen wollen, aber Jared hatte auf seine Rechte als Besitzer der Muskete gepocht. Normalerweise akzeptierte er alles, was Chuckers wollte, aber er mochte es nicht, wie Chuckers Will behandelt hatte, und das war seine Art, es ihm heimzuzahlen. Die beiden Konkurrenten hatten sich ein kleines Gerangel um die Waffe geliefert, und Will hatte schließlich den Schlichter gespielt, indem er vorschlug, dass Jared den ersten Wolf schießen sollte und Chuckers den zweiten, denn sie würden ja mehr als einen Wolf bekommen, wie Chuckers gerade gesagt hatte. Chuckers hatte dem nicht gut widersprechen können, und so hatten die Jungen sich geeinigt und ihr Versteck bezogen.

Die Minuten schleppten sich dahin. In angespannter Stille - so still, wie drei abenteuerlustige Jungen in einem nächtlichen Wald nur sein können - warteten die Jäger auf ihre Beute. Mit weit offenen Augen spähte Jared in die Dunkelheit. Es war hier dunkler als vor dem Haus. Das dichte Blätterdach über ihnen ließ fast nichts vom Mondlicht durch, nur hier und da sah man einen blassen Silberfleck auf den Baumstämmen. Es war windstill. Jared hörte das Atmen seiner Gefährten neben sich. Kein Zweig, kein Blatt behinderte die Sicht auf die beiden Köderbäume. Wie alle Jungen in den Kolonien hatte auch Jared schon früh gelernt, wie man eine Muskete lud und abfeuerte. Aber weil sein Vater mehr auf Gottes Schutz vertraute, hatte er nicht halb so viel Übung wie seine Freunde. Doch er war sicher, dass er „seinen" Wolf treffen würde.

„Kommt, wir gehen wieder", murmelte Will schließlich. „Heute Nacht gibt's hier keine Wölfe."

„Du bist mir ein Jäger", knurrte Chuckers.

Jared bewegte seinen Kopf zur Seite, um seine schmerzenden Nackenmuskeln zu lockern. Seine Ellbogen und Schultern waren steif.

„Du willst wohl auch nach Hause, wie?", fragte Chuckers.

Jared schüttelte den Kopf. „Ich will einen Wolf haben."

„Und wenn keiner kommt?" Wills Stimme hörte sich eine Spur ungeduldig an.

„Dann haben wir eben keinen", stellte Jared fest.

Will seufzte schwer. Sie warteten ein paar Minuten weiter. Will seufzte noch einmal.

Chuckers räusperte sich. „Jared, du bleibst hier. Will und ich machen eben 'nen Rundgang, ob wir was sehen können - Spuren und so. Wenn wir nichts sehen, gehen wir nach Hause."

„Find ich nicht besonders gut", sagte Will. „Ich will lieber hier bei Jared bleiben."

„Was ist los, Will? Hast du Angst?" Chuckers stand auf und klopfte seine Hose ab. „Denkst du, gleich kommt der Schwarze Mann hinter 'nem Baum hervor und will dich braten?"

„Lass Will in Ruhe", meinte Jared.

„Ich hab keine Angst!", protestierte Will.

„Dann los", sagte Chuckers.

Will stand auf, und die beiden verschwanden langsam

im Wald. Es dauerte nicht lange, bis Jared sie nicht mehr sah, dann hörte er auch ihre Stimmen nicht mehr. Er streckte wieder seinen Nacken und legte sich anders hin. Die Kühle des Bodens, der noch nicht von seinem Körper gewärmt war, drang durch sein Hemd. Er schüttelte die Schläfrigkeit ab, die sich auf ihn legen wollte, und wartete weiter.

Nach einer Weile, die länger zu sein schien als eine Sonntagspredigt, hörte er das Knacken eines Zweiges, dann ein Rascheln. Es kam irgendwo von vorn, hinter den Köderbäumen. Er legte die Muskete an. Noch mehr Rascheln. Mit aufgeregt pochendem Herzen starrte Jared den Lauf entlang. Dann ließ er die Muskete sinken.

Nicht sehr lustig, dachte er. *Will und Chuckers wollen mich auf den Arm nehmen. Wohl Wills Idee, typisch blöd. Hätte ja einen von ihnen erschießen können.*

Im gleichen Augenblick brach ein großer grauer Wolf durch die Büsche, seine Nase über dem Boden. Er beschnüffelte das Gras um die beiden Bäume, dann hob er witternd den Kopf und fand die Geruchsspur, die ihn zum Fleisch führte. Jetzt kamen hinter ihm drei Wolfsjunge aus dem Gesträuch hervorgesprungen, gefolgt von zwei weiteren großen Wölfen, einem Rüden und einer Wölfin. Der Rüde war schwarz mit grünen Augen und winzigen schwarzen Pupillen, während die an ihrem kleineren Kopf erkennbare Wölfin die gleiche grauweiße Färbung hatte wie der erste Wolf.

Der Leitwolf sprang zu dem brusthoch angebrachten Fleischstück und riss es mühelos herunter, genau wie Chuckers es gesagt hatte. Er ließ es auf den Boden fallen, wo die drei Wolfsjungen sich mit großem Konkurrenzgeknurre und Gezänk darüber hermachten.

Jared schaute aufgeregt nach links und rechts. Hoffentlich waren Chuckers und Will in der Nähe, so dass sie sehen konnten, wie er seinen ersten Wolf schoss! Aber sie waren nirgendwo in Sicht. Nun gut, dann ohne Zuschauer. Er hob das Visier an sein Auge und richtete den Lauf der Muskete auf die Brust des großen Grauwolfs.

Im gleichen Augenblick versuchte der kleinere Rüde an das Fleischstück zu kommen. Der Große ging mit gebleckten Zähnen auf ihn los, biss ihn in den Nacken und rollte ihn auf den Rücken. Der Schwarze wehrte sich einen Augenblick, dann blieb er still liegen. Als der Graue ihn wieder aufstehen ließ, duckte er sich vor ihm und zwickte ihn verspielt am Kinn. Die Wölfin stand abseits und sah den fressenden Jungen zu.

Jared wartete weiter. Er musste den Grauen ins Visier bekommen!

Jetzt sprang der Graue knurrend mitten unter die Wolfsjungen. Sie ließen den Rest des Fleischs erschrocken liegen. Der Große schlang es auf einen Biss hinunter. Die anderen leckten sich die Schnauze und sahen ihm zu.

Jared schob seinen Stützarm zurecht. Der Lauf der Muskete streifte dabei gegen einen Zweig. Die Wölfe erstarrten und schauten in seine Richtung. Jared hielt den Atem an, den Lauf der Waffe direkt auf die Brust des großen Grauen gerichtet. Sein Finger presste sich um den Abzug. Ein einfacher Schuss. Sein erster Wolf. Zehn Shilling. Er wäre ein Held. Er brauchte nur abzudrücken. Aber er konnte es nicht.

Die Wölfe hatten ihn nicht entdeckt. Sie wandten ihre Aufmerksamkeit dem zweiten Fleischstück zu, das Will höher angebracht hatte. Jared ließ die Muskete wieder sinken.

Er schaute zu, wie die drei großen Wölfe zu dem Fleisch hochsprangen, während die Jungen wieder übereinander kugelten. Der schwarze Wolf schien der beste Springer zu sein; während die beiden anderen das Fleischstück um eine ganze Handbreit verfehlten, erreichte er seinen Rand. Jared hätte jeden der drei schießen können. Sie wandten ihm ihre lang ausgestreckten Rücken zu, ideale Ziele. Aber Jared begnügte sich damit, ihnen zuzuschauen. War dieses kleine Wolfsrudel nicht ganz ähnlich wie seine eigene Familie? Die drei Wolfsjungen, das waren er und seine beiden Geschwister, wo jeder ständig nach dem anderen schnappte und knurrte und doch wusste, dass sie zusammengehörten als Teil derselben Familie. Er hätte es nie vor ihnen zugegeben, aber er mochte seinen Bruder und seine Schwester. Doch es gefiel ihm nicht, dass er der Jüngste war; er hasste es, wenn sie ihn als Dummkopf darstellten. Er war anders als sie, das gab er gern zu, aber er war nicht dumm. Und es gefiel ihm nicht, dass sie mehr wie Vater waren als er - mit ihrem Latein und ihrer Theologie und ihren langweiligen Büchern. Und doch: Es war seine Familie.

Bis jetzt hatte Vater sie zusammengehalten. Er war der große Graue, derjenige, der Ordnung hielt und dafür sorgte, dass jedes Kind sich als Teil der Familie fühlte, selbst Jared, der so anders war. Mutter schien, wie die Wölfin hier, damit zufrieden zu sein, still an seiner Seite zu stehen, während er die Familie führte.

Jared war kein Denkertyp. Er konnte nie lang genug stillsitzen, um einen ernsten Gedanken zu fassen. Erst in dieser Nacht, als er den Wölfen zuschaute, dämmerte ihm, was der Tod seines Vaters bedeutete. Ihr Führer war tot. Was würde jetzt aus ihnen werden? Wer würde sie jetzt davon abhalten, einander zu zerreißen? Wer würde die Familie zusammenhalten?

Jetzt hatte der schwarze Wolf das Fleisch von seinem Nagel gerissen. Wieder spielte der große Graue seine Autorität aus und schnappte ihm das Fleisch weg. Er fraß etwas davon, dann ging er zur Seite, um den Schwarzen und die Wölfin fressen zu lassen, während er mit den Jungen spielte.

Genau wie Vater, dachte Jared. *In einem Augenblick knurrt er, im nächsten spielt er.*

„Schieß!"

Jared konnte den gezischten Ruf hinter sich gerade noch hören. Er drehte sich um. Hinter zwei Bäumen lugten die Gesichter von Will und Chuckers hervor.

„Warum schießt du nicht?", flüsterte Chuckers. „Schieß doch, schieß!" Jared schüttelte den Kopf.

Chuckers rollte seine Augen gen Himmel. Er sprang geduckt von Busch zu Busch, bis er bei Jared war. Die Wölfe waren so in ihr Spielen und Fressen vertieft, dass sie nichts witterten. Chuckers packte die Muskete. Jared ließ ihn gewähren. Wenn er es nicht über sich brachte zu schießen, war es nur recht und billig, dass Chuckers es tat. Dafür waren sie schließlich in tiefster Nacht von zu Hause fortgeschlichen - um einen Wolf zu schießen.

Der große Graue lag jetzt mit offenem Rachen und durch die Luft baumelnden Pfoten auf dem Rücken, während die drei Wolfsjungen über ihn sprangen.

Chuckers presste seine Wange gegen die Muskete und zielte.

Die Wolfsjungen quietschten vor Vergnügen. Sie wussten nicht, dass die Zehntelsekunde, die eine Musketenkugel vom Lauf der Waffe bis zum Ziel brauchte, ihre Welt für immer veränderte. Ihr Vater würde tot sein.

„Nein!", rief Jared.

Der Klang seiner Stimme ließ das Rudel aufschrecken. Der graue Wolf rollte auf seine Füße und knurrte in ihre Richtung. Die drei Jungen drückten sich hinter ihm zusammen. Jetzt, wo er stand, war er ein noch besseres Ziel.

Chuckers drückte den Abzug.

„Nein, sag ich!" Jareds Arm schoss nach vorn und stieß den Lauf der Muskete zur Seite. Der Schuss zerriss die Luft.

Eine aufsplitternde Baumrinde zeigte an, wo die Kugel getroffen hatte. Aus dem Versteck der Jäger stieg eine Rauchwolke hoch. Die Wölfe waren verschwunden.

„Was machst du da?", brüllte Chuckers.

Jetzt, nachdem es vorbei war, kam Jared sich plötzlich dümmlich vor. Was hatten sie nicht riskiert für diese Nacht, und jetzt hatte er alles ruiniert. Wie sollte er seinen Freunden erklären, dass der große graue Wolf ihn an seinen Vater erinnert hatte?

Er zuckte mit den Schultern. „Es ging einfach nicht."

Chuckers schob fluchend die Muskete in seine Richtung. Sie fiel auf den Boden. „Du Trottel! Du bist ja noch dämlicher als Will!"

Jared erhob sich und klopfte das Laub von seinen Kleidern. „Geh'n wir nach Hause", sagte er. Will war zu ihnen getreten.

Chuckers baute sich vor Jared auf. „Wir gehen nirgendwo hin, so lange du mir nicht gesagt hast, warum du mir meinen Schuss verdorben hast! Zehn Shilling hätte ich für das Biest bekommen! Zehn Shilling! Du schuldest mir zehn Shilling!"

„Ich schulde dir gar nichts." Jared drückte sich an ihm vorbei.

Chuckers hielt ihn fest und drehte ihn um. „Und ob!"

Sie standen sich Stirn an Stirn gegenüber, die Hände zu Fäusten geballt.

„Los, wir gehen nach Hause", sagte Will. Er zog an Chuckers' Arm. Chuckers schüttelte ihn ab.

Ein leises Knurren. Will sah sie zuerst. „Wölfe!"

Der Streit zwischen Chuckers und Jared war augenblicklich vergessen. Von Kind auf hatten sie die grausigen Geschichten von Wölfen gehört, die Menschen anfielen. Auf dem Schulweg wurden sie stets von einem Erwachsenen begleitet, und selbst zum Sonntagsgottesdienst hatte jede

Familie eine Muskete dabei - zum Schutz vor Wölfen und feindlichen Indianern. Das unvorsichtige Kind in Roxbury oder Dorchester, das die Wölfe gefressen hatten, war ein Standardthema bei Tisch. Deswegen war ja dieses nächtliche Unternehmen ein so prickelndes Abenteuer. O ja, sie hatten natürlich alles vorausberechnet, sie würden die Lage jederzeit unter Kontrolle haben. Aber jetzt ...

Die drei großen Wölfe umkreisten sie. Jared, Chuckers und Will stellten sich Rücken an Rücken. Will begann zu weinen. „Was machen wir nur? Was machen wir nur? Ich will nicht sterben!"

Jareds Augen starrten in die Runde, ohne den großen Grauen, der ihm direkt gegenüberstand, eine Sekunde aus dem Blick zu verlieren. „Will! Hast du noch den Hammer?" Will schluchzte.

„Hast du ihn noch?", wiederholte Jared lauter.

„Ja", brachte Will schluchzend hervor. „Ja."

„Gib ihn Chuckers."

Ein Augenblick verging. „Er nimmt ihn nicht!", jammerte Will.

„Chuckers!", rief Jared.

Keine Antwort. Aber Chuckers war doch da; Jared spürte, dass zwei Körper sich gegen ihn pressten.

„CHUCKERS!", brüllte Jared laut. „NIMM DEN HAMMER!"

„Er hat ihn", entgegnete Will.

Die Wölfe kamen knurrend und mit gebleckten Zähnen näher.

„Geht ganz langsam nach rechts, zu dem Baum bei Will", befahl Jared.

„Was hast du vor?", jammerte Will. „Lass mich nicht allein!"

„Tu, was ich sage!", zischte Jared. „Chuckers, wenn der

Schwarze angreift, zieh ihm den Hammer rüber."

„Und was mach ich, wenn meiner kommt?", fragte Will.

„Beten", antwortete Jared.

Jareds Ziel war der Baum, der am nächsten zu der Wölfin stand. Sie war am wenigsten aggressiv und die schlechteste Springerin. Die drei bewegten sich weiter Rücken an Rücken im Zeitlupentempo auf den Baum zu. Die Wölfin zog sich etwas zurück, die beiden Rüden kamen dafür noch näher. Jareds Arme gingen unmerklich nach unten. Er hob die Muskete auf.

„Will, sieh zu, dass der Baum zwischen dir und der Wölfin ist", befahl er. „Wir kommen nach. Sag mir, wenn du an dem Baum bist."

„Ich bin da!", meldete Will einen Augenblick später.

„Ist die Wölfin auf der anderen Seite?"

„Ja, aber jetzt kommt sie rum."

„Steig auf den Baum! Schnell!"

Will kletterte hastig hoch und setzte sich auf einen Ast. „Ich bin oben!", rief er, seine Stimme eine Mischung aus Sieg und Erleichterung.

„Jetzt du, Chuckers", befahl Jared.

Die Wölfin sah, dass Will außer Reichweite war, und richtete zusammen mit dem schwarzen Rüden ihre Aufmerksamkeit auf Chuckers. Zwei zu eins gegen Chuckers. Die Wölfe wurden zudringlicher.

„Sie kommen!", rief Chuckers.

„Chuckers! Bei drei wirfst du den Hammer gegen den Schwarzen, und dann rauf auf den Baum! Klar?"

Keine Antwort.

„Chuckers! Ich brauch dich! Hörst du mich?"

„Bei drei", stieß Chuckers hervor.

„Und ja nicht daneben! Fertig? Eins, zwei, DREI!"

Chuckers warf den Hammer auf den schwarzen Wolf.

Ein Aufjaulen zeigte Jared, dass er getroffen hatte.

„Klettern!“, rief Jared. Er holte mit der Muskete aus und knallte sie mit aller Kraft auf den Grauen. Der Kolben traf sein Ziel, der Wolf ging zu Boden. Jared ließ die Muskete fallen und rannte wie der Blitz zum nächsten Baum. Er wusste, dass die Wölfe jetzt direkt hinter ihm waren. Da war ein Ast, aber er war hoch. Konnte er ihn erreichen? Er musste! Und er hatte nur eine Chance.

Er hörte das Knurren der Tiere hinter sich. Neben dem Baum war ein hoher Stein. Er benutzte ihn als Sprungbrett, dann sprang er zu dem Ast. Er bekam ihn im gleichen Augenblick zu fassen, als der graue Wolf den Stein erreichte. Auch der Wolf sprang, aber Jared katapultierte sich durch den Schwung nach vorn, und der Wolf flog unter ihm vorbei. Jared hörte, wie er zuschnappte.

Hätte Jared in der Schule besser aufgepasst, hätte er gewusst, dass er noch lange nicht in Sicherheit war. Er hing wie ein Pendel am Ast, und jetzt drehte der Schwung sich um und schob ihn genau in dem Augenblick zurück als der schwarze Wolf ihn erreichte.

Ein Stich am rechten Fußknöchel. Der Schwarze hatte ihn gepackt. Jared schrie auf, seine Hände pressten sich fest um den Ast, der jetzt auch das Gewicht des Wolfs tragen musste. Unten war jetzt die Wölfin und sprang hoch, und der große Graue kam zurück. Jared kam sich vor, als sei er selber ein Stück Fleisch, das an den Baum genagelt war. Er versuchte den Schwarzen abzuschütteln. Der verbiss sich noch fester. Verzweiflung. Jared trat mit dem linken Fuß gegen den Wolfsrachen, einmal, zweimal. Der Schwarze ließ ihn los und fiel zu Boden. Jared zog sich im Baum hoch, er war außer Reichweite.

„Jared! Bist du okay?“, rief Chuckers vom anderen Baum.

„Ja, nur am Fuß gebissen!“, rief er zurück.

„Was machen wir jetzt?“, fragte Will.

„Warten, bis sie wieder abziehen.“

„O nein!“

Und so endete der glorreiche Mut- und Männlichkeitstest mit drei übermüdeten Jungen, die auf ihren Bäumen saßen und zuschauten, wie die Sonne aufging.

Kapitel 4

Das Haus der Morgans lag, von alten Bäumen umgeben, keine hundert Meter vom Ufer des Charles River entfernt. Der Wanderer, der dem Lauf des Flusses von seiner Quelle bei Hopkinton bis zur Back Bay bei Boston folgte, musste seinen Kurs nach Osten kurz vor Watertown abrupt unterbrechen, denn hier legte der Fluss einen Schlenker nach Norden ein, den er freilich hinter der Stadt schnell wieder korrigierte, so dass er bei Cambridge wieder nach Osten floss. Das Haus, das Benjamin Morgan für seine fünfzehnjährige Braut gekauft hatte, lag auf der östlichen Seite dieser Schleife. Der Fremde, der das prächtige Gebäude von einer auf dem Fluss hingleitenden Schaluppe aus bewunderte, hielt es glatt für das Domizil eines Gouverneurs oder eines reichen Kaufmanns, allenfalls noch für das Heim des Rektors vom Harvard College, nicht aber für das Haus eines bloßen Harvarddozenten, denn dazu sah es entschieden zu teuer aus. Und normalerweise hätte der Fremde mit dieser Einschätzung Recht gehabt; aber die Umstände, die Benjamin Morgan in den Besitz dieses Hauses gebracht hatten, waren alles andere als normal.

Benjamin Morgan und Constance Mayhew hatten geheiratet, als er noch ein einfacher, armer „Fellow“ am College war, der auf dem Campus im Wohnheim der Studenten hauste. Und weil sein Vater nach England zurückgekehrt war, ohne ihm Haus oder Land als Erbe zu hinterlassen, waren seine Mittel zum Erwerb eines Hauses für seine Braut äußerst begrenzt. Aber ein Haus für seine Frau benötigte er. Und für die Kinder, die doch sicher bald geboren würden. Wäre er klug gewesen, hätte er mit dem Heiraten gewartet, bis er sich ein Haus leisten konnte. Aber der Liebende handelt selten klug, und so hatte er seine Frau, aber kein Haus. In seiner Not wandte er sich an seinen alten Mentor und engsten Freund, Dr. Grove Hirst.

Dr. Hirst war ein geschätzter Griechisch- und Hebräisch-Tutor, und Benjamin war sein Vorzeigeschüler, der den Fußtapfen seines Lehrers folgte. Der betagte Dozent fragte seinen Schüler, wie viel Geld er denn für ein Haus angespart habe. Als Benjamin die Summe nannte, rieb Dr. Hirst sich das Kinn und erklärte: „Ich glaube, ich weiß genau das richtige Haus für dich, zu einem Preis, den du dir leisten kannst."

Die beiden Männer ritten den kurzen Weg zu dem prächtigen Haus am Ufer des Charles River. Viel zu teuer, meinte Benjamin, als er das Haus sah. Aber Hirst war überzeugt, dass es nicht mehr kosten würde als Benjamin zusammengespart hatte. Worauf Benjamin erwiderte, dass der Besitzer ja wohl von Sinnen sein musste, wenn er dieses Anwesen für so eine lächerliche Summe veräußern würde. Dr. Hirst lachte. „Der Besitzer bin ich."

Er erklärte Benjamin, dass er das Haus von seinem Onkel geerbt hatte, der vor kurzem verwitwet und kinderlos gestorben war. Aber was, so Hirst, sollte ein alter Junggeselle wie er mit so einem großen Haus? Außerdem wollte er sowieso den Rest seines Lebens am College verbringen. Das Haus war ihm zur Belastung geworden, und bis jetzt hatte er nicht gewusst, was er damit machen sollte.

Benjamin protestierte: Aber das Haus war doch viel mehr wert als das Wenige, das er zahlen konnte! Er konnte doch nicht einen alten Freund so ausnutzen! Worauf der alte Gelehrte einen Arm um seine Schultern legte und sagte: „Du bist mir fast wie ein Sohn geworden, Benjamin. Bitte, gönn mir die Freude, dir helfen zu können. Ich möchte, dass du und Constance dieses Haus bekommen."

Und so nahmen Benjamin und seine Braut das Haus am Fluss in Besitz. Einen Raum hatten sie als gemütliches Gästezimmer für Dr. Hirst eingerichtet. Der alte Tutor hatte es benutzt, wenn er die Morgans auf ein Wochenende oder einen Urlaub besuchte. Fünf Jahre später war er gestorben.

Sechs Stufen führten zu dem Portal des Morganschen Hauses, einem zwei Stockwerke hohen weißen Vorbau mit einem auf vier weißen korinthischen Säulen ruhenden Giebel. Zu beiden Seiten des Portals boten die deckenhohen Sprossenfenster des Wohnzimmers und des Studierzimmers panoramaartige Blicke auf den Fluss. Je zwei rechts und links der Säulen liegende, mit Läden versehene Fenster im Obergeschoss vervollständigten die Symmetrie der Fassade.

Lose um das Haus gruppiert standen hohe Eichen, Ulmen und Birken, und zwischen dem Eingang und dem Fluss erstreckte sich ein großer Rasen. Ein kleiner Bootssteg ragte in den Fluss hinein. Hinter dem Haus befand sich, nicht zu weit entfernt und nicht zu nah, ein großes Stallgebäude.

In diesem Haus waren alle drei Morgan-Kinder geboren und aufgewachsen. Auf dem Holzboden des Wohnzimmers hatten sie ihre ersten Schritte gemacht, an warmen Sommernachmittagen waren sie um die Wette vom Bootssteg ins Wasser gesprungen. Im Winter stapften die Jungen eine knappe Meile durch den Schnee zu ihrem Ein-Zimmer-Gymnasium, während Priscilla sich in der Küche in den

Künsten einer Hausfrau übte und abends heimlich am Schreibtisch ihres Vaters studierte. Im Wohnzimmer des Erbhauses von Dr. Hirst war Benjamin Morgans Leichnam bis zu seiner Beerdigung aufgebahrt worden.

Mit verschlafenen Augen drückte Philip die Tür des Studierzimmers auf. Der Geruch von frischem Haferbrei begrüßte ihn. Er hörte das Klappern der Gerätschaften in der Küche und die Stimmen seiner Schwester und Mutter. Was ihm Sorgen machte, war das, was er nicht gehört hatte: Jareds Rückkehr von seiner nächtlichen Eskapade.

Er holte sich aus dem Brunnen etwas Wasser für seine Waschschüssel, ging durch die Nebentür nach oben auf sein Zimmer, wusch sich und zog ein sauberes Hemd an. Das kalte Wasser auf seinem Gesicht belebte ihn etwas, aber die Nachwirkungen dieser so ruhe- und schlaflosen Nacht konnte es nicht abwaschen. Seine Gedanken schwirrten, Kopf und Augen taten ihm weh. Er bürstete sein Haar zurück - die ersten Geheimratsecken deuteten sich an -, richtete sich gerade auf und ging zu Jareds Zimmer. Er klopfte vorsichtig. Keine Antwort. Er öffnete die Tür. Jareds Bett war ungemacht, aber es war niemand im Zimmer. Er ging den Flur entlang, öffnete die Tür zum Zimmer seiner Mutter und warf einen raschen Blick auf den Kamin. Der Haken, an dem sein Vater die einzige Muskete der Familie aufbewahrte, war leer, auch das Pulverhorn war fort. Gerade so, wie er befürchtet hatte. Er holte tief Luft und ging nach unten, um seine neue Verantwortung als Haupt des Hauses Morgan wahrzunehmen.

„Guten Morgen, Mutter. Morgen, Priscilla."

„Guten Morgen, Philip." Constance Morgan begrüßte ihren Ältesten, ohne sich umzudrehen. Sie war gerade dabei, mit einem langen Stab in den zwei Meter breiten Ziegelkamin hineinzureichen, um ein Brot aus dem Backofen zu holen. Neben ihrem Ellbogen kochte in einem großen eisernen Topf über dem Feuer der Haferbrei.

Priscilla stand am Tisch und schöpfte Butter aus einem runden Holzfass. Sie schaute kurz zu ihrem Bruder hoch.

„Philip, ruf deinen Bruder. Das Frühstück ist fertig", sagte Constance Morgan.

„Er ist nicht in seinem Zimmer", erklärte Philip. „Ich hab schon nachgesehen. Sehr wahrscheinlich ist er gar nicht im Haus. Hat sich gestern Nacht rausgeschlichen."

Constance Morgan legte den heißen Brotlaib auf ein hölzernes Schneidebrett. Ein besorgter Blick ging über ihr Gesicht. Philip kannte diesen Blick; er zeigte sich häufig, wenn sein Bruder wieder einmal etwas angestellt hatte. Ihre dünnen Lippen kräuselten sich und ihre Brauen zogen sich so zusammen, dass die senkrechte Falte zwischen ihnen noch deutlicher wurde. Es war erschreckend, wie sehr seine Mutter in der kurzen Zeit nach dem Tod des Vaters gealtert war. Graue Fäden zogen sich durch ihr hellbraunes Haar, das fest nach hinten gebunden und teilweise von einer weißen Haube bedeckt war. Die geschwollene Haut um ihre Augen zeigte mehr Fältchen als bei Frauen ihres Alters üblich. Sie wischte ihre Hände an der Schürze ab und begann das Brot zu schneiden.

„Weißt du, wo er hin ist?", fragte sie.

„Nein", entgegnete Philip. „Aber er hat die Muskete mitgenommen."

Constance verharrte einen Augenblick. Ihre Hand schloss sich mehrfach um das Messer, bevor sie weiterschnitt. Einen Augenblick später verkündete das Klappern des Messers auf dem Brett, dass sie fertig war. Sie stellte das Brot in die Mitte des Tischs und sagte: „Lasst uns beten, damit ich das Frühstück auftragen kann."

Der Tisch bot Platz für sechs Personen. Vater hatte immer an einem Kopfende gesessen und Mutter an dem anderen, während die Kinder an den Seiten saßen - Priscilla auf der einen Seite, auf dem Stuhl neben ihrem Vater, die beiden Jungen auf der anderen. Seit dem Tod von Benjamin Morgan war sein Platz leer geblieben, ein stummer Zeuge seines Fortgangs. Doch an diesem Morgen, am Tag nach der Beerdigung, ließ Philip seinen Stuhl, den er schon zurückschieben wollte, wieder los, überlegte einen Augenblick und setzte sich dann auf den väterlichen Platz.

„Was bildest du dir ein?", fragte Priscilla.

Philip saß hoch aufgerichtet auf dem Stuhl seines Vaters. Seine Mutter, die ihm jetzt gegenübersaß, sah ihn an, erst fragend, dann resignierend, wie um zu sagen: Noch ein Zeichen, dass mein Mann tot ist. Philip bereute seine Geste sofort. *Ich hätte warten sollen, dann wäre es vielleicht leichter für Mutter gewesen.* Aber jetzt war es zu spät.

Priscilla war gerade dabei, Platz zu nehmen, als Philip sich an den Kopf des Tisches setzte. Sie stand sofort wieder auf, als stehe ihr Stuhl in Flammen. „Was bildest du dir ein? Steh von Vaters Stuhl auf, sofort!"

„Ich bin jetzt das Haupt dieses Hauses", erwiderte Philip kühl. „Und beim Essen sitzt das Haupt des Hauses hier."

Priscillas Hände ballten sich zusammen, ihr Kinn ruckte nach vorn. „Mir ist egal, für was du dich hältst! Steh von Vaters Stuhl auf!"

„Priscilla!", unterbrach sie ihre Mutter. „Philip hat Recht. Setz dich, bitte."

Priscilla starrte ihre Mutter an.

„Philip ist jetzt wirklich das Haupt dieses Hauses, und der Platz am Kopf des Tisches gehört ihm." Constances Stimme zitterte und eine einsame Träne rollte ihre Wange hinab, aber ihr Ton ließ keinen Zweifel daran, dass sie es ernst meinte.

Priscilla starrte sie mit bittenden Augen an. Als sie merkte, dass sie bei ihrer Meinung blieb, schob sie ihren Stuhl zurück unter den Tisch, zog den Stuhl neben ihrer Mutter hervor und setzte sich.

„Danke, Mutter", sagte Philip. „Und jetzt wollen wir beten."

Sie neigten ihre Köpfe und falteten die Hände. Priscilla schoss einen letzten wütenden Blick gegen Philip ab.

„Gnädiger und allmächtiger himmlischer Vater", begann Philip Morgan, „du allein bist der allein weise und wahre Gott, der Schöpfer Himmels und der Erde, der Geber und Erhalter allen Lebens. Es ist würdig und recht, dass wir vor dich treten und dir danken für die Speise, die wir jetzt einnehmen wollen; denn wir erkennen, dass du und du allein..."

Die Hintertür, die in die Küche führte, öffnete und schloss sich.

„Jared Morgan! Was um Himmels willen ist passiert?", rief Constance.

Alle Augen drehten sich zu Jared. Seine Kleider, seine Hände, sein Gesicht, sein Haar - alles war verdreckt. Er stützte sich auf die Muskete, die er als Krücke benutzte. Sein rechter Fuß war blutig und hing schlaff eine Handbreit über dem Boden.

„Hab Ärger mit ein paar Wölfen gehabt", sagte er. „Entschuldige, dass ich zu spät zum Frühstück komme." Er humpelte an seinen Platz neben seine Mutter und setzte sich; die Muskete legte er auf den Boden. „Was macht Philip auf Vaters Stuhl?", fragte er. „Und was will die da hier?" Er zeigte auf Priscilla, die ihm gegenüber saß.

„Ich war gerade beim Beten", meinte Philip, den strengen Ton seines Vaters imitierend. „Und wenn du nichts dagegen hast, möchte ich gern weitermachen."

Jared sah seine Mutter an. „Falte deine Hände, Junge“, sagte sie. Er gehorchte, und Philip sprach das Tischgebet fertig.

Sie aßen schweigend ihr Frühstück. Constance Morgan löffelte ihren Haferbrei langsam und mit gesenktem Blick. Philip sah deutlich, wie schwer sie am Tod ihres Mannes trug, aber da war noch mehr - etwas, das er selten an ihr gesehen hatte. Sie hatte Angst. Und wenn er es recht bedachte, war diese Angst sogar verständlich.

Constance Morgan war eine stille, fürsorgliche Frau. Es gab in ganz Cambridge - und Boston - niemand, der freundlicher oder sanfter war als sie. Sie war keine starke Frau. In der Öffentlichkeit wie zu Hause drückte sie selten ihre Meinung aus; sie hatte das Denken und Reden für die Familie immer ihrem Mann überlassen. Ihr Mann hatte das Brot verdient, die Finanzen verwaltet, sich um alles Geschäftliche gekümmert. Ihr Mann war für die Schulbildung der Kinder und für Strafmaßnahmen zuständig gewesen. Ihre Rolle war es, sie zu lieben, zu versorgen, zu pflegen, ihnen saubere Kleider und ein ordentliches Heim zu geben sowie Mahlzeiten, die warm und schmackhaft und pünktlich waren. Selten hatten Kinder eine zärtlichere Mutter gehabt oder ein Ehemann eine hingegebenere Frau. Aber jetzt war Constance Morgan keine Ehefrau mehr; sie war eine Witwe, und Philip begriff: So sehr sie ihren Mann unterstützt hatte, so sehr hatte sie seiner Führung bedurft. Jetzt, wo diese Stütze nicht mehr da war, war sie nicht mehr dieselbe Frau.

Das Schaben eines Löffels gegen eine Holzschüssel zog Philips Aufmerksamkeit auf Jared, der gerade den Rest seines Frühstücksbreis aus der Schüssel kratzte und gierig in seinen Mund schaufelte. Priscilla schaute mit angewiderten Augen zu.

Philip hatte seinen jüngeren Bruder immer beneidet. Von

den drei jungen Morgans sah er am besten aus - schön auf eine gewisse raue Art, mit einem vollen hellbraunen Haarschopf, der selbst nach einer durchwachten Nacht im Wald noch gut aussah. Jareds Haut war sonnengebräunt, nicht so milchig blass wie bei Priscilla und Philip. Er schloss am schnellsten von ihnen eine Freundschaft. Er war selbstbewusst, stark und athletisch, ein natürlicher Führer, obwohl er selten Führungsrollen übernahm. Philip fand, dass das Einzige, was seinem jüngeren Bruder fehlte, Disziplin war, geistig wie körperlich. Jared Morgan hatte sein volles Potential noch nicht entdeckt und zeigte auch keinerlei Neigung dazu. In der Schule konnte er immer noch nicht still sitzen, und bei Sport und Spiel ließ er seine Gegner gewinnen, einfach aus Spaß. Er brauchte keine Siege, er brauchte Spaß und Freunde. Er war die Unbekümmertheit in Person, das genaue Gegenteil von seiner Schwester.

Priscilla Morgan war in ganz Cambridge als rothaariger Feuerkopf bekannt. Glühend - dieses Wort beschrieb sie am besten. Sie hatte bei beiden Geschlechtern wenig Freunde und noch weniger Heiratschancen. Ein potentieller Freier hatte seine romantischen Träume nach einem einzigen höchst unglücklichen Nachmittag aufgegeben. Der verhinderte Liebhaber floh buchstäblich aus dem Haus. „Die muss mit Beelzebub verwandt sein“, murmelte er, „so bösartig wie die ist! Schlagfertig wie der Teufel und eine Zunge wie ein Messer! Die bringt ja einen Löwenbändiger zur Verzweiflung!“

Kein Zweifel: Priscilla war intelligent und willensstark und nutzte beides weidlich aus. Ihr größtes Vergnügen schien darin zu bestehen, Männer öffentlich zu demütigen. Ihre zweite Liebe war die Theologie - eine unschickliche Leidenschaft für eine junge Frau, die doch all ihr Bemühen darauf zu verwenden hatte, einen Mann zu finden und die perfekte Hausfrau zu werden. Priscilla kritisierte freimütig die Predigten des Pastors und die Entscheidungen der Kirchenältesten und verführte andere junge Frauen dazu, sich ebenfalls für die Theologie zu interessieren. Ihr bisher berühmtester Sieg war die Einrichtung einer separaten Kirchenbank für junge Damen. Gewöhnlich saßen die jungen Männer in der Kirche unten, auf der einen Seite des Raums, während die jungen Frauen ihnen gegenüber auf der anderen Seite saßen. Das änderte sich, als der Stadtrat dem Ansinnen von Priscilla und einigen anderen jungen Frauen stattgab und ihnen erlaubte, sich ihre eigene Bank hinten auf der Empore einzurichten. Priscilla hatte erfolgreich argumentiert, dass eine solche Bank die so häufigen koketten Gesten und lüsternen Blicke, die zwischen den beiden Seiten der Kirche hin und her flogen, beenden und so die Würde des Gottesdienstes heben würde.

Der Zorn der jungen Männer über die neue Jungfrauenbank überstieg jedes Maß. Sie stiegen durch ein Fenster in die Kirche ein und zertrümmerten die neue Bank. Für diesen gotteslästerlichen Akt erhielten sie jeder eine Geldbuße von zehn Pfund nebst Prügel oder Pranger. Auf Priscillas Betreiben mussten sie außerdem die zerstörte Bank ersetzen. Es hätte nicht günstiger für Priscilla ausgehen können.

Priscilla gefiel es, sich mit Männern zu messen, vor allem zu Hause. Der einzige Mann, mit dem Priscilla sich nie angelegt hatte, war ihr Vater gewesen. Bei ihm war sie nie laut geworden. Sie hatte ihm zugehört, wenn er sprach, seinen Rat gesucht - wenn auch nicht immer befolgt - und stundenlang mit ihm in seinem Studierzimmer zusammengesessen. Wenn Priscilla Morgan einen besten Freund hatte, dann war es ihr Vater. Und jetzt war er tot, und Philip saß auf seinem Stuhl.

Philip merkte, dass Priscilla, seine Mutter und Jared alle am entgegengesetzten Ende des Tisches saßen, zwei Stühle von ihm entfernt. Das steigerte sein Unbehagen. Er wäre jetzt lieber im Morgenseminar des College bei seinen Übersetzungen gewesen. Aber aus irgendeinem Grund hatte Gott seinen Vater zu himmlischen Aufgaben abberufen und Philip die irdischen übertragen. Und mit Gottes Hilfe würde er diese neuen Aufgaben nach bestem Wissen und Gewissen erfüllen.

Das Scharren von Jareds Stuhl auf dem Fußboden zeigte an, dass er fertig gegessen hatte. Er sagte zu seiner Mutter: „Ich geh jetzt hinauf und wasch mich."

Philip hielt ihn zurück. „Jared, setz dich bitte. Wir haben über Familienangelegenheiten zu sprechen."

„Dann sag mir, wie es ausgegangen ist." Jared nahm die Muskete vom Boden.

„Jared! Setz dich!", befahl Philip streng. „Es geht um uns alle."

Ein ironisches Lächeln erschien auf Jareds Gesicht. Seit sie gemeinsam das Gymnasium besuchten, hatte er seinem Bruder nicht mehr gehorcht.

Constance Morgan nahm die Hand ihres Jüngsten. „Bitte, Jared, setz dich", sagte sie leise.

Die Muskete polterte zu Boden. Jared nahm wieder seinen Platz ein. Priscilla saß mit verschränkten Armen da und schaute mit verbissener Miene auf ihren älteren Bruder, der den Stuhl ihres Vaters besetzt hatte.

„Danke, Mutter", sagte Philip. Es wurde unangenehm still im Raum. Wie sollte er seine kleine Rede beginnen? Er spürte wie die drei Augenpaare ihn musterten. „Vaters Tod war für uns alle schwer." Er machte eine Pause, um sich zu räuspern. Er merkte wie es in seiner Brust enger wurde. „Aber Gott hat ihn nach seinem unerforschlichen Ratschluss von uns genommen, und jetzt müssen wir uns allein durchschlagen."

„Ich glaube nicht, dass Gott irgendetwas mit Vaters Tod zu tun hat." Der Sarkasmus in Jareds Stimme war nicht zu überhören.

Priscillas Mund verzog sich höhnisch. „Gott hat es in seiner Weisheit zugelassen, Jared. Wenn du mehr in der Bibel lesen würdest, wüsstest du das."

Jared wurde laut. „Wenn Gott das zugelassen hat, dann ist er nicht besser als die Männer, die Vater umgebracht haben!"

„JARED!", rief Constance. „So wird in meinem Haus nicht gesprochen!"

Die anderen sahen sie an, schockiert von diesem plötzlichen Ausbruch. Wann war ihre Mutter je so laut geworden? Niemand konnte sich erinnern.

„Entschuldige, Mutter", sagte Jared. „Aber so sehe ich das gerade."

Philip versuchte, die Gesprächszügel wieder in die Hand zu nehmen. „Wie dem auch sei, wir haben etwas Wichtiges zu besprechen."

„Und was ist das, Junge?"

„Wie es mit uns weitergehen soll. Ich bin Vaters Unterlagen durchgegangen - seine Bücher und Papiere, sein Tagebuch. Wie ihr wisst, hat Vater in den meisten Angelegenheiten der Familie allein gehandelt. Ich werde noch etwas Zeit benötigen, bis ich mich ganz eingearbeitet habe, aber danach werde ich den Kurs, den er eingeschlagen hat, weiterführen. Was unsere verschiedenen Pflichten betrifft, Jared ..."

Philip wartete, bis Jared ihn ansah.

„... Jared, war es Vaters Wunsch, dass du im August nach Harvard gehst. Ich werde mich um dein Vorstellungsgespräch beim Rektor kümmern. Du solltest anfangen, kräftig dein Latein und Griechisch zu üben. Ab heute werden wir beide alle unsere persönlichen Gespräche in Latein führen, um dich auf dein Leben als Student vorzubereiten."

„Ich gehe nicht nach Harvard", erklärte Jared.

„Sag es in Latein", befahl Philip.

Jared knallte seine Faust auf den Tisch. „ICH GEHE NICHT NACH HARVARD!", brüllte er. „Das hätte ich Vater gesagt, und das sag ich jetzt dir! Ich bin fertig mit der Schule!"

„Es war Vaters Wille, dass du nach Harvard gehst", beharrte Philip.

„Und was hast du vor, Jared?", fragte die Mutter.

„Das weiß ich noch nicht. Aber Harvard, das ist was für Leute wie Vater und Philip, aber nicht für mich."

„Wie wär's, wenn du nachts auf Wolfsjagd gehst?", kicherte Priscilla. „Das scheinst du ganz gut zu können!"

Jared stand so plötzlich auf, dass sein Stuhl nach hinten flog und auf den Fußboden krachte. „Ich plane mein Leben selber, danke!", brüllte er. Er nahm die Muskete vom Fußboden und humpelte aus dem Raum.

„Wir sind noch nicht fertig!", rief Philip hinter ihm her. „Und über gestern Nacht müssen wir uns auch noch unterhalten!" Jared verschwand um die Ecke.

„Und was für Pläne hast du für mich?", fragte Priscilla. Ihre Augen blitzten, sie biss sich auf die Unterlippe und senkte kampfbereit ihren Kopf.

Philip schluckte heftig. „Nun, ich will das für dich, was Vater wollte."

„Und das wäre?"

„Du bist jetzt zwanzig. Es ist Zeit, dass du einen Mann bekommst - jemand, der dich versorgt."

Hätte Philip ein Zündholz an ein Pulverfass gehalten, die Explosion wäre harmloser gewesen. „Jemand, der mich versorgt?" Priscillas Gesicht wurde röter als ihr Haar. „Mein lieber Bruder", zischte sie durch die Zähne, „ich brauche niemand, der mich versorgt! Und wenn ich das noch einmal von dir höre, wirst du jemand brauchen, der dich versorgt!" Sie erhob sich und marschierte zitternd vor Wut aus dem Raum.

Philip und seine Mutter waren allein, zwischen ihnen der Tisch. „Wir haben alle Vaters Tod noch nicht unter die Füße bekommen", meinte sie schwach. Philips Schultern sackten nach vorn. Ein dünner Husten rasselte durch seine Brust.

„Und was hast du vor?", fragte seine Mutter.

Philip seufzte. Sein erster Versuch, die Familie zu führen, war fehlgeschlagen. „Ich gehe im August nach Harvard zurück, aber ich werde nicht auf dem Campus wohnen. Ihr braucht mich hier. Ich werde also hin und zurück reiten, wie Vater früher. Und bis dahin werde ich weiter Vaters Bücher durchgehen, um mir einen Überblick über seine Finanzen zu verschaffen."

„Du weißt ja, dass Priscilla einen Kopf für Zahlen und diese Dinge hat. Sie könnte dir vielleicht helfen."

Philip, der keine Lust hatte, es sich auch mit dem letzten freundlichen Gesicht in der Familie zu verderben, widersprach ihr nicht. Aber innerlich verwarf er diesen Gedanken sofort.

„Es gibt noch etwas, um das Vater mich gebeten hat", sagte er. Den Ausdruck, den er für gewöhnlich mit dem Gedanken verband - sein letzter Wunsch - ließ er aus. „Er wollte, dass ich mich um die Angelegenheit mit der Familienbibel kümmere."

Kaum dass die Worte heraus waren, zog seine Kehle sich zusammen. Er hustete krampfhaft, doch der Anfall dauerte nicht lange.

Seine Mutter meinte leise: „Ja, ich erinnere mich, wie

aufgeregt er war, als er entdeckte, dass es die Bibel gab. Er nannte sie seinen persönlichen Gral, gerade so, als würde ihr Besitzer magische Kräfte bekommen." Sie lächelte bei der Erinnerung.

Philip setzte zu einer Erwiderung an, unterbrach sich, um zu husten, und sagte: „Er dachte, dass sie vielleicht im Narragansett-Reservat in Rhode Island ist. Ich reise gleich morgen hin, um zu sehen, ob es zutrifft oder ob jemand dort weiß, wo sie ist." Er unterbrach sich und wog den Wunsch seines Vaters gegen seinen eigenen Wunsch ab, nach Harvard zurückzukehren. „Die Suche nach der Bibel war Vater sehr wichtig", schloss er laut. „Wenn es sie noch gibt, möchte ich sie finden, bevor im August die Seminare wieder beginnen."

Constance musterte ihren Sohn besorgt. „Solltest du nicht lieber Jared schicken? Ich mach mir Sorgen wegen deiner Gesundheit."

Philip schüttelte den Kopf. „Nein. Vater hat mich damit beauftragt. Es ist meine Aufgabe."

Constance lächelte ihren Ältesten warm an und seufzte, wie Mütter seufzen, wenn die Kinder ihren Rat nicht annehmen. „Ich muss mir den Fuß deines Bruders ansehen." Sie stand auf und ging aus dem Zimmer.

Philip Morgan blieb allein am Frühstückstisch zurück. Er dachte an seine bevorstehende Reise in das Gebiet der Indianer. Das Bild der beiden Gestalten, die unter den Bäumen hervorgetreten waren, kam vor sein inneres Auge. Kalter Schweiß brach auf seiner Stirn aus.

Kapitel 5

Master Cole! Was für eine Überraschung!"
Constance Morgan öffnete weit die Tür für den reichen Kaufmann, der die Stufen heraufstolziert kam. Er nahm seinen Dreispitz aus feinem holländischen Leinen ab. Sein Haarschopf war dick und strähnig. Er betrat das Haus der Morgans mit einer Beiläufigkeit, als sei er dessen Besitzer.

„Und was bringt Euch über die Bucht hierher?", fragte die sichtlich erfreute Hausherrin.

„Mein Name ist Daniel, meine liebe Constance; nenn mich Daniel." Er sah sich um, die Augen amüsiert geweitet. „Ich meine, falls keine Klatschbasen in der Nähe sind, die Anstoß an unserer Bekanntschaft nehmen könnten."

Constance errötete wie ein junges Mädchen. Sie nahm seinen Hut und half ihm, den Mantel auszuziehen.

Er drehte sich zu ihr um, den einen Arm noch im Ärmel. „Aber, um deine Frage zu beantworten: Du bringst mich hierher! Ich wollte sehen, wie es dir geht."

„Das ist aber lieb."

„Keine Ursache! Das ist ja wohl das Mindeste, was ich für meine Jugendliebe tun kann." Er gab ihr, ihre Nähe ausnutzend, einen flüchtigen Kuss auf die Wange.

Philip, der es beobachtet hatte, runzelte die Stirn. Es gefiel ihm nicht, dass da ein anderer Mann seine Mutter küsste, und das am Tag nach der Beerdigung. Aber da war noch mehr: Er mochte Cole und seine Clique nicht. Daniel Cole gehörte zu der aufstrebenden Kaste Bostoner Kaufleute, die immer mehr an Macht gewann und die puritanischen Pastoren als Führer der Kolonisten zu verdrängen begann, mit dem Ergebnis, dass säkulare Werte und Reichtum wichtiger wurden als biblische Lehre und Gotteserkenntnis. Philip erinnerte sich, wie er eines Abends im Studierzimmer seines Vaters über seinen griechischen Autoren saß und der Vater ihn plötzlich unterbrach. „Hör mal eben zu, Junge. Ich lese gerade John Higginsons Buch.“ Er legte den Daumen auf die Seite, die er las, und las den Titel vom Buchrücken ab: *Die Sache Gottes und Seines Volkes in Neu-England.*

„Higginson?“

„Pastor von Salem, um 1660.“

„Ach ja.“ Philip erinnerte sich.

„Das hier war seine Predigt am Wahltag, 1663", fuhr der ältere Morgan fort. „Hör zu, was er schreibt.“ Er las: *„Meine Väter und Brüder, mögen wir nie vergessen, dass Neu-England eine Pflanzung der Religion ist und nicht des Handels. Mögen Kaufleute und solche, die mit Geld Gewinn machen, dies nie vergessen. Mögen andere, die inzwischen zu uns gestoßen sind, dies begreifen: Dass nicht weltlicher Gewinn, sondern die Mehrung des Glaubens Absicht und Ziel der Menschen von Neu-England war.“* Benjamin Morgan ließ das Buch sinken, rieb sich über seine müden Augen und fügte hinzu: „Zu viele haben das vergessen.“

Aber Philip hatte es von jenem Abend an nicht vergessen. Es schmerzte ihn zu sehen, wie die Kolonisten sich immer weiter von den ursprünglichen Zielen der Puritaner entfernten. Er zog seinen eigenen Schluss aus dieser Entwicklung: Der Puritanismus lag im Sterben.

Sein Studium der Geschichte der Kolonien hatte ihm

gezeigt, dass schon in der zweiten Kolonistengeneration der Wurm in der puritanischen Bewegung steckte. Die Kinder der Gründungsväter teilten die geistliche Leidenschaft ihrer Eltern nicht. Der Gottesdienstbesuch ging drastisch zurück. Als klar wurde, dass die dritte Generation in Gefahr stand, ins Heidentum zurückzufallen, suchten die Pastoren nach einer Lösung. Auf einer Synode im Jahre 1662 schlugen sie vor, dass die Kirchenmitglieder ihre Kinder zur Taufe bringen und so der geistlichen Autorität der Kirche unterstellen konnten. Diese Kinder wurden Teilmitglieder der Kirche - so lange, bis sie ihre Bekehrung nachweisen konnten. Als Teilmitglieder waren sie der Kirche unterstellt, genossen jedoch nicht alle Vorrechte eines Vollmitglieds, wie zum Beispiel die Teilnahme am Abendmahl. Kurz und gut: Die Sache war ein Kompromiss, der die Autorität der Kirche über die Kolonisten sicherstellen sollte, ohne das Ideal der Reinheit ganz aufzugeben.

Für Philip gab es keine Teilmitglieder. Für ihn war die Teilmitgliedschaft ein Kunstgriff der Gottlosen, die Gottes Gnade in Anspruch nehmen wollten, ohne ihr altes Leben aufzugeben - Leute wie Daniel Cole, Kolonist der vierten Generation, der seiner Geldgier ein frommes Mäntelchen umhing.

„Philip! Dich hab ich ja gar nicht gesehen!", dröhnte Cole. Seine rosa Pranke packte die Rechte des jungen Mannes und schüttelte sie. „Um ehrlich zu sein, deine Mutter ist nur ein Grund, warum ich über die Bucht gefahren bin. Dachte, du kannst vielleicht einen freundschaftlichen Rat bei den Finanzangelegenheiten deines Vaters brauchen, die du jetzt so plötzlich verwalten musst."

Philip sah ihn misstrauisch an.

Constance, die den Blick ihres Sohnes bemerkte, meinte: „Ich hatte Daniel ... Master Cole gesagt, dass dein Vater nie über Familienfinanzen sprach und dass das alles neu für dich ist. Bei der Beerdigung, gestern. Master Cole hat uns seine freundschaftlichen Dienste angeboten."

Seine Mutter und Cole standen Schulter an Schulter im Flur, nickend und lächelnd. Irgendwie erinnerten sie Philip an zwei unartige Kinder, die etwas ausgefressen hatten und jetzt hastig ihre Ausrede vortrugen.

„Warum geht ihr beiden Männer nicht ins Studierzimmer? Ich bring euch was zu trinken", schlug Constance vor.

Philip wies auf die Tür zum Studierzimmer, und die Verlegenheitssekunde endete. Cole machte eine leichte Verbeugung zu Constance und ging mit Philip.

Noch nie vorher war Philip auf Tuchfühlung mit diesem Mann gewesen. Wer ihn traf, hatte den Eindruck, einem Mann von Reichtum und Gewicht gegenüberzustehen, und dieser Besuch bildete keine Ausnahme. Er trug ein weißes langärmeliges Hemd mit Kräuselmanschetten und eine schwarze Seidenweste mit passenden Kniehosen. Weiße seidene Strümpfe und schwarze Rindslederschuhe mit silbernen Spangen vervollständigten das typische Bild des wohlhabenden Händlers. Was nicht so typisch war und was Philip erst jetzt bemerkte, war der Geruch seines Gastes. Ein paar Schritte hinter ihm gehend wurde er von einer wahren Geruchswoge eingehüllt. Am stärksten roch Cole nach schmutziger Wäsche. Oben sahen seine Strümpfe zwar weiß aus, aber Philip war sicher, dass sie an den Zehen schweißgelb waren; wahrscheinlich hatte er sie seit mindestens zwei Wochen nicht mehr gewechselt. Mit der Weste war es nicht besser; sie roch penetrant nach abgestandenem Schweiß. Und nach Fisch, und das seit mindestens zwei Tagen. Dann die Pomade in seinem wohlgeölten Haar. Mit derselben Hand, die er Philip reichte, war er sich unmittelbar vorher durch seinen störrischen Schopf gefahren. Philips Finger fühlten sich klebrig an.

Komisch. Der Mann war doch reich, und seine Haut sah sauber aus. Warum zog er nach dem Baden seine alten Kleider wieder an, und das, wenn die Gerüche nicht trogen, mehrere Tage hintereinander?

Philip bot dem Händler einen Platz an. Selber ließ er sich bei einem der Fenster nieder, das er gleich zum Lüften öffnete. Cole schien weiter keine Notiz davon zu nehmen.

„Wie alt bist du jetzt, Philip? Zwanzig? Einundzwanzig?"

„Ich werde im September zweiundzwanzig."

„Gut. Alt genug, dass wir von Mann zu Mann miteinander sprechen können." Cole räusperte sich. „Wie du sicher schon weißt, bin ich ein Geschäftsmann. Und kein schlechter, wenn ich so sagen darf. Habe mir im Lauf der Jahre ein hübsches Sümmchen verdient."

Philip nickte stumm. Sollte Cole sich ruhig beweihräuchern. Sollte er ruhig selbst das Gesprächsthema bestimmen. Er wollte wissen, was er im Schilde führte.

„Und um ganz ehrlich zu sein", fuhr Cole fort, „dein Vater war ein guter Mann und in vielen Dingen wohlbewandert - Griechisch, Hebräisch, Latein und dergleichen -, aber ein großer Geschäftsmann war er nicht." Cole gluckste und schob ein paar störrische Haarsträhnen aus seiner Stirn. „Und das ist ja verständlich. Man kann nicht in allem gut sein. Ich selber zum Beispiel bin sicher kein Gelehrter."

Er machte eine Pause, um Philip Gelegenheit zu geben, seine allzu große Bescheidenheit höflich zu korrigieren. Philip sagte nichts.

„Aber wie dem auch sei", fuhr Cole fort, „ich möchte dir gern mit dem Wissen, das ich mir im Lauf der Jahre erworben habe, helfen." Er wartete nicht ab, was Philip zu diesem Angebot zu sagen hatte, sondern redete ohne Pause weiter. „Sag mal: Wieviel weißt du eigentlich über die

Finanzen deiner Familie? Sind sie solide? Oder wackelig?“

Philip war auf der Hut. „Ich habe die Bücher meines Vaters durchgesehen, unsere Finanzen sehen gut aus. Wir haben natürlich nicht so viel wie Ihr, aber wir haben nicht zu klagen. Und ich hoffe, nach Abschluss meines Studiums im nächsten Semester eine Stelle in Harvard angeboten zu bekommen. Vielleicht sogar die meines Vaters.“

„Und was machst du bis dahin? Hast du irgendwelche anderen Einnahmequellen?“

„Wir haben etwas Geld gespart, und wir haben ein paar Investitionen. Wir sind auch an Eurem Handelshaus beteiligt, was uns regelmäßige Einnahmen bringt.“

„Ich weiß“, entgegnete Cole. Er rutschte auf seinem Stuhl nach vorn. „Das ist ein Punkt, wo ich dir helfen könnte.“ Er hielt inne, fuhr sich mit dem Finger unter der Nase entlang und schnüffelte. „Was hat dein Vater dir über diese Anteile erzählt?“

Philip lehnte sich zurück, sog die Luft ein und blickte zur Decke, während er in seinem Gedächtnis nachsuchte. „Ich kann mich nicht erinnern, dass er mir etwas darüber gesagt hätte.“

Daniel Cole schien mit der Antwort zufrieden zu sein. Philip gab es ein unbehagliches Gefühl.

„Es ist mir gar nicht recht, dass ich es bin, der dir das sagt“, fuhr Cole fort. „Denn indirekt fühle ich mich mitverantwortlich für den Tod deines Vaters.“

Philip sah ihn überrascht an.

„An dem Tag, an dem er starb, wollte er zu mir.“

Daniel Cole musterte Philips Gesicht. Wie würde er reagieren?

„Er wollte nach Boston, um mir seine Anteile an meiner Handelsgesellschaft zu verkaufen.“

„Das kann ich mir kaum vorstellen.“ Die Stimme kam

von der Tür. Cole drehte sich auf seinem Stuhl um. Philip schaute auf. In der Tür stand Priscilla, die Hände anmutig vor ihrem Bauch gefaltet. Aber der Blick ihrer Augen und der Ton ihrer Stimme waren alles andere als anmutig.

„Priscilla, Mädchen, wie gut du aussiehst!" Daniel Cole legte seine fleischigen Hände auf die Stuhllehnen und drückte sich hoch. Die Worte klangen mechanisch.

Der Kaufmann ging zur Tür, nahm die Hand, die Priscilla ihm hinstreckte, galant entgegen und verbeugte sich leicht. „Du musst uns entschuldigen, meine Liebe, wir unterhalten uns gerade geschäftlich."

„Ich weiß schon, worüber ihr sprecht", entgegnete sie. „Es war nicht zu überhören, als ich draußen vorüberging." Sie glitt an Cole vorbei zu dem runden Tisch in der Raummitte, als wolle sie den Fliederstrauß auf ihm inspizieren. Philip durchschaute ihr Manöver sofort. Es ging ihr natürlich nicht um die Blumen, die ihre Mutter auf den Tisch gestellt hatte. „Mir kommt es merkwürdig vor, dass Vater Anteile verkaufen wollte, die so gute Erträge bringen - über ein Viertel unseres Familieneinkommens."

Priscilla kannte den Stand der Familienfinanzen? Am meisten schockiert über diese Entdeckung war Philip. Er versuchte es nicht zu zeigen, aber was seine Schwester da sagte, war absolut neu für ihn.

„Und wie kommt es, dass du so viel über die Geschäfte deines Vaters weißt, meine Liebe?", fragte Cole.

Priscilla steckte ihren Finger in die Blumenvase, als wollte sie den Wasserstand prüfen. Ihre Nase legte sich in Falten. Sie zog ungezwungen ein Taschentuch hervor und wischte sich den Finger ab. „Nichts für ungut, Master Cole, aber ich finde, das geht Euch nichts an."

„Und ich, liebe junge Dame, finde es nicht angemessen, wenn du dich mit Dingen beschäftigst, die du unmöglich verstehen kannst. Das sind komplizierte Sachen, die man besser Männern überlässt. Wenn du uns jetzt bitte entschuldigst." Der Händler machte eine ausholende Geste zur Tür.

Priscillas Augen richteten sich bittend auf Philip. Er verstand die Botschaft sofort: Sie wollte, dass er darauf bestand, dass sie im Zimmer bleiben durfte. Und er wollte auch, dass sie blieb. Ein zweiter Morgan im Zimmer würde ihm ein Selbstvertrauen geben, das er allein nicht besaß. Aber was würde Cole von ihm denken, wenn er sich in Geschäftsangelegenheiten von dem Rat seiner Schwester abhängig machte?

„Master Cole hat Recht", sagte er. „Das ist jetzt meine Aufgabe, Priscilla. Ich mache das schon."

Priscillas Blick wurde wütend. Sie kräuselte die Lippen, zornige Tränen traten ihr in die Augen. Cole lächelte onkelhaft und herablassend.

Constance erschien munter in der Tür, in den Händen ein Tablett mit zwei Gläsern eines Sommergetränks: Mit Ingwer und Melasse gesüßtes Wasser. Die Gläser kamen von Barbados; Constance benutzte sie nur zu besonderen Gelegenheiten. „Die Getränke für die Herren", verkündete sie. Dann entdeckte sie ihre Tochter. „Priscilla, was machst du denn hier? Die Männer haben wichtige Dinge zu bereden."

Priscilla, jetzt vollends in der Minderheit, verließ den Raum. Cole drehte sich zu Constance, als sei Priscilla Luft, und nahm eines der Gläser vom Tablett. „Du warst schon immer eine großzügige Gastgeberin", tönte er. Constance quittierte es mit einem Lächeln. Sie entschuldigte sich höflich, damit die Männer ihr Gespräch fortsetzen konnten.

Cole kam ohne weitere Umschweife zur Sache. „Wie ich vorhin sagte: Dein Vater hatte vor, seine Anteile an meinem Handelshaus zu verkaufen. Ich wollte schon damals einen fairen Preis bezahlen, aber jetzt bin ich angesichts der neuerlichen Umstände und weil mir deine Mutter am Herzen liegt, bereit, mein Angebot noch um die Hälfte zu erhöhen."

Cole lehnte sich zurück und nahm einen Schluck von dem Getränk. Philip hatte den Eindruck, dass er auf ein Dankeschön wartete. Das Angebot klang großzügig, und hätten Priscillas Worte ihm nicht ein Zweifelskorn in den Kopf gesät, würde er es wohl ohne Weiteres angenommen haben. Aber jetzt war er nicht so sicher.

„Ein freundliches Angebot, ohne Zweifel", erklärte er.

Cole nichte zustimmend.

„Aber wenn Ihr nichts dagegen habt, hätte ich gern ein wenig Bedenkzeit. Durch die Beerdigung und all diese Dinge habe ich noch nicht die Zeit gehabt, die Bücher meines Vaters in allen Einzelheiten durchzugehen."

Ein Stirnrunzeln ging über Coles Gesicht wie eine Gewitterwolke, die sich vor die Sonne schiebt. „Wie viel Zeit brauchst du?"

Philips Augen blickten nachdenklich nach oben. Als sie herunterkamen, sagte er: „Mehr als einen Monat nicht."

„EINEN MONAT!" Der Körper des Kaufmanns schoss nach oben, der Blitz krachte.

Philip zuckte vor dem Ausbruch zurück. „Nun, Sir ... Es ist so ... Ich muss demnächst eine Reise machen und werde eine Zeit lang nicht hier sein."

„Reise? Was für eine Reise?"

„Etwas Persönliches. Ich habe es meinem Vater versprochen."

Cole schüttelte den Kopf. „Junge, das Geschäft muss immer zuerst kommen; erst das Geschäft, dann das Private."

Jetzt war es Philip, der den Kopf schüttelte. „Das geht nicht. Ich muss das hinter mich bringen, bevor das Semester in Harvard anfängt."

„Philip, lass mich ganz offen sein." Cole beugte sich nach

vorn, das Glas zwischen seinen Händen, die Ellbogen auf den Knien. „Dein Vater war ein lieber Freund von mir ..."

Freund? Philip hatte nicht gewusst, dass es überhaupt eine Beziehung zwischen den beiden Männern gab. So weit er wusste, war das Einzige, was sie verband, dass sie beide seiner Mutter den Hof gemacht hatten und Anteile an Coles Handelshaus besaßen. Aber nun gut ...

„... aber seine Art, die Welt zu sehen, war merkwürdig. Seine Prioritäten waren ganz falsch. Er gab Geschäftsdingen nie das Gewicht, das sie verdienen. Und wohin hat ihn das gebracht? Ihr habt ein schönes Haus - aber nur, weil ein alter Mann großzügig war. Ihr könnt im Leben nicht immer darauf warten, dass ein mitleidiger Gönner euch Geschenke macht. Um ehrlich zu sein: Ihr könnt es euch nicht leisten, mein Angebot auszuschlagen. Diesen Luxus erlaubt euch euer Vater nicht, so schlecht, wie er gewirtschaftet hat. Ihr braucht das Geld, dringend."

Philip wandte sich ab.

„Es tut mir Leid, wenn ich dich jetzt verletzt habe", fuhr Cole fort. „Aber es dient nur deinem eigenen Besten." Er unterbrach sich, seine Unterlippe ging nachdenklich vor und zurück. „Ich mache dir ein Angebot. Vergiss diese persönliche Geschichte für eine Woche und geh die Bücher deines Vaters durch. Du wirst sehen, dass ich Recht habe. Mein Angebot, die Anteile deiner Familie zurückzukaufen, steht sieben Tage lang. Sei ein Mann, Philip, und tue das, was richtig ist."

Es war Philips erste wichtige finanzielle Entscheidung als Haupt der Familie Morgan, und er wollte keinen Fehler machen. Coles Angebot klang zu gut, um es abzulehnen. Aber etwas an dem Angebot - oder, genauer gesagt, an dem Mann, der es machte - klang falsch. Vielleicht war Philip zu sehr wie sein Vater, aber er war noch nie daran interessiert gewesen, Geld zu machen; er studierte lieber. Sollte das Geld für sich selber sorgen, genau wie bei seinem Vater. Benjamin Morgans letzte Worte an seinen Sohn sprachen nicht von Anteilen und Finanzen, obwohl sie sich doch auf einer Geschäftsreise befunden hatten. Als er merkte, dass er sterben musste, hatte sein Vater an die Familienbibel gedacht, und in diesen Worten lag etwas, das für Philip alles andere zur Seite schob. Und dann natürlich das College. Philip würde nichts unternehmen, was seinen Studienabschluss gefährden konnte; je eher er die Reise machte, desto besser.

„Es tut mir Leid, Master Cole", erklärte er. „Aber ich muss meinen Zeitplan einhalten. Ich kann diese Reise nicht aufschieben. Ich schätze, fürs Erste müssen wir unsere Anteile wohl behalten."

Daniel Coles Kopf fiel nach unten. Er schüttelte ihn widerwillig. „Genau wie dein Vater ..."

Philip Morgan nahm die Bemerkung als Kompliment.

Kapitel 6

Philip krümmte seinen Rücken, kämpfte um Atemluft. Ein pfeifender Ton in seiner Kehle zeigte an, dass wenigstens etwas Luft durchging. Er setzte sich auf dem Sattel zurecht. Sein Pferd trottete langsam weiter. Es war der zweite Tag seiner Reise; am ersten hatte er den Vierzig-Meilen-Treck von Cambridge nach Providence hinter sich gebracht. Am Abend war er im „Roten Löwen" eingekehrt. Nachdem er sich den Weg zum Narragansett-Reservat hatte beschreiben lassen, war er weiter nach Süden geritten, über Pawtucket, Warwick und Wickford. Kurz hinter Wickford hatte er den Asthma-Anfall bekommen - wahrscheinlich eine Folge des Straßenstaubs der letzten beiden Tage -, und jetzt versuchte er, mit langsamen, regelmäßigen Atemzügen zur Ruhe zu kommen. Er konnte den Ozean nicht sehen, aber er spürte seine Brise. Der Salzgeruch war, wie auch der Anfall eben, eine kleine Pause in der elenden Hätte-ich-nur-Litanei, die ihn seit seinem Aufbruch von zu Hause plagte.

Wäre er nur zu Hause geblieben. Hätte sein Vater ihm nur nicht diesen verrückten Auftrag gegeben. Dann wäre er jetzt zu Hause und nicht allein in der Wildnis. Dann könnte er sich auf das Herbstsemester vorbereiten, statt ein Buch zu suchen, das es bestimmt längst nicht mehr gab. Ja, dann könnte er jetzt in der Brattle Street sein und den Arm seiner

Verlobten um sich spüren, anstatt ihr enttäuschtes Schluchzen bei seinem Abschied noch in den Ohren zu haben.

Ein Dutzend Mal schon war er drauf und dran gewesen, umzukehren und zurück nach Hause zu reiten. Aber dann war jedes Mal wieder das Bild seines Vaters vor sein inneres Auge getreten, der dort mit dem Gesicht im Staub der Straße lag und ihm dieses Versprechen abnahm, und Philip hatte sie abgeschüttelt, die finsteren Gedanken, und sein Pferd angetrieben. Nein, er musste es tun. Sonst würde er es sein ganzes Leben lang bereuen. Sollte sein Asthma ihn ruhig plagen, sollte er ruhig sein Semester ein paar Tage später beginnen, sollte Penelope ihm ruhig ihre Vorhaltungen machen und nicht verstehen, warum er den Wunsch seines Vaters erfüllen musste.

Penelope ... Er nahm sich vor, es bei ihr wieder gutzumachen, wenn er zurückkam. Er war ein Glückspilz, dass er eine solche Verlobte hatte. Sie passten vollkommen zusammen. Er war der Primus seiner Klasse in Harvard, der Inbegriff von allem, wofür das College der Kolonie stand, die Hoffnung der nächsten Generation. Es gab angesehene Männer, die offen prophezeiten, dass Philip es noch zum Rektor des College bringen würde, und Philip stellte sich in aller Demut und Aufrichtigkeit unter diese Vorhersagen. Jawohl, er war bereit, das volle Verantwortungsgewicht der Erwartungen seiner Zeitgenossen auf seine Schultern zu nehmen - und dazu gehörte auch, dass er sich gut verheiratete.

Und Penelope war genau die Richtige für ihn. Wenn Philip der Inbegriff eines Harvard-Gelehrten war, dann war Penelope der Inbegriff der Gelehrtengattin. Ihr Urgroßvater, Charles Chauncy, war im vergangenen Jahrhundert der zweite Rektor des College, ihr Vater ein Harvard-Absolvent und angesehener Arzt in Cambridge. Ihre Erziehung hatte Philips

Verlobte Seite an Seite mit der Elite von Harvard genossen, und das erklärte Ziel ihrer Eltern war, dass sie sich auch in Zukunft nur in den besten Kreisen bewegte. Und sie nahm diese Rolle ernst - manchmal zu ernst für Philips Geschmack.

Aber Philip mochte Penelope. Ihre gemeinsame Zukunft sah rosig aus. Und er wusste, was er an ihr hatte. Sie war eine elegante junge Dame, die ihn in der Öffentlichkeit stets die erste Geige spielen ließ wie es sich gehörte. Obgleich keine Schönheit war sie nicht unattraktiv. Wer sie das erste Mal sah, dem fiel gewöhnlich das Wort „lang" ein. Ihr Gesicht war lang, ihre Nase lang und dünn. Ihre Arme waren wie die Äste eines schlanken Baums, die Finger feine Zweige. Ihre ungewöhnliche Größe - sie war größer als Philip - konnte man ihren langen Beinen zuschreiben. Und sie hatte die längsten Füße, die Philip je gesehen hatte; zum ersten Mal hatte sie die Füße in einem seltenen Augenblick mädchenhaften Übermuts entblößt, als sie dieselben an einem heißen Sommernachmittag in den Fluss baumeln ließ.

Sobald Philip sein Studium abgeschlossen und eine Stelle als Dozent bekommen hatte, wollten sie heiraten. Er war jetzt nur noch ein Semster von diesem Ziel entfernt, und den ganzen Winter und Frühling schon hatten sie fleißig ihre Pläne für die Hochzeit geschmiedet. Benjamin Morgans früher Tod hatte das Planen natürlich unterbrochen. Und jetzt Philips plötzliche Reise in den Süden ...

Als er Penelope von dem letzten Wunsch seines Vaters und von seinem Vorhaben, in das Reservat zu reisen, berichtete, war sie ärgerlich geworden. Das war doch wohl nicht die Zeit, alten Familiengespenstern nachzujagen, hatte sie protestiert. Was, wenn er zu spät zurückkam? Nein, er sollte sich diese Flausen aus dem Kopf schlagen. Als Philip beteuerte, dass er bestimmt pünktlich wieder zurück wäre, ging Penelope Hilfe suchend zu ihrem Vater, und Dr.

Chauncy ergriff pflichtgemäß Partei für seine verzweifelte Tochter: Dass Philip ausgerechnet jetzt seine Zukunft aufs Spiel setzte, konnte sein Vater doch wohl nicht gewollt haben. Die Bibel konnte man doch auch noch in ein oder zwei Jahren suchen. Aber Philip ließ sich nicht überzeugen. Wenn er sich jetzt nicht auf den Weg machte, würde er nie mehr die Zeit dafür haben. Er hatte eine wütende Penelope zurückgelassen, die sich nicht trösten lassen wollte. Er würde es wieder gutmachen müssen, wenn er zurückkam.

Philip Morgan erreichte das Narragansett-Reservat von Norden über den South County Trail. Narragansett-Männer, -Frauen und -Kinder unterbrachen ihre Beschäftigungen und starrten ihn an als er vorbeiritt. Sie waren hochgewachsen, die Narragansett, ihre Haut so dunkel wie Bronze, wenn auch einige heller aussahen. Ihr Haar war schwarz und glatt und ihre Augen so schwarz wie das Haar. Ihre einfache Kleidung wies sie als Menschen aus, die arm waren und vom Holzhacken und Wassertragen lebten.

Am Langhaus hielt Philip an, um sich zu erkundigen, wo die Betenden Indianer oder ihr Häuptling - wenn es ihn gab - wohnten. Wenn die Familienbibel der Morgans noch existierte, würden ihm die Betenden Indianer Auskunft geben können.

Der Name „Betende Indianer“ ging auf die Missionsarbeit von John Eliot in den ersten Tagen der Kolonie zurück und bezeichnete zum Christentum bekehrte Indianer. Zeitweilig hatte es dreizehn „Betende Städte“ gegeben, in der diese Indianerchristen - über tausend Seelen - in einer christlichen Umgebung wohnen konnten. Das war vor König Philips Krieg.

1675 hatte der mächtige Wampanoag-Häuptling Metacom, den die Kolonisten „King Philip“ nannten, an der Spitze einer losen Konföderation von Stämmen eine Reihe von Überfällen auf Grenzsiedlungen der Weißen durchgeführt - ein verzweifelter Versuch, dem immer weiteren Vordringen der Siedler in die Gebiete der Indianer Einhalt zu gebieten. Die Betenden Indianer saßen in diesem Konflikt von Anfang an in der Zwickmühle. Ihre Krieg führenden Brüder beschuldigten sie, Sympathisanten und Spione der Kolonisten zu sein, und die Kolonisten vertrauten ihnen, obwohl sie sie für ihre Zwecke ausnutzten, ebenfalls nicht und sahen in ihnen potentielle indianische Spione. Die Betenden Indianer wurden zwischen diesen beiden Mühlsteinen beinah zerrieben; nur ein paar kleine Restgruppen blieben übrig. Eine von ihnen wohnte in dem Reservat der Narragansett.

Im Langhaus teilte man Philip mit, dass der Häuptling der Betenden Indianer Nanouwetea hieß. Der Wegbeschreibung folgend ritt Philip die Schulhausstraße entlang nach Süden. Hinter einem Kirchengebäude im englischen Stil schwenkte die Straße nach Westen. Weiter vorn war auf der Südseite der Straße das kleine, heruntergekommene Schulhaus zu sehen; hinter ihm erstreckte sich ein großer See. Und dann sah Philip, was er suchte: Auf der gleichen Straßenseite wie die Schule, allein neben einem Maisfeld, stand ein Wigwam. Hier sollte Nanouwetea wohnen.

Philip band die Zügel seines Pferds an einem Ast fest. Er fühlte sich plötzlich unwohl. Bestimmt kam das nur von der ungewohnten Umgebung. Es war eine ganz andere Welt als die Welt, die er gewohnt war; ein Indianer aus diesem Reservat hätte sich im Haus der Morgans oder auf dem Campus des College sicher genauso unsicher gefühlt. Nein, es gab keinen Grund, vor irgendetwas Angst zu haben. Er würde seine Erkundigungen einziehen, sich die Bibel - falls sie da war - erhandeln und wieder verschwinden.

Sein Blick fiel auf drei Indianerjungen, die ihn ein paar hundert Meter entfernt beobachteten. Sie trugen eine merkwürdige Mischung aus Indianer- und Kolonisten-kleidung und mochten neun oder zehn Jahre alt sein. Er schaute sich um. Keine anderen Menschen waren zu sehen. Er wünschte sich, er hätte jemand mitgenommen, der auf seine Sachen und das Pferd aufpassen konnte, während er in den Wigwam ging. Er musste schnell handeln.

Der Wigwam war etwa fünf Meter im Durchmesser und bestand aus einem Holzstangengerüst, das mit der Rinde verschiedener Bäume bedeckt war. Die Türöffnung war viereckig und vielleicht eineinhalb Meter hoch. Vor dem Wigwam rauchten die Reste eines kleinen Feuers, auf dem wohl eine Mahlzeit gekocht worden war. In der Nähe war das Stück eines Baumstamms aufgestellt, oben zu einer Art flacher Schüssel ausgehöhlt. Den herumliegenden Resten von zerstoßenem Mais nach zu urteilen, diente er als Mörser. In der Ferne stand, direkt neben einem Maisfeld, ein etwa vier bis fünf Meter hoher Turm; Philip fragte sich, wozu er wohl diente.

„Holloa?“ Philip blieb ein Stück vor dem Eingang des Wigwams stehen. „Holloa?“, wiederholte er lauter. Immer noch keine Antwort. Er trat zum Eingang und bückte sich, um hineinzugehen. Im gleichen Augenblick kam ein junger Indianer heraus. Die beiden stießen fast mit den Köpfen zusammen.

Philip stolperte zurück. „Entschuldigung! Ich wusste nicht, ob mich jemand gehört hat.“

Der Narragansett stand vor ihm, das Gesicht unbewegt. Er war etwas kleiner als Philip, aber wesentlich stämmiger, wie seine nacke Brust deutlich zeigte. Sein ganzer Oberkörper war bronzefarben und muskulös und von einer dünnen Schweißschicht bedeckt. Außer einem ledernen Lendenschurz trug er nur eine weiße Muschel, die von einem Lederriemen an seinem Hals herabhing. Das pechschwarze Haar fiel ihm bis auf die Schultern. Die dicken Lippen und harten schwarzen Augen verrieten keinerlei Gefühlsregung.

„Was willst du, Engländer?", fragte er.

„Äh ... Ich suche Nanouwetea. Bist du das?"

Der Indianer musterte Philip. Sein Blick wanderte von seinem breikrempigen Hut hinunter zu seiner Jacke, zur Hose und zu den Schuhen und wieder zurück zu seinem Gesicht. Seine Augen bohrten sich in Philips Augen, als würden sie ihm eine geheime Absicht enthüllen, wenn er sie nur lange genug ansah. Seine Lippen verzogen sich zu einem verächtlichen Lächeln. „Du bist nicht sehr klug. Sehe ich alt genug für einen Häuptling aus?"

Wie ihn dieser Hinterwaldindianer, ihn, den besten Harvard-Studenten zum Dummkopf erklärte! Philip fand es amüsant. Am besten ignorierte er wohl diese Beleidigung seiner Intelligenz. „Wo kann ich Nanouwetea finden?", fragte er.

Der Indianer rührte sich nicht.

„Ich bin zwei Tage gereist, um ihn zu sehen", fuhr Philip fort.

Der Indianer seufzte geringschätzig. „Warte hier", befahl er. Er schlüpfte zurück in den Wigwam. „Berühre nichts", erklärte er.

Philip kicherte leise. *Berühre nichts? Als ob es hier etwas gibt, das ich stehlen würde.*

Er wartete mehrere Minuten. Der Indianer kam nicht zurück. Er drehte sich um und begutachtete seine Umgebung. Im Osten lag der See. Nach Süden erstreckte sich das Land, hier und da war ein Wigwam zu sehen. Das Maisfeld und der Turm lagen im Westen. Im Norden verlief, von Osten nach Westen, die Schulhausstraße, hinter ihr war ein großer

Sumpf. Philip trat ungeduldig von einem Bein auf das andere. Würde sein Bote noch einmal zurückkommen? Er dachte an die Jungen, die ihn beobachtet hatten, und schielte in ihre Richtung. Sie waren noch da, aber sie waren nicht näher zu seinem Pferd gegangen. Gut.

Der Kopf des Indianders erschien in der Wigwam-Öffnung. „Komm rein!“ Der Kopf verschwand wieder.

Philip beugte sich nach unten und betrat den Wigwam. Eine Hitzewelle schlug ihm entgegen. Er begriff augenblicklich, warum der junge Indianer so schweißbedeckt war. In der Mitte des Wigwams brannte ein riesiger Feuer. Der Rauch stieg durch ein Loch im Dach nach oben. Trotz des Feuers war es dunkel, besonders am Rand des Wigwams. Es dauerte einen Augenblick bis Philips Augen sich daran gewöhnten.

„Hierher!“ Der Indianer befahl Philip, ihm zur hinteren Ecke zu folgen. Neben dem Feuer saß ein alter Mann, der älteste Mann, den Philip je in seinem Leben gesehen hatte. Seine Haut war wie eine Lederdecke über den zerbrechlichen Körper gespannt; in dicken Falten fiel sie über seine Wangen und von seinem Unterkiefer. Die Haut war heller als die seines jüngeren Gefährten - war es sein Enkel?, sein Urenkel?-, sie war mehr rötlich. Ein paar dünne schneeweiße Haarsträhnen schwebten wie eine Wolke über seinem Kopf. Trotz der gewaltigen Hitze des Feuers lag ein schwerer Umhang aus Federn über den Schultern des Alten. Er schaute zu wie Philip zu ihm kam, das Gesicht ausdruckslos. Seine scharfen, klaren braunen Augen verrieten einen wachen Geist.

Neben dem Alten stand eine junge Narragansett-Frau. Philips erster Eindruck war, dass sie für eine Indianerin auffallend schön aussah. Sie hatte alle charakteristischen Züge ihres Volkes - dunkle Haut, schwarzes Haar, schwarze Augen.

Sie war in Hirschleder gekleidet, ihr Haar fiel züchtig über ihre Augen. Philip fühlte sich zu diesen Augen hingezogen, die ihn durch den Schleier des Haars anblickten; sie waren bezaubernd schön, groß, unschuldig. Die dichten Wimpern betonten noch ihre Schönheit. Aber mehr noch als ihre Augen zog ihn ihre Haltung an - wie sie vor ihm stand, groß und aufrecht, ohne steif zu wirken, mit einer fast königlichen Selbstsicherheit.

Der alte Indianer fragte: „Tocketussaweitch?" Seine Stimme war wenig mehr als ein trockenes Flüstern.

Philip hatte vorher noch nie Algonquin gehört. Er sah die beiden jungen Indianer Hilfe suchend an. Sie erwiderten seinen Blick ohne ein Wort. Er spürte wie ihm der Schweiß über die Wangen lief.

„Es ... es tut mir Leid", sagte er zu dem Alten. „Ich spreche Englisch, Latein, Griechisch und Hebräisch, aber leider nicht Algonquin."

„In diesem Reservat sprechen nicht viele Latein oder Griechisch", meinte der junge Indianer. Es hörte sich sarkastisch an.

Der Alte sah zu der jungen Indianerin und bedeutete ihr zu übersetzen.

„Nanouwetea fragt dich nach deinem Namen", sagte sie. Ihre Stimme war leise und honigweich. Philip fühlte sich wie verzaubert von ihr; den ganzen Tag lang hätte er dieser Stimme zuhören können.

„Mein Name ... mein Name ... Äh, ja, mein Name ist Philip Morgan."

„Philip Morgan", sagte das Mädchen. Philip gefiel es, wie sie seinen Namen aussprach.

„Tawhitch kuppeeyaumen?"

„Warum bist du hierher gekommen?", übersetzte das Mädchen.

Philip erklärte, dass er eine alte Familienbibel suchte, die sein Vorfahr Drew Morgan aus England mitgebracht hatte und die sich wahrscheinlich noch bei den Narragansett-Indianern befand. Nach den Aufzeichnungen der Familie war die Bibel während King Philips Krieg verschwunden. Ihr letzter bekannter Besitzer war Drew Morgans Sohn Christopher, der Indianermissionar.

Der alte Indianer bemerkte, dass King Philips Krieg seit über fünfzig Jahren vorbei war. Warum suchte Philip Morgan erst jetzt nach der Bibel? Philip antwortete, dass sein Vater erst vor kurzem von der Existenz der Bibel erfahren hatte, durch Drew Morgans Tagebuch, das man in einer Dachkammer in Boston fand. Es war der letzte Wunsch seines Vaters, dass er, Philip, die Bibel suchen und nach Cambridge bringen sollte.

Der alte Indianer nickte mehrere Male, dann fragte er, wie Benjamin Morgan zu Tode gekommen war. Er hörte reglos zu als Philip den Mord an seinem Vater beschrieb.

Der Alte schien sichtlich müde zu werden. Er bat Philip durch seine Dolmetscherin, morgen noch einmal zu kommen; sie würden dann weiter über die Sache sprechen.

„Nein!“, rief Philip, etwas heftiger als er gewollt hatte. Die drei Indianer runzelten missbilligend die Stirn. „Bitte versteht“, sagte er, jetzt wesentlich leiser, „dass ich es eilig habe.“ Er erklärte die Dringlichkeit seiner Umstände - das nahende Semester, dringende finanzielle Entscheidungen zu Hause, die ungeduldige Verlobte. Die Stirn des Alten runzelte sich noch mehr. Ohne eine Antwort zu geben legte er sich hin und drehte seinem Gast den Rücken zu.

Als Philip zu seinem Pferd zurückkam, war alles so, wie er es verlassen hatte. Die Jungen, die ihn so aufmerksam beobachtet hatten, waren fort. Er kam sich dumm vor, dass er sie verdächtigt hatte. Er verbrachte die Nacht unter einem

Baum am Ufer des Sees. Niemand bot ihm ein Nachtquartier an, und niemand beschwerte sich über seinen Schlafplatz. Am Morgen ließ der alte Indianer ihn wieder zu sich rufen. Diesmal waren nur der Alte und das Mädchen da, der junge Mann fehlte.

„Er sagt, dass eine Bibel ein persönlicher Schatz ist", übersetzte die junge Indianerin den Alten. „So wie er dir kein Pferd geben würde, das dir nicht gehört, wird er dich nicht zu der Bibel führen, so lange er nicht sicher ist, dass sie dir rechtmäßig gehört."

„Dann weiß er, wo die Bibel ist?", fragte Philip hoffnungsvoll.

Das Mädchen übersetzte die Frage, hörte, was der Alte antwortete, und sagte. „Er wird es dir erst sagen, wenn du bewiesen hast, dass die Bibel dir gehört."

„Was für einen Beweis will er haben?", fragte Philip.

„Du hast ein Tagebuch erwähnt, das dem ursprünglichen Besitzer der Bibel gehörte. Hast du es dabei?"

Philip lächelte breit. Er entschuldigte sich, begab sich nach draußen und kam mit Drew Morgans Tagebuch in der Hand zurück. Die Seiten waren vom Alter vergilbt und brüchig. Er blätterte sorgfältig um, bis zu der Seite, auf der die Bibel erwähnt wurde. „Kannst du Englisch lesen?", fragte er das Mädchen.

Sie nickte ernst.

Er rutschte näher zu ihr und zeigte mit dem Zeigefinger auf die Stelle. Sie beugte sich so zu ihm hinüber, dass ihr Kopf nur noch eine Handbreit von seinem Kopf entfernt war, und er den frischen Duft ihres Haars roch. Er hoffte, sie würde langsam lesen.

Sie wandte sich an ihn mit den Worten: „Darf ich das Nanouwetea zeigen?" Aus der Nähe sah er, wie glatt ihre dunkle Haut war. In ihren schwarzen Augen waren kleine braune Flecken. Er nickte ohne seinen Blick von ihr zu nehmen und gab ihr das Buch.

Das Mädchen kniete sich vor den Alten, legte ihm das offene Buch in den Schoß und zeigte auf die Worte. Sie übersetzte die Stelle, an der es hieß: *Heute sind es sieben Jahre, dass wir das letzte Mal von Christoper hörten. Wir haben wenig Hoffnung, dass er noch lebt. Die letzte Nachricht, die wir bekamen (und auch die nur über Dritte), war, dass er bei den Betenden Indianern des Wampanoag-Stamms mit dem Wort diente, kurz vor Ausbruch der Feindseligkeiten. Doch auch wenn wir nicht wissen, wo er ist und wie es ihm geht, sind wir doch voller Zuversicht, dass sein Leben in Gottes Hand ist. Christopher fürchtete nicht die, die seinen Leib verderben konnten, wusste er doch, dass sie seine Seele nicht würden antasten können. Mein einziger Schmerz ist, dass er, so weit wir wissen, ohne Nachkommen starb, ohne einen Sohn gezeugt zu haben, an den er die Familienbibel weitergeben konnte, getreu dem feierlichen Auftrag, den er von mir erhielt. Vielleicht tue ich unrecht, wenn ich einem äußerlichen Zeichen so viel Bedeutung beilege. Gott benötigt weder Tinte noch Papier, um die Seinen zu kennen. Meine eine letzte Hoffnung für diese Welt ist, dass die Familie Morgan keine Generation kennen wird, die nicht den HERRN anbetet.*

Das Gesicht des Alten blieb unbewegt, während sie las. Als sie geendet hatte, erschien eine zitternde, runzelige Hand unter dem Federumhang und legte sich auf das offene Buch. Der Indianer schloss seine Augen und hob seinen Kopf leicht nach oben. Fast schien es Philip, als befühle er die Worte, um sie auf ihre Wahrheit zu prüfen. Das Mädchen wartete geduldig. Einige Augenblicke vergingen, dann öffnete der Alte wieder seine Augen und hob seine Hand. Das Mädchen gab Philip das Tagebuch zurück.

Offenbar hatten er und das Tagebuch die Prüfung

bestanden, denn einen Augenblick danach sah der alte Indianer ihn an und sagte durch seine Übersetzerin: „Die Bibel, die du suchst, ist vorhanden. Ich habe sie gesehen. Christopher Morgan benutzte sie, um Indianer aus vielen verschiedenen Stämmen über den einen wahren Gott zu unterrichten."

„Du kanntest meinen Vorfahren Christopher Morgan?", fragte Philip. Der Indianer schien ihm alt genug dafür auszusehen.

Der Alte nickte leicht, als ihm die Frage übersetzt wurde. Der Gelehrte in Philip war begeistert: Hier saß ein Mann, der den Bruder seines Urgroßvaters kannte!

„Sag ihm", meinte Philip zu der Indianerin, „dass ich wünschte, mehr Zeit zu haben, um mit ihm zu sprechen. Ich würde gern mehr über Christopher Morgan hören."

Doch aus irgendeinem Grund schien dem Alten das nicht zu gefallen. Er grunzte laut und murmelte mit schüttelndem Kopf etwas vor sich hin. Das Mädchen übersetzte es nicht.

„Ich wollte ihn nicht beleidigen!", entschuldigte sich Philip.

Jetzt sagte der Alte etwas, das er übersetzt haben wollte.

„Er sagt, dass du es zu eilig hast. Du benötigst Zeit, um zu finden, was du suchst. Er meint, du solltest jetzt nach Hause gehen. Er sagt, so lange du so eilig bist, wirst du nicht finden, was du suchst."

Jetzt war Philip beleidigt. Es gefiel ihm nicht, wenn jemand ihm Vorschriften machte, und den unausgesprochenen Vorwurf, dass es ihm nicht so wichtig mit der Familienbibel der Morgans war, mochte er schon gar nicht. War er nicht deshalb den gesamten Weg hierher geritten?

Es lag eine Spur Schärfe in seiner Stimme, ein Stück Feuer in seinen Augen, als er erwiderte: „Sage Nanouwetea, dass er mir nur den richtigen Weg zeigen muss, und ich werde die Bibel finden, egal wie lange es dauert."

Das Mädchen übersetzte seine Worte. Seinem skeptischen Blick nach zu urteilen, überzeugten sie den Alten nicht.

Endlich meinte diester: „In dem Großen Sumpf gibt es eine Gruppe Betender Indianer. Vielleicht haben sie, was du suchst." Er legte sich nieder und drehte Philip den Rücken zu.

Es war nicht das, worauf Philip gehofft hatte, aber er hatte jetzt mehr als bei seiner Ankunft. Wenigstens gab es eine Person unter den Lebenden, die sich an die Bibel erinnerte. Er dankte der jungen Indianerin für ihre Hilfe, dann verließ er den Wigwam und das Reservat und machte sich auf den Weg zum Großen Sumpf.

Kapitel 7

Im Großen Sumpf hatte die berühmteste Schlacht im Krieg von in King Philip stattgefunden. Schon als Gymnasiast hatte der reisende Harvard-Student gelernt, wo der Große Sumpf lag: Nördlich vom Wordon-See, beim Chippuxet River. Als Philip Morgan zur Schule ging, hatten die Kolonien bereits einhundert Jahre Geschichte hinter sich - ein kurzer Zeitraum im Panorama der Menschheitsgeschichte, aber doch genügend, um Stoff für ein paar Schulstunden herzugeben. Eine davon hatte von diesem Krieg gehandelt.

Im Winter des Jahres 1675 eroberten die vereinigten Streitkräfte der Kolonisten unter Führung von Josiah Winslow ein befestigtes Narragansett-Dorf auf einer kleinen Insel inmitten des Großen Sumpfes. Es war ein bedeutender Sieg für die Kolonisten, galten doch die Engländer als miserable Sumpfkämpfer und das Dorf als die sicherste Indianersiedlung in ganz Neu-England; wer den Weg zum Dorf nicht kannte, für den war es praktisch unzugänglich.

Eine Reihe glücklicher Zufälle führte zum englischen Sieg. Es begann damit, dass der Verräter Indian Peter, der die Lage des Dorfes kannte, den Kolonialtruppen den Zugangsweg zeigte. Dann verriet auch das Wetter die Indianer. Es war ein ungewöhnlich kaltes Jahr, und der Morast und das Wasser des Sumpfes waren völlig überfroren, so dass es den Kolonisten ermöglichte, über Gelände vor-zurücken, das noch vor ein paar Wochen unpassierbar war. Die Vorhut der Engländer erreichte das Dorf genau an der Stelle, wo der Befestigungswall noch nicht fertiggestellt war. In einer Serie von Angriffen nutzten die Kolonisten diese Lücke aus, und obwohl viele indianische Krieger entkamen, wurden Hunderte Frauen und Kinder getötet und die Wigwams niedergebrannt. Insgesamt verloren die Indianer ungefähr zweihundert Krieger und dreihundert Frauen und Kinder.

Philip trieb sein Pferd an. Er war müde von dem mehrtägigen Ritt. Hoffentlich besaßen die Betenden Indianer im Sumpf die Bibel, so dass er endlich nach Hause reiten konnte. Einen Trost hatte er immerhin: Der Sumpf lag in östlicher Richtung, also mehr oder weniger in der gleichen Himmelsrichtung wie seine Heimat.

Nach mehreren Meilen durch dichten Wald kam er an eine Stelle, an der der Boden zu steigen begann: Das Nordende des Großen Sumpfs. Langsam und vorsichtig führte er sein Pferd den Schlängelpfad entlang, bis er ein kleines Plateau sah, das acht oder neun Morgen groß sein mochte und auf dem ein knappes Dutzend Wigwams stand. Sie sahen ähnlich aus wie die im Reservat; aus den Dachöffnungen stieg Rauch auf. Wie auf ein geheimes Signal erschienen die Bewohner nacheinander vor ihren Wigwams, bis das gesamte Dorf die Ankunft des Fremden beobachtete.

„Welche Freude, Netop!“, grüßte der Sachem des Dorfes. Philip musste lächeln: Genauso, so erzählte man sich, war Roger Williams, der Gründer von Providence, begrüßt worden, als er den ersten Indianern begegnete. Der Gruß war die Kombination eines englischen Grußes mit dem Algonquin-Wort für „Freund“. Die Gastfreundschaft, die ihm folgte, ließ Philips Nervosität bald schwinden.

Der Sachem, ein breitbrüstiger Mann namens Quinnapin, lud ihn überschwenglich zum Abendessen ein und führte ihn in seinen Wigwam. Philip staunte, wie viele Menschen auf den Fellen im Innern saßen. Sie schauten zu, wie der Engländer aß, und lauschten seinem Gespräch mit ihrem Sachem. Man servierte Philip Maisbrei, Rehfleisch, Kastanien und Beeren. Sein Gastgeber war höflich und herzlich, lächelte jedoch kaum. Auch sonst lächelte niemand, was, wie Philip bald herausfand, eine Eigenart der Narragansett war. Für sie bedeutete Lächeln Betrug und Hinterlist. „Trau keinem, der lächelt", war ihr Motto. Aber was ihnen an solchen Gesten fehlte, machten sie durch Höflichkeit und allgemeine Freundlichkeit mehr als wett.

Zu seiner Enttäuschung musste Philip hören, dass die gesuchte Bibel nicht bei den Indianern des Großen Sumpfs zu finden war. Doch hatte der Sachem davon gehört, dass man in Hassanamesit eine Bibel in Ehren hielt - möglicherweise die Gesuchte. Er versprach ihm, am nächsten Morgen den Weg zu zeigen.

Der Sachem sah die Enttäuschung in Philips Gesicht. „Verliere nicht den Mut", erklärte er. „Du bist nicht ohne Grund hier. Wir kennen diesen Grund noch nicht, aber ich habe gelernt, dass Gott alle Dinge zur rechten Zeit deutlich macht."

Indianer, die von Gott sprachen - es kam Philip fremd und exotisch vor. Er hatte gewusst, dass Männer wie John Eliot, Daniel Gookin und Christopher Morgan die Mission unter den Indianern weit vorangetrieben hatten, aber jetzt hier zu sitzen und die Früchte ihrer Arbeit zu sehen, zu hören, wie diese Indianer zu Gott beteten, ihm für einen guten Tag und eine gute Ernte dankten, ihn um Vergebung ihrer Sünden baten ... Für Philip waren dergleichen Dinge immer mit den Kirchen der Kolonisten und mit Harvard verbunden gewesen, aber diese Menschen hier im Großen Sumpf verehrten denselben Gott wie er, benutzten ganz ähnliche Gebete. Man musste sich erst daran gewöhnen.

„Warum bleibt ihr hier?", fragte Philip den Sachem.

„Das ist unsere Heimat", entgegnete der Sachem. Sein Gesicht war rund; seine vollen Wangen hüpften, während er ein Stück Rehfleisch kaute. „Wohin sollten wir sonst gehen?"

„Ihr seid hier sehr weit von allem anderen entfernt. Wenn ihr näher an Wickford oder Pawtucket oder Providence wohntet, kämt ihr mehr mit Menschen zusammen."

„Nicht wir sind weit entfernt, sondern die anderen. Außerdem ist es den Kolonisten lieber, wenn wir auf Abstand bleiben, und uns zur Zeit auch. Es macht es einfacher, Frieden zu halten. Wir trauen einander nicht."

Ehe Philip sich versah, kam ihm ein Bibelvers über die Lippen: *„Hier ist nicht Jude noch Grieche, hier ist nicht Sklave noch Freier, hier ist nicht Mann noch Frau; denn ihr seid allesamt einer in Jesus Christus* - Galater 3:28."

Quinnapin nickte ernst. „Es ist nicht einfach, den Krieg zu vergessen. Die meisten Menschen, die heute Abend hier sitzen, haben als Kinder Geschichten darüber gehört, welches Unrecht ihre Vorfahren erlitten haben. Viele ihrer Eltern und Großeltern wurden von den Engländern auf Deer Island, einer trostlosen Insel ohne genug Nahrung und Schutz, festgesetzt, angeblich zu ihrem eigenen Besten. Und die Betenden Indianer, die man in ihren Dörfern ließ, durften sich nicht weiter als eine Meile von ihnen entfernen; wer sich nicht daran hielt, konnte ohne Erklärung erschossen werden. Man verwehrte es ihnen, zu jagen, sich um ihre Herden zu kümmern und Mais zu ernten.

Mein Großvater, Hiob Kattenanit, ein Betender Indianer, verließ sein Dorf, um seine drei Kinder zu retten, die von feindlichen Indianern verschleppt wurden. Major Daniel

Gookin stellte ihm einen Brief aus, der ihn als vertrauenswürdigen Mann beschrieb und jeden Engländer, der ihm begegnete, anwies, ihm nichts zu Leide zu tun. Nicht lange danach wurde mein Großvater von Spähern des Captain Henchmen ergriffen. Er hätte sich verstecken können, als er die Soldaten sah, aber er verließ sich auf den Brief. Ein Späher wollte ihn sofort töten, aber sie brachten ihn statt dessen zu Captain Henchmen, der ihn verhörte. Mein Vater, der gut Englisch sprach, erzählte ihm von seinem Vorhaben und zeigte ihm Daniel Gookins Brief. Der Captain schickte meinen Großvater unter Bewachung nach Boston, wo er drei Wochen im Gefängnis schmachtete. Danach brachte man ihn nach Deer Island. Ich habe ihn nie mehr gesehen. Freunde erzählten mir, dass er an einer Krankheit starb."

„Das tut mir Leid", sagte Philip. Seine Augen waren auf einen Zweig geheftet, den er zwischen Daumen und Zeigefinger drehte. Die Trauer um seinen Vater brannte in ihm wie eine eitrige Wunde.

Der Sachem wies auf einen älteren Indianer mit kurzem Haar, dessen rechtes Auge geschlossen war. „Pessacus' Vater und Bruder wurden von Captain Mosely gefangen genommen."

„Mosely. Von dem habe ich gehört. Das war doch der Indianerhasser?"

„Ja. Pessacus' Vater und Bruder waren weit weniger als eine Meile von ihrem Dorf entfernt, als Mosely und seine Männer sie gefangen nahmen. Sie wurden gefesselt und einzeln von Mosely verhört. Den Vater banden sie an einen Baum. Er gab an, ein Betender Indianer und mit seinem Sohn auf Hirschjagd zu sein. Mosely beschuldigte ihn, Kolonisten zu jagen und einen Captain Hutchinson verwundet zu haben. Mehrere Stunden lang versuchten sie, ein Geständnis aus dem alten Mann herauszuholen, dann feuerten sie über seinem Kopf ein Gewehr ohne Kugel ab. Darauf verhörte Mosely den Sohn. Er erzählte ihm, dass sie seinen Vater erschossen hätten und auch ihn erschießen würden, wenn er nicht zugeben sollte, auf Captain Hutchinson geschossen zu haben. Doch der Bruder gab nur zu, dass er ein Betender Indianer war. Sie brachten darauf den Vater herbei, banden die beiden zusammen und verhörten sie abermals. Als sie nach wie vor leugneten, auf Captain Hutchinson geschossen zu haben, befahl Mosely, sie beide zu erschießen."

Der Wigwam war still, man hörte nur das Knistern des Feuers. Ein kleines Meer von Gesichtern spähte durch den Rauch, wartete auf Philips Reaktion. Philip konnte die Gesichter im roten Licht des Feuers gut sehen. Er wollte ihnen versichern, dass nicht alle Kolonisten wie Captain Mosely waren, aber noch während die Worte sich in seinem Kopf zusammenfügten, erkannte er, dass sie nicht zutrafen. Die Christen, die er kannte, waren ganz damit einverstanden, Missionare zu den Indianern zu schicken, um sie zu bekehren und zu zivilisieren, sie aber als ebenbürtig zu behandeln, als Brüder und Schwestern in Christus - niemals. Die meisten Kolonisten sahen in den Indianern - wie in den Farbigen aus Afrika - brauchbare Knechte in Haus und Hof, aber nicht mehr.

Philip wünschte sich, dass die Kolonisten in Cambridge und Boston die Betenden Indianer so erleben könnten wie er an diesem Abend. Sicher würden sie dann ihre Meinung ändern.

„Aber wie bringt ihr andere Indianer dazu, sich euch anzuschließen, wenn es bedeutet, dass ihre eigenen Stammesgenossen sie nicht mehr wollen?", fragte er Quinnapin.

Der Sachem sah ihn verwundert an. „Eine merkwürdige Frage von einem Bibelgelehrten. Weil wir weder von den

Kolonisten noch von unserem eigenen Volk angenommen werden, gibt es keine oberflächlichen Bekehrungen bei uns. Wir betrachten es als Ehre, so zu leiden wie unser Herr. *„Wer will uns scheiden von der Liebe Christi? Trübsal oder Angst oder Verfolgung oder Hunger oder Blöße oder Gefahr oder Schwert? Wie geschrieben steht: Um deinetwillen werden wir getötet den ganzen Tag; wir sind geachtet wie Schlachtschafe. Aber in dem allen überwinden wir weit durch den, der uns geliebt hat."*

Philip Morgan unterdrückte sein Lächeln, um seinen Gastgeber nicht zu verletzen. Für ihn war dieses Lächeln eine natürliche Reaktion, denn die Worte des Sachem erwärmten sein Herz. Die lebendige Kraft des Glaubens dieser Indianer beeindruckte ihn. In seiner Welt war Theologie etwas, über das man diskutierte; man lernte Theorien über die Verdorbenheit des Menschen und das Wesen der Gnade Gottes auswendig. Und hier - hier waren Menschen, die die Verfolgung durch die Welt auf sich nahmen, um Jesus Christus als ihrem Herrn folgen zu können. Zum ersten Mal in seinem Leben schämte Philip Morgan sich seiner Gelehrtheit. Seine Bücherweisheit war eine schwache Kerze vor dem lodernden Feuer des Glaubens dieser Menschen.

Der Abend endete damit, dass die Narragansett-Christen ihrem Gast ein Lied beibrachten. Der indianischen Sitte getreu, lächelten sie nicht, als sie es sangen, aber ihre Stimmen klangen klar und kräftig, und in ihren Augen leuchtete die Hoffnung, von der das Lied sprach.

Am nächsten Morgen beschrieb Quinnapin Philip den Weg nach Hassanamesit. Zwei Tage lang musste er dem Pawtucket River flussaufwärts folgen. Am dritten Tag würde er einen Pfad finden, der ihn nach Osten über den Fluss führen und eine Meile später nach Hassanamesit bringen sollte. Weil es nur einen einzelnen Pfad neben dem Fluss gab und das Unterholz dicht war, riet er Philip, sein Pferd zurückzulassen; er wollte es bis zu seiner Rückkehr versorgen.

Philip begann den Fußmarsch mit einigem Widerwillen. Nicht, dass er Quinnapin nicht glaubte - so redete er sich jedenfalls ein -, aber er hatte nichts anderes angenommen, als dass es eine Straße nach Hassanamesit gab. Ohne Straße keine Herbergen; er würde mutterseelenallein durch den Wald marschieren müssen. Die Aussicht ließ ihn nervös zittern, und seine Stimme war höher als sonst; er stotterte mehrmals. Aber wie konnte er diesen Menschen hier, die täglich um ihres Glaubens willen leiden mussten, sagen, dass er solche Angst vor dem Wald hatte, dass er die Suche nach der Familienbibel am liebsten aufgegeben hätte?

Quinnapin hob segnend seine Hände, als Philip aufbrach. „Möge Gott deine Schritte leiten und dich finden lassen, was du suchst."

Eine Stunde später fand Philip bereits, dass Laufen ihm gut tat - mehr als das Reiten. Es schien nicht nur gut für den Körper zu sein, sondern auch für die Nerven. Er spürte, wie seine Angst nachließ. Er hatte mehr als genug Proviant; dafür hatten die Indianer des Großen Sumpfes gesorgt. In einem kleinen Beutel an seinem Gürtel hatte er getrocknetes Schrotmehl, die Indiander nannten es Nokake. Er hatte auch einen Vorrat an Dörrfleisch dabei, und der Fluss, dem er für den größten Teil der Reise folgen würde, bot jede Menge Trinkwasser.

Statt seiner Lederschuhe trug er ein Paar bequeme Mokassins aus Hirschfell. Sie waren gegerbt und gut einge-fettet, ein Plus auf dem nassen Waldboden. Seine Strümpfe und Hose waren aus Wolle. Er trug ein offenes Hemd; ein zweites, zum Wechseln, hatte er dabei. Für die Nachtkühle hatte er eine Jacke in seine Schlafrolle eingewickelt, und ein breitkrempiger Hut schützte seinen Kopf vor der Kälte. Da er sich fast auf der gesamten Reise unter dem Blätterdach des Waldes befand, benötigte er keinen Sonnenschutz. Zwei Stunden nach seinem Aufbruch begann er sich richtig abenteuerlustig zu fühlen. Es war ein neues Gefühl für jemand, der sonst immer über Büchern saß - ein gutes Gefühl.

Der erste Tag verging schnell. Philip begegnete keiner Menschenseele. Die Dunkelheit fiel schnell in das tief eingeschnittene Tal. Der Harvard-Gelehrte machte ein Feuer, das für eine kleine Gesellschaft ausgereicht hätte, aß von seinem Proviant und tat sein Bestes, um einzuschlafen. Die Geräusche der Nacht hielten ihn wach, das Knistern und Knacken von Holz in dem Feuer, das Rauschen des Flusses und das gelegentliche Rascheln eines unsichtbaren Tiers, das ihn daran erinnerte, dass er doch nicht völlig allein war. Es war eine Geräuschkulisse, die fast schon an Lärm grenzte; was fehlte, war der Klang einer menschlichen Stimme. Die letzte Stimme, die er gehört hatte, war Quinnapins Segen bei seinem Aufbruch gewesen. Erst jetzt merkte er, wie sehr er die Gesellschaft von Menschen benötigte.

Er zog die Decke fester um sich. Für diesmal musste es wohl die Erinnerung an menschliche Stimmen tun. Er schloss wieder die Augen und dachte an Penelope und wie sie miteinander gesprochen hatten. Über ihre Heiratspläne, darüber, wie es sein würde, Mann und Frau zu sein. Und Penelopes grelles Kichern, als er neckisch ihre Seite gekitzelt hatte. Seine Gedanken wanderten weiter, wurden zum Traum, und er hörte die honigsüße Stimme des indianischen Mädchens, dass seinen Namen sprach, immer und immer wieder.

Auch der zweite Tag verging ohne Zwischenfälle. Ein paar Mal freilich hatte Philip den Eindruck, dass jemand ihm folgte. Beide Male glaubte er am Rand seines Gesichtsfelds eine Bewegung zu bemerken, aber als er sich umdrehte und in die Richtung sah, war nichts zu sehen. Wahrscheinlich ein Tier oder seine Phantasie.

Die zweite Nacht war lang und unangenehm. Nicht lange nach dem Einschlafen hatte er einen Alptraum. Es begann damit, dass er durch den Wald wanderte, wie den ganzen Tag. Als er ein paar Zweige zur Seite schob, bemerkte er aus seinen Augenwinkeln eine Bewegung. Er drehte sich in die Richtung: Der riesige Bug eines Handelsschiffs kam durch den Wald gefahren, die Bäume beiseite schiebend, als seien sie Wellen. Er versuchte zur Seite zu springen, aber seine Füße steckten in tiefem Sand. Das Schiff kam immer näher. Er versuchte verzweifelt, seine Füße frei zu bekommen. Kurz bevor der Bug über ihm war, gelang es ihm, zur Seite zu springen, aber nicht weit genug. Das Schiff kam krachend zum Stehen, seine Beine lagen unter dem Rumpf eingequetscht. Er versuchte sie herauszuziehen und wunderte sich, dass er keine Schmerzen hatte. Weiter oben kreisten höhnisch lachende Möwen mit Menschenköpfen.

Plötzlich hörte er, wie jemand seinen Namen rief. Es war eine bekannte Stimme. Sein Vater! Seine Augen wanderten in die Richtung, und da lag er, mit der Brust unter dem Bug des Schiffs. Benjamin Morgan streckte die Arme nach seinem Sohn aus, seine Stimme und Augen baten um Hilfe. Philip riss und zog noch fester, aber das Gewicht des Schiffs ließ ihn nicht los. Jetzt schauten über ihm zwei Gesichter über die Reling - ein Matrose und ein Indianer! Er musste freikommen und seinem Vater helfen, bevor sie von dem Schiff herunterkamen! Seine Hände gruben sich hektisch in den Sand um seine Beine. Die Möwen begannen seinen Namen zu schreien. *Achte nicht auf sie,* dachte er. *Grab schneller, schneller!* Jetzt kamen der Matrose und der Indianer. Die Schreie seines Vaters waren verstummt, sein zermalmter Körper lag reglos am Boden. Der Matrose und der Indianer gingen unbekümmert an ihm vorbei. Sie wollten zu ihm! Philip begann wieder zu graben, aber jedes Mal, wenn er eine Handvoll Sand forträumte, rutschte neuer Sand nach und füllte das Loch. Jetzt standen der Matrose und der Indianer direkt über ihm. Philip sank nach hinten und schaute in die Gesichter seiner Henker. Jetzt ging es wohl ans Sterben. Die Möwen höhnten weiter. Der Matrose hob ein Bein, sein schwerer Stiefel landete auf Philips Brust. Er bekam keine Luft mehr. Er keuchte, versuchte den Stiefel zur Seite zu schieben. Es ging nicht. Der Matrose drückte mit dem Fuß gegen seine Brust, fester, immer fester.

Philip erwachte, vor Schweiß triefend und nach Luft ringend. Das Asthma lag wie eine Klammer um seine Bronchien. Er hustete und keuchte und krümmte sich, bis er fast das Bewusstsein verlor. Einen Augenblick meinte er, das erstaunte Gesicht eines Indianers hinter einem Busch zu sehen, dann schloss der Husten ihm die Augen. Als er sie wieder öffnete, war niemand zu sehen.

Der Anfall dauerte fast eine halbe Stunde. Als er vorbei war, lag Philip Morgan ausgepumpt auf seiner Decke, schweißnass, Lunge und Kehle heiß wie Feuer. Er fühlte sich hilflos und allein.

„Ja, wir haben eine Bibel", erklärte der erste Indianer, den er in Hassanamesit ansprach.

Philip erreichte die Stadt der Betenden Indianer gegen Mittag seines dritten Reisetags. Wie in den letzten beiden Indianersiedlungen auch richteten neugierige Augenpaare sich auf den Gast. Man führte ihn zu einem kleinen Blockhaus, das als Versammlungshaus diente, und stellte ihn einem gedrungenen Indianer mittleren Alters mit freundlichen Augen vor, der gebrochen Englisch sprach. Philip erklärte ihm den Grund seines Besuchs. Sein Herz machte einen

Hüpfer, als der Mann davonging, um die Bibel herbeizubringen.

Als er zurückkam, trug er die Bibel auf seinen ausgebreiteten Händen. Philip ließ Muskete und Schlafbündel fallen und griff nach der Bibel. Seine Finger glitten über den Buchdeckel, den Rücken und den Schnitt der Seiten. Die Bibel war alt und kleiner als er erwartet hatte. Er schlug sie andächtig auf und blätterte die Seiten nacheinander um.

Die Enttäuschung auf seinem Gesicht war unübersehbar. Auf dem Titelblatt stand:

WUNNEETUPANATAMWE
UP-BIBLUM GOD
NANEESWE
NUKKONE TESTAMENT
KAH WONK
WUSKU TESTAMENT

JOHN ELIOT
Cambridge: 1663

Es war eine Bibel in Algonquin - die Bibel, die Missionar John Eliot übersetzt und gedruckt hatte. Philip erklärte dem hilfsbereiten Indianer, dass es nicht die richtige Bibel war.

Der Indianer zeigte auf Philip und fragte: „Sohn von Eliot?"

Philip schüttelte den Kopf. „Nein, Sohn von Morgan."

„Du uns helfen, Bibel lesen? Uns lehren?"

„Ich spreche und lese eure Sprache nicht", antwortete Philip. Er musste an die Worte des jungen Indianers in dem Reservat denken. *Hier sprechen nicht viele Latein oder Griechisch.*

Jetzt machte der Indianer ein enttäuschtes Gesicht. Aber

er lud Philip zum Abendessen ein, und da sein Proviant zusammengeschrumpft war, nahm Philip die Einladung an. Wie das Dorf der Betenden Indianer im Großen Sumpf war auch diese Ortschaft klein und arm an Besitz. Während des Essens erfuhr Philip, dass es hier viele Kinder gab, die fast alle Analphabeten waren. Er konnte ihr Dilemma gut verstehen. Was nutzte eine Bibel, auch wenn sie in der eigenen Sprache geschrieben war, wenn man sie nicht lesen konnte? Nach dem Essen erzählte er seinen Gastgebern die Gleichnisse vom verlorenen Schaf, von der verlorenen Münze und vom verlorenen Sohn. In all seinen Jahren in Harvard hatte er noch nie Menschen erlebt, die so begierig waren, etwas aus der Bibel zu lernen.

Nach dieser „Bibelstunde“ ergriff eine grauhaarige Frau Philips Hand. Mit Hilfe einer Übersetzerin, wohl ihre Tochter, dankte sie Philip überschwenglich für seinen Unterricht. Dann meinte sie, dass sie in der Betenden Indianerstadt, die weiter östlich lag, nicht weit hinter dem Fluss, einmal eine große englische Bibel gesehen hatte. Philip dankte ihr, aber er hatte genug von der Bibeljagd. Er würde sein Pferd abholen und zurück nach Hause reiten. Gleich morgen früh wollte er den Rückweg zum Großen Sumpf beginnen.

Doch als er später im Dunkeln auf seinem Lager lag und Angst hatte die Augen zu schließen, damit der Alptraum nicht wiederkam, gingen ihm die Worte der Frau durch den Kopf. Eine englische Bibel, hatte sie gesagt. Im Osten, nicht weit von hier. Was, wenn das genau die Bibel war, die er suchte? Er war schon so weit gekommen, der Weg zurück zum Sumpf würde mindestens zwei Tage dauern. Aber was verstand eine alte Indianerin unter „nicht weit“? Er beschloss, am Morgen jemand zu fragen. Wenn diese Stadt nicht mehr als eine Tagesreise entfernt war, sollte er vielleicht einen letzten Versuch unternehmen, die Bibel zu finden.

Es zeigte sich, dass „nicht weit“ eine halbe Tagesreise meinte. Diesmal gab es keinen Fluss, der ihm den Weg wies, nur einen Pfad, dem er bis zu einem anderen Fluss zu folgen hatte. Die Stadt lag auf der anderen Seite dieses Flusses.

Die Wegbeschreibung schien einfach, doch Philip erreichte die Stadt nicht. Nach einer Stunde wurde der Pfad zu einer bloßen Wildspur, dann verschwand er ganz. Philip ging weiter, in der Hoffnung, den Weg wieder zu finden. Er kletterte über Felsen, kämpfte sich durch Gestrüpp und überquerte einen Bach, der unmöglich der gesuchte Fluss sein konnte; dafür war er zu schmal und zu nah am Dorf. Seine Mühen waren umsonst; der Pfad war und blieb verschwunden.

Den ganzen Morgen und Nachmittag wanderte er ziellos durch den Wald. Als die Sonne zu sinken begann, kam er an eine große Lichtung, in deren Mitte ein eigenartig aussehender Baum stand. Er war nur spärlich belaubt, und von den Ästen hing es wie Schnüre herunter. Philip, dem alle Glieder schmerzten, beschloss, an dem Baum eine Rast einzulegen und die Schnüre genauer zu betrachten.

Er erreichte den Baum und schaute hinauf in das Geäst. Was er sah, wollte ihm den Magen umdrehen. Die Schnüre waren Seile, die jemand um die Äste gebunden hatte. Der ganze Baum war ein riesiger Galgen. Philip erinnerte sich, von ihm gehört zu haben; manche nannten ihn den „Baum des Zeugnisses“. Hier hatte man an einem einzigen Tag über dreißig Indianer aufgehängt, zur Warnung und Abschreckung für alle, die es in Zukunt wagen sollten, sich gegen die Kolonisten zu erheben. Beim Abnehmen der Leichen hatte man die Seile einfach hängen lassen. Philip spürte, wie seine Beine unter ihm nachgeben wollten, aber er hatte keine Lust, sich zu setzen. Nicht hier, unter diesen Baum.

In diesem Augenblick sah er sie. Sein Herz begann zu

rasen. Sie kamen aus dem Wald heraus. Es waren drei.

„Awaunaguss!“, rief einer der Indianer und zeigte auf ihn.

Philip erstarrte. Sollte er aufspringen und fliehen? Aber er wäre wohl kaum schneller als sie, und schon gar nicht schneller als ihre Pfeile. Er blieb stehen, versuchte nicht zu zittern und schaute zu, wie die drei Indianer zu ihm kamen. Ihr Blick war misstrauisch. Zwei sahen jung und kräftig aus, der eine trug eine Feder im Haar. Der dritte mochte an die fünfzig Jahre sein. Die beiden Jüngeren waren mit Messern, Pfeil und Bogen bewaffnet, der Ältere hatte eine Muskete im Arm. Einer von den Jüngeren blieb in einiger Entfernung als Wächter stehen, während der mit der Feder und der Ältere zu Philip traten.

„Awaun keen?“, fragte der ältere Indianer.

Philip zuckte entschuldigend mit den Schultern. „Ich spreche eure Sprache nicht“, sagte er. „Sprecht ihr Englisch?“

„Tuckowekin?“, fragte der mit der Feder. Er sagte es so laut, als sei Philip schwerhörig.

„Ich wollte, ich könnte euch verstehen“, sagte Philip. „Ich suche die Stadt der Betenden Indianer. Könnt ihr mir sagen, wo sie ist?“

Der Ältere schüttelte den Kopf und grinste verächtlich. „Mat nowawtau hettemina!“

Philip zuckte erneut mit den Schultern. Die Wache hatte die Arme verschränkt und hielt den Kopf gesenkt; seine Augen starrten hasserfüllt auf den Eindringling.

„Kuttokash!“, schrie der mit der Feder. Seine Hand krachte auf Philips Schulter.

Philip fuhr zurück, blieb aber stehen. „Ich will nichts Böses“, sagte er langsam. „Lasst mich weitergehen.“

Mit einer einzigen schnellen Bewegung riss ihm der mit der Feder den Hut vom Kopf. Er inspizierte ihn, nahm die Feder aus seinem Haar, setzte den Hut auf. Er stellte sich in

Positur. Die drei Indianer lachten.

Philip verzog keine Miene. Er versuchte nicht, sich den Hut zurückzunehmen. *Soll er ihn ruhig haben. Er ist keinen Heldentod wert.*

Jetzt hatte der Hut-Indianer eine andere Idee. Er nahm seine Feder und steckte sie Philip ins Haar. Neues Gelächter. Philip stand reglos, seine Wangen glühten vor Zorn über diese Demütigung.

Dem Indianer schien zu missfallen, dass Philip nicht lachte. Er schlug ihm noch einmal auf die Schulter und rief: „Mecauntitea!"

Philip fand, dass es ihm doch lieber war, wenn die drei ihn auslachten.

„Cowesass?"

Ein dritter Schlag auf die Schulter. Philip hielt seine Hände hoch, die Handflächen beschwichtigend nach oben.

„Niss-Nissoke!" Die Worte erklangen von dem Wächter. Sie hörten sich leise, kehlig und hasserfüllt an. Der Indianer mit Hut sah den Älteren an, als erwarte er eine Bestätigung. Würde dieser Baum, an dem einst so viele Indianer gehangen hatten, jetzt zum Zeugen des Todes für einen englischen Kolonisten werden?

„Konkeeteatch Ewo", erklärte der Ältere ruhig. Dann drehte er sich zum Gehen. „Nickattamutta!"

„Niss-Nissoke!", brüllte der Wächter erneut.

„Nickattamutta!", brüllte der Ältere zurück.

Sie gingen mit dem Älteren an der Spitze davon. Die beiden Jüngeren warfen Philip einen hasserfüllten Abschiedsblick zu. Der Harvard-Student, die Feder noch im Haar, schaute ihnen hinterher. Als sie die Hälfte der Lichtung durchquert hatten, nahm der, der Philips Hut genommen hatte, den Hut vom Kopf und schleuderte ihn fort.

Fast eine halbe Stunde blieb Philip voller Angst an seinem Platz. Dann ging er mit wackeligen Knien zu seinem Hut. Er zog die Feder aus dem Haar und setzte sich den Hut auf. Mit zitternden Gliedern marschierte er in die entgegengesetzte Richtung der Indianer.

In der Nacht hatte er erneut den Traum. Wieder kam das Schiff durch das Unterholz gefahren und landete auf seinen Beinen. Wieder begrub es seinen Vater unter sich. Wieder lachten die Möwen, wieder erschienen der Matrose und der Indianer. Aber diesmal traten sie ihm nicht auf die Brust, sondern der Pirat stieß ihn in die Seite und versuchte ihn fortzurollen, erst sanft, dann heftiger.

Philip wurde widerwillig wach. Etwas drückte gegen seine Seite. Er öffnete die Augen. Ein Braunbär. Der Bär drückte seinen Kopf tiefer in Philips Seite und rollte ihn auf den Rücken. Philip sprang blitzschnell hoch. Der Bär folgte ihm nicht, er schien sich mehr für die Schlafdecke und den Proviant zu interessieren.

Philip schüttelte sich den Schlaf und den Traum aus den Augen und versuchte einen Plan zu fassen. Seine Muskete, die er auf seinem Nachtlager griffbereit neben sich gehabt hatte, lag jetzt zwischen ihm und dem Bären unter einer Decke begraben. Wenn er vorsichtig war, konnte er sie vielleicht erreichen.

Der Bär lag auf allen Vieren auf dem Boden und beschnüffelte Philips Sachen; besonders groß sah er nicht aus. Jetzt hatte er den Lederbeutel mit dem Trockenmehl gefunden. Eine große rosa Zunge wickelte sich aus seinem Maul und bewegte sich zu dem Beutel.

Philip kroch langsam und tief geduckt zu der Muskete. Der Bär, jetzt ganz mit dem Mehl beschäftigt, beachtete ihn nicht. Philip hockte sich über die Muskete, die geladen und entsichert war, und hob sie langsam hoch. Er richtete den

Lauf auf den Bär.

Er konnte den Bären erschießen, und damit wäre es erledigt - aber wenn er ihn nicht sofort tödlich traf, konnte es gefährlich werden. Er packte lieber seine Sachen und machte sich vorsichtig aus dem Staub.
Den Lauf der Muskete weiter auf das Tier gerichtet, griff Philip nach seinen Sachen. Den Bären schien es nicht zu stören. Zum Schluss griff er mehrmals vorsichtig nach seinem Rucksack.

Das Brüllen des Bären zerriss die Stille. Philip blickte gerade noch rechtzeitig nach oben, um das Tier hoch aufgerichtet über sich zu sehen. Er sprang nach hinten, stolperte über eine Baumwurzel und fiel hin. Die Muskete schlug auf den Boden.

Der Knall war ohrenbetäubend. Die Kugel flog nutzlos in das Geäst der Bäume. Eine weiße Rauchwolke stieg langsam nach oben.

Einen Augenblick erschrak der Bär, dann wurde er wütend. Mit gefletschten Zähnen und lautem Gebrüll stürzte er sich auf Philip.

Lauf! Steh auf und lauf!, schrie es in Philip. Aber der Bär kam zu schnell. Philip kroch auf Händen und Füßen rückwärts; er kam sich vor wie ein Krebs. Er erreichte einen Baum und kam auf die Füße. Zu spät. Der Bär hatte ihn erneut.

Ein Prankenschlag traf heiß seine Schläfe. Er stürzte rücklings so heftig zu Boden, dass es ihm die Luft aus der Brust presste. Alles drehte sich. *Steh auf oder du bist tot!* Aber er konnte nicht. Seine Kopfseite fühlte sich wie abgerissen an. Sie war feucht und klebrig. Es wurde immer dunkler.

Als das Bewusstsein ihn verließ, sah er den Bären noch einmal über sich, die Tatzen zum nächsten Schlag erhoben. Dann zuckte der Bär plötzlich. Er brüllte, zuckte erneut. Und noch einmal. Dann war alles schwarz.

Philip spürte, wie etwas seinen Kopf auf die Seite legte, mit der verletzten Seite nach oben. Der Schmerz war so heftig, dass er nur Nebel um sich sah. Dann ging der Kopf wieder zurück in seine ursprüngliche Lage. *Der Bär spielt mit mir. Stell dich tot.* Es fiel ihm leicht. Er lag reglos, aber er spürte keine Berührung. Komisch. Und warum hatten die Tatzen kein Fell? Er wurde wieder ohnmächtig.

Raschelndes Laub. Der Bär! Philip versuchte sich hochzudrücken. Seine Hände bekamen nur etwas Blätter und Erde zu fassen. Ein starkes Licht schien ihm ins Gesicht, verschwand, kam wieder, ging hin und her wie ein Signalfeuer. Mit größter Anstrengung öffnete er seine Augen einen Spalt. Er sah Baumwipfel, dann zwang ihn der nächste Lichtblitz, die Augen wieder zu schließen. Beim zweiten Versuch hielt er die Augen einen Augenblick länger offen, lange genug, um zu merken, dass das Signal nichts weiter war als das Spiel des Sonnenlichts in den von einem leichten Wind bewegten Zweigen. Philip horchte nach dem Bär, aber das einzige Geräusch war das Rascheln des Windes in den Blättern und das gelegentliche Stöhnen eines Astes.

Er rollte sich auf die Seite, richtete sich auf einen Arm gestützt auf und sah sich um. Er stöhnte vor Schmerz. Kein Bär zu sehen. Er setzte sich umständlich hoch. Die Anstrengung schien übermenschlich. Ein weißer Nebel tanzte vor seinen Augen, sein Kopf fühlte sich schwummrig an. Er legte ihn auf die Knie, bis das Gefühl vorbei war.

Der Schmerz hämmerte durch seinen Kopf. Seine Hand betastete vorsichtig die linke Schläfe. Sie brannte als er sie berührte. Dann fühlte er etwas Komisches. Er konnte einen Teil seiner Kopfhaut abheben wie eine Klappe. Es schmerzte überraschend wenig, aber dann stach die Luft schmerzlich in das rohe Fleisch unter der Haut. Er ließ die Klappe wieder sinken und versuchte sie festzuklopfen. Er zuckte zusammen bei dem beißenden Schmerz; lieber nicht mehr berühren.

Er kam mühsam auf die Füße und sah sich nach seinen Sachen um. Da lag sein Hut. Er hob ihn auf. Die Krempe war zerfetzt. Der Hut hatte die größte Wucht des Prankenhiebs abgefangen, vielleicht hatte er ihm das Leben gerettet. Er warf ihn auf den Boden, er taugte zu nichts mehr. Die Muskete, der Rucksack und die Schlafdecke lagen noch dort, wo er sie zurück gelassen hatte.

Er wartete einige Zeit, um seine Lage zu überdenken. Er war verletzt, aber lebte noch. Er wusste nicht, wo er sich befand. Er hatte nichts zu essen. Die Sonne stand fast direkt über ihm, so dass er sie nicht zur Orientierung benutzten konnte. Aber er wusste noch, aus welcher Richtung er gekommen war. Er ging in der entgegengesetzten Richtung weiter; es musste wohl der Osten sein.

Er konnte immer nur eine halbe Stunde lang laufen, dann wurde der Schmerz in seinem Kopf so groß, dass er fast nichts mehr sehen konnte und sich ausruhen musste. Er war fast zwei Stunden lang so marschiert, als er rechts von sich Geräusche hörte. Es klang wie ein Fuhrwerk und Männerstimmen. Er schleppte sich langsam in die Richtung und kam an eine Lichtung. Nicht weit entfernt war eine Straße zu sehen. Ein von zwei Pferden gezogener Wagen rollte davon.

Er trat auf die Lichtung und versuchte, sich bemerkbar zu machen. Es kam nur ein Krächzen heraus, und der Wagen war schon zu weit entfernt. Er schaute hinterher; das Bild in seinem Gedächtnis begann sich zusammenzufügen. Diese Straße ... der ferne Horizont - das Feld, der Wald ... diese Stelle kannte er doch! Sein Magen zog sich zusammen. Richtig, er kannte diese Stelle. Es war die Straße nach Roxbury. Die Straße, auf der sein Vater gestorben war. Ein unwirkliches Gefühl kroch ihm den Rücken hinauf. Er stand am Rand des Waldes, aus dem der Matrose und der Indianer gekommen waren, als sie seinen Vater erschossen!

Seine Augen flogen hin und her durch die Bäume, der kalte Schweiß trat auf seine Oberlippe. Unmöglich, dass die Mörder seines Vaters noch hier waren, aber er musste sich absichern. Er ging zur Straße. Er musste hier weg. Mit jedem Schritt fühlte er sich besser. Von hier war es nicht mehr weit nach Hause. Bald würde er Hilfe bekommen, bald war er in Sicherheit.

„ENGLÄNDER!"

Die Stimme erscholl von hinten. Philip wirbelte herum. Bestimmt der Matrose und der Indianer ... Aber da stand kein Matrose, und den Indianer erkannte er sofort wieder. Es war der junge Indianer aus dem Narragansett-Reservat.

„Geh nach Hause, Engländer! Geh nach Hause, da bist du sicher!"

„Was machst du hier?", rief Philip. Die Kopfwunde wollte ihn nicht klar denken lassen. Aber die Antwort lag doch so nah. Er sprach sie selber aus. „Du bist mir gefolgt, richtig?"

„Du hast gefunden, was du suchtest", sagte der Indianer. „Geh nach Hause!"

„Ich habe die Bibel noch nicht!"

„Das ist nicht, was du suchst! Was du suchst, liegt da hinten!" Der Finger des Indianers zeigte auf den Horizont, wo Cambridge lag. „Ehre, Ansehen, feine Gesellschaft, Sicherheit - das ist es, was du suchst!"

Philip hatte zu viel mitgemacht, um sich von diesem primitiven Indianer verspotten zu lassen. Er warf sein Gepäck auf den Boden und stakste zu dem Narragansett, das Gesicht rot, die Hände geballt. „Ich lass mir nicht von dir sagen, was ich vom Leben will! Warum bist du mir gefolgt?"

Der Indianer schien sich nicht bedroht zu fühlen. „Nanouwetea bat mich, nach dir zu sehen. Er wollte nicht, dass dir etwas zustößt."

Erinnerungsfetzen. Natürlich. Das war die Gestalt, die er aus den Augenwinkeln gesehen hatte, das waren die erstaunten Augen aus der Nacht bei seinem Asthmaanfall. „Wenn du mich beschützen solltest, wo warst du, als der Bär mich angefallen hat?"

„In der Nähe."

„Warum hast du mir dann nicht geholfen?"

„Ich habe dir geholfen."

Der Bär hat gezuckt! Der Bär hatte über Philip gestanden, die Tatzen erhoben zum nächsten Hieb. Aber der Hieb war nicht erfolgt. *Der Bär hat gezuckt.* Und gebrüllt und wieder gezuckt. „Hast du ihn getötet?", fragte er.

Der Indianer nickte.

Philips Fäuste lösten sich. „Du hast mir das Leben gerettet. Ich danke dir."

Der Narragansett blieb stumm wie ein Stein.

Philip sah über seine Schulter, wo seine Heimat lag, dann zurück zu dem Indianer. „Ich verstehe nicht, warum Nanouwetea dich hinter mir hergeschickt hat. Ist ihm mein Schicksal gleichgültig?"

„Es ist ihm nicht gleichgültig."

„Aber warum?"

„Es ist vorbei, Engländer. Geh nach Hause."

„Es ist nicht vorbei. Siehst du diese Straße?" Er zeigte in die Richtung. „Auf dieser Straße ist mein Vater ermordet worden. Seine letzte Bitte an mich war, dass ich die Familienbibel der Morgans suche. Und genau das werde ich tun."

Der Indianer musterte ihn, als ob er abwog, wie viel an Philips Worten Gold und wie viel Schlacke war. „Und wenn es dich zu viel kostet?"

Philip spürte, wie er wieder wütend wurde. „Kostet? Mein

Vater ist tot! Ich bin durch den Wald marschiert, obwohl ich nicht die geringste Ahnung habe, wie man darin überlebt. Ich bin von einem Dorf zum nächsten gegangen, von einer falschen Spur zur andern. Drei Indianer hätten mich beinah angegriffen, und ein Bär hat mich um ein Haar getötet! Was soll ich sonst noch machen?"

„Mit mir kommen, zurück ins Reservat."

„Aber warum?"

„Weil deine Bibel dort ist."

Philip war wie vom Donner gerührt. Er brauchte mehrere Sekunden, bis er die nächsten Worte zusammenbrachte. „War sie etwa die ganze Zeit dort?"

Der Indianer nickte.

„Dann hat Nanouwetea mich auf den Holzweg geschickt?"

Noch ein Nicken.

„Warum? Kannst du mir das sagen?"

„Du musst ihn selber fragen."

Philip war fast blind vor Wut. Er stapfte in den Wald nach Süden.

„Vergiss deine Muskete nicht!", rief der Indianer hinter ihm her.

Sie brauchten drei Tage, um das Reservat zu erreichen. In diesen drei Tagen erfuhr Philip, dass sein Beschützer und Führer John Wampas hieß. Nanouwetea selbst hatte ihn zum christlichen Glauben geführt. Der Name des Mädchens lautete Mary Weetamoo. Die Nachnamen waren ihre ursprünglichen indianischen Namen, die englischen Vornamen hatten sie bei ihrer Taufe erhalten.

Als sie am dritten Tag die Straße beim Schulhaus erreichten, ließ Philip seinen Führer hinter sich und lief zu dem Wigwam neben dem Maisfeld. Ohne auf eine Einladung zu warten, duckte er sich durch den Eingang und ging zu dem

Alten. Mary Weetamoo saß neben ihm. Sie aßen gerade Dörrfleisch.

„Welche Freude, Netop", begrüßte ihn Nanouwetea.

„Du bist verwundet", rief Mary Weetamoo, als sie das verkrustete Blut an Philips Schläfe sah.

„Vergiss die Höflichkeiten und vergiss das hier!" Philip zeigte auf seine Wunde. „Frag ihn lieber, warum er mich durch die halbe Welt gejagt hat, wenn die Bibel hier ist!"

„Frage mich selber." Der Alte sagte es in Englisch.

„Ach, so ist das? Der nächste Trick? Gut, ich frage dich selber ... Was soll das alles?"

„Es war eine Prüfung."

„Eine Prüfung! Und was gibt dir das Recht, mich zu prüfen?"

„Ich habe die Bibel." Der alte Indianer sagte es im ruhigsten Ton der Welt.

„Eine Bibel, die meiner Familie gehört!"

„Und meiner."

„Wie kann sie deiner Familie gehören, wenn es die Familienbibel der Morgans ist?"

„Ich bin ein Morgan", erklärte der Alte. „Christopher Morgan."

Kapitel 8

Er musste wohl tot sein.

Als Philip im Juli nicht wiederkam, begann Constance Morgan sich Sorgen zu machen. Als im August das neue Semester in Harvard begann, wurden die Sorgen zur Angst. Im Oktober hatte sie keine Hoffnung mehr. Jared wollte nach Süden reiten, um seinen Bruder zu suchen, aber davon wollte Constance nichts hören. Der Junge war erst achtzehn, und mochte er auch nach den Maßstäben der Welt ein Mann sein, für sie war er ihr Jüngster und der einzige verbleibende Mann in der Familie Morgan dazu.

Das Leben war grausam. Innerhalb weniger Monate hatte Constance ihren Mann und ihren ältesten Sohn verloren. Jared wollte sie nicht auch noch verlieren! Aber wie oft sie ihm auch verbot, Philip zu suchen, er wollte fort, redete schon davon, eines Nachts heimlich aufzubrechen.

Die Lage entspannte sich erst, als Daniel Cole ihr anbot, einige seiner Männer in das Narragansett-Reservat zu schikken, um Erkundigungen einzuholen. Constance war dankbar, und Jared beruhigte sich, auch wenn er enttäuscht war, dass der Händler sich nicht breitschlagen ließ, ihn mitziehen zu lassen. Zwei Wochen später erschien Daniel Cole wieder im Haus der Morgans und brachte ihnen die Nachricht: Seine Männer waren gerade zurückgekehrt, und nein, niemand im Reservat hatte Philip Morgan gesehen oder von ihm gehört. Cole konnte nur den Schluss ziehen, dass Philip das Reservat nie erreicht hatte.

Gegen Ende November, ein halbes Jahr nachdem Philip aufgebrochen war, zog Constance Morgan innerlich einen Schlussstrich. Philip war also tot. Eine inoffizielle Abordnung aus Rektor, Dozenten und mehreren Studenten des College kam zum Haus, um ihr Beileid auszudrücken. Philips Verlobte Penelope lag auf dem Sofa des Morganschen Wohnzimmers und schluchzte haltlos.

Am Silvesterabend saß Constance allein in ihrem Schlafzimmer in einem Sessel vor dem Kamin. Sie hatte sich in einen dicken Schal gewickelt und das Feuer im Kamin knisterte munter, aber der Gedanke an die eisige Hand des Todes, die sie zweimal in diesem Jahr berührt hatte, ließ sie zittern. Sie trank langsam ihren Tee und weinte vor Trauer und vor Einsamkeit. Der Rest des Jahres 1727 tickte dahin, und Constance Morgan verfluchte das Jahr, das ihr so viel Schmerz gebracht hatte.

Am ersten Tag des Jahres 1728 beschloss Priscilla, dass die Zeit des Wartens vorbei war. Sie hatte lang genug Geduld gehabt. Es war Zeit, dass sie etwas unternahm.

Der lange Weg zu ihrer Entscheidung war über ihr morgendliches Bibelstudium gelaufen. Benjamin Morgans Studierzimmer blieb nicht unbenutzt während Philips Abwesenheit; Priscilla führte in ihm ihre Studien weiter. Leidliche Kenntnisse in Latein, Griechisch und Hebräisch hatte sie bereits. Ihr erstes Projekt galt dem Alten Testament; sie übersetzte das vierte und fünfte Kapitel des Richterbuchs, die Geschichte von Debora.

Die Arbeit fiel ihr nicht leicht. Sie war noch dabei, sich die Grundbegriffe des Hebräischen anzueignen. Jedes Wort musste sie einzeln grammatisch zergliedern und seine Wurzel in einem Wörterbuch nachschlagen. Langsam, Wort um Wort, Satz für Satz, verwandelten sich die Zeilen aus unverständlichen Hieroglyphen in Wahrheiten mit einer Bedeutungstiefe, die Priscillas englische Übersetzung weit überstieg. Kaum eine Passage mit der Offenbarung einer neuen Kostbarkeit, die ihr bislang verborgen geblieben war. An diesem Morgen war ihre Arbeit besonders lohnend. Der siebte Vers des fünften Kapitels traf sie mit der Wucht einer Prophetie. Sie schrieb ihre Übersetzung auf die linke Seite des Blattes, das vor ihr lag:

Die Weiler in Israel erloschen; sie erloschen,
bis ich, Debora, aufstand.

Dann nummerierte sie die Schlüsselworte und schrieb auf die rechte Seite des Blattes zu jeder Nummer eine Anmerkung.

1. Weiler: Das Wort bezeichnet Dörfer auf dem Land, im Gegensatz zu ummauerten Städten.
2. Verlöschen: Von einer Wurzel, die „schwach sein", „versagen" bedeutet.
3. Aufstand: Von dem Verb „stehen", „sich erheben", „wachrufen" oder „stärken".
Wie ich diesen Vers verstehe, befand sich das Land im Chaos. Israel war dem Untergang geweiht, am Rand des völligen Zusammenbruchs. Und das Volk wäre untergegangen, wäre Debora nicht aufgestanden, um aus Chaos Ordnung, aus Niederlage Sieg zu machen. In diesem Zustand befindet sich auch das Haus der Morgans. Seit Vater tot und Philip verschwunden ist, liegen wir darnieder. Mutter - Gott möge sie segnen - hat nicht

die nötigen Fähigkeiten, um unsere Geschäfte weiterzuführen. Jared zeigt keinerlei Interesse und verlegt sich bei den einfachsten Dingen auf das Hinausschieben. Wenn nicht etwas geschieht, gehen wir unter. Es ist Zeit, dass ich, Priscilla, aufstehe und unsere Familie stärke. Möge Gott mir Weisheit und Kraft dazu geben.

Priscilla räumte ihre Bücher fort, zog das Hauptbuch ihres Vaters und die Holzkiste hervor, in der er verschiedene Rechnungen, Quittungen und andere wichtige Papiere aufbewahrt hatte, und begann das Chaos zu ordnen. Als ihre Mutter sah, womit sie beschäftigt war, wollte sie zuerst protestieren, dann schloss sie leise die Tür. Priscilla arbeitete ungestört den ganzen Tag, unterbrochen nur durch die Mahlzeiten. Am Abend besaß sie den Überblick über die dahinsiechenden Finanzen der Familie und hatte erste Entschlüsse zur Abhilfe gefasst.

In den folgenden Monaten bezahlte Priscilla Morgan ausstehende Rechnungen, erwirkte, wo nötig, Kredit oder Zahlungsaufschub und stellte Diener ein: Ein indianisches Mädchen für das Haus, einen Afrikaner für die Arbeit außerhalb; später, als das Familieneinkommen sich stabilisert hatte, kam ein weiterer Schwarzer, Joseph, als Hausdiener dazu. Dann ließ sie dringend notwendige Reparaturen am Haus durchführen.

Priscillas großes Problem bestand darin, dass nicht genügend Geld vorhanden war und die Familie kein festes Einkommen besaß. Jared redete zwar davon, sich eine Arbeit zu suchen, aber keine gefiel ihm. Priscilla begann also, sich nach anderen Möglichkeiten umzusehen. Zwei boten sich sofort an, aber ihr gefielen beide nicht.

Die erste Möglichkeit war, Daniel Cole die Anteile zu verkaufen, auf die er so scharf war. Aber diese Anteile waren die zuverlässigste Einnahmequelle, die die Familie besaß, nicht viel, aber regelmäßig. Der Verkauf eines Apfelbaums mochte ein schönes Sümmchen bringen, aber danach gab es keine Äpfel mehr. Nein, die Geschäftsanteile würde sie nur im äußersten Notfall verkaufen.

Die zweite Möglichkeit, zu Geld zu gelangen, kam aus einer unerwarteten Richtung. Der Mann hieß Nathan Stearns und wollte Priscilla heiraten. Nathan war klein, hausbacken und duckmäuserisch, aber er wollte Priscilla, und er war reich. Seit seinem vierzehnten Lebensjahr Vollwaise, sehnte der Einundzwanzigjährige sich nach einer Frau. Er hatte das Schiffsbau-Imperium seines Vaters geerbt und wohnte bei seiner Tante und dem Onkel im Nordviertel von Boston am Clark's Square. Die beiden waren gemein und grausam zu ihm, und er sehnte sich nach dem Tag, an dem er sie endlich hinauswerfen konnte. Aber da alleinstehende junge Männer nicht allein wohnen durften, waren sie im Testament seines Vaters zu seinen Vormündern bestimmt worden bis er heiratete. Für Nathan Stearns bedeutete die Ehe Freiheit.

Normalerweise fand ein heiratswilliger Mann, der gut betucht war, leicht eine Frau. Aber nicht Nathan. Wo seine Tante und Onkel die potentielle Zukünftige nicht vergraulten, tat es seine Persönlichkeit - oder vielmehr sein Mangel an Persönlichkeit. Er war so schüchtern und gehemmt, dass es schmerzte, und besaß keinerlei Selbst-bewusstsein. Und dieser Mangel war wie ein Schwamm, der alles Sprechen, alles Lachen und alle Fröhlichkeit in einem Raum aufsog, bis nichts mehr da war. Nathans Befangenheit machte seine Gesprächspartner ebenfalls befangen; die Frauen hatten Mitleid mit ihm, die Männer verachteten ihn.

Aus Nathans Sicht war Priscilla Morgan die Antwort auf seine Probleme. Sie war stark genug für sie beide. Sie würde sich nicht von seiner Tante und seinem Onkel einschüchtern lassen, und bei Besuchen und gesellschaftlichen Anlässen war ihre Persönlichkeit so dominierend, dass ihn niemand mehr bemerken würde. Sie war die perfekte Frau für ihn.

Also nahm Nathan Stearns seinen ganzen Mut zusammen und fragte Constance, ob er wohl Priscilla besuchen dürfe. Er durfte. Was folgte, war eine Tortur für alle Beteiligten. Der junge Mann erschien stets pünktlich, in der Hand ein Geschenk, mal Zuckermandeln, mal eine gedruckte Predigt oder ein Traktat. Die folgenden Stunden verbrachten er und Priscilla damit, jeder auf einer Seite des Wohnzimmers zu sitzen und einander anzustarren. Irgendwann kam Constance und bot Erfrischungen an. Priscilla stellte amüsiert fest, dass Nathan für seine höfliche Ablehnung der Erfrischung mehr Worte mobilisierte als er sonst am ganzen Abend sprach. „Nein, danke. Danke, nein ... danke."

Priscilla benutzte sämtliche üblichen Signale, um ihm ihr Desinteresse zu zeigen. Sie sorgte dafür, dass immer ein Möbelstück zwischen ihnen stand. Sie kümmerte sich nie um das Feuer, sondern ließ es ausgehen, bis sie im Dunkeln dasaßen. Wenn er sich dann endlich erhob, half sie ihm nicht in seinen Mantel - eine der größten Unhöflichkeiten überhaupt. Sie ließ ihn auf dem Weg zu seiner wartenden Kutsche auch von keinem Diener mit Laterne begleiten, sondern ließ ihn allein durch die Dunkelheit stolpern. Nur eins brachte sie nicht fertig: Ihm ins Gesicht zu sagen, dass er nicht mehr kommen sollte. Denn so sehr sie seine jämmerlichen Annäherungsversuche auch verachtete, sie hatte Mitleid mit ihm. Und sie fand es selber scheußlich, aber etwas, ja, irgendetwas an ihm zog sie an. Sein Geld.

„Was wirst du sagen, wenn er dir einen Antrag macht?", fragte ihre Mutter sie eines Abends.

Sie saßen beide im Studierzimmer; Constance war mit

einer Stickerei beschäftigt, während Priscilla am Schreibtisch saß und Eintragungen in das Hauptbuch machte.

„Ich glaube nicht, dass er das macht“, meinte Priscilla.

„O doch.“

„Warum bist du so sicher?“

Die Sticknadel blieb in der Luft stehen. „Ist das nicht der Sinn des Freiens?“

Priscilla kicherte. „Ach, nennt man das so, was er macht?“

„Priscilla!“ Constance musste selber ein Kichern unterdrücken. „Das ist nicht nett.“

Priscilla legte ihre Feder zur Seite, drehte sich zu ihrer Mutter, ließ die Schultern sinken und presste die Hände in ihrem Schoß zusammen. In ihrer Stimme lag ein unterdrücktes Gähnen. „Für mich ist die Liebe eine Krankheit, die ich noch nie gehabt habe.“

„Warte nur, das kommt bei dir auch noch. Und es ist eine wunderbare Krankheit! Ich hätte sie für nichts in der Welt missen wollen.“ Constances Augen wurden feucht.

„Mama, ich vermisse Papa auch, aber so jemand wie ihn gibt es nicht noch mal.“

„Jeder Mann ist anders. Was mich zu einem anderen Thema bringt, Priscilla. Ich wollte dich schon lange etwas fragen.“ Constance legte ihre Arbeit in den Schoß. „Was würdest du sagen, wenn ich wieder heirate?“

Eine Wolke des Entsetzens huschte über Priscillas Gesicht. So weit sie wusste, hatte ihre Mutter seit der Beerdigung nur zu einem Mann engeren Kontakt gehabt. „Mama, du meinst doch nicht etwa Master Cole?“

Constances Antwort war ein Lächeln.

„O Mama, nein!“

Constance Morgan warf ihr einen warnenden Blick zu. „Ich habe dich nicht um deine Erlaubnis gefragt!“

„Ich würde sie dir auch nicht geben.“

„Priscilla Morgan! Spricht man so zu seiner Mutter?" Constances Augenbrauen schoben sich zusammen und bildeten jene senkrechte Falte, die den Morgan-Kindern stets angezeigt hatte, dass Mutter ärgerlich war.

„Mama, bitte heirate ihn nicht!", stieß Priscilla hervor. „Meinst du, Papa würde das gutheißen?"

Constance fuhr einen Augenblick mit ihrer Stickerei fort, dann musste sie sich unterbrechen; die Tränen verschleierten ihr den Blick. „Ich bin einsam, Priscilla. Furchtbar einsam. Daniel ist seit Jahren ein guter Freund. Er ist nicht dein Vater, ich weiß, aber so wie jetzt kann es mit mir nicht weitergehen. Ich wollte, ich könnte dir zeigen, wie mir zu Mute ist. Jeden Morgen, wenn ich aufwache, habe ich dieses Gefühl, dass ein Teil von mir fehlt. Es ist genauso als wäre ich blind oder hätte keine Arme oder Beine mehr, nur noch schlimmer, viel schlimmer. Priscilla, mir fehlt die Hälfte meiner Seele. Ich werde nicht damit fertig. Ich habe es versucht, ich habe Gott gebeten, diese Wunde in mir zu heilen. Aber sie geht und geht nicht fort. Gott, helfe mir, sie geht nicht weg!" Sie weinte jetzt hemmungslos.

Priscilla kniete sich neben sie und legte den Kopf in ihren Schoß. „Du hast doch noch mich, Mama."

„Ich weiß, mein Kind." Constance strich ihr über das Haar. „Du warst der Fels in unserem ganzen Elend, das werde ich dir nie vergessen."

Priscilla hielt die Hand ihrer Mutter an ihre Wange, Constance strich weiter über Priscillas Haar. Schließlich sagte Constance: „Du hast eben die Liebe mit einer Krankheit verglichen. Ich habe sie bekommen. Sie ist in meinem Blut, ich weiß nicht, wie ich ohne sie leben sollte."

Priscilla schwieg. Aber sie hatte noch nicht ihr letztes Wort zum Thema Daniel Cole gesagt.

Im ersten Viertel des neuen Jahrs war Priscilla ein Wirbelwind an Aktivität; unermüdlich kämpfte sie für die Interessen der Familie Morgan. Und wenn Constance es auch nicht gefiel wie ihre Tochter sich so ganz und gar um Dinge kümmerte, die eigentlich Männersache waren, so war sie doch heimlich stolz auf Priscillas Erfolge. Nie war das Haus in einem besseren Zustand. Priscilla hatte die Diener fest im Griff und behandelte sie gerecht. Es kamen keine Gläubiger mehr an die Tür, um etwas verlegen ihr Geld von einer Frau zu erbitten, die innerhalb eines halben Jahrs ihren Mann und einen Sohn verloren hatte. Und Priscilla war glücklicher, als Constance sie je erlebt hatte. Mit jedem neuen Tag schien sie zu wachsen.

Priscilla Morgan hatte gerade die Good Woman Tavern betreten, ein Gasthaus in der King Street in Boston in der Nähe der Cornhill Street. Sie suchte einen Schmied namens Jake Sutcliffe. Nach mehreren erfolglosen Versuchen, ihn durch Briefe und Besuche ihres Hausdieners Joseph zu erreichen, hatte sie keine andere Wahl als persönlich nach Boston zu fahren. Um das Beste daraus zu machen, hatte sie ihre Mutter dazu überredet, sie zu begleiten; es konnte ihr nur gut tun, einmal aus dem Haus zu kommen. Und Constance hatte zugesagt. Gut. Aber dann hatte sie sich bei Daniel Cole zu einem Besuch angemeldet, denn mit dem Schmied verhandeln konnte ihre Tochter ja wohl allein. Entsprechend schlecht war Priscillas Laune, als sie die Stadt erreichten.

Die beiden Frauen fuhren mit der Kutsche, die Joseph lenkte. Er nahm die Fährstrecke über Charlestown, so dass sie Boston von Norden erreichten. Nachdem sie ihre Mutter vor Coles dreistöckiger Villa in der Beacon Street abgesetzt hatte, fuhr Priscilla den Hügel hinunter zur Cornhill Street und in Sutcliffes Schmiede.

Seit sie am frühen Morgen das Haus verlassen hatten, war Priscillas Wut immer mehr gestiegen. Sie hasste es, einen ganzen Tag zu vergeuden, weil dieser Schmied entweder unfähig oder, schlimmer noch, ein Gauner war. Aber was ihre Wut auf die Spitze trieb, war die schulmädchenhafte Art, wie ihre Mutter sich auf dem ganzen Weg nach Boston benahm. Sie kicherte über alles und jedes, prüfte ständig, ob sie auch gut genug aussah, und je näher sie zu Master Coles Haus kam, desto häufiger legte sie ihre Hand auf die Brust und zog tief die Luft ein, um sich zu beruhigen. Es war schlimm genug, wenn ein Mädchen in Priscillas Alter sich so aufführte; dass ihre eigene Mutter so die Verliebte spielte - das war ekelhaft.

Es besserte ihre Laune auch nicht, dass Sutcliffe nicht anwesend war, als sie die Schmiede erreichte. Sein Lehrling erklärte, dass der Schmied für einen Augenblick fortgegangen war. Priscilla nahm ihn beim Wort und wartete eine Stunde. Sie vertrieb sich die Zeit damit, zuzuschauen, wie der Lehrling mit wenig Erfolg versuchte, eine Stute dazu zu bewegen, sich von ihm ein Hufeisen abnehmen zu lassen. Als die Stunde vorbei war und der Meister immer noch nicht erschien, nahm Priscilla den Lehrling ins Gebet und brachte aus ihm heraus, dass Jake Sutcliffe sich in eins der Wirtshäuser in der King Street begeben hatte; welches, wusste er nicht genau. Priscilla zog sofort los und gelangte nach vergeblichen Erkundigungen in der Rose and Crown und der Royal Exchange schließlich zur Good Woman Tavern.

Die Postkutsche war gerade angekommen, und Priscilla folgte dem staubbedeckten Kutscher durch die Tür unter dem Wirtshausschild, das eine Frau ohne Kopf zeigte. Sonst verließ niemand die Kutsche. Der Kutscher legte ein Bündel Briefe auf die Theke; der Wirt tauschte die üblichen Männersprüche mit ihm aus. Letzterer hatte gerade den Bindfaden, der die Briefe zusammenhielt, aufgeschnitten und begonnen, die Post zu sortieren, als er Priscilla sah.

„Kann ich Euch helfen, Mistress ...“

„Morgan“, ergänzte Priscilla in geschäftsmäßigem Ton. „Ich muss bald zurück nach Cambridge und benötige Eure Hilfe.“

„Madam!“ Der Kutscher tippte an seinen breitkrempigen Hut. „Da kommt Ihr gerade richtig.“ An den Wirt gewandt meinte er: „Nächste Woche hol ich mir das Bier, das du mir schuldest, Gibbs.“

Priscilla sah den Kutscher an. Was meinte er?

„Morgan?“ Der Wirt wiederholte lächelnd den Namen. Er nahm zwei Briefe aus dem Bündel und warf sie unter die Theke. „Und was kann ich für Euch tun, Mistress Morgan?“

Der Wirt war ein großgewachsener junger Mann, dessen Hobby das Lächeln zu sein schien. Sein Haar war braun mit einer Spur irischem Rot und ziemlich lockig. Er wirkte ebenso selbstbewusst wie freundlich - beides Pluspunkte in seinem Beruf.

„Ich suche einen Schmied; er heißt Master Sutcliffe“, antwortete Priscilla. „Ist er vielleicht hier?“

Der Wirt lehnte sich über die Theke und senkte seine Stimme. „Was Wichtiges?“, fragte er.

„Ich glaube nicht, dass Euch das etwas angeht, Sir!“

„Gibbs. Peter Gibbs.“ Der Mund des Wirts verzog sich zu einem breiten Grübchengrinsen. Er steckte Priscilla seine Hand entgegen.

Priscilla schaute auf die Hand, dann auf den Mann. „Die Frage ist doch gewiss nicht zu schwierig für Euch“, meinte sie ohne die Hand zu beachten. „Aber ich kann sie noch einmal wiederholen: 'Ist Master Sutcliffe hier?'“

Der Wirt zog seine Hand beschwichtigend zurück. „Mistress Morgan, ich möchte nicht neugierig sein, ich will Euch nur helfen. Euer Master Sutcliffe ist hier, aber er hat zu viel getrunken, und wenn er zu viel getrunken hat, wird er ungemütlich." Der Wirt dachte einen Augenblick nach und fügte hinzu: „Noch ungemütlicher als sonst. Es wäre besser, wenn Ihr Euer Anliegen morgen bei ihm vorbringen würdet."

„Könnt Ihr mir bitte zeigen, wo er ist?"

Der Wirt zögerte. Er schien abzuwägen, was für Chancen die junge Dame gegen den Schmied hatte. „Ihr findet ihn vor dem Kamin."

Was Priscilla vor dem Kamin fand, war ein bierbäuchiger schmutziger Mann, der halb auf einem Stuhl lag. Seine rechte Hand lag um den Krug, der neben ihm auf dem Tisch stand, die Linke hing so schlaff herunter, dass die Finger über den Boden schleiften. Die unbeschuhten Füße waren zum Kamin gestreckt, der Kopf hing halb über die Rückenlehne. Die Augen waren geschlossen, der Mund dafür offen.

Priscilla baute sich so groß vor dem Schmied auf wie sie konnte. „MASTER SUTCLIFFE!" Ihre Stimme war klar und schneidend. Die Beine des Schmieds klappten nach hinten und er richtete sich halb auf. Priscilla, ihren Vorteil nutzend, stellte sich so dicht vor den Schmied, dass er sich nicht erheben konnte.

„Ihr habt mir dieselbe Rechnung zweimal geschickt!" Priscilla knallte zwei Papiere auf den Tisch. „Und Eure Arbeit habt Ihr auch nicht gemacht. Ich verlange eine Erklärung!"

Der Schmied, sichtlich verwirrt, versuchte zu sich zu kommen. Die Augen der anderen Gäste richteten sich auf die rothaarige Frau und den betrunkenen Schmied. Peter Gibbs schaute mit unverhohlenem Vergnügen zu.

„Kaum hatte ich diese Rechnung bezahlt ...", sie fuchtelte mit dem einen Blatt herum, „... da bekam ich diese." Sie wedelte mit dem anderen Blatt.

Der Kopf des Schmieds wurde klarer. Er sah Priscilla an. „Kleine Dame, das ist Buchhaltung, das ist kompliziert, viel zu kompliziert für eine Frau."

Sutcliffe versuchte aufzustehen. Priscilla ließ es nicht zu. „Dann könnt Ihr mich ja vielleicht aufklären, Master Sutcliffe." Sie zeigte auf die beiden Rechnungen. „Sagt es mir, wenn ich im Unrecht bin. Die beiden Rechnungen haben dasselbe Datum, die Beschreibung der Arbeit ist auch gleich, ebenso der Preis."

„Schaut her, Lady ..."

„Mistress Morgan!", verbesserte sie ihn.

Die verdreckten Wangen des Schmieds begannen sich ärgerlich zu röten. „Schaut her, Mistress Morgan. Sagt Eurem Papa ..."

„Mein Vater ist tot, und mein älterer Bruder ebenfalls! Ich habe keinen Mann. Ich verwalte die Finanzen der Familie, und ich verlange eine Antwort. Nicht nur, dass Ihr versucht, mich zu betrügen, Ihr habt die Arbeit gar nicht ausgeführt!"

Sutcliffes Stuhl kratzte über den Boden, er erhob sich und baute seinen massigen Körper vor Priscilla auf. Peter Gibbs kam von der Theke herbeigerannt und stellte sich zwischen die beiden. „Halt du dich da raus", knurrte Sutcliffe. „Dame oder nicht, dieses Mädel nennt mich einen Lügner!"

Der Wirt nahm die beiden Rechnungen in die Hand und betrachtete sie. „Sie scheint aber Recht zu haben, Jake. Die beiden Rechnungen sind absolut gleich, und auf der hier steht `bezahlt´. Das ist doch deine Unterschrift, oder nicht?"

Der Schmied schaute sich um. Alle Augen waren auf ihn gerichtet. Er betrachtete widerwillig die Rechnungen.

„Hier, siehst du?" Der Wirt zeigte auf die Unterschrift.

„Ja, scheint zu stimmen", murmelte Sutcliffe. „Da hat wohl mein Lehrling Unsinn gemacht und eine zweite Rechnung geschickt." Er sagte es so laut, dass es jeder hören konnte.

„Dann hat Euer Lehrling auch vergessen, das Pferd zu beschlagen?", fragte Priscilla.

„Also, daran erinnere ich mich! Ich habe es selber beschlagen, so wahr ich hier steh!" Priscilla starrte in die Gesichter der beiden Männer, die zu ihr hinunterblickten. Wie sie es hasste, eine Frau zu sein. Dieser Schmied bildete sich ein, dass er Recht hatte, weil er ein Mann war, und der Wirt schien sich über sie zu amüsieren. Was hätte ein Mann in so einer Situation gemacht? Wahrscheinlich um sich geschlagen, was natürlich nichts gelöst hätte. Nein, sie würde es anders machen. Sie nahm dem Wirt die unterschriebene Rechnung aus der Hand und stolzierte aus dem Gasthaus.

Noch bevor sie zur Tür hinaus war, begann Jake Sutcliffe über sie herzuziehen. So eine wie sie brauchte einen Mann, der sie zurechtstutzte. Und er wusste auch, wer dafür in Frage kam.

Einen Augenblick später öffnete sich die Tür des Wirtshauses wieder. Priscilla Morgan kam zurück, hinter ihr, an den Zügeln geführt, ihr Pferd. Die Gäste starrten sie an und lachten. Einige mussten aufstehen, um dem Tier Platz zu machen, das seiner Herrin gehorsam folgte und vor dem Schmied und dem Wirt stehen blieb. Priscilla hob den linken Vorderhuf des Pferdes hoch. „Schaut's Euch selber an, Master Sutcliffe", sagte sie und zeigte auf das alte zerbrochene Hufeisen. „Wollt Ihr immer noch behaupten, dass Ihr dieses Pferd beschlagen habt?"

Mehrere Tage lang verlustierte Peter Gibbs seine Gäste mit der Geschichte von der Frau, dem Pferd und dem schamroten Schmied. Vor so vielen Zeugen hatte Sutcliffe keine andere Wahl als zu versprechen, das Pferd sofort zu beschlagen, was er auch tat.

Als die Wogen sich geglättet hatten, ging der Wirt zurück an seine Arbeit - das Sortieren der Post. Er erinnerte sich an die Briefe, die er unter die Theke geschoben hatte, und holte sie hervor. Der eine war an Constance Morgan in Cambridge gerichtet, der andere an Penelope Chauncy, ebenfalls Cambridge. Beide trugen den gleichen Absender: Philip Morgan. Gibbs musste an die burschikose Rothaarige denken. Sie hatte gesagt, dass sie Priscilla Morgan hieß.

Der Wirt sortierte die Post zu Ende. Jeder Brief würde seinen Empfänger erreichen. Bis auf die beiden Briefe von Philip Morgan; er schob sie in seine Hosentasche.

Kapitel 9

Priscilla saß zufrieden in ihrer Kutsche, die das frisch beschlagene Pferd um die Ecke der Straße zog. Sie lehnte sich entspannt zurück und schaute durchs Fenster.

Sie erkannte die King's Chapel, die erste anglikanische Kirche in Boston, deren Turm wie ein warnender Finger des fernen englischen Mutterlands emporragte. Sie war vor mehreren Jahrzehnten unter dem unbeliebten Gouverneur Andros erbaut worden, den die englische Regierung entsandt hatte, um die wachsenden Unabhängigkeitsgelüste der Kolonie einzudämmen. Sein turbulentes Regiment hinterließ noch heute einen bitteren Beigeschmack im Mund der Kolonisten.

Gegenüber der King's Chapel, am Hang und ein gutes Stück von der Straße entfernt, stand ein so prächtiges Haus, dass Priscilla Joseph anhalten ließ, damit sie es sich in Ruhe ansehen konnte. Es gehörte den Faneuils, einer reichen Kaufmannsfamilie, und thronte wie ein großes mittelalterliches Schloss zwischen den hohen Bäumen; nur die Türme und der Wassergraben fehlten. Bis heute hatte Priscilla es nur vom Hörensagen gekannt. Es sah noch größer aus, als sie es sich vorgestellt hatte. Wenn die Geschichten, die sie gehört hatte, stimmten, zogen sich hinter ihm fantastische Gärten den Hang hinauf. Wie mochte es sein, in solcher

Pracht zu wohnen? Vielleicht würde sie es eines Tages wissen. Hinter dem Anwesen der Faneuils bog die Kutsche in die Beacon Street ein. Sie fuhren an mehreren Landhäusern mit schön angelegten Gärten vorbei; doch keins von ihnen konnte es mit dem Palast der Faneuils aufnehmen. In einem dieser Häuser wohnte Daniel Cole. Ein hoher schwarzer gusseiserner Zaun mit weißen Ziegelsäulen trennte das Grundstück von der Straße. Hinter dem mächtigen Tor führte eine breite Freitreppe aus Stein zu dem dreistöckigen Gebäude. Das Haus hatte eine gute Aussichtslage mit Blick auf einen großen Teil der Stadt und der Bucht. Hinter dem Haus zogen sich mehrere Terrassen mit Blumenbeeten und Obstbäumen weiter den Hang hinauf.

Im Großen und Ganzen unterschied Daniel Coles Villa sich nicht sehr von ihrer reichen Umgebung. Bis auf ein grelles Detail, das für Priscilla typisch Daniel Cole war: Über dem Eingang hing an einer Stange ein gewaltiger Zinnkessel, ein unübersehbares Zeichen für dem Beruf des Hausherrn und der Quelle seines Reichtums. Es war die Art Werbeschild, die man über einem Laden im Süden der Stadt erwartet hätte; hier in der Beacon Street passte es einfach nicht. Aber Daniel Cole war Daniel Cole. Sein Geldbeutel konnte es mit den anderen reichen Bewohnern von Boston aufnehmen, - aber nicht sein Geschmack, geschweige denn sein Benehmen. Priscillas gute Laune verflog, als ihre Kutsche vor dem Haus anhielt.

„Master Cole wird Euch im Salon empfangen.“ Ein kleiderschrankgroßer schwarzer Diener führte Priscilla ins Haus. Sie hatte nicht hineingehen wollen; sie hatte Joseph die Treppe zum Eingang hochgeschickt, um ihrer Mutter ausrichten zu lassen, dass sie da waren, um sie abzuholen. Ein paar Minuten später war er allein zurückgekommen: Master Cole wollte sie unbedingt im Haus empfangen.

Der Salon war ein weitläufiger Raum. Das riesige Fenster ging zur Boston-Bucht hinaus. „Master Cole wird in kürze erscheinen“, versicherte der Diener.

Priscilla befand sich allein im Salon. Weder Cole noch ihre Mutter waren zu sehen, und der Diener war verschwunden, bevor sie nach ihnen fragen konnte. Alles im Raum dokumentierte den Reichtum seines Besitzers: Der Kronleuchter an der Decke, die Ölgemälde an den Wänden, die edlen Bücherschränke, die eleganten französischen Tische mit ihren chinesischen Vasen. Noch nie hatte Priscilla so viel Luxus auf einmal gesehen, und es gefiel ihr nicht, wie dieser Anblick sie beeindruckte. Sie hatte bisher immer nur Verachtung für Daniel Cole übrig; je besser sie ihn kannte, desto weniger mochte sie ihn. Aber dieser Raum - ja, er war prachtvoll. Er war eine Seite von Cole, die sie noch nicht gesehen hatte. Dieser Salon verriet einen Mann von Geschmack, von Kultur.

Sie schlenderte, jede kleine Einzelheit in sich aufnehmend, langsam zum Fenster. Der Blick auf die Bucht war atemberaubend. Direkt vor dem Fenster standen in einem gemütlichen Halbkreis ein Sofa und zwei Sessel. Sie ließ sich mechanisch auf das Sofa sinken, den Blick auf das Panorama im Fenster gerichtet.

„Priscilla, meine Liebe!“ Cole stampfte herein und ließ sich so in einen Sessel fallen, dass sein weißes Haar in alle Richtungen flog. Er streckte die Beine aus und ließ seine Arme über die Lehnen fallen. Das Gespräch würde über das Gebirge seines Bauchs geführt werden müssen. Ein Zwei-Tage-Geruch von Schweiß und ungewaschenen Strümpfen umgab ihn so sehr, dass Priscillas Bewunderung für die Eleganz des Raums schlagartig verflog.

„Bleibt doch zum Dinner.“ Es klang nicht wie eine Bitte. Daniel Cole bat nicht, er gab Befehle.

Priscilla erhob sich. „Euer Angebot ist freundlich, aber wir müssen jetzt fahren. Ich möchte gern wieder zu Hause sein, bevor es dunkel wird."

„Dann bleibt über Nacht!", dröhnte Cole.

„Das geht nicht, wirklich. Jared erwartet uns; er würde sich Sorgen machen."

„Er ist alt genug, um für sich selber zu sorgen."

Priscilla lachte. „Dann kennt Ihr Jared nicht sehr gut." Sie strich ihren Rock glatt, um ihre Aufbruchsbereitschaft zu unterstreichen. „Wenn Ihr so gut seid und Mutter sagt..."

„Setz dich, Priscilla."

„Master Cole, ich muss wirklich ..."

„Setz dich!" Sein Ton war hart und fordernd. Als sie nicht antwortete, wurde er weicher. „Bitte, ich möchte mit dir sprechen."

Priscilla setzte sich auf die Sofakante, die Hände im Schoß gefaltet. Coles Bauch wurde wieder zu einem Gebirge. Von jenseits des Gebirges musterte sie ein zinngraues Augenpaar.

„Du bist eine störrische junge Frau", sagte Cole. „Störrischer, als gut für dich ist. Es schickt sich nicht für eine Dame."

„Ist das alles, was Ihr mir sagen wolltet, Master Cole?"

Der Kaufmann überhörte die Bemerkung. Er richtete sich in seinem Sessel auf und beugte sich zu ihr hinüber. „Ich bin auch störrisch", sagte er. „Ich weiß nicht, wer von uns beiden störrischer ist, und ich hoffe ehrlich, dass wir es nie werden prüfen müssen."

Priscilla saß steif und mit zusammengepressten Lippen an ihrem Platz. Wann würde er endlich zur Sache kommen?

„Ich bin ein Mann, der bekommt, was er will. Schon immer. Sieh dich um. In diesem Haus steckt mehr Geld, als ich in meinem ganzen Leben ausgeben könnte."

Priscilla hielt ihre Augen auf Cole gerichtet.

„Ich habe es genossen, mein Geschäft aufzubauen, Geld zu machen und teure Dinge anzuhäufen. Aber das hat seinen Reiz verloren. Tja, wo bleibt da die Lebensfreude?"

Priscilla antwortete nicht. Sie glaubte auch nicht, dass er eine Antwort hören wollte.

Cole lächelte boshaft. „Ich bin wie ein kleiner Junge. Ich habe herausgefunden, dass die größte Freude im Leben darin besteht, zu bekommen, was man will. Und die größte Enttäuschung ist, wenn man es nicht bekommt. Ich muss mir nur aussuchen, was ich will, und dann bekomme ich es. Egal, was es kostet ... egal, was ich tun muss, um es zu bekommen..." Er beugte sich noch näher, um den letzten Punkt zu unterstreichen. Sein weißes Haar fiel nach vorn in seine Stirn. „ ... egal, wer es im Augenblick besitzt."

Er lächelte selbstbewusst, richtete sich wieder auf und drehte sich zu dem Panoramafenster. „Es ist nicht so, meine Liebe, dass ich die Anteile eurer Familie an meiner Firma bräuchte. Ich habe ja schon die Mehrheit der Anteile. Aber ich werde sie mir holen - einfach, weil ich mir eines Morgens beim Aufwachen sagte: Die musst du haben. Ich will alle Anteile besitzen, und ich werde sie besitzen."

„Ach, liegt da der Hund begraben?" Priscilla erhob sich. „Da muss ich Euch leider enttäuschen, Master Cole. Es ist im Interesse meiner Familie, die Anteile zu behalten. War das alles? Dann ..."

Daniel Coles Mund verzog sich zu einem Grinsen, das ihr fast den Atem nahm, kalt und böse wie es war. „Du hörst mir nicht zu, meine Liebe. Die Interessen deiner Familie sind mir gleichgültig. Ich will die Anteile haben."

„In einem habt Ihr Recht", sagte Priscilla. „Ich bin störrisch. Und so lange ich hier etwas zu sagen habe, bekommt Ihr die Anteile nicht."

Cole lachte. Es war ein langes, grausames Lachen. „Das

ist ja das Schöne! Ich habe keine Silbe von Kaufen gesagt!"

Priscilla sah ihn fragend an.

„Die Anteile werden mir zufallen", fuhr er fort, „wenn ich deine Mutter heirate."

Priscilla war sprachlos.

Cole sah sie triumphierend an. „Siehst du nicht, wie perfekt das alles für mich ist? Ich erhalte die Anteile durch die Heirat, zahle keinen Penny dafür und als Zugabe bekomme ich die Frau, die ich schon vor Jahren hätte bekommen sollen!"

„Mutter wird Euch nicht heiraten, wenn ich ihr von diesem Gespräch erzähle!"

„Sie wird dir nicht glauben. Sie ist eine sehr einsame Frau. Und davon überzeugt, dass ich sie liebe."

Priscilla spürte, wie die Hitze ihr ins Gesicht schoss. Ihr Atem ging mühsam. „Ihr würdet sie heiraten, nur um an unsere Anteile zu kommen?"

Cole war kühl, ja kalt, ohne jedes Gefühl. Er spielte ein Spiel, und Priscilla und ihre Familie waren nur die Figuren dabei. „Ich habe es dir doch gesagt. Wenn ich etwas haben will, bekomme ich es - egal was es kostet".

Priscillas Gehirn arbeitete. In einem hatte Cole sicher Recht: Ihre Mutter würde ihr kaum glauben, wenn sie ihr von diesem Gespräch erzählte. Sie würde nicht glauben, dass Cole Menschenleben einsetzte, nur um ein paar Geschäftsanteile zu bekommen. Bis jetzt hatte Priscilla es selbst nicht geglaubt. Dann kam ihr ein Gedanke.

„Schön, Master Cole, Ihr sollt gewinnen. Ich verkaufe Euch die Anteile meiner Familie, wenn Ihr dafür versprecht, meine Mutter in Ruhe zu lassen."

„Meine liebe Priscilla, für eine Frau hast du einen scharfen Kopf! Aber leider kommt dein Angebot zu spät. Warum sollte ich für etwas bezahlen, wenn ich es umsonst bekommen kann - und jemand, der mir in den kalten Winternächten das Bett wärmt, dazu?"

Priscillas Selbstbeherrschung war dahin. „Du elender, lüsterner ..."

„Ah, da kommt sie ja!" Coles Gesicht strahlte, seine Arme streckten sich Constance entgegen, die gerade in den Salon trat.

Entsetzt schaute Priscilla zu, wie ihre Mutter sich von Cole auf die Wange küssen ließ. Beide strahlten. Sie rannte aus dem Salon, die Freitreppe hinunter und sprang in ihre Kutsche.

Während Daniel Cole und Constance Morgan sich romantisch voneinander verabschiedeten, suchte Priscilla verzweifelt nach einem Weg, den Händler aufzuhalten.

Das Feuer in Constance Morgan glühte bei der gesamten Fahrt zurück nach Cambridge. Wenn sie nicht wie weggetreten aus dem Fenster schaute, erzählte sie Priscilla zum zehnten Mal, was für einen herrlichen Tag sie gehabt hatte und was für ein wunderbarer Mann Master Cole war. Priscilla wollte losschreien, ihre Mutter schütteln, ihr alles verraten, was Cole ihr gesagt hatte, aber sie wusste: Es würde in der Verfassung, in der ihre Mutter sich gerade befand, zu nichts führen. Lieber ein paar Tage warten, bis der Glanz dieses Besuchs zu verblassen begann; dann würde sie ihre Mutter aufklären, vollständig. Irgendwie musste sie es schaffen, sie aus dem bösen Bann zu lösen, ihr die Augen für die Gefahr zu öffnen, in der sie schwebte.

Aber war das Problem mit ihrer Mutter nicht eigentlich ein Symptom für ein noch viel größeres Problem? Die Menschen waren dabei, Gott gegen ihre persönlichen Wünsche einzutauschen. Sie waren religiös geschäftig, aber geistlich halbtot. Je mehr Priscilla darüber nachdachte, desto überzeugter wurde sie, dass sie Recht hatte. Die Kirche war zwar immer noch die große Autorität, aber ihren Führern war es wichtiger, die richtige Sitzordnung zu haben, ein neues Versammlungsgebäude zu errichten und sich persönlich die Taschen zu füllen, als sich um geistliche Dinge zu kümmern. Sie pflegten die Form ihres Glaubens, aber ohne die innere Überzeugung. Stand das nicht sogar irgendwo in der Bibel? Wo hatte sie das noch gelesen?

Als die Kutsche vor dem Haus der Morgans anhielt, lief Priscilla ins Studierzimmer und holte eine Bibel hervor. Sie musste sehen, ob sie Recht hatte! Nach mehreren Versuchen fand sie, was sie suchte - 2. Timotheus 3:1-5:

Das sollst du aber wissen, dass in den letzten Tagen schlimme Zeiten kommen werden. Denn die Menschen werden viel von sich halten, geldgierig sein, prahlerisch, hochmütig, Lästerer, den Eltern ungehorsam, undankbar, gottlos, lieblos, unversöhnlich, verleumderisch, zuchtlos, wild, dem Guten feind, Verräter, unbedacht, aufgeblasen. Sie lieben die Wollust mehr als Gott; sie haben den Schein der Frömmigkeit, aber deren Kraft verleugnen sie; solche Menschen meide!

„Sie haben den Schein der Frömmigkeit, aber deren Kraft verleugnen sie.“ Sie sagte es sich mehrere Male laut vor. Wie war das noch am Sabbat? Es war jede Woche das Gleiche. Am Samstagnachmittag hörte alle Arbeit auf. Und warum? Damit man sich mit Bibellesen und Familienandachten auf den Sonntag vorbereiten konnte. Aber in Wirklichkeit hatten die meisten Familien aus dem Sabbat-Vorabend einen Feierabend gemacht. Und wenn dann am Sonntagmorgen die Glocke zum Gottesdienst rief, folgten immer weniger Familien dem Pastor und seiner Frau in das Versammlungshaus, und solche, die sich dorthin begaben, gingen wie Holzpuppen, ohne jede Freude darauf, dass sie gleich Gott begegnen würden. Sie erfüllten eine Pflicht, sie waren

Teilnehmer an einem öffentlichen Spektakel, mit dem sie zeigten, dass sie wohlanständige Bürger waren.

Im Innern der Kirche entfachte die Sitzordnung der Gemeinde für das kommende Jahr mehr Leidenschaften als die Predigt des Wortes Gottes. Selten hatte es eine leidenschaftlichere Rede in der Kirche gegeben, als an dem Tag, an dem die Gemeindeältesten Mrs. Alexander und ihrem Mann nach dessen Wahl zum Ratsherrn die Beförderung in die zweite Bank verweigert hatten. Der Vorfall bestätigte Priscilla in ihrer Theorie: Den Menschen war es wichtiger, dass sie einen Ehrenplatz bekamen, als dass das Evangelium verbreitet wurde.

Die Gebete von Master Hale dauerten regelmäßig über eine halbe Stunde, aber für seine Tochter hatte er keine fünf Minuten Zeit. Und wenn er dann endlich fertig war, vermeldete das Donnern der heruntergelassenen Klappsitze in den Bänken, dass die Gottesdienstbesucher dankbarer waren, dass sie endlich wieder sitzen konnten, als dass Gott ihre Gebete erhörte. Und Reverend Russell wusste zwar, wie man eine Predigt begann, aber nicht, wie man sie zu Ende brachte. Mehrere Male schon hatte man das Stundenglas dreimal umdrehen müssen, bevor er fertig war; in Wirklichkeit hatte er schon vor dem ersten Umdrehen nichts Neues mehr zu sagen gehabt.

Und was brachte das alles? Was veränderte es im Leben der Menschen? Wie konnten gottesfürchtige Leute Woche um Woche zur Kirche gehen und so völlig blind für die Boshaftigkeit von Männern wie Daniel Cole sein?

Ja, die amerikanische Kolonie benötigte, wie einst Israel, einen geistlichen Führer. Sie benötigte eine Debora. Aber wie sollte das zugehen? Wo sollte man anfangen? Priscilla musste lächeln, als ihr die Antwort kam. Sie würde in ihrer eigenen Kirchenbank beginnen!

Sie nahm ein Blatt Papier und eine Feder und schrieb Einladungen an die anderen jungen Damen in ihrer Bank. Sie lud sie zu einem wöchentlichen Hausbibelkreis ein. Die Teilneh merinnen würden sich „Deboras Töchter“ nennen.

„Ich glaube nicht, dass mein Vater begeistert wäre, wenn er wüsste, was wir hier machen“, meinte Tabitha Hale. Mehrere Köpfe nickten zustimmend.

„Wir tun nichts Unrechtes!“, beharrte Priscilla.

Sie blickte in die Runde einer ersten Zusammenkunft der Töchter Deboras. Direkt neben ihr saß Anne Pierpont, die Dichterin, die ein Auge auf ihren Bruder Jared geworfen hatte. Wie Priscilla teilte sie nicht Tabithas Angst. Ebenfalls anwesend war Penelope Chauncy, Philips frühere Verlobte. Priscilla hatte sie erst vor kurzem, nach Philips Verschwinden, kennen gelernt, als sie sie einlud, sich zu ihr und den anderen in die Jungfrauenbank zu setzen, was Penelope seitdem treu gemacht hatte. Neben Penelope saß Emma Alexander, die mehr als schüchterne Tochter des städtischen Notars. Hinter Emma kam Tabitha, und die Letzte in der Runde war Ruth Cooper, die Tochter eines bekannten Schuhhändlers mit Geschäften in Boston, Roxbury und Cambridge.

„Wir kommen zusammen, um für eine geistliche Erwekkung in unserer Kolonie zu beten“, erklärte Priscilla. „Was soll daran unrecht sein?“

„Ist das nicht eher was für Männer?“, fragte Penelope.

„Es ist die Aufgabe eines jeden Christen“, erwiderte Priscilla, „gleichgültig, welchen Gesschlechts er ist.“

Die Blicke der anderen jungen Damen zeigten, dass ihr Argument auf skeptische Ohren stieß.

„Ich sehe das so“, fuhr Priscilla fort, „wenn Gott jemand etwas aufs Herz legt, dann will er ihm damit sagen, dass er etwas unternehmen sollte. Und wo jemand von Gott eine

Gabe bekommt, sollte er sie zur Ehre Gottes einsetzen."

„Eine Gabe?", fragte Penelope.

„Eine geistliche Gabe oder Befähigung", erklärte Priscilla. „Die meisten von euch wissen zum Beispiel, dass Gott Anne die Gabe des Dichtens gegeben hat. Warum hätte er ihr diese Gabe gegeben, wenn er nicht wollte, dass sie sie benutzt?"

Niemand hatte etwas gegen dieses Argument einzuwenden, und Priscilla fuhr fort: „Die Bibel sagt uns, dass Gott jedem von uns Gaben gegeben hat, und da habe ich gedacht, dass es hilfreich wäre, wenn wir zusammenkommen und einander beim Einsetzen unserer Gaben ermutigen und helfen. Vielleicht werden dann andere auf unser Beispiel aufmerksam und schließen sich uns an. Unser Ziel dabei ist, den anderen ein Zeugnis dafür zu sein, dass die Dinge des Geistes Gottes wichtig sind."

„Ich glaube nicht, dass ich eine Gabe habe", meinte Emma.

„Dann werden wir sie gemeinsam suchen", antwortete Priscilla.

„Dann unternehmen wir also doch nichts Unrechtes?", fragte Tabitha.

„Nein, es sei denn, Beten und einander Helfen wäre unrecht", erklärte Priscilla.

Deboras Töchter kamen treu jede Woche zusammen. In den ersten beiden Monaten überließen die anderen Priscilla das Reden. Sie las ihnen aus der Bibel vor, ermutigte sie, die Gaben, die Gott ihnen gegeben hatte, zu entdecken, und betete für jede von ihnen. Dann kam der Tag, an dem sie Anne bat, aus ihren Gedichten vorzulesen.

„Mein Vater sagt immer, Schreiben ist Männersache", meldete sich Tabitha. „Er sagt, es ist Zeitverschwendung, wenn Frauen Lesen und Schreiben lernen."

Anne lächelte. „So denkt mein Vater auch. Er mag es nicht, dass ich Gedichte schreibe. Er hat Angst, dass das die Männer abschreckt, die mich sonst vielleicht heiraten würden."

„Und du schreibst trotzdem weiter, obwohl du weißt, dass dein Vater dagegen ist?" Der bloße Gedanke schien Emma unfassbar zu sein.

„Ich habe versucht, damit aufzuhören", sagte Anne. „Aber die Worte kamen weiter. Ich glaube, sie kommen von Gott. Wie sollte ich sie nicht aufschreiben?"

Schockierte Augenpaare starrten sie an.

„Ich hatte echt Probleme damit - bis ich merkte, dass ich nicht allein war. Meiner Lieblingsdichterin ging es genauso."

„Und wer ist deine Lieblingsdichterin?", fragte Ruth.

„Anne Bradstreet."

Die anderen sahen sie stumm an. „Habt ihr noch nie von Anne Bradstreet gehört?", fragte Anne entgeistert.

Mehrere Köpfe wurden geschüttelt.

„Sie ist eine von uns", erklärte Anne. „Eine Kolonistin. Sie kam 1630 mit ihrer Familie nach Amerika und ließ sich hier in Cambridge nieder; damals hieß es noch Newetown. Sie war die Mutter von acht Kindern und eine begabte Dichterin, obwohl sie es nicht leicht hatte. Eine Frau, die dichtete - das wusste nicht jeder zu schätzen. In ihrer Enttäuschung hat sie damals diese Zeilen geschrieben." Anne zog ein Blatt Papier hervor und begann zu lesen:

Ein Ärgernis bin ich der Läst'rer Maul,
Das meiner Hand die Stricknadel nur gönnt,
Doch Dichters Feder heftig mir verwehrt,
Weil doch dem Weib der Geist dazu gebricht.
Mach ich es gut, so hilft auch dieses nicht:

Gestohlen hab ich's oder Zufall war's.

Anne Pierpont faltete das Blatt andächtig wieder zusammen. „Ihre Gedichte behandeln das gleiche Thema, vor dem wir heute stehen: Wie man in der Welt lebt, ohne weltlich zu werden. 1650 ist ein Gedichtband von ihr in London erschienen, und ich bin wirklich froh, dass sie sich nicht hat zum Schweigen bringen lassen."

Die Gedichte von Anne Bradstreet waren genau das, was die jungen Damen nötig hatten. Von dieser Stunde an war jedes neue Treffen ein Abenteuer. Nacheinander entdeckten sie ihre besonderen Gaben und Talente. Ungefähr um diese Zeit verriet Priscilla ihnen auch, wie ihr Vater sie seine Bücher hatte lesen lassen und wie sie heimlich mehrere Fremdsprachen erlernte. Die Mitglieder des kleinen Kreises wurden immer stärker und mutiger in ihrem Glauben; Priscilla hätte mit ihren Fortschritten nicht zufriedener sein können.

Bald zeigte sich, dass Penelope nicht nur eine wunderbare Gastgeberin war, sondern auch ein feines Gespür für die Gefühle der anderen besaß, besonders wenn sie in Not waren; sie wurde die Trösterin der Gruppe. Ruth war ungewöhnlich begabt im Nähen und Sticken. Zuerst war sie enttäuscht darüber, dass ihre Begabung von der „häuslichen" Sorte war, bis Priscilla ihr aus Apostelgeschichte neun den Abschnitt über den Nähdienst von Tabita vorlas. Mit Hilfe Ihrer Freundinnen begann Ruth, Kleider für die Armen zu nähen.

Tabitha Hale entdeckte, dass sie ein phänomenales Gedächtnis besaß. Sie hatte nie Lesen gelernt, aber kannte allein vom Hören Hunderte von Bibeltexten auswendig; manche hatte sie nur ein einziges Mal gehört. Angespornt von ihren Freundinnen, blieb sie nach den Zusammenkünften zurück, und Priscilla brachte ihr das Lesen bei. Aber die eigentliche Überraschung war Emma Alexander, die früher kaum mehr als zwei oder drei Worte auf einmal gesprochen hatte, und auch das nur leise und mit gesenktem Blick. Zu aller Erstaunen entpuppte sie sich als begabte Sängerin. Sie sang gern und konnte fast alle Lieder aus dem *Bay-Psalm-Book* auswendig. Sie war die Letzte in der Gruppe, die sich von ihren Hemmungen freimachte, und von diesem Tag an war keine Zusammenkunft mehr ohne ihr Singen denkbar. Nach dem Bibelstudium und dem Gebet sang Emma ein zum Thema passendes Lied. Nie hatte man einen treueren Interpreten der Botschaft des Psalmisten gehört als Emmas so lyrische, gleichsam auf Flügeln sich erhebende Stimme. Mehr als einmal waren die jungen Damen so bewegt davon, dass die Zusammenkunft mit Tränen endete.

Bumm! Bumm! Bumm!

Das Klopfen an der Haustür war nicht das höfliche Klopfen eines Nachmittagsgastes, sondern das Hämmern einer wütenden Faust.

Priscilla und Constance leifen gleichzeitig zur Tür: Priscilla aus dem Studierzimmer, Constance aus dem Wohnzimmer. Sie sahen sich fragend an.

Bumm! Bumm! Bumm!

Priscilla öffnete die Tür. Constance stand hinter ihr.

Drei schwarz gekleidete Männer standen steif in der Haustür. Priscilla erkannte sie sofort: Reverend Horace Russell, der Pastor der Kirche, Edward Chauncy, Penelopes Vater und Mitglied des Aufsichtsrats von Harvard, und Andrew Hale, Tabithas Vater und Kirchenältester.

Sie wurden hereingebeten. Sie wollten keine Erfrischung und kamen ohne Umschweife zur Sache. Priscilla Morgan wurde der Anstiftung zur Irrlehre, des Abhaltens unerlaubter Versammlungen und der Beleidigung der Gemeindeführung angeklagt und aufgefordert, vor der Kirchenleitung zu erscheinen und sich zu verantworten.

Kapitel 10

Ich liebe dich“, flüsterte Jared.

Er sprach die Worte in das Mundstück des Freierrohrs und wartete auf Annes Antwort vom anderen Ende. Das Freierrohr war genau für die Situation entwickelt worden, in der Jared und Anne sich befanden. Es bestand aus einem zwei Finger breiten und zwei Meter langen ausgehöhlten Stock, der an beiden Enden mit Ohr- und Mundstück versehen war und es einem Liebespaar erlaubte, in Gegenwart der gesamten Familie sein Liebesgeflüster auszutauschen.

Das junge Paar saß an den beiden Enden einer langen holzBank mit Seitenarmen und hoher Rückenlehne, deren Sitz gleichzeitig der Deckel einer Vorratstruhe war. Das Freierrohr überbrückte die Entfernung zwischen ihnen. Annes Mutter saß eifrig nähend in einem Schaukelstuhl neben dem großen Kamin. Ihr Vater saß auf der anderen Seite und schnarchte vor sich hin; eine zusammengefaltete Ausgabe des *Boston News Letter* folgte dem rhythmischen Auf und Ab seines Bauches. Der Rest des Raums war ein geschäftiger Ameisenhügel, bestehend aus Anne Pierponts Brüdern und Schwestern, die sich dem verschiedensten Zeitvertreib widmeten. Einige spielten mit Holzspielzeugen, einige lasen leise, andere laut, der kleine William saß in der Mitte des Fußbodens, hielt ein Gesangbuch verkehrt herum in den Händen und sang aus voller Kehle, während hinter ihm Mary und Margaret ihre Puppenbabys in den Schlaf wiegten.

Vierzehn junge Pierponts gab es insgesamt. Anne war das viertälteste Kind und das älteste Mädchen. Ihre älteren Brüder Charles und Benjamin waren bereits selber Familienvater. Die noch zu Hause verbliebenen Geschwister waren zwischen sechzehn Jahren und sechs Monaten alt.

Jareds Versuch seine Liebe auszudrücken, rief ein Fragezeichen auf Annes Gesicht hervor. „Was?" Sie formte die Worte ohne das Rohr zu benutzen. Sie zeigte auf das Ohrstück. „Ich hab dich nicht verstanden!"

Jared bedeutete ihr, das Ohrstück an ihren Kopf zu halten. Er blickte sich um. Ein vierjähriges Mädchen - es musste wohl Maggie sein - starrte sie an, fasziniert von dem Anblick des Rohrs. Jared beachtete sie nicht und wiederholte seine Worte ein wenig lauter. Anne schlug lächelnd die Augen nieder. Aha, sie hatte verstanden.

Mit ihren fünfzehn Jahren war Anne Pierpont gleichzeitig Mädchen und erwachsene Frau. Sie war alt genug, um zu heiraten und eigene Kinder zu bekommen; aber mit einer Stoffpuppe im Arm hatte sie nach wie vor die Unschuld eines kleinen Mädchens. Ihre Haut war hell und glatt. Ihre hellgrauen Augen und etwas breite Nase wurden von dunkelrotem Haar umrahmt, das ihr in die Stirn und auf ihre Schultern fiel. Im Augenblick waren ihre Wangen gerötet; aus den Augenwinkeln warf sie Jared einen koketten Blick zu.

Jared zeigte auf ihr Mundstück. Sie hob das Rohr an ihre Lippen und sagte: „Ich weiß."

„Was weißt du?"

„Dass du mich liebst."

„Du musst mir sagen, dass du mich auch liebst!", protestierte Jared.

Sie schüttelte energisch den Kopf.

Jared zeigte noch einmal auf ihr Ende. „Komm, sag es!"

„Warum soll ich dir etwas sagen, das du schon weißt?"

Jared grinste. „Weil ich es gern höre."

„Anne!", ertönte die Stimme ihrer Mutter. „Kannst du bitte Sarah ins Bett bringen?" Ihre Mutter nickte zu dem winzigen Wesen in der Wiege.

„Ja, Mama." Sie ging zur Wiege, nahm das schlafende Kind hoch und trug es aus dem Zimmer.

Jared erwiderte den Blick von Annes Mutter. Sie tauschten ein kurzes Lächeln, dann wandte sich Mrs. Pierpont wieder ihrem Nähen zu. Jared musterte nacheinander die aktiven Pierpont-Sprösslinge, während er auf die Rückkehr seiner Lieblings-Pierpont wartete.

Einen Augenblick später erschien Anne wieder an ihrem Platz. Jared gab ihr ein Zeichen, wieder das Ende des Freierrohrs zu nehmen.

„Was meinst du: Werden wir je allein sein?", fragte er.

Anne zuckte schüchtern mit den Schultern.

„Vielleicht kannst du mal mit deiner Mutter wegen des Bundling sprechen."

„Jared!" Anne sagte es laut genug, um die Aufmerksamkeit ihrer Mutter zu erregen. Mrs. Pierpont sah misstrauisch in ihre Richtung, kicherte leise, schüttelte ihren Kopf und nähte weiter.

„Warum hast du das gemacht?", fragte Jared. „Ich habe nichts Unrechtes gesagt!"

Es war in Neu-England nicht unüblich, dass junge Liebespaare die Nacht im gleichen Bett verbrachten, solange sie dabei vollständig bekleidet blieben. Die Sitte hieß „bundling". Manchmal legte man ein „Bundling-Board" zwischen die beiden Liebenden oder hüllte sie einzeln, zusätzlich zur Kleidung, in ein Betttuch. Das Bundling wurde nach elterlicher Zustimmung und unter Aufsicht der Mutter und Schwestern praktiziert und bot eine Gelegenheit zur Zweisamkeit in einem warmen Bett. Mehr war natürlich nicht vorgesehen; kam es doch zu einer Schwangerschaft, war eine baldige Heirat fällig.

„Chuckers und Millie haben es letzte Nacht gemacht!", meinte Jared.

„Das stimmt nicht!"

„Doch, es stimmt!"

Anne wurde rot.

„Frag deine Mutter!", forderte Jared sie auf.

„Das geht hier nicht."

„Warum nicht?"

Anne bekam große Augen. „Ich schlafe mit drei Schwestern zusammen!" Sie hielt drei Finger hoch, um die Zahl zu unterstreichen.

„Na und?"

„Jared!"

Sie lachten. Es war das intimste Gespräch, das sie bis jetzt geführt hatten, ein Meilenstein für ihre Beziehung, eine unausgesprochene gegenseitige Versicherung, dass sie eines Tages Mann und Frau sein würden.

„Also - fragst du sie?"

Annes Augen senkten sich nachdenklich. Dann entgegnete sie: „Ich werde darüber nachdenken."

Ein Schlachtgebrüll störte ihre Zweisamkeit. Zwei kleine Pierponts stritten sich lautstark um ein Holzpferd.

„Ich muss gehen", meinte Jared. Er sprang auf die Füße.

„Jetzt schon?", protestierte Anne. Ihre Unterlippe bog sich leicht schmollend nach vorn. Es war eine spielerische Geste, die Jared schon kannte. Und mochte.

Thomas Pierpont wachte auf, so dass die Zeitung von

seinem Bauch auf den Boden segelte. Er begleitete Jared zur Tür, fragte ihn nach seinen Zukunftsplänen und schien enttäuscht, dass er keine hatte. „Ich könnte einen Lehrling in der Bäckerei gebrauchen", sagte er und klopfte Jared auf die Schulter. „Du bist jung und kräftig. Es ist eine gute, ehrliche Arbeit. Brot brauchen die Leute immer. Du könntest nichts Besseres bekommen."

„Danke für Euer Angebot, Master Pierpont. Ich werde darüber nachdenken."

Sie wussten beide, dass das eine höfliche Floskel war. Jared hatte keinerlei Absichten, Bäcker zu werden. Er war jung und draufgängerisch und brauchte einen interessanteren Ort als die Backstube.

Nachdem Jared gegangen war, half Anne ihrer Mutter, die kleineren Kinder zu Bett zu bringen. Danach zog sie ihre Nachtkleidung an, setzte sich ans Fenster ihres Zimmers, bürstete ihr Haar und schaute zu, wie das Gezappele unter ihrer Bettdecke nach und nach aufhörte.

Sie dachte an Jared. Und ans Bundling. Sie wollte allein mit ihm sein. Aber der Gedanke machte ihr Angst. Wie würden ihre Eltern reagieren, wenn sie danach fragte? Sie hatten sich noch nie über das Thema geäußert. Das Bundling war eine weit verbreitete Sitte, und sie war sicher, dass Jared und sie nichts tun würden, dessen ihre Eltern sich schämen müssten. Aber würde sie es über sich bringen, ihre Mutter zu fragen?

Neben Jared Morgan im Bett liegen - sie musste kichern bei dem Gedanken. Sie öffnete ein wenig das Fenster, um frische Luft hereinzulassen. Der letzte Winterschnee war seit Wochen geschmolzen, die Nächte wurden wärmer.

Sie sog die kühle Luft ein, bürstete weiter ihr langes, volles Haar und begann, eine Melodie aus dem Kirchengesangbuch zu summen. Emma Alexander hatte ihr das Lied gezeigt,

Emma, die Schüchterne. Der Text stammte aus dem Hohelied Salomos, und einige Bilder, die sich da entfalteten, hatte Anne zuerst schockierend gefunden, sich aber dann gesagt, dass doch nichts Böses dabei war. Es war ein richtig schönes Liebeslied, und stand im *Bay-Psalm-Book*. Hätten die Pastoren je ein Kirchenlied durchgehen lassen, das unheilig war? Auf keinen Fall! Und die Dichterin in ihr liebte die Bilder und den Rhythmus des Liedes. Sie musste an Jared denken, wenn sie es las; es fasste ihre Liebe zu ihm in Worte.

Und sie bürstete ihr Haar und sang leise vor sich hin.

Sie zuckte zusammen. Draußen klatschte jemand.

Sie sprang auf, so dass die Bürste auf den Boden fiel, zog ihr Nachtkleid fest um ihren Hals und spähte durchs Fenster.

Auf der anderen Seite des halb offenen Fensterladens, nicht weit von ihr entfernt, zeigte sich das grinsende Gesicht von Jared Morgan. Er lag der Länge nach auf einem kräftigen Ast, die Hände frei zum Klatschen.

„Jared Morgan!“, flüsterte sie, während sie den Laden öffnete. „Du hast mich ja zu Tode erschreckt! Was machst du hier draußen?“

„Romantisch sein“, antwortete er. „Die Idee habe ich von dir.“ Sie sah ihn fragend an, und er fuhr fort: „Erinnerst du dich nicht mehr? Vor ein paar Monaten hast du mir von dem Dichter vorgelesen, den du so anhimmelst. Die Geschichte über das Liebespaar mit dem Selbstmord.“

„Meinst du Romeo und Julia?“

„Erraten! Erinnerst du dich? Romeo schlich sich an Julia heran, als diese in ihrem Bett lag. Du hast gesagt, dass das romantisch war, und da dachte ich mir, wenn es romantisch ist, mach ich das auch!“

„Aber das ist doch Monate her!“

„Entschuldigung, Fräulein Julia, aber heute ist es zum ersten Mal warm genug, um nachts auf einen Baum zu klettern."

„Verzeih mir, ich wollte deine romantische Geste nicht verachten. Ich finde sie süß."

„Echt?"

„Echt."

„Dein Haar ist wirklich schön in der Nacht."

Anne kämmte sich mit ihren Fingern durch ihr Haar.

„Ich habe es gerade gebürstet."

„Ich weiß."

„So? Wie lange hast du mich schon heimlich beobachtet?"

„Lange genug, dass ich dich singen gehört habe."

Anne errötete - mehr wegen der Worte im Lied als wegen des Singens.

„Ich will nicht, dass es dir peinlich ist", sagte Jared schnell. „Das Lied ist wirklich gut. Ich war halt hier und du hast gerade gesungen. Was sollte ich dagegen machen?"

„Schön, dass du es gehört hast."

Sie schwiegen einen Augenblick.

„Es ist schön hier", meinte Jared. „So richtig ruhig, und wir sind allein."

Anne nickte. „Ja, es ist schön."

Jared begann sich auf dem Ast aufzurichten. „Also, das ist dann wohl genug Romantik für heute Abend."

„Jared Morgan!" Die Schmolllippe erschien wieder.

„War nur ein Witz!" Er grinste sein Jungengrinsen. „Ich bin gern mit dir allein. Wenn wir es nur öfter machen könnten."

„Ich frag meine Mutter wegen des Bundling", erklärte Anne.

„Wirklich?" Jared ließ sich zurück auf den Ast fallen, so dass Anne ein kleiner Angstschrei entfuhr. Er schob sich noch näher zum Fenster. „Also wirklich? Du fragst deine Mutter?"

Anne öffnete das Fenster und setzte sich auf die Fensterbank. Jared schob sich auf dem Ast so weit nach vorn, wie es ging.

„Ja, ich frag sie, ich versprech es dir“, flüsterte Anne.

„Erzählst du mir morgen, was sie gesagt hat?“

Anne senkte ihren Kopf und nickte.

„Halt, morgen geht nicht!“, erinnerte sich Jared laut. „Da muss ich ja nach Boston.“

„Nach Boston?“

„Ja. Ich wollte es dir schon füher sagen, aber ich hab es vergessen. Mutter hat für mich ein Treffen mit Master Cole arrangiert. Sie sagt, er will mit mir sprechen.“

„Worüber?“

Jared zuckte mit den Schultern. „Weiß nicht. Aber Mutter meinte, es sei ziemlich wichtig, und da hab ich ihr gesagt, ich geh hin. Du kannst mir das mit dem Bundling also erst übermorgen sagen.“

„Ich werde dich vermissen. Wirst du den ganzen Tag fort sein?“

„Wahrscheinlich schon. Ich komm so bald wie mögich zurück.“

Ganz langsam beugten sie sich noch näher zueinander. Sie hatten es nicht vorgehabt; es war wie eine unsichtbare Hand, die sie zusammenzog.

„Ich liebe dich, Jared.“

„Ich weiß.“ Er lächelte.

„Willst du mir nicht sagen, dass du mich auch liebst?“

„Warum soll ich dir etwas sagen, das du schon weißt?“, neckte er sie.

Sie waren nur noch ein paar Fingerbreit voneinander entfernt. Jared hatte sich so weit nach vorn geschoben, wie es möglich war. Die kleinste Bewegung ließ den Ast auf und nieder schwanken. Aber er beugte sich noch ein wenig näher.

Noch ein kleines Stückchen, und ihre Lippen berührten sich auf dem zitternden Ast.

„Ich liebe dich, Anne", sagte er. „Vergiss es niemals."

„Nie", flüsterte sie. Ihre Lippen trafen sich noch einmal.

Früh am Nachmittag des folgenden Tages saß Jared vor einem zerkratzten Schreibtisch in einem Speicherhaus in der Nähe des Clark-Kais an der Boston-Bucht. Hinter dem Schreibtisch thronte, eine Zigarre im Mund, Daniel Cole und unterschrieb geschäftliche Papiere. Jared hatte das Speicherhaus gleich gefunden und war pünktlich zu seinem Termin mit dem Kaufmann erschienen. Doch obwohl er schon fast seit einer Stunde hier saß, hatten die beiden nicht mehr als fünf Minuten miteinander sprechen können. Sobald Cole zu sprechen begann, erschien irgendjemand, und Cole unterschrieb die nächsten Papiere, gab einen Befehl oder stellte mehrere Fragen, bevor er eine Entscheidung traf. Jared wusste immer noch nicht, wozu er gekommen war.

Als Priscilla hörte, dass Cole mit Jared sprechen wollte, hatte sie ihm alles erzählt, was bei ihrem letzten Besuch in Boston zwischen ihr und dem Händler vorgefallen war. Sie hatte ihn angewiesen, auf keinen Fall Anteile zu verkaufen, es sei denn, Cole versprach, ihre Mutter nicht mehr zu behelligen. Vor allem hatte sie ihm verboten, seiner Mutter auch nur eine Silbe zu sagen.

Jared war mehr als überrascht: Von Priscillas Geschichte, von ihrer sichtlichen Erregung und davon, dass sie ihm überhaupt etwas erzählte. Bis jetzt hatte sie immer so wenig wie möglich mit ihm zu tun gehabt; ihr Verhältnis war, gelinde gesagt, unterkühlt. Jared hatte zuletzt beschlossen, sich selbst ein Bild zu machen; er würde abwarten, was Cole im Schilde führte, und dann entsprechend handeln.

„Das war´s , Junge." Cole ließ seine Feder auf den Tisch

fallen. „Jetzt stört uns hoffentlich keiner mehr."
Jared setzte sich auf seinem Stuhl zurecht.

„Weißt du, warum ich dich hierher gebeten habe?" Cole verschränkte die Hände auf seinem Bauchgewölbe und ließ sein Doppelkinn auf die Brust sinken.

„Nein, Sir."

„Deine Mutter und deine Schwester haben dir nichts gesagt?"

„Also, Mutter sagte, dass Ihr etwas Wichtiges mit mir bereden wolltet. Mehr hat sie nicht gesagt, aber sie schien es toll zu finden, dass wir uns treffen. Und meine Schwester..." Er suchte nach den richtigen Worten; er wollte weder zu viel noch zu wenig sagen. „Also, sie erzählte mir von ihrem Treffen mit Euch und sagte mir, dass ich vorsichtig sein soll."

„Hat ihr der Besuch in meinem Haus missfallen?" Cole setzte sich aufrecht. Er sah überrascht aus.

„Tja ... doch, schon."

Daniel Cole schüttelte den Kopf, als verstehe er die Welt nicht mehr. „Offen gesagt, das schockiert mich. Ich fand unsere Unterhaltung sehr angenehm und herzlich. Nun gut, ich habe ihr meine Liebe zu deiner Mutter gestanden, und das war vielleicht unklug von mir, so kurz nach dem Tod eures Vaters. Wenn ich gewusst hätte, dass sie das aufwühlt, hätte ich nichts gesagt. Ich habe lediglich versucht, ihr zu versichern, dass ich bei eurer Mutter nur die besten Absichten habe. Es tut mir Leid, wenn sie mich missverstanden hat. Hat sie sonst noch etwas erwähnt?"

„Sie sagte etwas über Geschäftsanteile."

Cole machte eine wegwerfende Bewegung mit seiner Zigarre. „Ich bin an den Anteilen eurer Familie nicht interessiert und habe versucht, ihr das zu erklären. Als ich bei euch zu Besuch war, habe ich Philip wohl angeboten, sie zurückzukaufen, falls eure Familie das Geld braucht. Aber das war alles. Ich habe nur an das Wohl eurer Familie gedacht, Junge. Aber solche Sachen können kompliziert sein, und Frauen tun sich schwer, sie zu verstehen. Und Priscilla ist so leicht erregbar." Der Händler lachte dröhnend. „Ha! Aber ich muss dich wohl nicht über deine Schwester aufklären, wie? Du weißt viel besser als ich, wie unvernünftig sie sein kann. Was sie sich in den Kopf gesetzt hat, bringen zehn Pferde nicht mehr heraus!"

Der Händler zog so heftig an seiner Zigarre, dass wahre Rauchwolken Jared in den Augen brannten.

„Gibt es etwas Neues von deinem Bruder?", fragte Cole. Jared schüttelte seinen Kopf.

„Schade. So ein vielversprechender junger Mann." Cole schlug auf den Tisch. „Und du auch! Und das bringt mich zu dem Grund, warum ich dich hierher gebeten habe." Cole paffte wieder mehrere Male, bevor er zur Sache kam. „Jared, du und ich, wir haben viel gemeinsam. Ich glaube, ich verstehe dich. Deine Mutter hat mir viel über dich erzählt, und so weiß ich auch, dass dein Vater wollte, dass du in Harvard studierst. Aber Bücher reizen dich nicht. Mich auch nicht. Ich habe die Schule gehasst, und auf dem College war ich erst gar nicht. Mir war das Leben zu kurz, um zu studieren, was irgendwelche toten Philosophen vor ein paar Jahrhunderten geschrieben haben und was mit dem heutigen Leben rein gar nichts zu tun hat." Daniel Cole machte mit der Hand eine Kreisbewegung. „Das hier war meine Schule! In ihr habe ich gelernt, dass ich im Leben alles bekommen kann, was ich will, wenn ich nur hart arbeite. Ich habe meine Lektion gelernt und diese Schule abgeschlossen. Und jetzt, jawohl, jetzt gibt es nichts, das ich mir nicht leisten kann. Es gibt kein Haus in Boston, das ich nicht kaufen, kein Geschäft, das ich nicht besitzen könnte. Wenn ich nach China segeln wollte, ich könnte morgen aufbrechen! Es gibt nichts, was ich nicht kann!"

Jared achtete auf jedes Wort. Er wusste immer noch nicht, was das alles mit ihm zu tun haben sollte.

„Aus Solidarität mit deiner Mutter", fuhr Cole fort, „möchte ich dir die Chance anbieten, in die gleiche Schule zu gehen, die mich reich gemacht hat. Zu meinem Geschäft gehört auch, dass ich helle junge Männer einstelle - Leute wie dich. Ich kann hier niemand aus Harvard brauchen, danke schön. Ich brauche Leute, die Köpfchen haben und stark sind. Junge, ich biete dir eine Anstellung hier in meinem Kontor an, komplett mit einem hübschen Gehalt - mehr als ein Harvard-Professor erhält. Wenn du in meine Schule gehst, mach ich einen Kaufmann aus dir, und in zehn Jahren - zehn Jahre, das garantiere ich dir - wirst du genug Geld haben, um alles aus deinem Leben machen zu können, was du willst."

Cole erhob sich. Jared stand ebenfalls auf.

„Ich möchte dir gern jemand vorstellen", erklärte Cole. Er ging um ein paar Kisten, rief laut den Namen „Frank" und befahl dem unsichtbaren Frank, einen gewissen Magee herbeizubringen. Ein paar Augenblicke später schüttelte Jared die Hand eines gut aussehenden jungen Mannes; er hieß James Magee und war etwa in seinem Alter.

„James ist einer meiner Lehrlinge", sagte Cole. „Ich habe ihm vor einem Monat das gleiche Angebot gemacht, und er hat es angenommen." Er sah Magee an und fragte: „Hast du es bereut?"

„Nein, Sir", antwortete Magee.

„Warum führst du Jared Morgan nicht mal durchs Haus, erzählst ihm, was du so machst, und bringst ihn in einer halben Stunde wieder zurück?"

„Aber gern", stimmte der Lehrling zu.

Jared war beeindruckt, nicht nur von Coles Angebot,

sondern auch von James Magee. Es war Sympathie auf den ersten Blick, und die Sympathie beruhte auf Gegenseitigkeit. Wer die beiden jungen Männer sah, hätte sie glatt für Brüder halten können. Beide waren großgewachsen, etwas größer als der Durchschnitt, athletisch, aber nicht gedrungen und besaßen einen dichten, widerspenstigen Haarschopf. Der größte Unterschied war die Haarfarbe: Hatte Jared hellbraunes Haar mit blonden Strähnen, so war James Magees Haar kohlrabenschwarz. Keine Stunde später hatte Jared seinen Gang durch das Speicherhaus beendet und Daniel Coles Angebot angenommen. Der Händler war begeistert. Er gab Magee für den Rest des Tages frei und wies ihn an, zusammen mit Jared in eine nah gelegene Taverne zu gehen, um den neuen Lebensabschnitt gleich zu begießen. Er, Cole, würde nicht dabei sein können, aber selbstverständlich die Rechnung zahlen.

Lautes Gröhlen und Lachen schlug James Magee und Jared entgegen, als sie die Good Woman Tavern betraten. Magee sprach mit dem Wirt, einem Mann namens Gibbs, und bat ihn, ihre Getränke auf Coles Rechnung zu setzen. Der Wirt nickte, als sei es die selbstverständlichste Sache der Welt.

Magee drehte sich zu Jared, der einen leeren Tisch erspäht hatte. „Morgan! Was trinkst du?"

„Ale!", rief Jared zurück. Waren die Kolonisten auch große Biertrinker, Jared war nie so recht auf den Geschmack gekommen. Er zog süße Getränke vor - zum Beispiel heiße Schokolade oder das Ingwerwasser seiner Mutter. Aber in einer Taverne war es wohl am besten, wenn man sich an das Standardgetränk hielt.

Während er auf Magee wartete, sah Jared sich in der Gaststube um und lauschte auf die Gesprächsfetzen. Mehrere kleine Gruppen - zwei, drei, vier Personen, hier und da auch ein paar Kinder - waren über den Raum verteilt. Sie trugen Reisekleidung, und die meisten waren von einer frischen Straßenstaubschicht bedeckt. Am zahlreichsten vertreten, auf jeden Fall aber am lautesten, waren Matrosen. Aus ihren Gesprächen entnahm Jared, dass sie zur Besatzung der Golden Princess gehörten, einem Handelsschiff, das gerade aus Barbados zurückgekehrt war. Sie hatten drei Monate auf See verbracht. Jared spürte wie er Fernweh bekam.

Magee erschien mit zwei Bierkrügen. „Das ist eins unserer Schiffe", erklärte er. Womit er meinte, dass die Golden Princess zu Daniel Coles Handelsimperium gehörte, für das auch sie arbeiteten. „Heute morgen aus Barbados angekommen. Haben jede Menge Rum ausgeladen. Der Dreieckshandel bringt echtes Geld."

„Dreieckshandel?"

Magee trank von seinem Bier und nickte. Ein dünner Schaumstreifen lag auf seiner Oberlippe. „Cole importiert Zucker, Melasse, Rum und Baumwolle aus Barbados und Stoffe und Eisenwaren aus England, und dann verkauft er das Zeug als Großhändler an die Geschäfte in den Kolonien."

„Ich dachte, Master Cole hat sein Geld mit dem Import von Zinn gemacht."

„So hat es angefangen. Aber dann wurde seine Firma immer größer, und jetzt ist er einer der reichsten Männer von Boston. Deshalb habe ich bei ihm angefangen."

„Weil er so reich ist?"

„Vor allem, weil er eine der größten Handelsflotten besitzt. Seine Schiffe fahren nach London, Glasgow, Bristol, Liverpool, zu den Westindischen Inseln und sogar nach Indien! Im Hafen munkelt man, dass er demnächst Geschäfte mit China aufnehmen will!"

Jared mochte Magee. Es lag Licht in seinen Augen und

Sehnsucht in seiner Stimme, als er von diesen fernen Orten sprach. Jared hatte noch nicht viele Gleichaltrige kennen gelernt, die sein Fernweh teilten. Die meisten der Familien, mit denen seine Eltern verkehrten, waren auf die eine oder andere Art mit Harvard verbunden. Das College war für sie der Nabel der Welt, um den sich ihre Pläne, Hoffnungen und Träume drehten. Aber James Magee erwähnte Harvard oder Schulen oder Büchergelehrtheit mit keiner Silbe. Ihn begeisterte etwas, das auch Jared faszinierte.

Magee schluckte hastig sein Bier hinunter, um den Mund frei zu bekommen. „Es ist so: Wenn wir uns hier am Hafen und im Speicherhaus gut schlagen, echt arbeiten und den Durchblick bekommen, schickt Cole uns vielleicht für ein, zwei Jahre nach Barbados."

„Tatsächlich?"

Magee nickte und grinste breit. „Den Mann, der mich angelernt hat, hat er vor zwei Wochen dorthin geschickt. Er sagt, bei der nächsten Gelegenheit will er mich bei Cole empfehlen."

„Und wenn du dahin kommst, kannst du dann mich empfehlen?"

Magee lachte. „Noch keinen Tag hier und schon Sonderwünsche!"

Er hatte natürlich Recht. Jared schwieg verlegen. Er kam sich wie ein dummer Junge vor.

„Ist schon gut", sagte Magee. „Ich mag dich, Morgan. Wir beide werden bestimmt gute Freunde."

„Hab ich richtig gehört - die jungen Männer arbeiten für Master Cole?" Ein verwittertes, unrasiertes Gesicht schob sich zwischen Magee und Jared. Das Gesicht drehte sich auf einem braungebrannten runzeligen Hals und musterte die beiden Jungen.

„Stimmt, Sir", erwiderte Magee kühl. „Falls Euch das

etwas angeht."

„Immer mit der Ruhe, Junge! Ich komme als Freund. Mein Name ist Zeke, bin gerade aus Barbados zurück. Ihr und ich, wir arbeiten für denselben Mann!"

„Gut", entgegnete Magee. „Willkommen zu Hause. Wenn Ihr mich und meinen Freund hier jetzt bitte entschuldigt."

„Schön der Reihe nach." Der ungebetene Gast legte beide Ellbogen auf den Tisch. „War gefährlich, unsere Reise, jawohl, richtiger Sturm, Wellen doppelt so hoch wie der Großmast, unsere besten Segel hat's zerfetzt. Drei von uns haben's nicht geschafft, die sind jetzt bei den Muscheln." Weitere Matrosen nahmen Kurs auf den Tisch.

„Das tut mir Leid für Eure Kameraden", sagte Magee. „Wenn Ihr uns jetzt bitte entschuldigen ..."

„Und ich hab mich gefragt: Für was sind die gestorben? Ja, Sir, für was? Ich will's euch sagen, Jungs: Dafür!" Der alte Seebär griff nach hinten und packte ein Glas. Er setzte es so heftig ab, dass die Hälfte auf den Tisch spritzte. „Rum!", brüllte er. „Poseidons Nektar! Der Matrosentrunk in der ganzen Welt!"

Jetzt waren Jared und Magee vollständig von Matrosen eingekreist, die dem Alten amüsiert zuhörten.

Magee wollte etwas sagen, aber der redselige Matrose kam ihm zuvor. „Und wenn ich so dran denke, was wir durchgemacht haben, um diesen Rum nach Boston zu bringen, dann ist es das Mindeste für unsere jungen Kollegen, dass sie ihn trinken - zu Ehren der wackeren Leute, die ihn hierher gebracht haben."

„Hört, hört!", riefen die anderen Matrosen.

„Wir haben schon was zu trinken", meinte Magee.

„Das ist nichts zu trinken, Junge, das ist noch labberiger als die Milch deiner Mutter. Meine Mutter hat mich mit

Bier entwöhnt, und ich hab geheult, weil in ihrer Milch mehr drin war!"

Die Matrosen um den Tisch brüllten vor Lachen. Magee schaute in die Runde. Dann sah er Jared an. „Gentlemen!", rief er so laut, dass alle es hören konnten. „Ich möchte euch danken, dass ihr uns unser schlechtes Benehmen gezeigt habt. Und im Geiste unseres kühnen Handelshauses möchten mein Freund und ich euren Kameraden zutrinken, die in ihr Grab gegangen sind!"

Laute Beifallrufe.

Man brachte zwei Rumgläser. Magee erhob sich für den Trinkspruch. Jared machte es ihm nach. Bis zu diesem Tag hatte er in seinem Leben ein einziges Mal etwas Alkoholisches zu sich genommen - einen starken Cidre, den Chuckers aus dem Vorratsschuppen seines Onkels entwendet hatte. Er erinnerte sich noch, wie das Gebräu in seiner Kehle gebrannt und seinen Kopf zum Schwimmen gebracht hatte.

Der Redner meldete sich. „Bevor ihr anfangt, Jungs, lasst mich euch noch eine andere Matrosenregel sagen, damit ihr uns nicht noch mal beleidigt, ohne es zu wollen."

„Und die wäre?", fragte Magee.

„Wenn Matrosen auf was trinken, tun sie es nicht in kleinen Schlückchen wie die vornehmen Dämchen. Was für eine Ehre ist ein Schlückchen für einen Seemann?"

Seine Kameraden fluchten lautstark ihre Zustimmung.

„Wenn wir einem Kumpel zutrinken, leeren wir unser Glas, Jungs! Eins für jeden, auf den wir trinken!"

„Was hattet Ihr gesagt - wie viele sind ertrunken?", fragte Jared.

„Drei, Junge."

Jared sah Magee an. Der lächelte zuversichtlich, nicht im Geringsten durch die Matrosen und ihre Trinksitten eingeschüchtert.

Magee hob sein Glas. „Gentlemen! Wir trinken auf ..." Er drehte sich zu dem Redner. „Wie waren noch die Namen?" Der Redner schien es nicht zu wissen, die anderen Matrosen im Raum auch nicht. Magees Grinsen wurde noch breiter. Er begann von vorn: „Gentlemen! Auf unseren lieben Freund Nr. Eins! Möge er auf ewig in Poseidons Armen ruhen, möge er ohne Stürme segeln, möge das Glück von Atlantis ihm für immer hold sein!"

Ein lauter Chor von Hurra-Rufen antwortete ihm, alle Gläser wurden gekippt. Das Glas von Magee leerte sich genauso schnell wie die Gläser der anderen. Jared schloss die Augen, holte tief Luft und schluckte das braune Zeug hinunter so schnell er konnte. Nach den ersten beiden Schlukken fühlte er sich, als ob er Feuer trank, nach dem vierten Schluck wollte sein Magen das Teufelszeug zurückschicken, aber er schluckte weiter, bis das Glas leer war. Er fiel aufkeuchend auf seinen Stuhl. Am Ende seines schlaffen Arms knallte das Glas auf den Tisch.

Die Matrosen drängten ihn und klopften ihm auf die Schulter.

„Gentlemen!" Magees Stimme war kräftig, der Rum schien auf ihn nicht die gleiche Wirkung wie auf Jared zu haben. „Heben wir unsere Gläser ein zweites Mal!"

Man trank auf die namenlosen toten Matrosen Nr. Zwei und Drei. Das zweite Glas schmeckte Jared genauso scheußlich wie das erste. Als man das dritte hob, waren sein Kopf und seine Kehle wie taub. So ähnlich musste es sein, wenn man auf dem Ozean fuhr, nur dass der Ozean in seinem Kopf hin und her schwappte. Die Matrosen, zufrieden mit den drei Gläsern für ihre toten Genossen, waren an ihre Tische zurückgekehrt; Jared und Magee waren wieder allein.

Jared war sich nicht sicher, aber das dritte Glas hatte anders geschmeckt als die beiden ersten. Es hinterließ einen ranzigen Nachgeschmack in seinem Mund. Zuerst war das alles - ein unangenehmer Geschmack, der nicht weichen wollte. Dann erfolgten so heftige Magenkrämpfe, dass Jared sich krümmte. Er hob den Kopf und sah über den Tisch zu seinem neuen Freund. Magee sah so aus, wie Jared sich fühlte.

„Mir geht's nicht so gut", stöhnte Jared.

„Wir gehen wohl besser hinaus", antwortete Magee.

Jared drückte sich von der Tischplatte hoch, um aufzustehen. Seine Beine knickten sofort wieder ein. Er fing sich gerade noch ab. Seine Arme schlugen auf den Tisch, die Wange kam auf der Tischplatte zu liegen.

„Brauchst du jemand, Junge?" Es war der Redner. „Wärst besser bei deiner Muttermilch geblieben, wie? Na, was wären wir für Freunde, wenn wir dich nicht nach Hause bringen würden?"

Jared fühlte, wie kräftige Hände ihn auf die Füße hoben. Sein Kopf war ein Ozean der Übelkeit. Es kostete ungeheure Kraft, aber er schaffte es, einen Fuß schlurfend vor den andern zu setzen. „Magee", sagte er schwach. „Mein Freund, Magee..."

„Dem helfen wir auch", sagte der Redner, „bringen euch durch die Hintertür. Wär nichts, wenn sie euch schnappen würden, Jungs. Wollen doch nicht, dass ihr mit ′nem roten D um den Hals im Stock landet."

Trotz des Biertrinkens duldeten die Kolonisten keine Trunkenheit. Wer betrunken erwischt wurde, musste eine Strafe zahlen und wurde in den Stock gelegt. Gewohnheitstrinker mussten ein aus rotem Tuch gefertigtes großes „D" für „drunkard", „Trunkenbold", um den Hals tragen oder bekamen es an ihre Kleidung genäht.

Die kühle Luft der Hintergasse, die nach Abfall und Unrat stank, leerte Jareds Magen. Seine Begleiter warteten, bis er fertig war, dann führten sie ihn weiter. Doch schon bald ließen sie ihn in der Mitte der Gasse liegen. An seiner Wange spürte Jared das kaltfeuchte Kratzen eines Pflaster-steins; für den Augenblick gefiel es ihm. In der Nähe ertönten Stimmen, aber er verstand nicht, was sie sagten. Er nahm seine letzte Kraft zusammen und hob den Kopf. Ein Stück weit entfernt standen vier Matrosen und sprachen miteinander. Nicht weit neben ihm lag James Magee. Er war bewusstlos, Gesicht und Kleider verdreckt vom Kot der Gasse.

„Mathers!“ Von irgendwo hinter ihm kam eine Stimme. Einer der Matrosen drehte den Kopf in ihre Richtung. „Den hier nicht“, sagte die Stimme. „Der ist verboten.“ Jetzt kam die Stimme direkt von oben; der Kerl stand über ihm! Er musste sehen, wer das war! Aber seine letzte Kraft war aufgebraucht. Sein Gesicht schlug auf das feuchte Kopfsteinpflaster.

Dann Fußschritte. Dann eine andere Stimme, wahrscheinlich die von Mathers. „Was hast du mit dem?“, fragte er.

„Persönlich“, sagte die erste Stimme.

„Du kannst jeden anderen haben“, sagte Mathers, „nur nicht den.“

„Ich zahl dich aus. Wie viel bekommst du für ihn? Ich geb dir das gleiche.“

„So viel kannst du mir gar nicht geben“, sagte Mathers. „Die den haben wollen, machen ernst. Wenn ich dir den geb, bin ich morgen früh tot.“

„Dreh dich einfach um, und ich ...“ Die Stimme brach mitten im Satz ab. Dann erfolgte ein hässlich dumpf klingender Schlag. Jared stöhnte, als das ganze Gewicht eines erwachsenen Mannes auf ihn fiel. Der Körper rollte schlaff auf die Seite. Jared zwang sich, die Augen zu öffnen. Eine Handbreit vor seiner Nase war eine andere Nase. Es dauerte ein paar Sekunden, dann erkannte er sie. Es war das Gesicht des Wirts.

„Was soll das?“, brüllte Mathers.

„Hat zu viel Interesse an meiner Ware gezeigt.“ Die folgende Stille zeigte Jared, dass Mathers sich nicht weiter für den Wirt verwendete. „Ist das alles, was du heute für mich hast?“

„Morgen kommt mehr“, sagte Mathers.

„Na schön, so lange du Morgan bekommen hast. Bring den Wirt hier weg, wirf ihn aufs Feld.“

Jared spürte, wie der Körper von ihm fortgehoben wurde. Dann drehte ihn jemand mit dem Fuß um, so dass sein Gesicht nach oben zu liegen kam. Das Tageslicht schmerzte in seinen Augen. Alles war verschwommen. Er blinzelte, und das Bild wurde deutlicher, wenn auch nur etwas. Kurz bevor er das Bewusstsein verlor, sah Jared Morgan, wer über ihm stand. Sein Gehirn schlug Alarm, aber der Rest seines Körpers reagierte nicht. Ein schwarzer Schleier kroch über ihn, dann war alles dunkel. Das Letzte, was er dachte, war: *Eine Hintergasse in Boston. Der Matrose und der Indianer. Ausgerechnet hier.*

Kapitel 11

Sein Kopf knallte gegen die Holzwand, dass Jared vor Schmerzen zusammenzuckte. Ein heftiger Ruck warf ihn nach vorn, dann wieder zurück gegen die Wand. Noch mehr Schmerzen. Der Schmerz war eine Flüssigkeit und sein Kopf die Flasche; jedes Mal, wenn die Flasche hin und her schaukelte, schwappte die Flüssigkeit darin. Wenn der Kopf nur abfallen würde, damit er endlich Ruhe hatte.

Jared stöhnte und drückte seine Hände gegen den Kopf, um ihn festzuhalten. Er tat es halb im Schlaf, die Augen noch geschlossen. Langsam wurden seine Sinne wach, und mit ihnen erschien ein neuer Feind - ein scheußlicher Gestank, der in Wellen herbeikam. Der Gestank war dick und erstickend und so stark, dass Jared die Galle, die ihm hochkommen wollte, zurückkämpfen musste.

Wo bin ich?

Dann sah er durch den Schlitz seiner jetzt halb geöffneten Augen James Magee, der sitzend an einer gebogenen Holzwand lehnte. Sein ganzer Körper ruckte hin und her, er stöhnte leise. Neben Magee lag ein anderer wie ein Bündel auf dem Boden, das Gesicht begraben. Sein schwarzer Haarschopf lag neben dem Rest seines Körpers, als gehörte er nicht dazu. Jared konnte nicht genug von ihm sehen, um ihn zu erkennen, doch eins war klar: Es ging ihm nicht besser als Jared oder Magee.

„An Deck! An Deck!" Der Schrei ertönte von oben. „Los, Leute! Alle Mann an Deck!"

Ein Lichtspalt in den Planken über ihnen öffnete sich weit. Es war eine Art Tür. In dem herunterstürzenden Licht wurde eine Holzleiter sichtbar, auf der zwei in sackartige Kniehosen gehüllte Beine herabstiegen. „Schlafzeit ist zu Ende, Leute!" Jared sah einen Mann, der zehn Jahre älter sein mochte als er selber. Seine Wangen waren hohl und von einem schwarzen Drei-Tage-Stoppelbart bedeckt. Das dünne schwarze Haar war nach hinten gekämmt und im Nacken zusammengebunden. In seiner rechten Hand trug er eine langes, gebogenes Entermesser. „An Deck!", rief er erneut. Seine Stimme schmerzte Jared im Kopf. „Der Maat erwartet euch! Zeit, die Ware zu besehen."

Jared befahl seinen Beinen aufzustehen. Sie gehorchten ihm nicht. Er tastete nach einem festen Halt. Die Wand hinter ihm war aus Holz und bog sich nach außen. Er stützte sich an der Wand ab, bekam seine Füße hoch und erhob sich wackelig. Im gleichen Augenblick kippte der Fußboden zur Seite, und er flog seitlich auf die Planken.

Der Mann in den Kniehosen fluchte lautstark. „Was für einen Misthaufen haben wir diesmal! Na gut, als Fischfutter taugen sie allemal."

Jareds zweiter Versuch war erfolgreicher. Er sah sich um. Magee hatte sich erhoben, auch der andere, ein dünner, verängstigt aussehender junger Mann. Alle drei mussten sich an der Wand festhalten, um nicht umzufallen.

„Dem Himmel sei Dank", kicherte der Brüller durch die Luke nach oben. „Ein Wunder! Sie können laufen! Sie können laufen! Und jetzt wollen wir sehen, ob ihr die Leiter da schafft."

Jared warf einen Blick auf Magee und den anderen. Sie

sahen beide sprachlos aus; bei ihm war es wohl nicht anders. Magee ging vor, Jared folgte, der Dritte machte den Schluss. Als Jared einen Fuß hob, um die erste Sprosse zu erreichen, kam die Leiter auf ihn zu. Er fiel nach vorn und fing sich ein paar Fingerbreit vor Magees Stiefelabsatz. Er riss sich zusammen und kletterte langsam die Leiter hinauf.

Die Leiter führte ins Freie. Ein blauer Himmel hing wie eine riesige Kuppel über ihnen. Hinter der Leiter kam ein hölzernes Deck in Sicht, links und rechts eine Art Geländer mit vielen Seilen und hinter dem Geländer - eine endlos blaue See!

„Los, Leute, bewegt euch!", blaffte der Brüller von unten.

Jared trat zu Magee und musterte staunend seine neue Umgebung. Er befand sich an Bord eines Zweimasters. Im Augenblick waren nicht alle Segel gesetzt, so dass Jared das Gerippe der Masten und der Takelage gut ausmachen konnte. Ein gutes halbes Dutzend Matrosen beobachteten die Drei, die da aus dem Bauch des Schiffes nach oben kamen. Es war kein Land in Sicht, nur Wasser, so weit das Auge reichte.

„Hierher, Leute." Jared schaute in die Richtung, aus der die Stimme kam, und sah einen weiteren Matrosen. Er trug ein weißes Hemd mit Puffärmeln und die traditionellen weiten Kniehosen, die an den Fußknöcheln zusammengebunden waren. Er war barfuß. Sein Gesicht war stark vom Wetter gegerbt, sein Haar rot und dünner werdend, aber was ihm an Haupthaar abging, machte sein voller, buschiger roter Bart mehr als wett. In seiner Hand hielt er eine zusammengerollte Peitsche. Er befahl Jared und seinen beiden erschöpften Leidensgenossen zu sich.

„Darf ich euch vorstellen, Freunde?", fragte der Brüller von hinten. „Das hier ist Patrick Tracy, unser Erster Maat. Wenn ihr wisst, was gut für euch ist - aber das glaub ich nicht, sonst wärt ihr nicht hier -, dann macht ihr alles, was er euch sagt."

Der Bärtige trat zu Magee, baute sich direkt vor ihm auf, hielt ihm die zusammengerollte Peitsche vor die Brust und fragte: „Wie heißt du, Bursche?" Seine Stimme hatte einen unverkennbaren irischen Akzent. Der Blick in Magees Augen verriet, dass er überlegte, ob er antworten sollte oder nicht. Der Maat rückte noch ein Stückchen näher. „Kein Grund, das hier unangenehm zu machen. Hab dich nur nach deinem Namen gefragt."

„Magee. James Magee."

Der Maat lächelte und sagte ruhig und langsam: „Freut mich, dich kennen zu lernen, James Magee."

Als Nächstes trat er zu Jared, dann zu dem andern. Beide nannten ohne Umstände ihre Namen; der Dritte hieß Benjamin Wier.

Der Maat trat ein paar Schritte zurück. „Hinter euch ist Bootsmann Whitmore, was soviel bedeutet wie großer Verstand. Die meisten nennen ihn Witless, das heißt wenig Verstand, also dumm. Aber bevor ihr den Spitznamen benutzt, lernt ihr ihn besser erst mal kennen. Gentlemen – ich nenne euch bewusst Gentlemen, denn das seid ihr; das Recht, euch Seeleute oder Seebären zu nennen, müsst ihr euch erst noch verdienen -, Gentlemen, ich danke euch, dass ihr euch als Freiwillige in die Pflicht habt nehmen lassen." Der Bärtige grinste sie breit an.

„Ihr werdet meinen Humor entschuldigen, Gentlemen, aber ohne ihn würde ich keinen einzigen Tag beginnen. Falls ihr euch fragt, warum ihr hier seid: Ab jetzt gehört ihr zur Mannschaft der Dove, das beste Piratenschiff im ganzen Atlantik."

„Piraten?" Das Wort explodierte in Ben Wiers Mund.

Die buschigen roten Brauen des Maats schossen nach oben, er nickte grinsend. Er befahl ihnen mit seiner Peitsche, nach oben zu schauen. An der Spitze des höchsten Masts flatterte die bekannte schwarze Flagge mit dem Totenschädel.

Jared war sprachlos.

„Master Morgan", sagte der Maat. „Hat deine Mutter dir nicht beigebracht, dass es ungehörig ist, den Mund so offen stehen zu lassen?"

Jareds Kiefer klappte nach unten. Was ging hier vor? Ein verrückter Gedanke schoss ihm durch den Kopf. Konnte es sein, dass er immer noch betäubt in der Gasse lag und alles nur träumte? Es war zu unwirklich, um wahr zu sein!

Der Maat fuhr fort: „Falls einer von euch denkt, dass er sich übereilt gemeldet hat und jetzt seine Entscheidung rückgängig machen möchte - das ist möglich; ihr könnt jetzt sofort aussteigen."

Jared, Magee und Wier betrachteten verdutzt den endlosen Ozean. Der Ire lachte laut. „Ihr wollt also an Bord bleiben? Gut, abgemacht. Und jetzt zur Sache!"

„Nicht so schnell!", rief Magee. Dem Feuer in seinen Augen nach zu urteilen, begann sein Kopf klar zu werden. „Warum hat man uns gegen unseren Willen hierher gebracht?"

„Gegen euren Willen?", fragte der Maat. Er wandte sich an den Bootsmann, der weiter mit dem Entermesser in der Hand hinter ihnen stand: „Witless, sind diese Leute gegen ihren Willen hier an Bord gekommen?"

„Nein, Sir", erwiderte Whitmore. „Keiner von ihnen hat sich beschwert, als wir sie an Bord getragen haben."

„Ihr habt uns betäubt!", rief Magee.

„Betäubt? Oh, das könnte es erklären!", sagte der Maat. „Und ich dachte, ihr schlaft nur so gut! Nun ja, ganz ehrlich, Gentlemen: Wir brauchten neue Leute, und ihr drei wart die Besten, die da in der Gasse lagen. Aber wenn ihr euch bei jemand über eure Kopfschmerzen beschweren wollt, müsst ihr euch bei den Pressern beschweren. Wir haben euch nur von ihnen gekauft."

„Ihr habt uns von Pressern gekauft?" Jetzt war Jared genauso wach wie Magee.

„Macht das einen Unterschied, Bursche? Ihr würdet so oder so hier sein." Der Maat lächelte jetzt nicht mehr. Er schob die Schultern nach vorn, seine rechte Hand lag um den Griff der Peitsche.

„Es macht einen Unterschied", sagte Jared. „Die Männer, die uns betäubt haben, haben meinen Vater umgebracht."

Der Maat lachte nicht, und Magee sah überrascht zu Jared; das hier war ihm neu.

Der Maat strich sich über seinen Bart. „Ich sehe dein Problem. Um deine Frage zu beantworten, Bursche: Wir haben euch nicht betäubt. Wir sind Piraten und keine Presser. Wenn ihr was gegen die Presser habt, müsst ihr euch an sie wenden, wenn ihr sie das nächste Mal seht."

„Wann kommen wir nach Boston zurück?" Wiers Stimme war schrill und voll nervöser Angst.

Das Lächeln im Gesicht des Maats kam zurück. „Schwer zu sagen. Wir sind ja nicht gerade willkommen in den meisten Häfen." Der Bootsmann hinter ihnen kicherte. „Wir sind nun mal Piraten, Jungs, und die guten Leute von Boston - und London und Bristol und den meisten anderen Häfen - haben diese hässliche Angewohnheit, dass sie Piraten hängen. Einer der kleinen Nachteile dieses Jobs, leider!"

„Dadurch sind bei uns kürzlich ein paar Stellen frei geworden", fügte Whitmore hinzu.

„Auf der anderen Seite", fuhr der Maat fort, „hat unser Schiff vieles zu bieten. Es gibt kein besseres Piratenschiff weit und breit. Uns gibt's nur einmal, Freunde. Die meisten Piratenschiffe unserer Größe haben mehr als die doppelte Besatzung. Verlassen sich darauf, immer in der Überzahl zu sein." Er schüttelte verächtlich den Kopf. „Eine primitive Taktik. Wir greifen die Schiffe mit gleichen Zahlen an, wir kämpfen Mann gegen Mann. Ihr Gentlemen seid hoffentlich gut mit dem Säbel, wie?"

„Ich habe noch nie mit einem Säbel gekämpft", erklärte Magee.

„Ich auch nicht", erklärten die beiden anderen.

„Schade", meinte der Maat. „Hoffe, ihr lernt schnell. Aber worüber sprachen wir gerade?"

„Unsere Taktik", erinnerte ihn Whitmore.

„Ah, richtig! Also, Leute, wir überleben, weil wir besser sind als die anderen Schiffe. Was nicht sehr schwierig ist, wenn man sieht, wie jämmerlich es auf den meisten Handelsschiffen zugeht. Eigentlich habt ihr richtig Glück, Leute; sie hätten euch ja auch an ein Handelsschiff verkaufen können." Der Ire verzog das Gesicht und schüttelte sich. „Lieber nicht dran denken. Das Leben ist viel besser auf einem Piraten. Das Geld auch. Auf einem Piratenschiff kann der Mensch ungestraft das Leben genießen. Müssen natürlich alle unser Teil beitragen und haben einen gesunden Respekt vor den Launen der See. Aber im Ganzen gibt's nichts Besseres als das Piratenleben. Und unsere Obrigkeit sind wir selber; jeder kann mitbestimmen, in einem vernünftigen Rahmen natürlich. Wir wählen sogar unseren Kapitän selber. Werdet ihn nachher kennen lernen, er heißt Jack Devereaux. Es gibt keinen besseren Mann auf der Welt. Aber Vorsicht: Wer sich gegen ihn auflehnt, den macht er fertig. Aber wenn ihr euch gut hier einordnet, wird er euch wie seine eigenen Söhne behandeln. Ich finde, Freunde: Das Beste, was ihr tun könnt, ist, diesen Tag als den Beginn der Karriere eures Lebens zu betrachten!"

Jared sah seine beiden Leidensgenossen an. Magees Mund war ein wütender Strich, Wier sah aus, als ob er gleich losheulen würde.

„Also, seid ihr schon mal gesegelt?"

Die drei schüttelten den Kopf.

„Schade. Whitless, nimm diese Männer in die Piratenschule."

Er versuchte es mit Macht, aber Jared Morgan konnte seine Entführer nicht lange hassen. Vor Magee und Wier, denen es nach wie vor zuwider war auf einem Piratenschiff zu arbeiten, wollte er es nicht zugeben, aber eigentlich fühlte er sich prächtig. Auf diesem Schiff erfüllten sich seine sämtlichen Träume – das heißt, nicht ganz, denn für Anne war in seiner jetzigen Situation kein Platz. Aber für den Augenblick fand Jared es so aufregend auf einem Segelschiff zu sein, dass er verschiedene unangenehme Realitäten zur Seite schob, darunter die Tatsache, dass Anne nicht wusste, wo er war, dass er nicht wusste, wann er sie wiedersah, oder dass er, falls man ihn zusammen mit diesen Piraten gefangen nahm, wahrscheinlich mit Sicherheit am Galgen enden würde.

Jareds Auge ruhte auf der Chance, die sich ihm bot. Die hölzerne Welt der Dove faszinierte ihn. Das Schiff war ein eigenes Universum, vollkommen getrennt von Cambridge, Boston und Harvard, von der Welt, die Philip und Priscilla gehört hatte, aber nicht ihm. Das hier war ein schwimmendes Königreich auf hoher See. Sein Reich. Ein Reich, das nichts von Philips erhabener Gelehrsamkeit wusste, nichts von Priscillas herablassender Theologie und überlegenem Intellekt. In dieser Welt lebte Jared nicht mehr im Schatten von Harvard und in der Erinnerung daran, wie er seinen Vater immer wieder enttäuscht hatte. An Bord der Dove war Jared Morgan ein frischgebackener Emigrant ohne Vergangenheit, die an ihm klebte. Er war entschlossen, alles über diese neue Welt zu lernen.

Wie andere Nationen, hatte diese schwimmende Welt

ihre eigene Sprache, und das Erlernen dieser Sprache war nicht nur zur Alltagskommunikation notwendig; oft war es eine Sache von Leben und Tod. Das Fundament dieser Sprache hieß Kürze und Eindeutigkeit, ihr Ziel war, so viel unnötige Zeit zwischen einem Kommando und seiner Ausführung wie möglich zu eliminieren. Die Präzision der Mannschaft war beeindruckend. Ein Befehl erging, die entsprechenden Männer traten in Aktion und Augenblicke später führte das Schiff gehorsam das aus, was der Befehl verlangt hatte.

Zu Beginn war absolut nichts verständlich; die Mannschaft hätte genauso gut Chinesisch sprechen können. Doch schon bald gelang es Jared, die neuen Wörter mit den richtigen Teilen des Schiffs zu verbinden. Er lernte den Unterschied zwischen Vordersteven und Heck, Backbord und Steuerbord. Man brachte ihm bei, zwischen Reffen, Einholen und Losmachen der Segel zu unterscheiden. Er lernte die verschiedenen Arten von Knoten und das Vokabular für die Takelage, die Masten und Segel sowie die Grundmanöver wie gegen den Wind kreuzen und Backhalsen.

Und nicht nur die Sprache des Schiffs musste er lernen, sondern auch die der Elemente. Es gab Passatwinde und diverse Brisen, Flauten, Stürme und Orkane. „Günstige" Winde waren gut für den Kurs des Schiffes, „widrige" Winde nicht. Er lernte die verschiedenen Ausdrücke aus der Welt der Ozeane und Meere, ihrer Strömungen, Dünungen und Brecher. Er musste lernen, die verschiedenen Wolkenformationen zu identifizieren sowie die Sterne und Sternbilder, nach denen der Kurs bestimmt wurde.

Die Autoritätskette auf dem Schiff, vom Kapitän bis herunter zum einfachen Mann, war genau festgelegt. Jeder Matrose hatte alles, was zum Führen eines Segelschiffs gehörte, zu beherrschen. Jeder kam am Ruder an die Reihe, im Ausguck und beim Loten. Er hatte die verschiedenen Takelagen zu kennen und zu wissen, welche wann zu benutzen war. Eine Wissenschaft für sich war der Umgang mit den Tauen, der kräftige, geschickte Finger erforderte. Ob Steeks oder gewöhnliche Knoten, Taljereep oder Tau, alles musste stimmen, selbst in mondlos schwarzer Nacht.

Es gab die vielen kleinen, aber so wichtigen Arbeiten wie das Einholen der Takelage, das Aufrollen der Taue, Reparieren und Ölen verschiedener Gegenstände, Ausbessern der Segel, Teeren der Taue, Säubern der Kanonen, das Schrubben des Decks oder das Überprüfen der Ladung.

Es war genau die Art Arbeit, die Jared lag. Keine Bücher. Kein Vorlesen und Aufsagen, kein Dastehen und sich vor Lehrer und Mitschülern lächerlich machen. Beim Segeln klappte die Arbeit oder sie klappte nicht. Entweder das Tau war richtig verknotet oder nicht. Und es ging um viel mehr als gute Noten oder die nächste Versetzung. Auf See konnte schlampige Arbeit buchstäblich tödlich sein, sei es, dass jemand aus der Takelage fiel oder von herabfallenden Gegenständen getroffen wurde. Ein Augenblick des Leichtsinns, und du fällst über Bord ... Es war ein Leben mit harter Arbeit und hohem Risiko, so dass Jared prickelnd schwindlig davon wurde.

Die Sonntage boten Zeit zur Geselligkeit an Bord. Das Trinken nahm eine zentrale Rolle im Seemannsleben ein. Vielen Matrosen bot es einen Fluchtweg aus dem so knochenharten Alltag. Ein Matrose drückte es in Reimen aus, als er Jared die Flasche reichte:

Mit einer Flasche gutem Wein
kann der Pirat im Himmel sein.
In Krankheit, Hunger, Not, Verdruss
man einen guten Schluck sich gönnen muss.

Manche Matrosen nutzten diesen Fluchtweg mehr als die anderen und betranken sich haltlos, doch geschah es an Bord der *Dove* eher selten. Der Kapitän machte seiner Mannschaft klar, dass ihre Zahl geringer und der Beuteanteil folglich größer als auf anderen Schiffen war und dass er deshalb auch mehr Disziplin erwartete. Er lehnte es ab, dass das Wohl von Schiff und Besatzung von einem Betrunkenen abhing. Wem der Alkohol wichtiger war als seine Kameraden, der durfte gern sein Glück auf einem anderen Schiff versuchen. Einem Matrosen, der einen Fehler machte, weil er etwas falsch eingeschätzt hatte, vergab der Kapitän das erste Mal; nach dem zweiten Vergehen wurde der Übeltäter sofort auf passende Art beseitigt, sei es, dass er im nächsten Hafen „vergessen" wurde, sei es, dass man ihn auf See aussetzte; seinen Platz an Bord hatte er verwirkt.

Manchmal tanzten die Männer bis zum Umfallen, um sich die Zeit zu vertreiben. Für die meisten bedeutete „Tanzen" nicht, dass man bestimmte Schritte ausführte, sondern dass man wahllos umherhüpfte. Doch einige waren echte Tänzer, die ihre Kunst auf den Tanzböden in Wapping, dem Seemannsviertel von Ost-London, gelernt hatten. Manche benutzten den Großmast als improvisierten Maibaum, um den sie zu Seemannsliedern herumtanzten.

Häufiger jedoch verbrachten sie ihre Freizeit auf oder unter Deck mit stundenlangem Geschichtenerzählen und dem Spinnen von Seemannsgarn. Einige Geschichten waren richtige Balladen. Die Seeleute liebten alles, was sich reimte, und wenn es noch so schlecht war. Die meisten Gedichte waren „teuflisch schlecht", wie einer es einmal ausdrückte. Die Matrosen an Bord der *Dove* liebten Heldentaten, Ruhm und Ehre. Manches an den Geschichten beruhte sogar auf Wahrheit. Ein paar von der Mannschaft konnten lesen, aber die ständige Feuchtigkeit und der Schimmel machten es schwierig, Bücher an Bord zu haben.

Nach zwei Wochen an Bord der *Dove* kannte Jared den Großteil der Mannschaft, und die Mannschaft kannte ihn und die beiden anderen Neuen. Patrick Tracy war also der Erste Maat, und Henry Whitmore der Bootsmann. Dann gab es Thomas Bardin, der aus Wales kam und der Schiffszimmermann war, der Spezialist in der Welt von Holz, der Maste, Rahen, Boote und Geräte reparierte und regelmäßig den Rumpf auf Lecks untersuchte; von ihm hing Wohl und Wehe des Schiffs ab. Rudy Shaw war der Kanonier; ihm unterstanden die Kanonen und die Munition, und er war der Mann, der die Katastrophe abzuwenden hatte, wenn eine Kanone barst, zu heiß wurde oder beim Rückstoß außer Kontrolle geriet. Der Steuermannsmaat John Wendell war ein erfahrener Seebär, der lesen und schreiben konnte. Er führte das Logbuch, zusätzlich zum Logbuch des Kapitäns. Der Schiffskoch Nathaniel Ropes hatte, wie die meisten aus seiner Zunft, als Landratte nie in seinem Leben gekocht und war zu seinem Posten gekommen, als herabstürzendes Tauwerk ihm das Bein gebrochen hatte. Sein Knie war seitdem steif und er hinkte beim Laufen. Die übrigen Altgedienten auf dem Schiff, die keine besonderen Bezeichnungen besaßen, nannten sich Vollmatrosen; es waren drei: Michael Dalton, Jeremiah Lee und George Cabot. Und dann schließlich die Neulinge: Jared Morgan, James Magee, Benjamin Wier und noch ein Vierter, der sich eine Woche, bevor sie an Bord kamen, von einem Handelsschiff abgesetzt hatte und Richard Derby hieß.

„Was ist mit den Jungs? Gefällt es ihnen immer noch nicht hier?“ Es war spät an einem Sonntagabend, und Dalton saß mit dem Rücken an den Großmast gelehnt. Er zeigte auf Magee und Wier, die für sich allein waren, während Jared inmitten der übrigen Besatzungsmitglieder saß. Die See war ruhig, nur eine leichte Brise spielte in den Segeln. Schlaffe Taue schlugen gegen die Masten. Am Himmel funkelten die Sterne.

„Haben immer noch Heimweh nach der Mama", grinste Kanonier Shaw.

Jared unterdrückte ein Lächeln.

„Besser als hier könnt ihr's im Leben nicht haben", sagte Derby zu Magee und Wier. „Und das ist die Wahrheit. Ich hab die *Loyal George* verlassen, als ich hörte, dass Devereaux vor Boston saß. Ich hätte alles getan, um auf diesen Kahn hier zu kommen."

„Wo war die Loyal George?", fragte Shaw.

„Philadelphia", erwiderte Derby. „Hab mich auf ´ne Schaluppe geschlichen, um von dort nach Boston zu kommen. Und brauchte dann immer noch zwei Wochen, um an Devereaux heranzukommen. Fast hätten sie mich dabei geschnappt; Barlow hatte seine Männer auf mich angesetzt."

„Edmund Barlow?" Der Name brachte Dalton kerzengerade in die Höhe.

„Genau der."

„Hab Geschichten über ihn gehört", meinte Dalton.

„Und die sind wahr", stellte Derby fest. „Alle."

Dalton setzte eine gewichtige Miene auf und rezitierte: „Auf meinem Schiff gibt es keine Gerechtigkeit oder Ungerechtigkeit, Junge. Es gibt nur zwei Dinge: Pflicht und Meuterei - merk dir das. Alles, was dir befohlen wird, ist Pflicht, und alles, was du verweigerst, ist Meuterei."

Derby lachte über die Karikatur seines ehemaligen Kapitäns. „Echt Barlow - stimmt. Kennst du ihn persönlich?"

Dalton schüttelte den Kopf. „Hab nur von ihm gehört, von so manchem Seemannskrüppel in Kneipen von Boston bis Bristol."

„Ich hab mal gesehen, wie Barlow einen Mann mit einem Steinkrug schlug. Hat ihm vier Zähne ausgeschlagen", erzählte Derby. „Ein anderes Mal hat er auf dem Rücken eines Mannes einen dicken Besenstiel in Splitter geschlagen und ihm danach mit dem Daumen ein Auge ausgestochen."

„Warum hat ihn dabei keiner aufgehalten?", fragte Jared. „Oder ihn angezeigt?"

„Du musst eines wissen, Junge", sagte Derby zu ihm. „Der Kapitän eines Schiffs – das ist der liebe Gott, der kann alles tun, was er will. Den Händlern, für die er arbeitet, und den Beamten an Land ist es wurscht, was er an Bord seines Schiffes macht, so lange sein Schiff pünktlich ist und ihnen Gewinne einfährt. Die einzige Methode, einen wie Barlow loszuwerden, ist Meuterei."

„Und das ist ein gefährliches Geschäft", erklärte Dalton.

„Stimmt", pflichtete Derby ihm bei. „Bei Barlow haben sie's mit ein, zwei Kreiseln versucht."

„Kreisel?", fragte Jared.

„Ein Blatt Papier mit zwei Kreisen - ein kleiner, und drum herum ein größerer. In den kleinen Kreis schreibt man, was man vorhat. Ein Vorschlag war, den Kapitän über Bord zu werfen, ein anderer, ihm im nächsten Hafen das Schiff zu stehlen. Zwischen die beiden Kreise schreiben dann die Meuterer ihre Namen, die ersten an den vier Himmelsrichtungen, die übrigen dazwischen, damit, wenn so ein Papier entdeckt wird, kein Name weiter oben oder unten auf der Liste steht; alle sind gleich schuldig."

„Und wie ist es damals ausgegangen?", fragte Dalton.

„Barlow hat die Papiere nie gefunden, aber er hat von ihnen gehört. Das erste Mal ließ er die ganze Mannschaft drei Tage lang hungern. Beim zweiten Mal auch, aber diesmal fand er heraus, wer den Kreisel geschrieben hatte. In der Nacht als alles schlief, kam Barlow unter Deck und stürzte sich auf den Mann. Er schlug ihn auf dem gesamten Weg nach oben zum Deck. Auf Deck gab er ihm nochmal ein Dutzend Hiebe mit einem Splisseisen. Der Mann war so blutüberströmt, dass er Krämpfe bekam. Barlow wollte ihn umbringen, aber es sollte wie ein Unfall aussehen. Er befahl ihm also, mitten in einem kalten Wolkenbruch auf den Mast zu klettern, um das Focksegel loszumachen. Der Mann konnte in seinem Zustand nicht klettern, und der Kapitän wusste das auch; er wollte, dass er dabei über Bord ging. Der Mann blutete überall und trug nur sein Hemd und seine Hose, als er zu klettern begann. Auf halbem Weg bekam er einen neuen Krampf. Ich kletterte hinter ihm her, um ihm zu helfen, aber Barlow richtete eine Pistole auf mich und erklärte, jeden zu erschießen, der versuchte, dem Mann zu helfen."

„Und was geschah weiter?", fragte Jared.

„Der Mann konnte sich noch eine Weile festhalten, aber er war zu schwach. Der Wind blies ihn aus der Takelage, so dass er über Bord fiel. Die See war rau, er ging sofort unter." Derby senkte seine Stimme. „Er hieß Richard Wherry und war mein bester Freund."

Die übrigen schwiegen einen Augenblick betroffen.

„Tja, und da hab ich gewusst: Jetzt musst du runter von der Loyal George", fuhr Derby fort. „Wenn ich noch geblieben wäre, hätte ich Barlow umgebracht, das weiß ich genau."

Dalton zog ein Messer und einen Stock hervor und begann zu schnitzen. Die Nacht wurde noch stiller. Von der Kapitänskajüte kamen leise Stimmen. Das unverwechselbare Lachen des Maats echote über Deck.

„Hat's hier auf der *Dove* schon mal 'ne Meuterei gegeben?", fragte Jared.

„So was fragt man nicht", sagte Dalton. Jared senkte seinen Kopf, was Dalton zu amüsieren schien. „Die Antwort ist natürlich nein. Nicht mit diesem Kapitän." Er grinste. „Leute, das ist das erste Mal, dass dieser Knabe zu lächeln aufhört, seit er an Bord gekommen ist."

Jared sah hoch und lächelte schon wieder.

„Ja", fragte Shaw, „wie ist das mit dir, Freund? Warum bist du nicht so wie deine Kollegen da drüben?" Er zeigte zu Magee und Wier hinüber, die mürrisch wie eh und je beieinander saßen.

„Für die kann ich nicht sprechen", antwortete Jared. „Aber mir gefällt es hier."

„Gut für dich!", stellte Derby fest. „Wie ich vorhin schon sagte. Noch besser wird das Leben nicht."

„Also mir gefällt's hier auch", sagte Shaw. „Aber deshalb grins ich doch nicht die ganze Zeit wie 'ne liebeskranke Kuh."

Jareds Grinsen wurde noch breiter.

Nacheinander bestätigten die Matrosen: Jawohl, Jared grinste ständig. Er grinste, wenn man ihm die Takelage erklärte, wenn man ihm Knoten beibrachte, wenn er Taue zog, wenn er das Deck schrubbte, ja sogar wenn Steuermannsmaat Wendell ihn in den Grundlagen des Säbelkampfs unterwies.

„Ich zeig ihm, wie man jemand die Brust durchtrennt", sagte Wendell, „und er grinst von einem Ohr zum andern. Noch nie erlebt, so was."

„Ich mag keinen, der zu viel lächelt", sagte Shaw. „Denen kann man nicht trauen."

„Morgan ist in Ordnung", erwiderte Wendell.

„Jared Grinse-Jack, der Grinsmatrose", sagte Dalton, während er schnitzte. Es war das erste Mal, dass jemand ihn „Matrose" nannte. Es bedeutete, dass die Mannschaft ihn akzeptierte. Sein Grinsen wurde noch breiter.

Die Gegenwart der „Neuen" ließ alte Erinnerungen wach werden: Erinnerungen an den ersten Kapitän, das erste

Gefecht, den ersten Sturm, die erste Begegnung mit dem Unheimlichen.

„Als ich auf der Abington war“, erzählte Dalton, zwischen dessen Beinen ein Berg aus Sägespänen wuchs, „waren wir zwei Tage von der afrikanischen Küste entfernt, als wir in das schlimmste Unwetter meines Lebens gerieten. Wir banden alles fest, während masthohe Brecher auf uns herunterkamen. Ich hatte gerade eine Luke gesichert, als eine Welle mich fast bewusstlos schlug. Wäre ich nicht festgebunden gewesen, hätte sie mich glatt über Bord gespült. Ich weiß noch, wie sie mich ein paar Mal gegen das Deck schlug. Als sie vorbei war, lag ich auf dem Rücken, die Hände um das Seil, und schaute nach oben, und oben auf dem Hauptmast - ich konnt's nicht glauben! - war das Elmsfeuer!“

„Elmsfeuer?“, fragte Jared.

„Ein Feuerball“, erklärte Dalton, „der wie ein Stern auf der Mastspitze saß und das ganze Deck erleuchtete. Ich dachte, es wäre der Todesengel persönlich, der mich holen kommt. Im gleichen Augenblick kam der nächste Brecher, aber ich konnte die Augen nicht von diesem Feuer nehmen. Selbst durch das Wasser konnte ich es noch sehen.“

„In Glasgow hab ich mal jemand getroffen, der sagte, dass er gleich zwei davon auf dem Mast gesehen hat“, berichtete Shaw.

„Ist ein gutes Omen, wenn die Dinger auf dem Mast sind“, sagte Wendell. „Aber wenn sie wie ein großer Glühwurm auf dem Deck liegen, das ist schlecht.“

„Ich weiß nur, dass ich darauf verzichten kann, noch mal so was zu sehen“, sagte Dalton.

„Das Komischste, was ich je gesehen hab, war an Bord der William Galley“, meinte Wendell. „Es war abends gegen neun und ich hatte Wache, als ich Steuerbord ein Boot sah, ein winziges Ding, mit Rudern. Erst war es nicht gut zu sehen, aber als es näher kam, sah ich es ganz deutlich. Wir waren etwas überrascht, so ein kleines Ding auf hoher See zu sehen. Ich schickte jemand zum Kapitän. Der war genauso verwirrt wie wir, weil doch nirgendwo Land in Sicht war. Wir riefen das Boot mehrere Male an. Keine Antwort. Ein paar Mal sahen wir ganz deutlich Männer in dem Boot, die ruderten, dann saßen sie wieder reglos und starrten zu uns herauf. Das ging fast eine Stunde so. Das Boot kam näher, dann trieb es wieder ab. Als es immer noch nicht auf unser Rufen antwortete, befahl der Kapitän mir, einen Schuss darauf abzufeuern. Der Schuss zeigte keine Wirkung. Das Boot blieb noch eine Viertelstunde neben uns, dann war es fort. Mr. Pugh, unser Obermaat, erklärte, es wäre Charons Boot, das gekommen war, um den todkranken Nesbitt über den Todesfluss zu fahren. Und ungefähr zur gleichen Zeit, wo das Boot wieder verschwand, ist Nesbitt auch gestorben."

„Und glaubst du, dass es wirklich Charons Boot war?", fragte Jared.

„Weiß nicht so recht", erwiderte Wendell. „Ich glaub eigentlich nicht an Spuk und so, aber ich weiß einfach nicht, wie ich das erklären soll."

„He, Grinse-Jack!", rief Dalton. Es dauerte einen Augenblick, bis Jared begriff, dass er gemeint war. „Bist du jetzt nicht mit der Wache dran?"

Jared grinste prompt. Die letzten vier Stunden hätte er eigentlich schlafen sollen, aber er wollte nichts verpassen. Jetzt würde die Nacht lang werden, aber das war ihm egal. Es gefiel ihm, nachts auf Deck zu sein.

Die anderen erhoben sich laut gähnend und gingen unter Deck.

„Schlaf nicht ein oder du ruinierst deine kurze, aber brillante Seebärkarriere", riet Wendell.

„Mach dir keine Sorgen", lächelte Jared. „Ich schaff das

schon."

„Das hoffe ich auch", erwiderte Wendell.

Jared verbrachte seine Wache damit, den Nachthimmel zu studieren und zu prüfen, wo die Sternbilder lagen, die Wendell ihm beigebracht hatte. Das Schiff glitt zufrieden durch die Wellen - so zufrieden wie Jared selber. Derby hatte Recht: Viel besser konnte das Leben wirklich nicht werden. Doch kaum hatte er den Gedanken ausgesprochen, da erinnerte er sich an eine Ausnahme: Doch, noch schöner wäre es, wenn Anne jetzt neben ihm stünde und zu den Sternen emporblickte.

Kapitel 12

Es war ungewöhnlich laut im Versammlungshaus. Die Holzklappsitze in den Bänken knallten, aufgeregtes Flüstern ging durch die Menge wie der Wind durch ein Kornfeld. Dann und wann hustete jemand vernehmlich oder ermahnte eine Mutter ihr Kind lauter als üblich.

„Ich bitte um Ruhe." Reverend Horace Russell fiel in seine Predigerstimme. Er musste seinen Ordnungsruf mehrere Male wiederholen, bevor es ruhig wurde. Der Pastor stand hinter einem langen Tisch, der am vorderen Ende des Gebäudes aufgestellt war. An dem Tisch saßen Edward Chauncy, der Kirchenälteste Andrew Hale und der Ratsherr Thomas Alexander. Hinter ihnen thronten auf einer Stuhlreihe die versammelten übrigen Kirchenältesten. Priscilla saß ihren Anklägern gegenüber auf der vordersten Bank. Sie saß allein. Ihre Mutter saß in der Familienbank, neben ihr Daniel Cole, der auf ihre Bitte hin gekommen war. Priscilla drehte sich um und schaute zur Jungfrauenbank auf die Empore hoch. Sie war leer; niemand aus ihrem Bibelkreis war zur Verhandlung erschienen.

Priscilla strich ihren Rock glatt und versuchte, sich nicht darüber aufzuregen, dass ihre Freundinnen nicht zugegen waren. In der Bibel war Debora allein, und jetzt war Priscilla allein. Sie versuchte, ihren verletzten Stolz mit dem Gedanken zu beruhigen, dass es besser so war. Sie benötigte niemand, der sie verteidigte.

Pastor Russell begann zu sprechen: „Wir haben uns hier vor Gott und der gesamten Gemeinde versammelt, um uns mit einem ernsten Geschehen zu befassen, das vor uns gebracht worden ist. Im Augenblick ist es nach den Ordnungen des Rates unserer Stadt eine bloße Angelegenheit unserer Kirche, da der Schaden auf sie begrenzt zu sein scheint. Sollte diese Versammlung jedoch etwas anderes ergeben, wird die Angeklagte der weltlichen Obrigkeit zur weiteren Bestrafung übergeben werden. Diese Entscheidung, sollte sie denn nötig sein, wird allein bei Thomas Alexander liegen" - der Pastor zeigte auf einen kleinen, bebrillten Mann - „der, wie uns allen bekannt ist, einer der Ratsherren unserer Stadt und gleichzeitig Glied dieser Gemeinde ist."

Ratsherr Alexander schob seine Brille zur Nasenspitze und warf einen grimmigen Blick auf Priscilla. Seine Stirnglatze, sein Gesicht und seine Hände waren von kleinen braunen Flecken bedeckt, wie sie für einen Mann seines fortgeschrittenen Alters nicht ungewöhnlich waren. Priscilla erwiderte seinen Blick, was ihn nervös zu machen schien. Sie lächelte innerlich. Wenn diese Leute erwarteten, dass sie als arme Sünderin vor ihnen niederknien würde, sollten sie sich noch wundern.

Pastor Russell stellte die beiden übrigen Männer am Tisch und die hinter ihnen sitzenden Ältesten vor, dann sah er Priscilla an. „Die Angeklagte wird sich jetzt erheben, um zu hören, wessen man sie beschuldigt."

Priscilla erhob sich. Es war mucksmäuschenstill im Raum geworden, man hörte nur das Rascheln ihres Rocks, als sie sich erhob.

„Priscilla Morgan, Ihnen wird vorgeworfen, irregeleitete Meinungen zu unterstützen, unerlaubte Treffen zu arrangieren und die Leiterschaft der Kirche zu beleidigen. Sind diese Dinge wahr?"

„So wahr Gott mein Zeuge ist", entgegnete Priscilla, „ich habe nichts getan, was seiner Lehre entgegensteht."

„Bitte gehen Sie konkret auf die Anschuldigungen ein", forderte der Pastor.

„Das habe ich gerade getan."

Pastor Russell seufzte beunruhigt. „Hartnäckigkeit steht einer Dame nicht gut zu Gesicht, ist unchristlich und kontraproduktiv."

„Entschuldigen Sie bitte, wenn ich hartnäckig erscheine, Pastor Russell, das ist nicht meine Absicht. Ich möchte nur deutlich machen, dass ich vor Gott nichts falsch gemacht habe; und da sich die Leitung dieser Gemeinde auf die Heilige Schrift gründet, können Sie lediglich zu einer Schlussfolgerung kommen: Ich habe nichts getan, das ein Verfahren oder eine Strafe verdient."

„Wir ziehen unsere eigenen Schlüsse, junge Frau", brüllte Alexander.

Pastor Russell war noch nicht zufrieden. „Da Sie sich immer noch weigern, zu den Vorwürfen konkret Stellung zu nehmen, werde ich geradeheraus danach fragen. Haben Sie irregeleitete Meinungen unterstützt?"

„Nein."

„Haben Sie unerlaubte Treffen arrangiert?"

„Nein."

„Haben Sie die Leitung der Kirche beleidigt?"

„Nein."

Pastor Russell lächelte sarkastisch. „Danke, dass Sie direkt geantwortet haben."

„Gern geschehen. Ich hoffe, dass Sie mich endlich verstehen."

„Unverschämtheit!", schrie der betagte Alexander und

schlug auf den Tisch. Die Versammlung gab ihm Recht, was aufgrund des Keuchens und Tuschelns zu erkennen war. „Sie werden der Geistlichkeit den angemessenen Respekt entgegenbringen oder ich lasse Sie ins Gefängnis werfen!"

Priscilla wusste, dass sie zu weit gegangen war. Darüber hinaus war ihr klar, dass alles dahin sein würde, wofür sie kämpfte, wenn es ihr nicht gelänge, ihre Zunge zu kontrollieren.

„Ich entschuldige mich, Pastor Russell."

Ohne auf ihre Entschuldigung einzugehen, forderte der Pastor sie auf: „Erzählen Sie uns von Deboras Töchtern."

„Deboras Töchter ist eine Gruppe von Frauen, die sich in meinem Haus treffen, um die Bibel zu studieren, zu beten und um sich gegenseitig zu ermutigen."

„Bibelstudium, Gebet, Ermutigung", wiederholte der Pastor.

„Jawohl, Sir."

„Sind meine Predigten und die wöchentliche Bibellehre nicht ausreichend, um die Bedürfnisse der Damen dieser Gemeinde zu befriedigen", fragte er.

„Unsere Bibelstudien ergänzen diese Bibellehren."

„Fräulein Morgen, Ergänzung zielt auf Unvollständigkeit. Eine Ergänzung macht etwas vollständig, das unvollständig ist. Sie wollen also behaupten, dass diese Gemeinde – und Gemeinschaft – bei der Bibellehre ihren Mitgliedern nicht gerecht wird?"

Priscilla rang darum, die richtige Antwort zu finden. Nicht, dass sie darum verlegen war. Sie wollte lediglich zum Ausdruck bringen, dass das Niveau der Spiritualität Beweis genug war, dass etwas in Bezug auf die Lehre der Gemeinde fehlte. Aber ihr war bewusst, dass sie dadurch den Zorn ihres Anklägers nur noch mehr reizen würde, etwas, das nicht ihre Absicht war. Also sagte sie: „Ich bin der Meinung, dass man die Bibel gar nicht genug studieren kann."

„So", dehnte der Pastor. „Und wer war der Lehrer in diesen Bibelstunden für Frauen?"

„Ich."

„Und was für eine Ausbildung habt Ihr dazu, die Bibel zu lehren?"

Wieder zögerte Priscilla.

„Habt Ihr ein Examen in Harvard gemacht?"

„Nein."

„Natürlich nicht! Habt Ihr Theologie studiert? Kennt Ihr die alten Sprachen? Seid Ihr mit den Regeln der Auslegung vertraut? Habt Ihr ...?"

„Ja." Sie sagte es leise, aber sie sagte es.

„Ja? Was meint Ihr mit ja?"

„Ich kenne die alten Sprachen. Ich habe Theologie und Bibelauslegung studiert."

Ein lautstarker Schock ging durch die Versammlung. Es dauerte mehrere Minuten, bis die Ordnung wieder hergestellt war. Priscilla nutzte die Zeit, um sich zur Familienbank umzudrehen. Constance Morgans Gesicht war an der Schulter von Daniel Cole begraben, ihre eigenen Schultern zuckten von ihrem Schluchzen. Coles Gesicht war wie in Stein gemeißelt.

„Mistress Morgan!", fuhr Pastor Russell fort. „Ihr behauptet also, diese Disziplinen studiert zu haben. Könnt ihr uns sagen, wo Ihr sie studiert habt?"

„Im Studierzimmer meines Vaters."

„Ihr habt in der Abwesenheit Eures Vaters in seinen Büchern gelesen?"

„Nein, das habe ich nicht gesagt."

„Wie meint Ihr es dann, Mistress Morgan?"

„Ich habe mich nicht heimlich ins Zimmer meines Vaters geschlichen und auch nicht alleine studiert. Mein Lehrer war der beste Professor in Harvard - mein Vater selbst."

Wieder explodierte der Raum vor Lärm.

„Priscilla Morgan, Euer Vater war ein gottesfürchtiger Mann und von allen geachtet, und Ihr wollt uns glauben machen, dass er Euch heimlich bei Nacht unterrichtet hat?"

„Ob Ihr es glaubt oder nicht, es ist die Wahrheit."

Pastor Russel schaute Hilfe suchend zur Familienbank der Morgans. „Constance", sagte er leise, „ist das wahr? Hat Euer Mann Priscilla zu Hause in den Fächern eines Pastors unterrichtet?"

Constance Morgan wischte sich die Tränen von den Wangen und nickte.

„Aber zu welchem Zweck? Dies ist doch vergeudetes Wissen. Kann sie in Harvard lehren? Kann sie ein Pastor oder auch nur Ältester werden? Gibt es einen guten Grund, warum er so etwas hätte tun sollen?"

„Ich kann alle diese Fragen beantworten", entgegnete Priscilla. „Er tat es, weil er das Wissen liebte. Und mich."

„Eine unweise Liebe", stellte der Pastor fest. „Denn schaut, in was für ein Unglück solches Wissen Euch gebracht hat."

Der Pastor zog ein Taschentuch hervor und ließ sich in seinen Stuhl fallen. Er wischte sich über die Stirn und steckte kurz die Köpfe mit den anderen Männern hinter dem Tisch zusammen.

„Fahren wir fort", sagte er, als er sich wieder erhob. „Ihr hattet Euch also unerlaubt Wissen angeeignet und fühltet Euch daher in der Lage, das Predigtamt der Kirche zu ergänzen. Aber Ihr seid nicht zur Gemeinde gekommen, um die Erlaubnis zum Abhalten dieser Bibelstunden einzuholen. Warum nicht?"

Das ist es also!, ging es Priscilla auf. *Es geht ihnen um ihr bisschen Macht!* „Um ehrlich zu sein, daran dachte ich nicht.

Meine Absicht war allein, das geistliche Wachstum meiner Freundinnen zu fördern. Ich habe nicht gewusst, dass ich damit jemand verletzen könnte."

„Aber mit Euren Bibelkenntnissen müsstet Ihr doch wissen, dass Gott selbst Aufseher über die Gemeinde eingesetzt hat, die dafür sorgen, dass seine Lehren und Gebote ohne Irrtum verkündigt werden!"

„Ich sage es noch einmal: Unsere Absicht war nicht, irgendwelche Obrigkeiten zu untergraben, sondern den geistlichen Menschen der Teilnehmerinnen in diesen Stunden aufzubauen."

„Lügnerin!!" Alexander Hale sprang auf die Füße, sein Zeigefinger stach in Priscillas Richtung. „Diese Stunden in Eurem Haus waren ein bösartiger Versuch, die Autorität von Kirche und Familie zu untergraben. Ihr habt das Herz meiner Tochter und der anderen jungen Frauen, die Euch zuhörten, vergiftet!"

Die Wut des Mannes traf Priscilla wie eine unsichtbare Faust. Sein Gesicht war dunkelrot, die Augen blutunterlaufen, die Stirnadern traten hervor, seine Stimme wollte sich überschlagen.

„Bedeuten Euch die Zehn Gebote überhaupt nichts?", schrie er.

„Ich weiß nicht ... was meint Ihr da genau ...", stotterte Priscilla.

„Besonders das Gebot, in dem es heißt: Du sollst deinen Vater und deine Mutter ehren?"

„Ich verstehe immer noch nicht, was Ihr ..."

Pastor Russell fragte dazwischen: „Worauf wollt Ihr hinaus, Andrew?"

„Das will ich Euch sagen! Meine Tabitha war eine liebe, gehorsame Tochter, bis sie unter den bösen Einfluss von Mistress Morgan kam; seitdem gibt sie Widerworte, ist ungehorsam und wurde beim Lügen erwischt!"

Priscilla erwiderte steif: „Bei einem sind wir uns einig, Master Hale: Tabitha ist eine außergewöhnliche junge Frau mit einem bemerkenswerten Kopf. Ich habe ihr jedoch niemals beigebracht, Euch ungehorsam zu sein oder Lügen zu erzählen."

„Jetzt fängt sich die Schlange in ihren eigenen Ränken." Hales Gesicht verzog sich höhnisch. „Habt Ihr meiner Tochter das Lesen beigebracht oder nicht?"

Priscilla antwortete mit hoch erhobenem Kopf: „Ja."

„Und an welchem Wochentag?"

„Mittwochs."

„Um zwei Uhr nachmittags?"

„Wir beginnen um zwei, ja."

„Und ihr endet um halb vier?"

„Nein, schon um drei. Danach bleibt Tabitha noch etwas, um Lesen zu üben."

„Wisst Ihr, was sie mir erzählte, wo sie um diese Zeit gewesen sein will?"

Priscilla hielt das für eine rhetorische Frage und antwortete nicht.

„Wisst Ihr es oder nicht?", schrie Hale.

„Nein, Master Hale. Ich weiß nicht, was Tabitha Euch erzählt hat."

„Sie sagte mir, dass sie zur Witwe Underhill ging, um das Sticken zu lernen. Aber dann benötigte ich sie eines Tages und schickte John nach ihr, und ratet, was ich herausfand: Die Witwe Underhill gibt keinen Stickunterricht, sie kann noch nicht einmal selber sticken! Wo ist also meine Tabitha? Bei Euch, um Lesen zu lernen. Sie sagte mir, sie habe gelogen, weil sie wusste, dass ich das nicht dulden würde, und da hatte sie sogar Recht! Warum sollte eine Frau lesen können? Lesen verdirbt nur ihren Charakter. Es setzt ihr Dinge in den Kopf, die nicht gut für sie sind, macht sie streitsüchtig und unglücklich. Hat nicht erst vor zwei Jahren John Hoskins Frau Lesen gelernt? Und kurz danach nannte sie John ein dummes Schwein und rannte mit einem anderen Mann davon! Es ist Gift, Gift, und ich dulde es nicht in meinem Haus!!"

„Master Hale", sagte Priscilla, „ich wollte doch nur ..."

„Haltet Euren Mund, Frau! Ich will Eure Entschuldigung nicht, Ihr habt schon genug Schaden angerichtet! Erst lockt Ihr meine Tochter in Euer Haus, dann bringt Ihr ihr das Lesen bei, und jetzt, wo ich ihr sage, dass sie nicht mehr lernen darf, schreit sie mich an, dass sie mich hasst und dass sie immer noch Lesen lernen will, ob es mir gefällt oder nicht! Ihr seid vom Teufel besessen!"

„Master Hale! Ich hatte nicht vor, mich zu entschuldigen! Ich wollte Euch sagen: Es ist nicht recht, wenn Tabitha Euch belogen hat. Aber sie hätte Euch nicht anlügen müssen, wenn Ihr das Beste für sie gewollt hättet!"

Hales Gesicht lief mit jedem Augenblick noch mehr an. „Was? Wollt ihr etwa behaupten, dass es meine Schuld ist und dass ich kein guter Vater bin? Was Ihr bräuchtet, ist eine gehörige Tracht Prügel, junge Dame, und da Ihr leider keinen Vater mehr habt, würde ich ihn gerne vertreten!"

Wieder unterbrach ihn Pastor Russell: „Andrew, beruhigt Euch! Setzt Euch hin und beruhigt Euch!"

Andrew Hale setzte sich, aber ruhiger wurde er nicht.

„Haben wir genug gehört, oder bedarf es weiterer Zeugen?" Der Pastor richtete die Frage an die Männer hinter dem Tisch. Man kam überein, dass man genug gehört hatte, um über Priscilla Morgans Schicksal zu beraten. Die Gemeinde blieb sitzen, während Pastor Russell und Master Chauncy, Alexander und Hale den Raum verließen.

Priscilla setzte sich. In der gesamten Stunde, in der die

vier Männer sich berieten, sprach niemand mit ihr, aber sie hörte, wie die Leute in mehr als einem Flüsterton über sie tuschelten. Worte wie „selbstgerecht", „arrogant", „überheblich" und „rebellisch" kamen oft vor, dazu immer wieder Sätze wie „Wenn das meine Tochter wäre, dann ..." Die Ältesten starrten sie stumm an. Sie saßen ohne Ausnahme mit über der Brust verschränkten Armen da, eine Geste, die zeigte, dass sie ihr Urteil schon gefällt hatten. Priscilla versuchte, sich einzureden, dass ihr das Getuschel gleichgültig war, die Worte sie nicht schmerzten. Je länger sie allein an ihrem Platz saß, desto mehr fragte sie sich, warum ihre Mutter nicht nach vorne kam, um sie zu trösten oder auch nur zu fragen, ob es ihr gut ging. Sie brachte es nicht fertig, sich nach ihr umzudrehen. Wenn sie bis jetzt nicht gekommen war, würde sie gar nicht kommen. Wahrscheinlich wollte sie nicht an der Schande ihrer Tochter Teil haben. Nun ja, sie konnte ihr deswegen nicht böse sein. Aber es hätte ihr viel bedeutet, jetzt eine Hand zu haben, die die ihre hielt.

Die vier Männer kamen zurück. Priscilla musste sich wieder erheben. Es war Edward Chauncy, Penelopes Vater, der das Ergebnis der Beratungen verkündete:

„Vor fast einhundert Jahren stand in Boston eine andere Kolonistenfrau vor Gericht. Sie hieß Anne Hutchinson. Obwohl die Kontroverse damals stärker theologisch geprägt war und der Schaden für die Kolonie weitere Kreise zog, gibt es doch mehrere direkte Parallelen zwischen jenem Prozess und diesem hier. Madam Hutchinson hielt unerlaubte Versammlungen in ihrem Haus ab, die sie zur Verbreitung ihrer aufrührerischen Lehren benutzte. Sie hatte eine niedrige Meinung von den Ratsherren und kritisierte oft die Geistlichkeit. Ihr unverblümter Stolz war ihr Untergang. Heute steht vor uns eine junge Frau, die aus gleichem Holz wie Anne Hutchinson geschnitzt ist. Ohne vorgeschriebene

Ausbildung und ohne Billigung der Kirche hat sie sich selbst zur Lehrerin der jungen Frauen von Cambridge gemacht. Ihre falschen Lehren haben zur Untergrabung der Ordnung in mehreren Familien geführt; Tabitha Hale ist nur ein Beispiel dafür; mehrere andere Fälle, darunter meine eigene Familie, sind heute nicht erwähnt worden. So weit wir wissen, wurden nur fünf junge Frauen durch Mistress Morgans schädliche Lehren vergiftet. Dafür danken wir Gott. Es hätte sich verschlimmert, wäre es nicht schon so früh entdeckt worden.

Ich komme zum Schluss: Dieser Rat hat genügend Beweise gehört, um zu dem Ergebnis zu kommen, dass Mistress Priscilla Morgan der Anstiftung zu falschen Meinungen, des Abhaltens unerlaubter Versammlungen und der Beleidigung der Leitung dieser Kirche schuldig ist. Bruder Alexander wird jetzt das Urteil verkünden."

Der alte Ratsherr erhob sich, schob mehrere Male seine Brille zurecht und wartete, bis das aufgeregte Gemurmel sich gelegt hatte. Dann las er vor: „Nachdem sie besagter Vergehen für schuldig befunden wurde, ergeht hiermit unser Urteil, dass Mistress Priscilla Morgan am nächsten Lecture Day in den Stock zu legen ist, mit einem gespaltenen Holz an ihrer Zunge, um die Art ihres Vergehens anzuzeigen. Da sie beklagenswerterweise keinen Vater oder Ehemann hat, der sie in Zucht nehmen kann, wird Priscilla Morgan nach ihrer Buße im Stock aus den Kolonien von Massachusetts verbannt, damit ihrem vergiftenden Einfluss auf unsere Kinder ein für alle Mal ein Ende gemacht wird."

Priscilla konnte die Reaktion der Menschen hinter ihr nicht sehen, aber desto besser hören. Eine Stimme übertönte den allgemeinen Tumult - die Stimme ihrer Mutter. „O Benjamin! Unser Kind ... unser Kind ...!" Zum ersten Mal seit Beginn der Verhandlung wurden Priscillas Knie weich. Sie sackte in ihrer Bank zusammen und konnte sich gerade noch mit einem Arm aufstützen.

„Darf ich dieser ehrwürdigen Versammlung ein Wort sagen?“ Die Stimme hörte sich bekannt an, aber im Augenblick war Priscilla zu benommen, um sie zu identifizieren. Sie drehte sich in die Richtung, aus der sie kam. Cole! Was wollte er? Reichte ihm ihre Verbannung noch nicht? Wollte er etwa, dass sie hingerichtet wurde?

„Bitte sagt uns, wer Ihr seid“, sagte Pastor Russel.

„Mein Name ist Daniel Cole. Ich bin Bürger in Boston, wo ich dem Beruf eines Händlers nachgehe.“

„Oh, Master Cole! Euer Erfolg ist in aller Munde!“ Pastor Russells Stimme klang auf einmal so aufgeregt wie bei einem kleinen Jungen. „Welche Ehre, dass Ihr uns Eure Gegenwart schenkt! Habt Ihr uns etwas zu sagen, das für dieses Gericht von Belang ist?“

„Ich glaube ja, Sir.“

„Dann kommt bitte nach vorn, dass Euch alle hören können.“

Daniel Cole ging langsam und bedächtig, er badete in der Aufmerksamkeit der ganzen Versammlung. Vorne angelangt, ging er direkt zu Priscilla und legte seine Hand auf ihre Schulter. Er roch nach ungewaschenen Strümpfen. „Ich bin hier, um dir zu helfen, meine Liebe“, sagte er im Flüsterton.

Er richtete sich zu seiner vollen Größe auf und sah die vier Männer hinter dem Tisch an. „Obgleich kein Mitglied dieser heiligen Versammlung, bin ich ein Vollmitglied der North Church in Boston, wo ich das Vorrecht habe, einer der Ältesten zu sein. Ich möchte gern für die Angeklagte sprechen, besonders was ihre Strafe betrifft. Die Familie Morgan ist in der letzten Zeit hart vom Schicksal getroffen worden. Fast ein Jahr ist es her, dass Benjamin Morgan starb.

Seitdem sind seine beiden Söhne unter ungeklärten Umständen verschwunden. Ich befürchte, dass die Verbannung des einzigen Kindes, das Constance Morgan noch bleibt, mehr sein wird, als diese gute Frau ertragen kann, und möchte fragen, ob ich Euch eine andere Lösung vorschlagen darf, die mit der Absicht der Urteils voll übereinstimmt."

Thomas Alexander erwiderte: „Es ist nicht unsere Absicht, durch die Bestrafung der Tochter ihre gottesfürchtige Mutter zu treffen. Wenn Ihr eine gute andere Lösung habt, so sind wir bereit, sie anzuhören."

„Verbessert mich, wenn ich Euch nicht recht verstanden haben sollte, aber sagtet ihr nicht, dass Euer Urteil darauf beruht, dass Priscilla keinen Vater oder Ehemann hat, in dessen Haus und Zucht sie gehört?"

„Ihr habt recht gehört, Sir."

„Und wenn ich Euch versichern könnte, dass sie jemanden hätte, der ihr bis zu ihrer Verheiratung vorsteht, könnte ich Euch dann überreden, den Teil des Urteils, der ihre Verbannung betrifft, zu ändern?"

Alexander nahm seine Brille ab und hielt sie in der Hand. „Könnt Ihr eine solche Versicherung geben?"

„Ich glaube ja, Sir." Cole warf einen Blick auf Constance. „Wenn dies auch nicht der glücklichste Ort für eine Bekanntgabe ist: Hört denn, dass Constance Morgan und ich bald den Bund der Ehe schließen werden."

Diesmal war es Priscilla, die nach Luft schnappte.

Cole fuhr fort: „Damit werde ich Priscillas Stiefvater, und als solcher könnte ich dieser allerheiligsten Versammlung versichern, dass es keine weiteren Geheimversammlungen von Frauen geben wird. Und was eine frohe Nachricht für Master Hale sein wird: Sie wird nicht mehr in Cambridge wohnen, sondern bis zu ihrer Verheiratung mit ihrer Mutter und mir in Boston leben."

Die vier Köpfe gingen zusammen, um Daniel Coles Vorschlag zu besprechen.

„Noch etwas", unterbrach Cole ihr Flüstern. „Ich glaube von ganzem Herzen, dass die Schuld an dieser unglücklichen Situation nicht allein bei dem Mädchen liegt, sondern auch bei ihrem Vater Benjamin Morgan. Er war es, der sie insgeheim in diesen fragwürdigen Neigungen bestärkte. Wenn ich ihr Stiefvater bin, wird das alles anders werden. Ich bin zuversichtlich, dass unter meinem elterlichen Einfluss Priscilla doch noch die ihr geziemende Rolle als gehorsame Tochter und eines Tages, so Gott will, auch als sich unterordnende Ehefrau einnehmen wird."

Wieder gingen die Köpfe zusammen. Nach kurzer Beratung kam man zu einer Entscheidung, mit der Master Hale sichtlich nicht ganz zufrieden war.

Ratsherr Alexander verkündete: „Es ist unsere reifliche Meinung, dass ihr ein gottesfürchtiger und guter Mann seid, der in dieser Sache sowohl Gnade als auch Gerechtigkeit wünscht. Eure Bereitschaft, Verantwortung für die Besserung von Mistress Morgan zu übernehmen, rührt uns. Es ist unser Gebet, dass es Euch gelingen möge. Wir haben beschlossen, Euer großzügiges Angegot anzunehmen. Nach dem Stock am Lecture Day wird Priscilla Morgan in Eure Obhut übergeben." Er wandte sich an Priscilla. „Mistress Morgan, versteht Ihr, was Master Cole für Euch getan hat?"

Priscilla saß auf der Bank, immer noch auf den Arm gestützt, den Kopf gesenkt. Diese Ungerechtigkeit! Diese sogenannten Männer Gottes bestraften sie dafür, dass sie die Bibel gelehrt und das geistliche Wachstum junger Frauen gefördert hatte, und jetzt verdoppelten sie ihre Blindheit, indem sie sie in die Gewalt eines skrupellosen Geldscheffler übergaben, den sie für einen Heiligen hielten! Es war mehr, als sie ertragen konnte. Aber was konnte sie machen? Ein einziges negatives Wort von ihr, und sie würden sie in die Vebannung schicken. Wo sollte sie dann hin? Nach Rhode Island? Dort kannte sie niemand. Und von was sollte sie leben?

„Mistress Morgan! Wir warten auf eine Antwort!“

Priscilla setzte sich gerade und schaute dem Ratsherrn in die Augen. „Ich verstehe voll und ganz, was hier geschieht“, erklärte sie.

„Priscilla“, sagte Pastor Russell. „Glaubt Ihr nicht, dass ein Zeichen der Dankbarkeit für die gnädige Hilfe angebracht wäre, die Master Cole Euch erboten hat?“

O Gott! Wird diese Ungerechtigkeit nie enden? Jetzt wollen sie auch noch, dass ich diesem Heuchler danke!

Priscilla stand auf und sah Daniel Cole an. Seine Augen glitzerten amüsiert. Er genoss diese Szene, er genoss jede Sekunde! „Master Cole, ich möchte Euch danken, dass Ihr mich verteidigt habt“, sagte sie.

„Und wir möchten Euch unsere Glückwünsche zu Eurer bevorstehenden Hochzeit erbieten!“, strahlte der Pastor.

„Ich danke Euch“, sagte Cole. „Wir werden zusammen alle glücklich sein.“

Die Gerichtsversammlung endete mit einem Gebet, das Pastor Russell sprach. Er dankte Gott, dass er ihnen die Weisheit gegeben hatte, die Angelegenheit auf eine Art zu regeln, die die Heiligkeit des Wortes Gottes und der Gemeinde anerkannte. Und er dankte Gott, dass er Daniel Cole geschickt hatte, um Priscillas Verwandter und Löser zu sein.

Priscilla beteiligte sich nicht an dem Gebet. Ihr war nicht nach Beten zumute.

Der Lecture Day kam - der erste Donnerstag im Mai, ein warmer, sonniger Tag. Die Frühstückszeit war vorbei, und die Bewohner von Cambridge gingen nicht wie sonst an ihre Arbeit, sondern schlenderten durch die Straßen. Sie hatten Zeit. Die Predigten begannen erst um ein Uhr, so dass man vorher zu Hause sein Mittagessen einnehmen konnte. Wer nicht zu den Predigten ging, würde sich gröberem Zeitvertreib hingeben: Zum Beispiel der Wolfshatz, bei der man die Tiere aus dem Wald heraustrieb, um sie zu töten; manchmal band man den Wolf auch an einen Pfahl und hetzte die Hunde auf ihn oder band ihn am Schwanz eines Pferdes fest und schleifte ihn so durch die Gegend. Andere Vergnügungen waren die Bären- oder Fuchsjagd, das Scharfschießen oder das „Stangenwerfen", bei dem es weniger auf Geschicklichkeit als auf Kraft ankam.

Die öffentliche Bestrafung von Übeltätern am Pranger war die typische Morgenunterhaltung an diesen Feiertagen. Und an diesem besonderen Tag hieß die Übeltäterin Priscilla Morgan.

Die Männer, die sie zum Pranger führten, waren der Stadtbüttel und die vier, die das Urteil über sie gesprochen hatten: Pastor Russell, Ratsherr Alexander, Edward Chauncy und Andrew Hale. Der Büttel machte ihnen, den Amtsstab hoch erhoben in der rechten Hand, den Weg frei. „Platz! Platz für Mistress Morgan! Gleich wird Gottes Gerechtigkeit ergehen! Platz! Platz!"

Wie Mose das Rote Meer, so teilte der Büttel die Menge, die vier Richter und die Verurteilte in seinem Schlepptau. Priscilla glaubte, sich für das Schauspiel gut vorbereitet zu haben. Beim Ankleiden hatte sie diesem Morgen fast ein wenig Humor abgewinnen können. *Was trägt man eigentlich zum Pranger?,* hatte sie gedacht. Bestimmt eher etwas Schlichtes. Und sie hatte ein blaues Kleid mit Mieder und vollem Rock gewählt, dazu ein einfaches weißes Schultertuch und den breiten Strohhut, den sie meistens in der Sonne trug. Sie war ihr lächerlich vorgekommen, die Frage *Was soll ich anziehen?* Jetzt, wo sie durch die Menge geführt wurde, schien sie erschreckend lächerlich. Diesen Menschen hier war es gleichgültig, was sie trug; sie waren zu beschäftigt damit, sie zu hassen. Sie hatte gewiss keine Sympathie erwartet, aber auch nicht dieses Maß an Feindseligkeit. Diese Leute verabscheuten und verachteten sie gerade so, wie sie einen Mörder oder Piraten verabscheut hätten. Für sie war Sünde Sünde, es gab keine Abstufungen, keine Grautöne. Diese junge Frau hatte sich mit schwärzester Sünde besudelt, und jetzt war es ihre Aufgabe, die Sünde mit ihrem Schmähgeschrei wieder aus ihr herauszutreiben.

Er diente einem doppelten Zweck, der Volkszorn. Nicht nur hatte er die Sünderin zu reinigen, er war auch ein Schutzschild, der die anderen davor bewahrte, von der Sünde angesteckt zu werden. Ihre Wut war eine öffentliche Demonstration, wie sie über die Sünde dachten: Sie waren gegen sie, sie stellten sich auf die Seite Gottes gegen das Böse in all seinen scheußlichen Erscheinungsformen. Und an diesem Maimorgen hatte die Scheußlichkeit die Gestalt einer rothaarigen Frau in einem blauen Kleid.

Menschen, die Priscilla von Kind auf kannten, taten sich mit Wildfremden zusammen und überschütteten sie mit Beleidigungen und Verwünschungen, einige von der gemeineren Sorte spuckten sie an. Die Gesichter waren hart, Augen und Lippen zu einem hasserfüllten Grinsen verbogen, das unregelmäßige Reihen gelber Zähne entblößte. Ein paar von den „Mutigsten" gaben ihr einen Stoß, aber nur kurz, aus Angst, sich bei ihr anzustecken.

Da war schon der Pranger. Die Verurteilte folgte ihren Begleitern die Stufen zur Holzplattform hinauf und drehte ihr Gesicht zur Menge. Sie presste die Lippen zusammen und sah an den Gaffern vorbei in die Ferne, während die drei Anklagen gegen sie und das Urteil verlesen wurde. Die

Worte bedeuteten ihr nichts; sie waren ein sinnloses Gestammel von wichtigtuerischen Männern, die sie für böse erklärt hatten, weil sie gerne las, lernte und nachdachte, sich eine eigene Meinung bildete und sie äußerte. Wären das die Klagen gegen sie gewesen, sie hätte willig ihre Schuld bekannt und die Strafe ertragen. Aber die Worte lauteten anders: Unerlaubte Versammlungen - Irrlehren - Beleidigung der Obrigkeit. In den Augen ihrer Ankläger war Priscilla das Symbol der heimlichen Sünde Benjamin Morgans: Dass er einer Frau die Welt des Wissens geöffnet hatte. Aber wenn sie das Rad der Zeit hätte zurückdrehen können, sie hätte es wieder gemacht; jede Minute mit ihrem Vater war eine Stunde am Pranger wert. *O Papa,* dachte sie, *bin ich froh, dass du nicht hier bist! Ich werde sie überleben, die läppische Wut dieser kleinen Geister. Aber wie schlimm wäre es, wenn ich miterleben müsste, wie sie dich treffen!* Sie konnte spüren, wie dankbar sie ihrem Vater war, dass er sie unterrichtete und wie sie die Männer hasste, die ihm eben das zum Vorwurf machten, und wie sie es Gott übelnahm, dass er zuließ, dass diese Hohlköpfe hier triumphierten.

Der Stadtbüttel hatte seinen Vortrag beendet. „Ihr müsst Euren Hut abnehmen, Mistress Morgan."

„Meinen Hut?"

Der Büttel zeigte auf den offenen Stock.

„Ach ja, natürlich." Sie hatte gedacht, dass sie einen Hut brauchte, wenn sie den ganzen Tag in der Sonne war. Aber natürlich, ein Hut am Pranger, das war unmöglich.

Sie löste das Kinnband, nahm den Hut ab und reichte ihn Pastor Rusell, der ihn unschlüssig betrachtete. „Könnt Ihr ihn zu meiner Mutter bringen?", fragte Priscilla. Der Pastor nickte.

„Kopf hier, Arme hier", instruierte sie der Büttel.

Der Pranger stand vor ihr wie das Maul eines Krokodils,

und dieser komische kleine Mann befahl ihr, ihren Kopf hineinzuschieben. Der Pranger bestand aus zwei Brettern von rohem Holz, die zusammengeklappt werden konnten. Das untere Brett besaß oben drei halbkreisförmige Aussparungen, das obere Brett hatte entsprechende Aussparungen an der Unterseite, so dass sich, wenn es über das untere Brett geklappt wurde, drei kreisförmige Löcher ergaben: Das mittlere groß genug für den Hals eines erwachsenen Mannes, die beiden äußeren für die Handgelenke. Das untere Brett war an einem festen Holzpfahl auf der Plattform angebracht, das obere mit einem rostigen Scharnier an einem Ende des unteren befestigt.

Priscilla trat an den Pranger.

„Das Haar nach vorn, Miss“, befahl der Büttel. Er schob seine Hände an seinen Ohren entlang, um ihr zu zeigen, was er meinte. „Sonst klemmt es sich im Holz ein.“

Priscilla langte mit beiden Händen hinter ihren Kopf, nahm ihr leuchtend rotes Haar und zog es über ihre Ohren. Dann legte sie ihren Hals in den mittleren Kreis. Der hinter ihr stehende Büttel nahm vorsichtig ihre rechte Hand. Ihr Haar fiel seitlich über ihr Gesicht.

„Hier.“ Der Büttel legte die Hand in den entsprechenden Halbkreis. „Und hier.“ Die andere Hand folgte.

Das Scharnier kreischte kurz auf. Das obere Brett senkte sich über Priscillas Handgelenke und Hals. Sie hörte, wie das Vorhängeschloss am offenen Ende klickte. Die Menge brüllte Beifall. Einige riefen ihr zu, sie anzusehen. Sie beachtete sie nicht.

„Noch etwas, Mistress Morgan.“

Priscilla drehte ihren Kopf zum Stadtbüttel.

„Macht Euren Mund auf und streckt die Zunge heraus.“

Der Büttel zog ein Holzstück mit einem Schlitz in der Mitte hervor und begann, es an ihrer Zunge zu befestigen.

Das Holz schmeckte modrig. „Zunge raus!“, befahl der Büttel.

„Au! Das tut weh!“

„Das soll es auch, Mistress Morgan. Es ist eine Strafe.“

Es war verrückt, dieses Stück Holz an ihrer Zunge, das aus ihrem Mund baumelte. Sie konnte nicht reden und fast nicht schlucken. Wenn sie nicht schluckte, rann der Speichel seitlich aus ihrem Mund, ohne dass sie ihn fortwischen konnte. Sie entdeckte bald, dass sie sich auch keine Tränen abwischen und nicht die Nase putzen konnte. Es war entwürdigend.

Der Büttel und die vier Richter verließen zufrieden den Pranger und überließen Priscilla der Menge, die sich allerdings rasch zerstreute, weil es nichts Neues mehr zu sehen gab. Den Rest des Tages blieben immer wieder neue Leute aus den verschiedensten Gründen vor dem Pranger stehen. Eltern kamen vorbei, Kinder an der Hand, und knieten sich hin, so dass sie ihren Kleinen direkt in die Augen sehen konnten. Dann zeigten sie auf Priscilla und sagten: „Siehst du die da oben? Das ist eine böse Frau, und jetzt wird sie dafür bestraft. So geht das immer mit bösen Menschen; sie werden bestraft. Aber so wie diese Frau willst du ja nie werden, nicht wahr? Du wirst ein gutes Mädchen. Denk daran: Wenn du etwas Böses tust, wird es dir auch so ergehen.“

Wenn ein Kind fragte, was Priscilla denn Böses getan hatte, bekam es zur Antwort: „Sie hat ihrem Pastor nicht gehorcht“, oder: „Sie hat anderen Frauen schlimme Dinge beigebracht; deshalb hat sie den Stock an ihrer Zunge.“ Worauf das Kind Priscilla verschreckt anstarrte und eifrig versprach, nie so unartig zu sein wie die Frau da oben.

Andrew Hale zerrte seine in Tränen aufgelöste Tochter Tabitha vor den Pranger. „Sieh sie dir gut an, Tabitha. Das könntest du jetzt auch sein, ein Schauspiel für die ganze Stadt! Und so wird es auch noch kommen, wenn du nicht mit diesem Quatsch aufhörst, das Lesen lernen zu wollen!" Er gab ihr eine Ohrfeige. „Hörst du mir zu?" Er schlug sie erneut. „Kapierst du endlich? Ich will nie mehr ein Buch in deiner Hand sehen, verstehst du?" Die nächste Ohrfeige folgte.

„Ja, Papa", schluchzte Tabitha.

„Hast du was gesagt?" Andrew Hale schlug seine Tochter noch einmal.

„Ja, Papa!" Sie weinte laut.

Er drehte sich zu Priscilla. „Und du kommst mir nicht mehr in ihre Nähe, oder ich schlag dich zusammen!" Sein ausgestreckter Finger zitterte, sein Kopf war hochrot. Seine Augen waren so verzerrt, dass Priscilla dachte, ihn würde gleich der Schlag treffen. „Komm ihr nur nicht mehr nah! Komm ihr nicht mehr nah!", kreischte er. Er zog Tabitha am Arm fort. Sie schluchzte jetzt so haltlos, dass er sie festhalten musste, damit sie nicht zu Boden fiel.

Nach etwa einer Stunde spürte Priscilla, wie ihr Hals und ihre Handgelenke gegen das Holz zu scheuern begannen und Splitter zogen. Ihr Rücken schmerzte. Sie verlagerte ihr Gewicht von einem Fuß auf den anderen, aber das half nur kurz. Der Schmerz kroch von ihren Schulterblättern nach unten zum Kreuz, und was sie auch unternahm, er wurde immer schlimmer.

„Na, was haben wir denn hier?"

Priscilla versuchte instinktiv, ihren Kopf zu heben. Er stieß sofort gegen das Brett. Sie konnte nur die ersten paar Schritte vor dem Pranger einsehen. Jetzt erschienen drei Gesichter, die sich nach unten beugten, um sie besser sehen zu können. Drei junge Männer. Priscilla erkannte sie nicht.

„Ich hab's doch gesagt, das ist Philips Schwester!", meinte

der eine.

„Bist du sicher?“

„Und ob! Hab sie letztes Jahr am College gesehen.“

Jetzt hockten sie alle drei direkt vor dem Pranger und sahen zu ihr hoch. Sie grinsten schadenfroh.

„Was hat sie gemacht?“, fragte einer. Die beiden anderen wussten es nicht.

„Sieht nicht hässlich aus. Schaut euch das rote Haar an!“

„Vergiss das Haar, schau dir den Rest an!“

„Hab schon Bessere gesehen.“

„Ja, im Traum, wie?“

„Verschwindet“, nuschelte Priscilla.

Einer der drei stützte sich auf ein Knie und faltete die Hände vor seiner Brust. „Ah! Sie spricht! Sprich weiter, schöne Julia! Erfreue uns mit deiner süßen Stimme!“

„Verschwindet”, weiderholte Priscilla energischer.

Der junge Mann auf dem Knie sah in die Runde, dann wandte er sich an seinen Nebenmann. „Niemand da“, flüsterte er. „Ich wette ein Pfund, dass du nicht da raufsteigst und sie küsst!“

„Nein!“, rief Priscilla.

„Küssen? Wie denn?“, fragte der Mittlere. „Die hat doch diesen Stock im Mund!“

„Na auf die Wange natürlich, du Trottel!“, meinte der Erste.

„Zwei Pfund, wenn du ...“ Einer von ihnen flüsterte etwas, die anderen kicherten.

„Nein!“, rief Priscilla jetzt lauter. Sie drehte ihren Kopf in beide Richtungen. Es schien niemand sonst auf dem Platz zu sein.

Der junge Mann in der Mitte sah sich vorsichtig um. „Gut, ein Pfund für einen Kuss, abgemacht?“

„Abgemacht“, sagte der Erste.

„Abgemacht, und jetzt schnell“, sagte der Zweite.

Der Mittlere sprang auf die Plattform und trat an den Pranger. „Nein!“, rief Priscilla so laut sie konnte. „Hilfe!“ Sie versuchte, ihre Beine zur Seite zu schieben, um den Kerl zu treten. Umsonst. Er musste nur direkt vor ihr stehen und war außer Reichweite. Sie schielte nach oben und sah, wie ein unrasiertes grinsendes Gesicht zu ihr herunterkam. Sie versuchte ihren Kopf zur Seite zu rucken.

„Keine Angst, es tut nicht weh.“ Das Gesicht kam noch näher.

Priscilla ruckte ihren Kopf heftig vor und zurück. Ihre Hände griffen so weit durch die Löcher wie es ging, aber sie bekamen nichts als Luft zu fassen.

„Halte still!“ Er packte ihren Kopf. Sein Atem stank nach Bier. Sie spürte, wie ihr übel werden wollte.

„Halt! Was macht ihr da? Weg da, aber schnell!“

Wie Füchse, die den Jäger gewittert haben, zuckten die drei zusammen, einen Augenblick wie erstarrt; dann rannten sie davon, so schnell ihre Beine sie trugen. „Lasst euch nicht mehr blicken!“, brüllte die Stimme hinter ihnen her.

Priscilla drehte ihren Hals in alle Richtungen, um zu sehen, wer sie gerettet hatte. Ihr Retter musste irgendwo vor ihr stehen, denn sie konnte ihn nicht sehen.

„Danke“, nuschelte sie.

„Keine Ursache“, sagte die Stimme. Sie war männlich und freundlich.

„Wer seid Ihr?“, fragte Priscilla.

Es erfolgte keine Antwort. Sie versuchte angestrengt, nach vorn zu sehen, schlug aber mit ihrem Kopf nur gegen das Brett. Aber als sie ihn nach rechts drehte und in die Ferne sah, erkannte sie jemand zwischen zwei Bäumen, die direkt nebeneinander gepflanzt waren. Er stand an einen der Stämme gelehnt. Er war groß; sein Haar schien braun zu sein. *Ich habe ihn schon einmal gesehen. Aber wo?*

„Priscilla?" Die Stimme war leise, aber Priscilla zuckte freudig zusammen.

Sie sah zu den Stufen der Plattform. Anne Pierpont kam heraufgestiegen, die Hände verlegen über dem Bauch gefaltet, den Kopf gesenkt.

„Es tut mir so Leid, dass ich dich bei dem Verhör im Stich gelassen habe", sagte Anne. „Hilft es dir, wenn ich dir sage, dass ich gern gekommen wäre?"

Sie trat vorsichtig an den Pranger. „Mein Vater hat mich nicht gelassen. Er hat mich in mein Zimmer eingesprerrt. Er wollte auch nicht, dass ich heute hierhin komme. Aber ich musste es einfach; ich bin an dem Baum vor meinem Fenster hinuntergeklettert."

„Ach Anne!" Priscilla begann zu weinen, als sie den Schmerz in Annes Augen sah.

„Lass mich dir helfen." Anne zog hastig ein Taschentuch hervor und tupfte Priscillas Augen ab. Dann reinigte sie vorsichtig den Rest ihres Gesichts.

„Danke!", sagte Priscilla.

„Es ist furchtbar, wie du daliegst!" Anne trat nach hinten. Einen Augenblick später spürte Priscilla wie ihre kleinen, sanften Hände, ihr das Kreuz rieben. Es fühlte sich so gut an, dass ihr ein tiefer Seufzer entfuhr. Die Hände massierten jetzt ihre Schultern. Was für eine Erleichterung!

„Danke, Anne", nuschelte Priscilla, „Bekommst du Ärger deshalb?"

„Zu Hause?"

Priscilla nickte.

„Wahrscheinlich. Vater wird mich schlagen. Aber ich musste einfach kommen, ich bin ja genauso schuldig wie du." Sie fügte rasch hinzu: „Aber wir haben doch nichts Böses getan, oder, Priscilla?"

Priscilla schüttelte ihren Kopf.

Die Schatten auf dem grünen Rasen vor dem Pranger wurden länger. Anne Pierpont blieb bei Priscilla Morgan, las ihr Gedichte vor, massierte ihr den Rücken, tat, was sie konnte, um ihr das Los zu erleichtern.

Bei Sonnenuntergang erschien der Büttel und öffnete das Schloss. Priscilla musste sich auf Anne stützen, als sie sich erhob. Anne rieb ihr kräftig den Rücken, um das Blut wieder in Gang zu bringen.

Mit einer kurzen Ermahnung, dass sie hoffentlich ihre Lektion gelernt hatte, entließ sie der Büttel. Anne begleitete sie auf dem Weg zum Haus der Morgans.

Kapitel 13

Ein Mann trat aus dem Baumschatten der Straße, auf der Priscilla Morgan und Anne Pierpont Arm in Arm zum Haus der Morgans gingen.

„Was wollt Ihr, Sir?“ Anne trat schützend vor Priscilla.

„Ich will nichts Böses!“ Der Mann hielt seine leeren Hände hoch.

„Warum habt Ihr Euch dann hier versteckt?“, fragte Anne.

„Sagen wir, es wäre nicht gut für mich, wenn gewisse Leute wüssten, dass ich hier bin. Bitte, ich möchte nur ein Wort mit Mistress Morgan sprechen.“

Priscilla musterte ihn. Die Gestalt mit Dreispitz und knielangemn Rock ließ eine Erinnerung in ihr wach werden. Natürlich, der Mann unter den Bäumen! Der Mann, der die jungen Studenten fortgescheucht hatte.

„Es ist gut, Anne, ich kenne ihn“, sagte sie.

„Wirklich?“, fragte der Mann hoffnungsvoll. Er nahm seinen Hut ab. Sein Haar war braun, wellig und fast schulterlang. Auf seinem jungen, wohlgeschnittenen Gesicht lag ein breites Lächeln.

„Ja“, sagte Priscilla. „Und ich möchte Euch danken, dass Ihr mir geholfen habt.“ Sie erklärte Anne in ein paar Sätzen, was der Fremde getan hatte. Anne stimmte in ihre Dankesworte ein.

„Ach das? Ich dachte, Ihr könntet mich nicht sehen." Der Mann sah enttäuscht aus. „Hatte gedacht, Ihr kanntet mich von früher wieder."

„Von früher?", fragte Priscilla.

„Ja, in Boston."

Priscillas Gesicht war ein Fragezeichen.

„Das Wirtshaus. Good Woman Tavern."

Priscillas Gesicht veränderte sich nicht. Der junge Mann sah bekümmert aus. „Ich bin Peter Gibbs, der Wirt."

Ein Leuchten des Wiedererkennens ging über Priscillas Gesicht. Endlich.

„War wohl dumm, zu erwarten, dass Ihr mich wiedererkennen würdet." Gibbs lachte leise und schaute in Richtung Pranger. „Wogegen Ihr keine Schwierigkeiten zu haben scheint, die Aufmerksamkeit der Leute zu erregen, ob nun in Boston oder Cambridge."

Priscillas Gesicht überzog sich dunkel. Die Schmerzen in ihrem Rücken waren zu frisch, als dass sie Gibbs' Humor teilen konnte. Sie wollte mit Anne an ihrer Seite an dem grinsenden Gastwirt vorbeigehen.

„Halt", sagte Gibbs. „Entschuldigt bitte, bei schönen Damen kann ich dumm wie Bohnenstroh sein. Wartet, bitte, ich wollte Euch nicht beleidigen!"

Priscilla fragte über ihre Schulter, ohne stehen zu bleiben: „Und was wolltet Ihr dann?"

„Ehrlich gesagt, das weiß ich selber nicht." Er folgte den beiden, während er weitersprach. „Es hat einfach viel mit den Morgans in meinem Wirtshaus stattgefunden, und zum Teil weiß ich, wer dahinter steckt. Und ich habe den Eindruck, dass da etwas faul ist. Das ist alles."

Priscilla hielt an und drehte sich zögernd um. „Mit den Morgans?"

Gibbs nickte. „Und nicht zufällig, fürchte ich."

„Könntet Ihr Euch etwas genauer ausdrücken?"

Gibbs sah auf seinen Hut, den er mechanisch zwischen den Händen drehte. „Ihr wisst sicher noch, wie Ihr zu mir hereinkamt ..." Sein Grinsen wurde breiter. Er sah Anne an. „Hat sie Euch davon erzählt? Von diesem Nichtsnutz von Schmied, mit dem Mistress Morgan ein Hühnchen zu rupfen hatte? Er war wieder mal nicht in seiner Schmiede, und Mistress Morgan hatte gehört, dass er in meinem Wirtshaus war, und da ..."

„Master Gibbs", unterbrach ihn Priscilla, „wenn es Euch nichts ausmacht, erzähle ich meiner Freundin die Geschichte selber. Heute war ein harter Tag für mich. Könnt Ihr mir etwas sagen, das ich nicht weiß?"

„Entschuldigt, dass ich schon wieder vorlaut war." Der Hut drehte sich schneller zwischen seinen Händen. „Natürlich war es ein schlimmer Tag für Euch. Aber als ich nach Cambridge kam, um Euch zu suchen, wusste ich ja noch nicht ..."

„Ihr seid extra für mich hierher gekommen?"

Gibbs nickte. „Wie gesagt, diese ganzen Morgan-Geschichten - es gefällt einem einfach nicht."

Priscilla wartete einen Moment. Gibbs sah sie schweigend an. „Morgan-Geschichten ..." Sie hob ihre Augenbrauen und ihre Hände, um zu zeigen, dass sie mehr erwartete.

„Ach so, ja", stotterte Gibbs. „Also, wie ich sagte, der Tag, wo Ihr in meinem Wirtshaus wart - erinnert Ihr Euch, dass gerade vor Euch die Postkutsche ankam?" Priscilla nickte. „Also, diese Kutsche bringt die Post aus Providence und dem Süden, und von meinem Haus aus wird sie nach Roxbury, Watertown, Cambridge und so weiter befördert. An dem Tag, als Ihr da wart, kam ein Brief von einem anderen Morgan - von Philip Morgan ..."

„Philip?“, entfuhr es Priscilla.

„Kennt Ihr ihn?“

„Er ist mein Bruder! Ich dachte, er ist tot!“

Gibbs nickte. Sein Gesicht zuckte. „Es ist, wie ich dachte; hier ist was faul. Der Brief war an Constance Morgan adressiert.“

„Meine Mutter.“

„Und an eine Penelope Chauncy.“

„Philips Verlobte.“

Gibbs presste Daumen und Zeigefinger gegen die Unterlippe.

„Habt Ihr die Briefe dabei?“, fragte Priscilla.

Der Wirt schüttelte den Kopf. „Nein.“

„Wo sind sie? Wir haben sie nie erhalten!“

„Ich weiß. Jemand anders hat sie bekommen.“

Priscilla glaubte, die Antwort auf die nächste Frage schon zu kennen, aber sie stellte sie trotzdem. „Woher wisst Ihr das?“

„Das möchte ich lieber nicht sagen.“

„Weil Ihr selber die Briefe falsch weitergeleitet habt, nicht wahr?“

Gibbs lächelte langsam. „Und wie kommt Ihr darauf?“, fragte er.

„Als ich damals zu Euch kam, fragtet Ihr mich nach meinem Namen. Als der Kutscher ihn hörte, sagte er etwas davon, dass ich gerade richtig gekommen sei. Ich habe damals nicht verstanden, was er meinte, aber jetzt ist es mir klar: Er hatte einen Brief von einem Morgan dabei und sah, dass ein anderer Morgan da war, um ihn in Empfang zu nehmen.“

„Ich bewundere Euch!“, rief Gibbs.

„Und Ihr seid ein Spitzbube!“, schrie Priscilla, das Gesicht jetzt rot, die Augen nass vor Zorn. „Warum habt Ihr die Post meines Bruders unterschlagen?“

Der Dreispitz hörte auf, sich zu drehen. Priscillas Worte saßen. „Das kann ich Euch nicht sagen", antwortete Gibbs. „Ich habe meine Gründe dafür. Persönliche Gründe, sie haben nichts mit Eurer Familie zu tun."

Anne Pierpont legte ihren Arm um Priscilla und sagte leise: „Im Gegenteil, Master Gibbs, Eure Handlungen haben sehr viel mit der Familie Morgan zu tun. Ob nun absichtlich oder nicht, Ihr habt sie glauben gemacht, dass Philip tot ist. Ihr solltet Euch schämen, eine Familie so unnötig in Trauer zu stürzen!"

„Das wusste ich doch nicht!" Jetzt wurde auch Gibbs wütend. Er ließ seinen Hut von der linken Hand herabhängen, während er seinen rechten Zeigefinger wie einen Stock benutzte.

„Aber mitgemacht habt Ihr!", stieß Priscilla hervor. „Und jetzt entschuldigt uns endlich." Sie wandte sich hastig zum Gehen. Anne folgte ihr.

„Ich bin noch nicht fertig", sagte Gibbs; er sprach leise und jetzt nicht mehr so freundlich.

Priscilla blieb stehen, drehte sich aber nicht um.

„Ich möchte, dass Ihr wisst, dass ich Euch nie schaden wollte. Ich wollte nur meine Taverne schützen. Mein ganzer Besitzt steckt in dem Wirtshaus. Wenn ich es verliere, verliere ich alles!"

Priscilla drehte sich jetzt doch um. Ihre Augen loderten, ihr Mund war ein entschlossener Strich. „Ihr sagtet, das sei noch nicht alles."

„Nun ja, vielleicht; ich bin mir nicht sicher."

„Sagt es mir trotzdem."

Ihre Blicke trafen sich. Hatte Priscilla sich vielleicht doch in ihm verschätzt? Ihr erster Eindruck von ihm war der eines hirnlosen Wirts gewesen, der nie erwachsen geworden war und sich den ganzen Tag mit arbeitsscheuem Gesindel unterhielt. Aber jetzt sah sie einen nachdenklichen Funken in seinen scharfen braunen Augen. Sie waren ganz und gar nicht die nervösen Augen eines unehrlichen Menschen. Es lag ein mitleidiger Ernst in ihnen, das lustige Sprühen war verschwunden.

„Es war noch ein anderer Morgan in meiner Taverne", sagte Gibbs. „Junger Mann, hellbraunes Haar, dünn, aber kräftig. Sein Begleiter nannte ihn ..."

„Jared!", entfuhr es Anne.

Gibbs sah sie erstaunt an. „Ja. Jared."

„Sir, wisst Ihr, wo er ist?" Anne rannte zu Gibbs, packte seinen Arm und sah ihn aus bittenden Augen an. Priscilla trat einen Schritt vor.

„Jared und Anne sind befreundet", erklärte Priscilla.

„Wir wollten heiraten!", rief Anne.

„Und er ist mein Bruder", erklärte Priscilla.

„Das tut mir Leid", sagte der Wirt.

„Ist er tot?", fragte Anne.

„Ich weiß nicht", erwiderte Gibbs. Priscilla sah aus, als würde sie gleich explodieren, und er beeilte sich, zu erklären: „Jared und ein anderer junger Mann waren in der Gaststube, und da hat eine Presserbande sich an sie herangemacht. Wahrscheinlich ist er jetzt auf irgendeinem Schiff, aber Genaues weiß ich nicht. Die Männer, die ihn schnappten, verstehen keinen Spaß. Er kann auf einem Schiff sein, er kann tot sein ... ich weiß es nicht."

„Er lebt! Ich weiß, dass er lebt!", rief Anne. „Danke, o danke, dass Ihr nach Cambridge gekommen seid, Master Gibbs! Ihr habt mir Hoffnung gegeben!"

„Hofft lieber nicht zu viel", meinte Gibbs. „Wie gesagt, er kann auch tot sein."

Priscilla warf bissig dazwischen: „Habt Dank für diese wunderbare Trostbotschaft. Ich bin sicher, dass Anne sich jetzt besser fühlt."

Gibbs machte seinen Arm frei. „Schaut her, Mistress Morgan, ich hätte nicht kommen müssen. Ich wollte Euch nur helfen!"

„Wenn Ihr wirklich helfen wolltet, hättet Ihr diese Kerle, die meinen Bruder entführt haben, aufhalten sollen!", schrie Priscilla.

„Das habe ich doch versucht!", schrie Gibbs zurück. „Und zur Belohnung habe ich eine Riesenbeule am Hinterkopf davongetragen! Und von Euch erhalte ich nicht einmal ein Dankeschön!"

„Dankeschön?", rief Priscilla. „Dank? Erwartet Ihr, dass ich Euch auch noch dafür danke, dass Ihr unsere Post fehlgeleitet habt, so dass ich denke, mein Bruder ist tot, und dass Ihr Presser in Euer Wirtshaus gelassen habt, damit sie meinen anderen Bruder entführen konnten? Tut mir Leid, aber ich fühle mich nicht besonders dankbar!"

„Ich hab's ja gewusst, dass es ein Fehler war, hierher zu kommen!", sagte Gibbs. „Was geb ich mich überhaupt mit so einer Familie ab? Was seid Ihr für Leute? Was habt Ihr getan, dass jemand Euch so hasst, dass er ... Ach, vergesst es, ich will es gar nicht wissen! Vergesst, dass ich hier war, ich will es auch vergessen!" Gibbs wollte sich entfernen.

„Nein, das werdet ihr nicht!" Priscilla packte ihn am Arm. „Was haben wir getan? Wer hasst uns? Heraus mit der Sprache, sonst ..."

Gibbs schaute auf Priscillas Arm, dann in ihr Gesicht. Sein Lächeln kam zurück. „Was sonst, Mistress Morgan? Werdet Ihr mich verprügeln, wenn ich es Euch nicht sage?"

Priscilla sagte kein Wort, aber ihr Griff um Gibbs' Arm wurde noch fester. „Wenn er erfährt", fuhr Gibbs fort, „dass ich es Euch gesagt habe, verliere ich alles, und wie ich ihn einschätze, bringt er mich vielleicht sogar um. Ihr könnt mir also nichts antun, was er nicht besser und gründlicher könnte."

„Warum seid Ihr dann überhaupt gekommen, wenn Ihr es mir doch nicht sagen wollt?"

Gibbs sah sie unschlüssig an.

„Wahrscheinlich, weil du ihm gefielst, als du in seinem Wirtshaus warst", meinte Anne. „Er ist hierher gekommen, weil es ihn zu dir zieht."

Gibbs lachte. „Eure Freundin könnte nicht noch mehr daneben liegen. Ich bin hierher gekommen, um dieses Rätsel zu lösen. Ich wollte wissen, ob die Fäden der Morgans, die in meine Taverne gekommen sind, nicht irgendwo zusammenlaufen."

„Und das tun sie, richtig?" Priscilla ließ Gibbs' Arm los. „Und Ihr wisst den Punkt - oder besser: Die Person -, wo sie zusammenlaufen?"

Gibbs schwieg.

„Seht Ihr nicht, dass dieses Wissen Leben oder Tod für meine Familie bedeuten kann?", sagte Priscilla. „Wenn Ihr es wisst, Master Gibbs, dann sagt es mir bitte."

Gibbs schaute in der Zwickmühle zwischen seiner eigenen Sicherheit und der Not der jungen Frau, die da vor ihm stand, zu Boden. Als er endlich sprach, flüsterte er: „Der Mann, dem ich die Briefe Eures Bruders gab und für den die Presserbande arbeitet, ist Daniel Cole."

Anne schaute ihn schockiert an. Priscilla jedoch nicht. Wenn sie ein Gefühl verspürte, dann eher eine Art Vergnügen. Endlich hatte sie etwas Konkretes, das sie gegen Daniel Cole verwenden, etwas, womit sie ihre Mutter überzeugen konnte!

„Ich weiß nicht, warum Cole es auf Euch abgesehen hat", meinte Gibbs, „aber wenn ich Euch raten darf: Geht ihm aus dem Weg!"

„Vielen Dank, Master Gibbs“, sagte Priscilla. „Aber das geht leider nicht.“

„Warum nicht?“

„Das ist Privatsache.“

„Halt!“ Jetzt packte Gibbs, Priscillas Arm.

„Lasst mich los!“

„Schaut her, ich habe Euch das mit Cole gesagt und mein Brot und vielleicht mein Leben dafür riskiert! Ich habe eins über den Schädel bekommen, als ich versucht habe, Euren Bruder vor der Pressbande zu retten! Da könnt Ihr mir jetzt wenigstens sagen, was Eure Familie getan hat, um sich Cole zum Feind zu machen!“

„Also gut. Es ist ganz einfach: Wir waren ihm im Weg. Und jetzt lasst mich los, damit ich ihn aufhalten kann.“

„Aufhalten? Seid Ihr verrückt?“, japste Gibbs.

„Sie muss es versuchen“, erklärte Anne.

„Warum? Warum muss sie es versuchen?“

Anne sah Priscilla an. „Heute morgen hat Daniel Cole sein Aufgebot mit Priscillas Mutter an der Kirchentür angebracht.“

Constance war außer sich. Was Priscilla auch sagte, sie glaubte ihr nicht, dass Daniel Cole bei dem Verschwinden von Philip und Jared im Spiel hatte. Priscilla erzählte ihr brühwarm, was der Wirt ihr gesagt hatte, allerdings ohne seinen Namen zu nennen, damit Cole sich nicht an ihm rächen konnte. Hätte Priscilla mehr darüber nachgedacht, sie hätte eingesehen, dass ihre Mutter wenig auf das Wort eines unbekannten Tavernenwirts aus einer anderen Stadt geben würde. Doch selbst dann hätte sie versucht ihre Mutter umzustimmen. Sie musste verhindern, dass sie Daniel Cole heiratete!

Und genau das war es, was ihre Mutter ihr zum Vorwurf

machte. Ihr war es gleich, ob dieser mysteriöse Wirt existierte oder nicht. Wenn es ihn gab, konnte er nur ein böser Mensch sein, der etwas gegen den armen Daniel hatte, und nein, sie ließ es nicht zu, dass man ihn mit Schmutz bewarf, den edlen Mann. Priscilla hatte keine Chance. Auch Anne Pierpont nicht, obwohl Constance sie sehr mochte. Unter Tränen beteuerte sie, dass sie so etwas nie von Anne erwartet hätte...

Constance Morgan machte ihrer Tochter klar, dass sie fest entschlossen war, Mrs. Cole zu werden. Und was ihre Söhne betraf: Hatte nicht Daniel persönlich ihr vesichert, dass er alles Menschenmögliche getan hatte, um die Wahrheit über ihr Schicksal zu erfahren? Womit für Constance der Fall erledigt war.

Zwei Monate lang nahm Priscilla jede Gelegenheit wahr, um ihre Mutter von Cole abzubringen. Es vergrößerte die Kluft zwischen Mutter und Tochter nur noch. Je mehr Priscilla auf sie einredete, um so mehr veteidigte Constance den Kaufmann, bis selbst Priscilla einsehen musste, dass es nichts gab, womit sie diese Heirat verhindern konnte.

Peter Gibbs hatte Recht. Cole war zu mächtig. Das Bild des honorigen, biederen Geschäftsmannes, das er in Constance geschaffen hatte, war nicht zu beseitigen. Nein, die Hochzeit würde stattfinden. Aber etwas anderes - da war Priscilla um so fester entschlossen - würde nicht stattfinden: Sie würde keinen Tag, keine Stunde, keine Minute in dem Haus und unter der Vormundschaft dieses Mannes verbringen. Musste sie dann aber nicht doch die Verbannung wählen?

Sie erinnerte sich an eine Formulierung im Urteil gegen sie. Cole hatte durchgesetzt, dass sie unter seiner Vormundschaft sein würde, bis sie heiratete. Hier war ihr Ausweg!

Nathan Stearns staunte nicht schlecht, als Priscilla ihn in Boston besuchte. So sehr er sich nach einer Frau sehnte,

Priscillas Bestrafung am Pranger war keine kleine Sache, jedenfalls nicht für seinen Onkel und seine Tante. Denn die beiden Tyrannen hatten natürlich ein persönliches Interesse daran, dass Nathan nie Erfolg beim anderen Geschlecht hatte. Sobald er verheiratet war, wäre er frei, und sie könnten nicht mehr von seinem geerbten Vermögen leben.

Priscilla sah eine Heirat als die Rettung für sie beide. Nathan würde endlich seinem Onkel und seiner Tante entrinnen, und sie würde Daniel Coles Pläne durchkreuzen. Genauso machte sie es Nathan schmackhaft - als Vernunftehe zur Lösung ihrer Probleme. Und Nathan gab ihr schließlich Recht; über den Mangel an Romantik sah er großzügig hinweg, auch über Priscillas öffentliche Demütigung am Pranger. Und so setzte man den Ehevertrag auf.

Noch als sie längst verheiratet waren, meinte Priscilla nicht sicher, was Nathan dazu gebracht hatte, über die Prangerstrafe hinwegzusehen, ob es sein Wunsch, endlich seine Freiheit zu bekommen, oder seine Liebe zu Priscilla war, die alle Bedenken überwog. Aber war es nicht gleichgültig, warum er sie heiratete? Das Ergebnis war letztlich das gleiche.

Zwei Wochen nach Priscillas Besuch bei Nathan war sie Mrs. Stearns, und Nathans Onkel und Tante waren Vormundschaft und Haus gekündigt. Die Hochzeit fand eine Woche vor der Hochzeit von Daniel Cole und Constance Morgan statt. Das also war Priscilla schließlich gelungen: Sie musste keine Minute als Mündel in Coles Haus verbringen.

Und so wurden an einem sonnigen Julitag des Jahres 1729 zwei verzweifelte junge Menschen Mann und Frau. In ihrer Hochzeitsnacht lag Priscilla Morgan-Stearns noch lange wach im Bett, während ihr Mann zusammengerollt mit dem Rücken zu ihr lag und leise schnarchte. Sie hatte seine stümperhaften Liebesbemühungen über sich ergehen lassen, und jetzt, in der Dunkelheit des Eheschlafzimmers in dem dreistöckigen Haus, musste sie an ihren Vater denken. Sie zog die Knie an und legte die Arme darum, als sie daran dachte, wie sie ihn vermisste. Wie friedlich war die Welt noch vor einem Jahr. Abends, etwa um die Abendstunde, als der Vater in seinem Studierzimmer, die Mutter in ihrem Zimmer, Philip in seinem Raum in der Schule war und Jared wer weiß schon was machen würde. In der Welt damals gab es Ordnung und Sicherheit. Und Liebe. Priscilla wusste immer, dass ihre Mutter sie liebte, aber es war die Liebe ihres Vaters, die sie am tiefsten empfand.

Nun, ein grauenhaftes Jahr später, lag sie im Bett mit einem Mann, den sie nicht liebte und fühlte sich beschämt und einsam. Sie wusste, wie sich Einsamkeit anfühlte. Aber nicht diese. Da war ein bodenloser Abgrund in ihr, in den alle Gefühle und Emotionen gefallen waren. Es gab nichts mehr, wofür es sich zu leben lohnte. Es gab niemand, den sie wirklich liebte.

Priscilla zog Bilanz ihrer Situation. Ihr Vater war tot. Ihre Mutter sprach nicht mit ihr. Gott allein wusste, wo Philip und Jared sich in diesem Moment aufhielten, ob sie tot oder lebendig waren. Die einzige Person, der es in dieser Situation gut ging, war Cole – er hatte seinen Anteil erhalten, genau wie er gesagt hatte, zusätzlich zu dem Haus der Morgans am Charles als Bonus. Und wo war Gott bei alldem? Schweigen! Während die Bösen thriumphierten, schaute Gott in die andere Richtung! Im Moment besaß Priscilla nichts. Ihr Leben bestand aus einer leeren Ehe – die weniger als einen Tag alt war – und einem leeren Haus. Sie hatte keine Familie. Sie hatte keinen Gott. Sie hatte keine Hoffnung.

Priscilla ging es so schlecht, dass sie sterben wollte.

Kapitel 14

Philip wischte sich mit dem Handrücken den Schweiß von der Stirn, tauchte seine Feder in die Tinte und beendete den Satz, den er schrieb. Die Hitze in Christopher Morgans Wigwam nahm er nicht mehr bewusst war; sie war ein Teil seines Lebens geworden. Nanouwetea – oder Christopher Morgan - war alt und benötigte die Wärme; das ganze Jahr hindurch schürte man das Feuer für ihn.

Philip legte die Feder ab und rieb über seine Augen. Bei jedem Reiben biss ihn der Rauch des Feuers. Er reckte sich - vorsichtig, um nicht das flache Tintenfass auf dem Brett umzustoßen, das er über seine Beine gelegt hatte. Er saß im Schneidersitz auf dem Lehmfußboden des Wigwams, und das Brett diente ihm als Schreibtisch. Der lange Lichtfinger, der durch die Türöffnung strömte, zeigte ihm, dass es später Nachmittag war. Nanouwetea saß ihm gegenüber, hatte eine Decke über die Schultern gelegt und las aufmerksam in John Eliots` Algonquin-Übersetzung der Bibel. In einer Hand hielt er die Bibel, mit dem Zeigefinger der anderen fuhr er über die Zeilen. Seine Hände waren so runzelig, als wären sie zweihundert Jahre alt. Er hielt die Bibel kaum eine halbe Hand von seiner Nasenspitze entfernt - ein Zeichen für seine nachlassende Sehkraft.

Auf der anderen Seite des alten Indianermissionars saß

Mary Weetamoo, eine Seite von Philips Werk in der Hand, das sie sorgfältig auf korrekte Grammatik und Rechtschreibung ihrer Muttersprache überprüfte. Philip reckte sich häufig, um einen Blick auf Weetamoo zu erhaschen. Er nannte sie mit ihrem indianischen Namen, der nicht so normal klang wie ihr christlicher Name; für ihn war an dieser jungen Indianerin überhaupt nichts normal. In ihrem kohlschwarz glänzenden Haar spiegelten sich gelbe und orangene Lichtflecken vom Feuer. Im Augenblick sah sie ernst aus; sie hatte die dunkelbraunen Lippen nachdenklich zusammenge-resst, so dass man die weißen ebenmäßigen Zähne, die bei jedem Lächeln so glänzten, nicht sah. Sie lächelte nicht oft genug, wie Philip fand; aber wenn sie es tat, wurde ihm schier schwindelig davon, obwohl er sein Bestes tat, sie es nicht merken zu lassen.

„Genug für heute." Der alte Missionar ließ die offene Bibel auf seinen Schoß gleiten, seine müden Augen sahen Philip an. „Wenn ich in diesem Jahr mit Philip etwas gelernt habe, dann ist es das, dass wir nur wenig Arbeit aus ihm herausbekommen, wenn er sich einmal von Weetamoos Schönheit hat ablenken lassen."

Philip griff errötend nach der Feder auf seinem Brett. „Äh ... ich habe mich nur gereckt", murmelte er. „Ich schaffe noch mindestens eine Seite." Er warf einen raschen Seitenblick auf Weetamoo. Was er sah, gefiel ihm nicht. Ein Mundwinkel war verärgert heruntergezogen, ihre Schultern hingen nach unten.

Philip tauchte die Feder, die er endlich gefunden hatte, hastig in die Tinte. „Doch, wirklich, noch eine Seite - mindestens."

Weetamoo erhob sich. „Ich male das Korn für das Abendessen." Es hörte sich irritiert an. Ohne Philip einen Blick zu gönnen, lief sie zum Ausgang und duckte sich hinaus.

Philip saß allein im Wigwam, seine einzige Gesellschaft war der grinsende alte Missionar und das knisternde Feuer. Er nahm ein Tuch und wischte die Feder ab. Ein Seufzer entfuhr ihm. Er legte das Brett zur Seite.

„Du hast Gefühle für sie“, sagte Christopher Morgan.

„Merkt man das so deutlich?“

Das Lächelen des Alten war Antwort genug.

Philip seufzte wieder. „Eigentlich sollte ich keine haben. Ich führe mir immer wieder vor Augen, dass ich doch eine Verlobte in Cambridge habe - glaube ich jedenfalls. Aber bei Weetamoo ... bei Weetamoo kann ich meine Gedanken und Gefühle kaum zügeln.“

„Man soll sich nie seiner Gefühle schämen“, sagte der Missionar. „Die Gedanken sind die Stimme unseres Verstands, aber die Gefühle die unseres Herzens. Wir müssen auf beide Stimmen hören, um zu wissen, was richtig ist.“

„Aber zwei Frauen lieben - das macht doch keinen Sinn!“

„Das sagt dir dein Verstand.“

Philip bekam große Augen. „Meinst du etwa, ich sollte sie beide heiraten?“

Der Missionar lächelte. „Unter den Narragansett ist das nichts Ungewöhnliches, aber ich kann es nicht empfehlen; es wäre nicht klug.“

„Aber du hast doch gerade ...“

„Wir reden von Liebe, nicht vom Heiraten.“

„Und du meinst also, es ist in Ordnung, wenn man zwei Frauen gleichzeitig liebt?“, fragte Philip.

„Ich sage, dass es möglich ist, zwei Frauen gleichzeitig zu lieben.“

„Aber wie soll ich herausfinden, welche von beiden die Richtige für mich ist?“

Der alte Missionar kicherte. „Die Antwort auf diese Frage verlangt viel Weisheit.“ Seine Augen gingen nach oben, ein runzeliger Finger zeigte zum Himmel. „Und alle Weisheit kommt von Gott."

„Ich könnte schon etwas Weisheit brauchen", brummte Philip.

Der Missionar legte seine indianische Bibel beiseite und griff nach einem anderen dicken Buch, der Familienbibel der Morgans, wegen der Philip vor fast einem Jahr gekommen war. „Mein Vater wurde einmal von zwei Frauen geliebt", sagte er. „Sie waren Schwestern."

Philip beugte sich interessiert vor. Was würde jetzt kommen? Im Lauf des letzten Jahres hatte Christopher Morgan ihm Etliches über seinen Vater, Drew Morgan, erzählt und wie dieser vor dem Zorn des notorischen Bischofs Laud aus England geflohen war.

„Nell und Jenny Matthews waren die Töchter eines Kuraten in Edenford, England", fuhr der Alte fort. „Mein Vater sollte ihren Vater, der zufällig auch Christopher hieß, aushorchen. Aber stattdessen verliebte er sich in seine Töchter - und sie in ihn."

„Nach dem, was du mir schon erzählt hast, weiß ich, dass Drew Nell geheiratet hat. Aber wenn also beide Frauen ihn liebten und er sie auch, woher wusste er dann, wer von ihnen die Richtige zur Eheschließung war?"

Der Alte schüttelte den Kopf. „Das weiß ich auch nicht. Ich weiß nur, dass Gott es ihm schließlich zeigte."

„Aber hat es Jenny nicht verletzt, als ihre Schwester den Mann heiratete, den auch sie liebte?"

Der Missionar senkte den Blick, seine Hand fuhr sachte über die Bibel auf seinem Schoß. „Sie lebte nicht lange genug, um die Hochzeit zu erleben. Aber als mein Vater ihr eröffnete, dass er Nell liebte, schmerzte es sie, ja. Sehr tief sogar. Ihr Schmerz ließ sie in die Fänge eines Spions von Laud in den Kolonien laufen - ich weiß im Moment nicht seinen Namen.

Der Spion machte ihr glaubhaft, dass er ein bekehrter Christ und Puritaner war, genau wie mein Vater. Jenny glaubte ihm, und sie heirateten."

„Und dann?"

„Der Spion verprügelte Jenny und benutzte sie, um an Drew zu kommen. Um ein Haar wäre es ihm gelungen ... wenn es Jenny nicht gegeben hätte. Sie erschoss ihn, als er gerade meinen Vater töten wollte. Sie und ihr Mann starben beide in dem Kampf. Jennys letzte Worte sprachen über ihre Liebe zu meinem Vater."

Philip hörte, wie Weetamoo vor dem Wigwam ein Lied summte, begleitet von dem leisen Stampfen des Mörsers im Korn. „Nanouwetea", sagte er, „du weißt, wie gern ich Geschichten über meine Vorfahren höre. Aber was du mir jetzt erzählt hast, macht mir meine Entscheidung nicht einfacher, ja, es macht sie noch schwerer. Du hast mir gerade gezeigt: Wie ich mich auch entscheide, es wird einen Menschen verletzen."

„Ich habe nie gesagt, dass deine Entscheidung dir leicht fallen würde", antwortete der Missionar. „Ich habe gesagt, dass sie viel Weisheit benötigt."

Das Jahr war für Philip schnell vergangen, seit er auf seiner Suche nach der Familienbibel in das Narragansett-Reservat zurückgekehrt war. Zuerst war er wütend, dass Nanouwetea ihn so hinters Licht geführt hatte, doch er hatte sich rasch beruhigt, als er erfuhr, wer der alte Indianer in Wirklichkeit war und warum er ihn geprüft hatte.

Die Tradition der Morgan-Familienbibel hatte mit Drew Morgan begonnen. Es war die Übersetzung, die auf Befehl von König James von England erstellt worden war. Der mächtige Bischof von London hatte sie Drew geschenkt, als dieser als Spion in seinen Diensten stand. Ursprünglich hatte die Bibel dem Bischof und Drew als Teil eines Geheimcodes zum Austausch von Botschaften gedient. Während seines Spionage-Auftrags in Edenford hatte Drew ihren wahren Wert entdeckt. Christopher Matthews, der Kurat des Dorfes, zeigte Drew, dass die Bibel Gottes Wort und für alle Dinge des Lebens und Glaubens nützlich war. Die Kombination des persönlichen Zeugnisses des Pfarrers und der mächtigen Botschaft der Bibel führte zu Drews Bekehrung. Damit konnte er sich nicht länger an Bischof Lauds Kreuzzug des Hasses und der Verfolgung beteiligen und half stattdessen den Menschen von Edenford, in die Neue Welt zu fliehen. Er begleitete sie und brachte seine Bibel mit nach Amerika.

Drew erkannte, dass er zwei Dinge über alles andere auf Erden schätzte: Seine Familie und seine Bibel, und so führte er eine Familientradition zur Bewahrung dieser beiden Dinge ein und erklärte seine Bibel zum Symbol des Glaubens für die Familie. Der jeweilige Besitzer der Bibel war dafür verantwortlich, dass der christliche Glaube in seiner Generation gepflegt und an die nächste Generation weitergegeben wurde. Zu einem von ihm selbst zu bestimmenden Zeitpunkt hatte er aus der nächsten Generation den geeignetsten Kandidaten zur Weiterführung dieser Tradition auszuwählen. In einer feierlichen Familienzeremonie wurde der Name des Erwählten der vorne in der Bibel stehenden Liste von Namen hinzugefügt.

So lernte Philip also die Geschichte und Bedeutung der Familie Morgan kennen und erkannte, dass seine Aufgabe größer war, als einfach ein Buch zu finden und mit nach Hause zu bringen.

Christopher Morgan, der älteste Sohn von Drew und Nell Morgan und Missionar unter den Narragansett-Indianern, hatte die Bibel all die Jahre behalten und Gottes Willen für ihre Zukunft gesucht. Jahrelang hatte es ihn belastet, dass er nie geheiratet und Nachkommen gezeugt hatte, aber wie einst der Apostel Paulus fand er, dass der Ehestand ihn zu sehr von seinem Auftrag ablenken würde. Wie sollte er also die Bibel an die nächste Generation weitergeben? Den Kontakt zu seinen Geschwistern und deren Kindern hatte er lange verloren. Doch dann hatte Gott ihm eines Nachts einen Traum geschenkt, seinen „Simeons-Traum", wie der Alte es nannte. Wie Gott einst Simeon versichert hatte, dass er nicht sterben würde, bevor er den Messias gesehen hatte, so zeigte er Christopher Morgan, dass er nicht sterben würde, bevor er nicht den Erben des Familienglaubens der Morgans gesehen hatte.

Als Philip in seinen Wigwam trat, schien die Erfüllung dieses Traums da zu sein. Aber um den Kriterien der Familientradition Genüge zu tun, reichte es nicht, ein Morgan zu sein. Vorne in der Bibel hatte Drew Morgan genau festgehalten, welche Qualitäten der Kandidat für diese Ehre besitzen musste. Als Philip zurück ins Reservat kam, zeigte Christopher Morgan ihm die Bibel, und gemeinsam gingen sie die von Drew Morgans eigener Hand geschriebenen Bedingungen durch:

1) Der Kandidat muss zeigen, dass er errettet ist und an den Herrn Jesus Christus als seinen Herrn und Heiland glaubt.

2) Der Kandidat muss bekennen, dass die Bibel die oberste Autorität für Leben und Glauben ist.

3) Der Kandidat muss willens und bereit sein, die nächste Generation der Morgans in den Grundlagen des christlichen Glaubens zu unterrichten und das Erbe der Familie an sie weiterzugeben.

Der Liste gegenüber, auf der Rückseite des Buchdeckels der Bibel, standen die Namen der Morgans, die bislang diese Verantwortung getragen hatten. Es waren nur zwei, und neben jedem Namen stand eine Bibelstelle.

Drew Morgan, 1630, Sachjarja 4:6
Christopher Morgan, 1654, Matthäus 28:19

Christopher erklärte, dass sein Vater ein Mann der Tat und des Abenteuers gewesen war und dass der größte Kampf in seinem Leben darin bestanden hatte, zu lernen, auf die Kraft des Geistes Gottes und nicht auf seine eigene Kraft zu vertrauen. Er hatte diese Lektion bitter gelernt, als er den Tod des Mannes, den er am meisten in der Welt bewunderte, verursacht hatte. Eben dieser Mann hatte noch an seinem Todestag Drew bedrängt, die Weisheit aus dem Bibelvers, der nun neben seinem Namen stand, zu lernen.

Den Vers neben Christophers Namen hatte Drew Morgan ausgesucht. Er hatte ihn ausgewählt, weil Christopher bereits der Helfer John Eliots bei dessen Pionierarbeit unter den Indianern war. Drew war stolz darauf, dass sein Sohn so bereitwillig seine persönliche Bequemlichkeit zurückstellte, um bei der Verbreitung des Evangeliums zu helfen.

Christopher war zwanzig, als sein Vater ihm die Familienbibel überreichte. Inzwischen war der Älteste von Drew und Nell Morgan seinem Ruf in die Mission sechsundsiebzig Jahre lang treu geblieben.

Die Missionierung der Indianer war ein ursprüngliches Ziel der Puritaner wie in der Charta der Massachusetts-Bay-Kolonie zu sehen war. Das Siegel dieser Urkunde zeigte das Bild eines Indianers und die Worte des Mazedoniers in Apostelgeschichte 16: „Komm herüber und hilf uns!" Doch die Errichtung eines Brückenkopfs in der Neuen Welt nahm alle Kräfte in Anspruch, so dass Jahre vergingen, bevor die Missionsarbeit begann.

Der Erste, der erfolgreich in ihrer eigenen Sprache vor

Indianern predigte, war John Eliot (1646), der Pastor von Roxbury, nachdem frühere Versuche an der Unfähigkeit der Siedler, die indianische Kultur zu verstehen, sowie an Konflikten mit dem Stamm der Pequot in Connecticut gescheitert waren. Zwei Jahre nach Eliots Pionierpredigt bekehrte sich der erste Indianerhäuptling: Wauban, der Häuptling der Nipmuck. 1651 gab es genügend christliche Indianer, um die erste „Betende Stadt", Natick, zu gründen. Sie war so angelegt wie die Siedlungen der Kolonisten, die allgemein glaubten, dass man die Indianer erst „zivilisieren" musste, bevor man sie christianisieren konnte. In den „Betenden Städten" waren die Indianer sicher vor den Irrtümern ihrer früheren Lebensweise und konnten nicht nur den christlichen Glauben annehmen, sondern auch die christliche, sprich puritanische Kultur. Eliot schrieb eine Verfassung für die Stadt, die sich auf das Alte Testament stützte: Unter der Aufsicht von Vertretern der Kolonisten wählten die Indianer sich Häupter über je zehn, fünfzig und einhundert Personen nach dem Muster aus dem Buch Exodus Kapitel 18.

Christopher Morgan hörte Eliot zum ersten Mal im Jahre 1652 als er in einer Predigt seine Arbeit unter den Indianern beschrieb. Von dieser Stunde an wusste Christopher, was er in seinem Leben wollte. Es war, als ob Gott selber zu ihm sprach: „Dies ist das Werk, zu dem ich dich berufen habe. Du sollst mein Missionar unter den Indianern werden. Lehre sie, wer ich bin. Durch dich soll meine Herrlichkeit unter ihnen leuchten." Gleich nach dem Gottesdienst bat Christopher seinen Vater, den Missionar zur Nachmittagsmahlzeit in ihr Haus einzuladen, was dann auch geschah.

Christopher ließ sein Essen kalt werden und bombardierte Eliot mit Fragen. Er erfuhr, dass Eliot den Großteil seiner Zeit in seiner Gemeinde in Roxbury verbrachte und sich nur ein bis zwei Tage pro Woche seiner Missionsarbeit widmen konnte. Er stützte sich intensiv auf Helfer, Indianer wie Engländer. Wie Eliot ihm später erzählte, sah Christopher ihn in diesem Augenblick mit einem Blick an, der lauter als viele Worte fragte: „Darf ich dir helfen?" Der Missionar bat Drew Morgan um die Erlaubnis, seinen Sohn als Mitstreiter für das Reich Christi unter den Indianerstämmen mitzunehmen. Noch am gleichen Tag ging der damals achtzehnjährige Christopher mit Eliot nach Roxbury.

Christopher half Eliot, die Bibel in den Algonquin-Dialekt zu übersetzen. Das Neue Testament war 1661 fertiggestellt, das Alte Testament zwei Jahre später. Die „eigene" Bibel beschleunigte die Verbreitung des Evangeliums beträchtlich. Bis 1675 waren fast zwanzig Prozent der Indianer in Neu-England zumindest nominell zum Christentum übergetreten, und es gab dreizehn „Betende Städte".

Doch der Aufstand Metacoms, des auch als „King Philip" bekannten Sachem der Wampanoag, ließ die Evangelisationsbemühungen ins Stocken geraten. Christopher war dabei, als Eliot mit Metacom über das Christentum zu sprechen versuchte. Der Häuptling packte einen Knopf an Eliots Rock und erklärte, dass ihm seine Religion genauso egal war wie dieser Knopf. Andere Häuptlinge reagierten nicht besser. Als die Missionare Ninigret, den Sachem der Narragansett, um Erlaubnis baten, seinem Stamm predigen zu dürfen, befahl er ihnen, zuerst die Engländer selber zum Guten zu führen; so lange die Engländer sich nicht einig werden konnten, was die rechte Religion war, hätten sie kein Recht, anderen Vorschriften machen zu wollen.

Der Funke, der den Krieg entzündete, war die Ermordung des Indianers John Sassamon. Der des Englischen vorzüglich mächtige Sassamon war in den „Betenden Städten" ein Begriff. Er war puritanisch erzogen worden und in Harvard zur Schule gegangen. In einem Augenblick der Schwäche jedoch kehrte er seiner christlichen Erziehung den Rücken, kehrte zu seinem Stamm zurück und wurde ein Mitarbeiter Metacoms, der seine Englischkenntnisse mehr als gebrauchen konnte. Nach einiger Zeit bereute der verlorene Sohn seinen Entschluss und kehrte nach Natick zurück, wo die christliche Gemeinde ihn wieder aufnahm. Von jetzt an war er ein Christ ohne Fehl und Tadel. Als man einen eingeborenen Prediger suchte, fiel die Wahl auf Sassamon. Er machte seine Arbeit gut, und Engländer wie Indianer hatten große Hochachtung vor ihm.

Ein paar Tage vor seinem Tod warnte Sassamon die Regierung der Kolonie Plymouth, dass die Wampanoag unter der Führung Metacoms eine allgemeine Verschwörung gegen die Engländer planten. Gouverneur Josiah Winslow gab nicht viel auf die Warnung. Das änderte sich, als man kurz danach beim Assawompsett-See Sassamons Leiche fand.

Mehrere Indianer, die zufällig vorbeikamen, hatten Sassamons Hut und Gewehr auf dem Eis des zugefrorenen Sees liegen sehen. Unter dem Eis entdeckten sie seinen Leichnam. Der Kopf des Toten war übel zugerichtet, sein Genick gebrochen. Offenbar war er bereits tot, bevor er ins Wasser geworfen wurde. John Sassamon war nicht ertrunken; er war ermordet worden.

Bei der folgenden Untersuchung entdeckte man einen Augenzeugen, und drei Indianer, alle Wampanoag, wurden des Mordes angeklagt. Der Augenzeuge war ein Indianer, der angab, die Tat von einem nah gelegenen Hügel aus beobachtet zu haben. Im Wesentlichen aufgrund dieser Aussage befand eine Jury von zwölf Engländern nebst einer kleineren indianischen Hilfs-Jury die drei Männer für schuldig, John Sassamon ermordet zu haben. Der Prozess ergab auch, dass die drei Täter auf direkten Befehl ihres Häuptlings Metacom gehandelt hatten.

Offensichtlich fand der Sachem, dass die englischen Siedlungen eine tödliche Bedrohung für das Leben der Indianer waren. Für ihn war Sassamons Übertritt zum Glauben der Engländer ein Sammelpunkt, in dem sich alles Fremde und Falsche, das nach Neu-England eindrang, sammelte, und so befahl er, Sassamon als abschreckendes Beispiel für andere Indianer zu töten. John Sassamon wurde der erste christliche Märtyrer unter den Indianerstämmen in Neu-England.

Die Hinrichtung durch Erhängen der drei Mörder verschärfte die Spannungen. Das kleine Grenzdorf Swansea war das erste Opfer des Angriffs der Wampanoag. Weitere Aktionen folgten, die viele Menschenleben kosteten und große Zerstörungen anrichteten.

Über Nacht war jeder Betende Indianer verdächtig, und auch ihre Lehrer, darunter John Eliot und Christopher Morgan. Die Kolonisten internierten die Betenden Indianer für die Dauer des Konflikts auf der kahlen Insel Deer Island in der Bucht von Boston, wo sie in ärmlichsten Verhältnissen lebten, hungernd und kaum mit einem Dach über dem Kopf.

Bei einer Expedition gegen die herumstreifenden Indianer wurde Job Nesutan, einer von Eliots Gehilfen, getötet. Wie Christopher Morgan, hatte er bei der Familie Eliot gelebt und bei der Übersetzung der Bibel in die Algonquin-Sprache geholfen. Die drei Männer waren gerade mit anderen Buchprojekten beschäftigt, als Job getötet wurde.

Der Tod seines bewährten Helfers und Freundes erschütterte Eliot. Ihm wurde klar, dass niemand sicher war, der bei diesem Konflikt in die Bresche trat. Als Pastor in Roxbury fühlte er sich verpflichtet, bei seiner Gemeinde und Familie zu bleiben, aber er hatte Angst um seinen Freund und Assistenten Christopher Morgan, und so dachte er sich einen Plan aus, um das Leben dieses Bruders in Christus zu schützen. Er schickte Christopher nach Deer Island. Die Indianer dort, so erklärte er ihm, benötigten geistliche Leitung, damit sie nicht in dieser Prüfungszeit vom Glauben abfielen, und nachdem John Sassamon und Job Nesutan tot waren, gab es niemand, der sich besser mit ihnen auskannte als Christopher Morgan. Er kannte ihre Sprache, hatte unter ihnen gelebt, sie unterrichtet und angeleitet; Morgan war der ideale Hirte für sie in dieser Zeit der Not.

Eliots Manöver war leicht zu durchschauen, aber es glückte. Christopher Morgan verließ seinen Mentor nur ungern, konnte es aber nicht über sich bringen, ihm nicht zu gehorchen, und so lebte er für die Dauer des Krieges auf der Insel. Er bekam den Hass zu spüren, den viele der internierten Indianer jetzt auf alle Kolonisten hatten. Er hätte die Insel jederzeit wieder verlassen können, aber er blieb. Er predigte den Indianern das Wort Gottes, besuchte Kranke und Sterbende, litt wie sie unter der Kälte und an Krankheiten. Einige, die ihr Hass blind gemacht hatte, kehrten nie mehr zum christlichen Glauben zurück, andere wurden durch Christopher Morgans aufopferungsvolles Beispiel ermutigt und gestärkt.

Bei Kriegsende waren die Narragansett von allen Stämmen in Neu-England am meisten dezimiert. Von Providence bis Stonington, eine Entfernung von vielleicht fünfzig Meilen, waren ihre sämtlichen Hütten niedergebrannt oder zerstört. Christopher Morgan spürte: Hier war Gottes neuer Auftrag für ihn. Er wusste, dass der Auftrag schwierig, ja, womöglich tödlich sein würde, aber er war entschlossen, die kleine christliche Flamme in diesem Stamm wieder neu zu entfachen, bevor sie vollends verlöschte. Seine Erfahrungen auf Deer Island hatten ihm gezeigt, dass es keinen Ersatz für gemeinsam durchlebtes Leid gab. Wenn sich ihm je eine Tür unter den Narragansett öffnen sollte, dann musste er als einer von ihnen bei ihnen leben! Nur so würde er sie überzeugen können, dass der Gott der Bibel nicht ein englischer Stammesgott war, sondern ein Gott für die Narragansett, die Nipmuck und die Wampanoag.

Christopher Morgan glaubte an seine Missionsmethode. Er ignorierte die Kritik der anderen englischen Pastoren und Missionare und wohnte Jahr für Jahr, Jahrzehnt für Jahrzehnt bei den Narragansett, erwarb sich ihr Vertrauen und brachte ihnen das Evangelium. Der mittlerweile hochbetagte Missionar erklärte Philip den Erfolg seiner Methode anhand einer Begebenheit aus der Geschichte der Narragansett.

„1643 gab es Streit zwischen den Narragansett und den Mohegans. Uncas, der Sachem der Mohegans, behauptete, der Sachem der Narragansett, Miantonomi, versuche ihn zu töten. Es kam zu einer Reihe von Gefechten. Als Miantonomi einen Einfall von zwölfhundert Mann in das Gebiet der Mohegans vorbereitete, lieh Samuel Gorton, ein englischer Freund, ihm eine schwere englische Rüstung, die ihn im Kampf schützen sollte. Die Narragansett waren den Mohegans um das Doppelte überlegen, aber Uncas gewann die Oberhand, indem er vortäuschte, verhandeln zu wollen, und dann einen Überraschungsangriff startete. Die Narragansett mussten den Rückzug antreten. Miantonomi konnte in seiner schweren Rüstung nicht mit seinen Leuten Schritt halten; er wurde gefangen genommen und getötet. Viele Jahre lang trauerten die Narragansett um ihren Häuptling. Wenn ein Narragansett an seinem Grab bei Norwich vorbeikam, legte er als Geste der Trauer und der Ehrerbietung einen Stein darauf. Der Steinhaufen ist heute noch da. Jedes Jahr im September begibt sich eine Abordnung der Narragansett dorthin, wo sie in lautes Klagen ausbrechen und dem Gedächtnis für ihren großen Sachem noch mehr Steine hinzufügen."

Christopher erklärte die Parallele zwischen dieser Geschichte und seiner Missionsarbeit, indem er die englischen Waffenrüstungen mit den englischen Missionsmethoden verglich. „In Europa benötigt ein Soldat eine gute Rüstung, aber dort führt man Krieg auch auf andere Art. Dass eine englische Rüstung in Europa nütztlich ist, heißt noch lange nicht, dass sie hier etwas nützt. Für Miantonomi war sie tödlich. Und so sind auch die englischen Methoden und die englische Kultur in England und unter den Kolonisten nützlich, aber für die Bekehrung der Narragansett erweisen sie sich oft als unnützer Ballast. Mein Zeugnis an die Indianer war, dass Jesus Christus der Herr ihrer Wigwams, ihrer Dörfer, ihrer Städte sein will. Sie müssen sich nicht wie Engländer kleiden und wie Engländer essen, um Christen zu sein. Sie müssen nur den Namen des Herrn anzurufen, und sie werden selig werden."

Philip nickte. Er begriff. „Ja", sagte er, „das ist wie bei David und Goliath. Man muss Sauls Rüstung liegen lassen, die Waffen benutzen, die man am besten kennt, und dem Herrn vertrauen, dass er den Sieg gibt."

Es war das erste Mal, dass Philip den alten Christopher Morgan lächeln sah.

Kapitel 15

„Noch immer keine Post von zu Hause, Engländer?“ John Wampas sah Philip über den Rand seiner Maisschüssel an. Die Frage traf Philip wie ein Pfeil; in den Augen des Indianers leuchtete spitzbübische Zufriedenheit auf.

Es war Mitte September 1729. Seit über einem Jahr war Philip jetzt von zu Hause fort. Jeden Monat hatte er seiner Mutter und Penelope geschrieben, jeden Monat auf eine Antwort gehofft, jeden Monat war er enttäuscht worden. Es war zum Verrücktwerden. Warum nur meldeten sie sich nicht? Philip konnte sich keinen vernünftigen Grund vorstellen. Wenn sie wütend waren, dass er nicht sofort zurückgekommen war, konnten sie ihm das doch wenigstens schriftlich geben. Nach einem Jahr des Schweigens wäre Philip selbst für einen bösen Brief dankbar gewesen. Oder hatten seine Briefe sie gar nicht erreicht? Aber dann hätten sie doch inzwischen längst nach ihm geschickt, um ihn zu suchen!

Je mehr Philip darüber nachdachte, um so ärgerlicher wurde er. In den letzten vier Monaten hatte er sich jedes Mal geschworen, dass er nicht mehr schreiben würde, bevor er nichts von den Seinen gehört hatte, aber noch bevor der Monat vorbei war, bröckelte seine Entschlossenheit und er schrieb den nächsten Brief - nur um wieder enttäuscht zu werden. Es war ein sensibles Thema für ihn, und Wampas wusste das; es war seine Lieblingsstichelei.

Philip schluckte den Bissen in seinem Mund hinunter und murmelte: „Nein, noch keine Post.“ Er schob seine Schüssel zur Seite. So sehr er den heißen Maisbrei mochte, er konnte nicht fertig essen, er hatte den Appetit verloren.

Der alte Missionar stellte seine Schüssel mit einem leichten Knall auf den Boden. Es war seine Art, öffentlich kundzutun, dass er alles aufgegessen hatte. Weetamoo war zufrieden. Mehrere Wochen hatte Nanouwetea fast nichts gegessen. Die Zeit, die er dem Schreiben seiner Aufzeichnungen widmen konnte, wurde fast täglich kürzer, während seine Schlafzeiten sich verlängerten. Nicht selten schlief er den ganzen Tag, und manchmal wurde er dabei so still, dass sein Atem kaum noch zu hören war. Einmal hatte Weetamoo besorgt versucht, ihn aufzuwecken - vergeblich. Sie hatte ihr Ohr auf seine Brust legen müssen, um sich zu vergewissern, dass er noch lebte. Dass sein Appetit zurückkam war das erste Anzeichen, dass es ihm wieder besser ging.

„Weetamoo“, sagte der Missionar aufgeräumt, „wäre heute nicht ein guter Abend für ein paar Kastanien?“

Das indianische Mädchen sah ihn überrascht an. „Fühlst du dich so gut?“

„Ja. Wir sollten uns einmal einen schönen Abend machen, und da fangen wir mit deinen Kastanien an.“

Weetamoo schob ihre Schüssel fort, erhob sich und trat zu einer Reihe von Körben und Säcken, wie sie die Indianer anstelle von Regalen verwendeten. Sie grub in einem der Hanfsäcke und zog einen kleinen Korb mit Kastanien heraus. Die Indianer verstanden es, Kastanien so zu trocknen und zu lagern, dass sie das ganze Jahr als Delikatesse gegessen werden konnten. Philip mochte sie besonders gern.

Der alte Missionar schätzte die Stimmung im Wigwam korrekt ein. Es knisterte zwischen Philip, Wampas und

Weetamoo - so sehr, dass Philip ernsthaft daran dachte, nach Hause zurückzukehren. Was ihn hielt, ja was ihn dazu bewegt hatte, überhaupt so lange zu bleiben, war Christopher Morgans Alter. Philip hatte Angst, dass er, wenn er jetzt nach Hause ging, bei seiner Rückkehr ins Reservat Christopher tot vorfinden würde. Etwas zog ihn bei seinem Vorfahren an, er konnte es selbst nicht in Worte fassen. Vielleicht war es seine tiefe Frömmigkeit. Oder die Tatsache, dass er ein lebendiges Stück von Philips Vergangenheit war. Oder auch die Art, wie Philip sich in seiner Gegenwart fühlte, so wie früher bei seinem Vater. Vielleicht schenkte Gott ihm diese Tage mit einem älteren Morgan, um ihn für den verfrühten Heimgang seines Vaters zu entschädigen? Er wusste es nicht, aber eines wusste er genau: Er würde dieses Gefühl nicht mehr lange genießen können, und nichts sollte ihn davon abhalten, es voll auszukosten.

Er genoss es jetzt schon länger als er ursprünglich gedacht hatte. Vor einem Jahr hatte er geglaubt, dass der Alte den Winter nicht mehr überstehen würde, und so gern er sein Studium in Harvard beenden wollte, noch wichtiger war ihm, Christopher Morgan kennen zu lernen. Harvard konnte warten. Penelope - arme Penelope - würde es schon verstehen. Und so hatte Philip beschlossen, im Reservat zu bleiben, bis sein betagter Vorfahr starb..

Als Gegenleistung für Essen und Unterkunft hatte Philip sich bereit erklärt, sein in Harvard so bewundertes Sprachtalent einzusetzen, um Christopher Morgan zu helfen, ein Algonquin-Lehrbuch fertig zu stellen. Es war der ausdrückliche Wunsch des alten Missionars, das Buch noch vor seinem Tod fertig zu bekommen; er konnte nichts Kostbareres hinterlassen als ein Buch, das die Stämme von Neu-England in den Stand versetzte, selbständig die Bibel zu lesen. Philip musste dazu natürlich die Algonquin-Sprache erlernen, was er ohnehin während seines Aufenthalts im Reservat vorgehabt hatte. Er hatte sich noch nie für einen Hasenfuß gehalten, aber manchmal war ihm seltsam zu Mute, wenn die Leute ihn ansahen, während sie ein Gespräch führten, das er nicht verstand. Dass sie ihn anschauten, hieß natürlich noch lange nicht, dass sie auch über ihn redeten, aber er würde sich besser fühlen, wenn er wusste, was sie sagten.

Jetzt, ein Jahr später, war er mit seinem Algonquin so weit gekommen, dass er fast allen Gesprächen folgen konnte. Das Lehrbuch war immer noch nicht fertig, und Christopher Morgan sah gesünder aus denn je. Vor einem Monat hatte Philip mit Schrecken daran gedacht, dass wieder ein Semester in Harvard ohne ihn begann. Aber der alte Missionar war fünfundneunzig Jahre alt; viel länger konnte er nicht mehr leben. Trotz der wachsenden Spannungen zwischen ihm, Wampas und Weetamoo wusste Philip: Er würde im Reservat bleiben, bis entweder das Lehrbuch fertig oder Christopher Morgan verstorben war.

Weetamoo hielt dem Alten den Korb mit den Kastanien hin. Er beugte sich darüber wie ein Kind, das sich eine Süßigkeit aussuchen darf. Seine faltigen Finger fuhren durch die Kastanien, bis er eine gefunden hatte, die ihm zu gefallen schien. Als Nächstes kam der Korb zu Wampas, der Philip ein triumphierendes Grinsen zuschoss; offenbar betrachtete er die Reihenfolge des Servierens als einen persönlichen Sieg. Zuletzt hielt Weetamoo Philip den Korb hin. Sie sah ihn nicht dabei an, ihre Augen waren auf die Kastanien gerichtet.

„Nein danke“, sagte Philip. Sicher würde sie ihn jetzt ansehen? Aber sie tat es nicht, sondern hielt weiter den Blick auf den kleinen Korb gerichtet, während sie ihn fortnahm.

„Nimm doch!“ Der Alte winkte Philip mit dem Handrücken. An seiner Zunge klebten Kastanienstücke. „Die magst sie doch! Nimm dir!“

Weetamoo hielt Philip die Kastanien erneut hin, würdigte ihn aber keines Blickes. Wie zart ihre braunen Finger waren. Philip folgte ihnen zu dem zierlichen Handgelenk, dann den schlanken Arm und die verhüllte Schulter hoch zur Biegung ihres Halses und ihrer weichen Wange. Dann beherrschte er sich und sah rasch zu Wampas. Dessen Zähne waren zusammengebissen, die Augen wütend. Philip langte in den Korb, zog ein paar von den Kastanien heraus und sagte ein kurzes Dankeschön. Weetamoo ging schweigend zurück an ihren Platz, stellte den Korb neben sich ab und aß weiter.

„Singen wir etwas!", meinte der alte Missionar. Ohne auf eine Antwort zu warten, begann er:

Ehr sei dem Vater, Ehre sei dem Sohn,
Ehre sei dem Heiligen Geist, Ehre ihm allein.

Er sang mit geschlossenen, aber lächelnden Augen, den Kopf himmelwärts gerichtet. Seine Stimme war brüchig, aber seine Begeisterung ansteckend. Die zweite Strophe sang er nicht mehr allein.

Halleluja, Halleluja, Hosianna, Hosianna.
Hallaluja, Halleluja, Hosianna, Hosianna.

Sobald sie ein Lied beendet hatten, begann der Missionar das nächste, und Philip merkte, wie seine Stimmung sich besserte. Das Gotteslob der vier Stimmen löste die Spannung im Wigwam nicht auf, aber es tat gut, sie eine Weile vergessen zu können.

Ein, zwei Mal, als er sicher war, dass Wampas es nicht merkte, sah Philip zu ihm hin. John Wampas war stark, athletisch und selbstbewusst. *Wie Jared sieht er aus,* musste Philip denken. Und da hörte die Parallele nicht auf; mit beiden, mit Jared und Wampas, kam er nicht besonders gut zurecht, obwohl er es, wie er meinte, versuchte. Seine Gedanken gingen zurück zu den ersten Tagen, die sie zusammen verbracht hatten.

Als er mit Wampas von seinem Abstecher in den Wald zurückgekehrt war, hatte Philip sich zu dem Indianer, der ihn vor dem Bären gerettet hatte, hingezogen gefühlt, und Wampas selber schien während des dreitägigen Rückmarschs zusehends aufzutauen. Doch als sie das Reservat erreichten, wurde Wampas kalt und distanziert und nutzte jede Gelegenheit, Philip eins auszuwischen. Philip hatte keinen Schimmer, was diesen Wechsel verursacht hatte.

Da er so gut wie nichts über Wampas wusste, beschloss er, seine Sticheleien nicht zu beachten und etwas über ihn zu erfahren. Christopher Morgan erzählte ihm, dass sowohl Weetamoo als auch Wampas Waisen waren. Der alte Missionar hatte Wampas in seinen Wigwam geholt, als dessen Eltern von einem weißen abgefallenen Christen aus Providence getötet worden waren und sich keine Verwandten mehr fanden, die für ihn hätten sorgen können. Ein paar Jahre später waren Weetamoos Eltern an einem Fieber gestorben, und jetzt hatte der Missionar zwei Kinder. Er betrachtete sie als Geschenke Gottes und zog sie wie seine eigenen auf.

Christopher Morgan nahm seine familiären Pflichten sehr ernst. Da die beiden Waisen noch klein waren, als ihre Eltern starben, war er der einzige Vater, den sie kannten. Die herzliche Atmosphäre in der kleinen Familie, in der jeder für den anderen einstand, beeindruckte Philip; so war es bei ihm zu Hause nicht gewesen! Zumindest war das der erste Eindruck; je länger er blieb, um so mehr Disharmonie entdeckte er, und er hatte das bohrende Gefühl, dass es seine Gegenwart war, die den Frieden störte.

Er hatte darauf eine kleine Kampagne zur Gewinnung

der Freundschaft von John Wampas begonnen. Er machte ihm Komplimente, bot sich an, ihm Arbeiten abzunehmen, fragte ihn sogar, ob er sich ihm nicht bei einigen Freizeitaktivitäten im Reservat anschließen konnte. Wampas reagierte nicht.

Als Philip hörte, dass Wampas zusammen mit einigen Freunden ins Feuerhaus ging, beschloss er, mitzugehen. Wenn er Wampas' Freunde dazu bringen konnte, ihn anzunehmen, würde Wampas eher auftauen. Und so wartete Philip, als Wampas gegangen war, ein paar Minuten, dann folgte er ihm.

Das Feuerhaus lag am anderen Ende des Reservats. Es war eine zwei bis zweieinhalb Meter tiefe und ebenso hohe Höhle, die in einen Hang gegraben war. In der Mitte der Höhle wurde über einem Steinhaufen ein Feuer gemacht. Sobald die Steine rotglühend waren, löschte man das Feuer, und das Feuerhaus konnte benutzt werden. Die Männer betraten es in Gruppen von zehn bis zwölf, ihre Kleider legten sie vor dem Eingang ab. Eine Stunde oder länger saßen sie dort Tabak rauchend und schwitzend und sprachen leise miteinander. Es hieß, dass das Schwitzen die Haut reinigte und Krankheiten aus dem Körper hinaustrieb. Zum Schluss rannte man aus der Höhle und sprang in den Pasquiset-See.

Die Indianer saßen schon in der Höhle, als Philip erschien. Ihre Kleidung lag auf einem Haufen vor dem Höhleneingang. Philip legte seine Kleider dazu und ging hinein.

Im Innern roch es intensiv nach Tabak und Schweiß. Die Luft war so dick, dass es Philip schlecht werden wollte. Als die Indianer ihn sahen, verstummte das Gespräch schlagartig. Insgesamt elf Männer saßen oder lagen an den Wänden der Höhle. Philip nickte zu Wampas, der nicht erfreut schien, ihn zu sehen, und suchte nach einem freien Platz; er bat die anderen, sich nicht stören zu lassen und weiter zu sprechen, was nach ein paar Verlegenheitssekunden auch geschah.

Philip kannte ihre Sprache damals erst wenig, so dass er nur Bruchstücke von der Unterhaltung aufschnappen konnte. Sein eigener Beitrag beschränkte sich auf ein paar kurze Sätze und einsilbige Antworten. Aber im Ganzen schien sein Plan gut zu laufen. Nur bei Wampas nicht. Während die Übrigen die Gegenwart eines Weißen in ihrem Feuerhaus zu verdauen schienen, saß Wampas finster an der Wand und starrte auf die glühenden Steine in der Mitte.

Philip bemerkte kein Signal, aber auf einmal sprangen alle fast gleichzeitig hoch und schoben sich durch den Eingang nach draußen. Mit lautem Hallo liefen sie den Hang hinab und sprangen in den See, Philip hinterher. Das Wasser traf seine heiße Haut wie eine eisige Peitsche, aber nach dem ersten Schock war es das erfrischendste Gefühl, das er je erlebt hatte. Er plantschte und johlte kräftig mit. Es war wunderbar - und nicht nur das Wasser, nein, es war herrlich, wieder Teil einer Männergruppe zu sein. Seit Harvard hatte Philip so etwas nicht mehr gemacht, und erst jetzt merkte er, wie sehr er es vermisst hatte.

Sein Hochgefühl dauerte nicht lange. Er stieg als Letzter aus dem Wasser und ging in einigem Abstand zu den anderen wieder zurück zur Höhle. Als er ihren Eingang erreichte, war dieser genauso nackt wie er selbst. Seine Kleider waren fort! Er suchte fieberhaft alles ab - die Höhle, die Büsche, die Bäume, das Seeufer. Keine Kleider! Jemand hatte sie gestohlen.

Und nicht nur keine Kleider, sondern auch keine Männer. Sämtliche Indianer waren verschwunden. Und als würde das noch nicht reichen, lag ein ganzes Reservat voller Männer, Frauen und Kinder zwischen ihm und Christopher Morgans Wigwam.

Philip presste die Zähne zusammen. „Wampas! Das war

bestimmt Wampas!“

Er brach zwei Zweige von einem Strauch ab. Wenn es für Adam und Eva gereicht hatte... Er band die Zweige so gut es ging um seine Hüfte und lief die staubige Straße entlang, die durch das Reservat führte. Jedes Mal wenn er auf etwas Spitzes trat, zuckte er schmerzlich zusammen. Als er den Schutz der Bäume und Büsche auf dem Hügel verlassen musste und die offene Ebene betrat, auf der die Wigwams und sonstigen Gebäude des Reservats lagen, wäre er am liebsten im Erdboden versunken.

Die Narragansett waren eigentlich ein eher nüchternes Volk, aber dieser Tag war eine Ausnahme. Man hielt sich den Bauch, man lachte Tränen, man lachte so laut, dass die Menschen aus ihren Wigwams herbeiliefen. Als Philip die Hälfte der Schulhausstraße geschafft hatte, folgte ihm ein ganzer Rattenschwanz von Kindern. Seine weiße Haut faszinierte sie so sehr, dass einige ihn in Beine und Brust kniffen, um zu sehen, ob er sich angemalt hatte.

Philip eilte an der Kirche und dem Nordufer des Adam-Sees vorbei und stürzte in Christopher Morgans Wigwam. Der Missionar und seine junge Assistentin starrten ihn an. Weetamoo legte eine Hand auf ihren kichernden Mund, stand auf und entschuldigte sich.

Christopher Morgan war mitfühlender. „Wampas?“, fragte er.

„Wampas“, antwortete Philip.

Das Liedende brachte Philip zurück in die Gegenwart. „Soll ich heute Abend aus der englischen oder aus der Algonquin-Bibel vorlesen?“, fragte der Missionar.

Wampas überlegte nicht lange. „Algonquin“, antwortete er.

Niemand protestierte, und Christopher nahm die

indianische Bibel zur Hand. Er schlug die Apostelgeschichte auf und begann dort fortzufahren, wo er am letzten Abend geendet hatte: Bei dem Abschnitt über den Streit zwischen Paulus und Barnabas, ob sie Johannes Markus mit auf ihre zweite Missionsreise nehmen sollten oder nicht. *Ich bin also nicht der Einzige, der Schwierigkeiten mit anderen Leuten hat,* dachte Philip. Während Christopher Morgan vorlas, fuhr er mit dem geistigen Inventar seiner Beziehung zu Wampas fort.

Nach der Feuerhaus-Affäre hatte Philip seine Taktik geändert. Es war deutlich, dass Wampas ihn nicht zum Freund haben wollte, und um des lieben Friedens im Wigwam willen wollte Philip ihn sich nicht zum Feind machen. Er beschloss daher, ihm in Zukunft aus dem Weg zu gehen, und hoffte, dass Wampas das Gleiche tun würde. Bei den Mahlzeiten war er höflich, aber distanziert zu dem Indianer und sprach nur dann mit ihm, wenn er etwas von ihm gefragt wurde. Die meisten Tage vergingen ohne Konflikte, weil Wampas meist auf der Jagd war oder Stangen für die Reparatur des Wigwams suchte und bearbeitete, während Philip mit dem Missionar und Weetamoo allein war und ungestört an dem Algonquin-Lehrbuch schrieb. Er liebte die Arbeit – und die Gesellschaft.

Doch wenn Philip gedacht hatte, dass der verringerte Kontakt ihre Beziehung entspannen würde, dann hatte er sich geirrt. Mit jedem Tag schien Wampas missmutiger zu werden. Er verstand sich gut darauf, Philip Seitenhiebe zu geben, nicht immer nur mit Worten. Philip reagierte, indem er die Distanz noch vergrößerte.

Eines Tages kam Wampas mitten am Tag mit zwei neuen Stangen in den Wigwam. Der alte Missionar schlief gerade, und Philip und Weetamoo gingen ein paar Seiten durch, die Philip am Morgen geschrieben hatte. Die Grammatik war voller Fehler, und während Philip die Seite hielt, kniete

Weetamoo hinter ihm, las über seine Schulter gebeugt und zeigte ihm die Fehler. Wampas kam schweigend herein. Sie bemerkten ihn erst, als er die Stangen ruckartig auf den Boden warf und hinausrannte. Zum Abendessen erschien er nicht.

Christopher Morgan fühlte sich an diesem Tag nicht gut und ging am Abend früh schlafen. Weetamoo begab sich nach draußen, um am See spazieren zu gehen. Philip blieb bei dem schlafenden Missionar und las in Drew Morgans Tagebuch über die Jahre, die er in Edenford in England verbracht hatte. Er beschrieb eine lustige Begebenheit mit Nell und Jenny.

Da hörte er ein Geräusch. Er spitzte die Ohren. War das Geräusch im Innern oder kam es von draußen? Er schaute zu dem schlafenden Missionar hinüber. Es hatte wie ein Stöhnen geklungen, aber Christopher Morgan schlief offenbar friedlich.

Da war es wieder! Von draußen, eindeutig. Es war kein Stöhnen, sondern mehr ein gedämpfter Schrei. Die Schreie wurden lauter und heftiger. Philip legte sein Buch fort. Draußen war es dunkel, im Wasser des Sees spiegelte sich nur eine schmale Mondsichel. Es dauerte ein paar Augenblicke, bis Philips Augen sich an die Dunkelheit gewöhnten, aber seine Ohren wiesen ihm den Weg zum Ufer des Sees. Die klare Nachtluft trug die Geräusche weit hinüber. Philip lief Richtung See zu, seine Augen durchsuchten angestrengt die Dunkelheit.

An dem Punkt, an dem der Boden sich zum See hin zu senken begann, sah er unter einem einzeln stehenden Baum zwei Gestalten. Sie schienen miteinander zu ringen, und die eine Gestalt war dabei, die Oberhand zu gewinnen. Die Geräusche waren jetzt deutlicher, Philip begann Worte auszumachen. „Nein ... nein! Nicht, Wampas! Nein ..."

Weetamoos Stimme!

Philip hastete zum Baum. Wampas riss unbeholfen an Weetamoos Kleidern, während er gleichzeitig versuchte, ihre Hände und Arme auf den Boden zu pressen. Sein Oberkörper war nackt, er trug nur seine Hose. Philip stürzte sich auf ihn und riss ihn zurück. Die beiden Männer rollten über Baumwurzeln zum Wasser.

Wampas war als erster wieder auf den Beinen. Normalerweise hätte Philip das nicht überrascht, denn Wampas war der Geschicktere von ihnen, aber als sie gemeinsam über den Boden rollten, hatte Philip ein starker Schnapsgeruch getroffen. Wampas war betrunken, sehr betrunken; es war schwer für ihn, sich auf den Beinen zu halten. Er torkelte vor und zurück und rieb sich die Augen, um zu sehen, wer ihn angriff. Jetzt erkannte er Philip, und sein Gesichtsausdruck verwandelte sich in blanke Wut.

Während Philip sich noch aufrappelte, stieß Wampas einen heiseren Schrei aus und trat ihn in die Seite. Der Tritt ließ Philip nach Luft schnappen; zusammengekrümmt blieb er liegen. Aber auch Wampas wurde von der Wucht des Tritts zu Boden geschleudert. Wieder war er vor Philip auf den Beinen. Diesmal zog er ein Messer aus seiner Hose. Er schwang es vor Philip hin und her.

„Nein!", rief Weetamoo. „Wampas, tu das nicht! Bitte ... für mich ... tu's nicht!"

Der Indianer zögerte. Der Augenblick reichte Philip, um wieder hoch zu kommen. Vor Schmerz in seiner Seite konnte er nicht aufrecht stehen. Abwesend hob er die Hand.

Wampas brüllte etwas, das Philip nicht verstand. Er hatte diese Worte noch nie gehört, aber das hassverzerrte Gesicht des Indianers sprach Bände.

Einen langen Augenblick standen sie so an ihrem Platz, als stehe die Zeit still: Philip zusammengekrümmt, den Blick auf Wampas gerichtet, Weetamoo starrte Wampas an und

Wampas, dessen schweißnasse Brust sich hob und senkte, sah zu Philip.

„Wampas! Sieh mich an!“, befahl Weetamoo.

„Wampas ...“

Wampas drehte sich plötzlich um und lief davon, bevor Weetamoo den Satz vollenden konnte. Mehrere Male rutschte er auf dem Hang aus, beim Hochkommen schwankte er. Dann war er verschwunden, und die Nacht war wieder still und friedlich.

„Bist du verletzt?“, fragte Philip.

Weetamoo zog das Oberteil ihres Gewands zurecht. „Mir geht es gut“, sagte sie. Sie wischte sich ein paar Grashalme aus dem Haar. „Und du?“

„Ich lebe“, sagte Philip.

„Gut.“ Weetamoo drehte sich um und begann den Hang zum Wigwam hinaufzugehen.

Philip starrte ungläubig hinter ihr her. „Gut?“, rief er. „Ist das alles? Einfach gut, und du gehst?“

Weetamoo wirbelte herum, die Hände in den Hüften. „Was willst du denn? Meine ewige Dankbarkeit?“

„Nein, natürlich nicht! Es ist nur ... Was wollte Wampas von dir?“

Ein wütender Blick zeigte sich in ihren Augen. „Wonach hat es denn ausgesehen?“

Philip wusste nicht, warum sie ihn so behandelte, aber eins war ihm klar: Es gefiel ihm nicht. „Hör zu! Ich verstehe nicht, warum du mich so behandelst. Es war doch klar, was er vorhatte. Ich will nur wissen, warum! Warum wollte er das?“

Weetamoo rollte ihre Augen und warf die Hände hoch. „Es ist nicht zu fassen, wie naiv du sein kannst!“

„Schön!“ Philip nickte theatralisch mit dem Kopf. „Ich bin dumm, ich geb's zu! Und kannst du mir jetzt sagen, warum Wampas dich vergewaltigen wollte?“

Das Wort traf sie wie ein Schlag. Sie hatte versucht, sich einzureden, dass es etwas anderes gewesen war. Jetzt nicht mehr. Ihre Wut wich den Tränen, sie legte schluchzend die Arme um ihren Körper. Philip wollte zu ihr gehen, aber eine innere Stimme warnte ihn.

„Du bist schuld“, schluchzte sie.

„Ich? Wieso ich? Wampas hat doch ...“ Er unterbrach sich und begann wieder. „Wampas stürzt sich auf dich, und ich soll schuld sein?“

„Ja, du!“, schrie sie. „Dass er trinkt, dass er spielt, dass er dauernd nach Tabak stinkt ... und jetzt das hier. Es ist alles wegen dir!“

„Jetzt hört doch alles auf. Kannst du mir das vielleicht erklären!“

Weetamoos Finger wischten entschlossen die Tränen fort; sie gewann ihre Fassung zurück. „Siehst du denn nicht, dass Wampas eifersüchtig auf dich ist - verrückt vor Eifersucht?“

„Eifersüchtig?“ Was für ein Unsinn! Die Jareds und Wampasse dieser Welt waren doch nicht eifersüchtig auf jemand; die anderen waren eifersüchtig auf sie.

„Jawohl, eifersüchtig! Du bist eine Bedrohung für alles, was ihm lieb ist. Er kann mit dir nicht mithalten, Philip!“

„Ich habe doch nichts, was er haben will.“

„Doch! Er will die Aufmerksamkeit, die Nanouwetea dir gibt, und er denkt, dass du versuchst, mich ihm wegzunehmen. Und er kann nichts dagegen machen. Und so beginnt er zu trinken und zu spielen und ...“ Sie griff sich an die Kehle, als ihr erneut bewusst wurde, was an diesem Abend um ein Haar geschehen war. „Wampas ist wütend und verletzt.“

„War das alles?“, stieß Philip hervor. „Dann braucht er wegen nichts eifersüchtig zu sein!“

„So? Bevor du kamst, wollte er an dem Lehrbuch arbeiten. Nanouwetea gab ihm eine Chance, aber er schaffte es nicht, er hat nicht deine Bildung. Und du hast nicht nur die Arbeit bekommen, die er wollte, du wirst auch noch jeden Tag von Nanouwetea gelobt - mit dem Lob, das er so gern für sich hätte!"

Was Weetamoo sagte, klang vernünftig. So hatte Philip es bisher noch nicht gesehen.

„Und dann wir beide", fuhr sie leise fort.

„Wir?" Das Wort ließ sein Herz schneller schlagen.

„Dass wir so oft zusammen sind", erklärte sie. „Er glaubt, du nimmst mich ihm weg."

„Wegnehmen? Bist du ihm denn versprochen?"

Weetamoo zuckte mit den Schultern. „So eine Art Übereinkunft. Es gibt sehr wenig Christen in unserem Alter. Als wir jünger waren, sprachen wir darüber, wie es wäre, wenn wir der Adam und die Eva einer neuen Generation Betender Indianer würden." Es tat ihr sofort Leid, ihm so viel mitgeteilt zu haben. Ihre Stimme wurde wieder ärgerlich. „Es ist einfach so, dass Wampas sich von dir bedroht fühlt, obwohl ich ihm gesagt habe, dass er sich keine Sorgen machen muss."

Philip versuchte ihr nicht zu zeigen, wie sehr ihr letzter Satz ihn enttäuschte. „Jetzt verstehe ich dich", sagte er. „Aber du kannst nicht mich für die Handlungen eines anderen verantwortlich machen."

„Ich weiß nur, dass in unserer Familie Frieden war, bevor du kamst!" Ihre Augen füllten sich wieder mit Tränen. „Schau dir doch an, was gerade los ist!"

„Weetamoo", sagte Philip leise und trat auf sie zu.

Sie drehte sich um und rannte davon. Dann blieb sie kurz stehen und rief zurück: „Versprich mir, dass du Nanouwetea nicht erzählst, was heute Abend war! Versprich es mir, Philip Morgan!"

„Ich verspreche es", sagte er.

Das war vor einer Woche geschehen.

Christopher Morgan legte die Indianerbibel fort. „Möge Gott das Lesen seines heiligen Wortes segnen", sagte er. „Schlaft gut, meine Kinder."

„Schlaf gut", antworteten die drei nacheinander.

Philip blickte die beiden anderen dabei an. Weetamoo sah ihm noch immer nicht in die Augen, und Wampas sah so wütend aus wie vorher.

Kapitel 16

Der sonntägliche Kirchgang der Narragansett war eine sichtbare Demonstration ihrer tiefen Verehrung für ihren geistlichen Vater Nanouwetea. Der Sitte in anderen Kolonien folgend, begann der Morgen mit dem Gottesdienstruf. Manche Gemeinden benutzten Glocken dazu, andere Trommeln, in wieder anderen, wie in der Narragansett-Gemeinde, blies man eine Muschel. Beim Klang der Muschel stellten sich die Gläubigen des Reservats an dem kurzen Straßenabschnitt auf, der vom Wigwam des Missionars zu dem einfachen Versammlungshaus führte. Es waren lauter einfache Menschen, die am Rande der Pflanzungen der Siedler wohnten. Viele von ihnen arbeiteten als Hausgesinde oder Arbeiter in Charlestown, einem kleinen Dorf im Westen, das ein Namensvetter der Stadt an der Mündung des Charles River nördlich von Boston war. Am Sonntag durften sie den Gottesdienst besuchen, was bei ihnen mit großer Feierlichkeit geschah. Sie unterhielten sich nur mit gedämpfter Stimme, während sie auf ihren geistlichen Vater warteten. Sobald er erschien, schlossen sie sich dem kleinen Zug an. Er war langsam, der Kirchgang, und ohne fremde Hilfe schaffte der betagte Missionar ihn nicht mehr.

Zwei von der Gemeinde ernannte Helfer begleiteten den Alten und stützten ihn, wo es nötig war. Die Christen im

Reservat liebten ihr Oberhaupt, und Nanouwetea liebte sie. Er hatte sie über fünf Jahrzehnte in den Lehren Christi unterwiesen, und er hatte seine Worte mit seinem Leben untermauert; nie hatte sein Lebenswandel jemand einen Vorwand geliefert, den Glauben abzuweisen oder wieder aufzugeben. Zu Beginn seines Dienstes unter ihnen hatte er ihnen mehrfach gesagt, dass er sein Leben erstens Gott und zweitens ihnen geweiht hatte. Inzwischen sagte er es nicht mehr; es war nicht mehr nötig. Obwohl viele es ablehnten, seinen Gott anzunehmen, bezweifelte niemand, dass er es ehrlich meinte und seinen Gott wirklich liebte. Die Narragansett wussten, woran man einen heiligen Mann erkannte.

Getreu der puritanischen Lehre, hatte der Missionar seine Gemeinde angehalten, von allen „weltlichen" Praktiken Abstand zu halten. Und die Prozession der Gläubigen, die ihrem Lehrer zum Haus Gottes folgten, hatte eine gewisse Ähnlichkeit mit einem hochkirchlichen Ritual. Der Papst persönlich hätte kein ehrfürchtigeres Gefolge haben können.

Das Amt der Helfer entsprang dem Gebot der praktischen Notwendigkeit. Christopher Morgans hohes Alter hatte es erforderlich gemacht. Schon bald hatte es sich zu einem Ehrenamt entwickelt, das mindestens so heiß begehrt war wie das Amt eines päpstlichen Dieners in Rom.

Als das erste Mal eine der beiden Helferstellen vakant wurde, hatte der alte Missionar darum gebeten, selber den Nachfolger vorschlagen zu dürfen. Es zeigte sich bald, dass er seine Wahl schon getroffen hatte. John Wampas war gerade sechzehn geworden, und in Anerkennung seines geistlichen Wachstums schlug Nanouwetea seinen Sohn im Herrn als Nachfolger des ausgeschiedenen Helfers vor. Die Gemeinde hatte seiner Bitte gerne stattgegeben, der junge Indianer sein neues Amt mit Demut angenommen und drei Jahre lang ernst und feierlich ausgefüllt. Bis heute.

Als an diesem Sonntag das Muschelhorn ertönte, stand nur ein Helfer vor Christopher Morgans Wigwam, und es war nicht John Wampas.

Augenblicke der Hektik folgten. Der Helfer und mehrere Freunde suchten angestrengt nach einer Lösung dieses unerhörten Dilemmas. Den alten Missionar zu begleiten, war ein so ehrenvolles Amt, dass es undenkbar war, nicht zu erscheinen. Der Gedanke, für alle Fälle Stellvertreter für die Helfer einzusetzen, war noch niemand gekommen. Aber das tat jetzt nichts zur Sache, die Frage war: Was nun? Die Muschel hatte bereits zum Gottesdienst gerufen, die Gläubigen warteten darauf, dass Nanouwetea erschien. Sollte ein Helfer ihn allein begleiten? Aber was war, wenn Nanouwetea stürzte? Es waren zwei Helfer nötig. Doch wie konnte jemand diesen Dienst tun, der nicht von der Gemeinde dazu ernannt war?

Christopher Morgan sprach schließlich ein Machtwort: „Philip Morgan wird heute für John Wampas einspringen."

Erneute Aufregung. „Aber er ist nicht dazu eingesetzt, und es gibt viele Männer, die schon länger auf das Vorrecht warten ..."

Der Missionar hob die Hand und gebot Schweigen. „Philip ist hier, und wir haben schon Verspätung. Lassen wir Gott nicht länger warten."

Mit Weetamoos Hilfe schob Christopher Morgan den schweren Federmantel auf seinen Schultern zurecht. Der reguläre Helfer und Philip Morgan begleiteten den Missionar zum Gottesdienst.

Der Tag war hell und dunstig, ein leichter Südwind wehte. Es war die Art von Tag, der weder Sommer noch Herbst ist, aber etwas von beiden in sich hat. Der Missionar und seine Helfer begannen langsam die Straße entlang zu gehen; die Prozession begann.

Sie waren nur einige hundert Schritt gegangen, als Wampas erschien. Gesicht, Arme und Brust waren dreckverschmiert, er roch nach Schweiß und Alkohol. „Lass ihn los!“, schrie er Philip an. „Das ist meine Aufgabe, die Gemeinde hat mich eingesetzt!“ Seine Worte waren undeutlich, die Augen blutunterlaufen. „Lass los, sag ich!“ Er stieß Philip heftig gegen die Brust.

Philip stolperte nach hinten und fiel, weil er den Missionar am Arm hatte, gemeinsam mit diesem zu Boden. Der andere Helfer tat sein Bestes, ihn aufzufangen; es gelang ihm jedoch nicht. Dutzende von Gemeindegliedern schauten ungläubig zu, wie ihr alter Hirte fiel. Unter seinem Federmantel sah er aus wie ein abgestürzter Adler.

„Halt! Fass ihn nicht an!“, fuhr Weetamoo den Helfer an, der mechanisch versuchte, den gestürzten Alten wieder aufzurichten, als sei er ein umgekippter Korb. Das Mädchen trat zu Christopher Morgan. „Ist alles gut, Nanouwetea? Hast du dich verletzt?“

Dem Alten schien es peinlich zu sein, dass so viele zu ihm hinuntersahen. Alle, außer Philip und Wampas. Philip lag auf dem Rücken, Wampas stand mit schreckgeweiteten Augen etwas abseits.

„Steh nicht auf, wenn du verletzt bist“, sagte Weetamoo.

Ein dünnes Lächeln erschien auf den Lippen des Alten. Es spannte die Haut um seinen Mund, aber reichte nicht aus, die Falten fortzunehmen. Er streichelte ihre Hand. „Ich mag ein alter Tonkrug sein“, erklärte er, „aber dem Herrn sei Dank, ich bin noch heil.“

Der Helfer nahm seinen Arm, Weetamoo stützte den anderen.

„Lasst mich, bitte“, murmelte Wampas.

Weetamoo wollte ihm befehlen zu verschwinden, aber als sie sein Gesicht sah, schluckte sie die Worte hinunter.

Über die schmutzigen Wangen des Indianers liefen saubere Streifen von Tränen, die aus seinen Augen sprangen.

Der Missionar stand wieder auf den Beinen. Er drehte sich zu seinem indianischen Sohn. „Geh nach Hause", sagte er, „wasch dich, und dann komm zu uns in den Gottesdienst."

„Aber Nanouwetea, ich muss dich doch erst zum Versammlungshaus bringen."

Der alte Missionar schüttelte den Kopf. „Es ist wichtiger, dass du vorbereitet vor den Herrn trittst, so dass er dich reinigen kann. Philip wird mich zum Versammlungshaus begleiten."

Philip war mittlerweile wieder aufgestanden, hielt aber vorsichtig Abstand zu Wampas. Der warf ihm einen wütenden Blick zu. Seine Zähne waren zusammengebissen, seine Brust hob und senkte sich unter dem Sturm seiner Gefühle.

Der Missionar legte eine Hand auf seinen Arm. „Wampas." Der junge Indianer schien es nicht zu hören. „Wampas." Wampas wandte langsam seinen Blick von Philip und drehte sich zu dem Missionar. Der fuhr erst fort, als ihre Blicke sich trafen. „Tu, was ich dir sage."

Wampas stand wie in Trance, den Blick auf den Arm des Alten und doch ins Nirgendwo gerichtet. Ganz langsam ließ er den Arm des Alten los und ging Schritt für Schritt zurück.

Philip schob sich zwischen Wampas und Christopher Morgan und nahm vorsichtig dessen Arm. Die Prozession begann erneut, jetzt noch langsamer. Einmal schaute Philip kurz zurück. Wampas stand immer noch so in der Mitte der Straße, wie sie ihn verlassen hatten.

Der Gottesdienst war ähnlich wie der, den Philip von seiner Kirche in Cambridge gewohnt war. Der Hauptunterschied bestand darin, dass er in Algonquin gehalten wurde.

Die Kirche war ein einfaches Haus, das aus einem Raum bestand. Die Bänke besaßen keine Rückenlehne. Es gab keine abgeschlossenen Familienbänke und offenbar keine feste Sitzordnung, denn es kam vor, dass manche der Gläubigen vor Beginn des Gottesdienstes ihre Plätze tauschten. Nanouwetea saß auf einem erhöhten Platz neben der Kanzel wie ein Patriarch; direkt unter ihm und ebenfalls der Gemeinde gegenüber saßen die Ältesten. Von seinem erhöhten Platz aus nahm der alte Missionar am ganzen Ablauf des Gottesdienstes teil; er sang und betete kräftig mit – obwohl er bei den Gebeten sitzen blieb, während die anderen sich erhoben – , und bei den Kernsätzen der Predigt des Reservatspastors, eines mittalalten Indianers namens Jedediah Pomham, nickte er energisch. Die Predigt war schlicht, nicht wie bei hochtheologischen Vorträgen, die der in einer Universitätsstadt aufgewachsene Philip gewohnt war; aber es war deutlich, dass der Geist Gottes gegenwärtig war und Gottes Wort verkündigt wurde. Mit einer Stunde war die Predigt nur kurz. Als der Gottesdienst endete, blieb alles sitzen, bis die beiden Helfer den alten Missionar aus dem Gebäude hinausgeführt hatten, gefolgt von dem Pastor und den Ältesten; erst dann durfte die Gemeinde die Versammlung verlassen.

„Ich mach mir Sorgen um Wampas“, sagte Weetamoo, während sie die übriggebliebenen Knochen des Mittagessens zusammensuchte. Niemand hatte den jungen Indianer gesehen, seit sie ohne ihn zur Kirche gegangen waren.

„Er ist in Gottes Hand“, meinte Nanouwetea, während er das letzte Fleisch von einem Knochen ablöste. Weetamoos gerunzelte Stirn zeigte, dass die Antwort sie nicht völlig befriedigte.

„Soll ich ihn suchen?“, fragte Philip.

Die Frage schien den Alten und das Mädchen zu überraschen. Ein leichtes Lächeln ging über Weetamoos Lippen. „Es ist sehr lieb von dir, dass du das anbietest", entgegnete Nanouwetea, „aber am besten lassen wir Wampas in Ruhe. Wie der verlorene Sohn wird er zu sich kommen und selber den Weg nach Hause finden."

„Wenn ihr mich dann bitte entschuldigt", sagte Weetamoo. „Ich denke, ich besuche Namumpum."

„Heute Morgen war sie dicker, als ich sie je gesehen habe", stellte Nanouwetea fest.

„Das Kind hätte schon vor zwei Wochen kommen sollen, die arme Frau leidet. Sie sagt, sie fühlt sich so dick wie eine Kuh. Die meisten Frauen in der Gemeinde glauben, dass sie mehr als ein Kind trägt."

„Ist es ihr Erstes?", fragte Philip.

Der Alte und Weetamoo lächelten breit. „Das Vierzehnte", sagte Weetamoo. „Und vielleicht auch gleich das Fünfzehnte, wenn die Frauen Recht haben."

„Sag ihr, dass ich für sie bete", sagte Nanouwetea.

Weetamoo packte ein paar Sachen zusammen und ließ Philip mit seinem alten Vorfahren allein. Dieser hatte die Stunden der Zweisamkeit schätzen gelernt. Sie waren selten genug, so beschäftigt wie der Missionar mit seinen beiden Wohngenossen im Wigwam, der Arbeit am Lehrbuch und dem nicht aufhörenden Strom von Gemeindegliedern war, die mit Problemen oder geistlichen Fragen zu ihm kamen. Und Christopher Morgans Lebenszeit rann unerbittlich dahin, wie Sand durch eine Sanduhr. War das nicht ein Leben, wie Gott es haben wollte? So ganz anders als bei Philips Vater, dessen Sanduhr zu früh zerbrochen war. Aus irgendeinem Grund hatte Gott Philip das Vorrecht geschenkt, an dem wenigen Sand teilzuhaben, der bei dem alten Missionar noch übrig war, und er hatte vor, sich keinen

Augenblick davon entgehen zu lassen.

Philip ließ seinen Blick durch das Innere des Wigwams streifen, versuchte es sich so einzuprägen, dass er es nie mehr vergessen würde. Das Feuer in der Mitte tauchte alles in ein orangefarbenes Licht. Das Loch direkt über ihm ließ den Großteil des Rauchs hinaus und etwas Sonnenlicht herein. Die mit Baumrinde verkleideten Holzstangenwände und der Lehmfußboden waren primitiv im Vergleich zu dem Haus am Charles River, in dem Philip aufgewachsen war, aber sie kamen ihm merkwürdig heimelig vor. Alles hier im Innern roch nach Rauch, was das heimelige Gefühl noch verstärkte. An den Wänden lagen Körbe und Säcke, während Christopher Morgans Sitzplatz von Büchern, Bibeln – einschließlich der Familienbibel – , Papieren und Schreibwerkzeugen übersät war. Schließlich der Missionar selber: Im Schneidersitz, leicht nach vorn gebeugt, saß er unter seinem schweren Federumhang. Wenn es je einen weisen Mann in der Welt gegeben hatte, dann saß er hier - ein echter, selbstloser Mann Gottes.

„Wirst du uns bald verlassen?"

Die Stimme des Missionars ließ Philip hochfahren. „Verlassen? Warum fragst du?"

„Du schaust dich um, als wäre es das letzte Mal, dass du das alles siehst."

„Ich fürchte, meine Gegenwart hier hat Unfrieden gebracht."

„Wampas", sagte der Alte leise.

„Und Weetamoo. Ich glaube, sie wird genauso erleichtert sein, wenn ich wieder gehe."

Der Missionar musterte Philips Gesicht, als wolle er prüfen, ob er es ehrlich meinte. „Weetamoo hat zwei Seelen in ihrer Brust, wenn es um dich geht."

„Ich verstehe nicht", sagte Philip.

„Dann möge Gott dir das Verstehen schenken. Willst du gehen, bevor das Lehrbuch fertig ist?“

Philip senkte den Kopf, während sein Gehirn den Kreislauf seines Dilemmas durchdachte. „Ja, das ist mein Dilemma“, sagte er. „Je länger ich bleibe, desto schlimmer wird es zwischen mir und Wampas und um so mehr rege ich Weetamoo auf. Folglich wäre es am besten, wenn ich gehe. Aber da ist das Lehrbuch und meine Arbeit mit dir. Ich möchte sie zu Ende bringen. Wenn ich gehe, löse ich damit ein Problem, aber schaffe dafür ein anderes.“

Die Reaktion des Missionars war so neutral, als würde er hier gar kein Dilemma sehen. „Erzähle mir mehr über deine Geschwister“, sagte er.

Warum wechselte er auf einmal das Thema? Sollte das so viel heißen wie: Du musst deine Entscheidung selber treffen? „Also ... meine Schwester Priscilla ist ... nun ja, eine normale junge Frau. Zierlich und rothaarig ... tja, und stur wie ein Esel. Und sie scheint sich mehr für Bücher als für junge Männer zu interessieren. Und Jared ... der sieht wohl ganz gut aus, aber er ist undiszipliniert und faul und hat ein Talent dafür, etwas anzustellen. Vater hat mit seinen ständigen Einfällen und Streichen seine liebe Not gehabt.“

„Und deine Mutter?“

Philip musste lächeln, als er an sie dachte. „Sie ist ruhig und die perfekte Ehefrau und Mutter. Sie hat sich nie mit Vater gestritten, sondern ihn immer unterstützt.“

„Und liebst du sie?“

„Meine Mutter? Natürlich!“

„Und deine Schwester und deinen Bruder?“

Philips Antwort auf diese Frage kam nicht halb so schnell. „Ja, so weit man seine Geschwister lieben kann, schon ... ja, sicher.“

„Magst du deine Schwester und deinen Bruder?“

Philips Stirn runzelte sich fragend. „Ob ich sie mag? Ich habe dir doch gerade gesagt, dass ich sie liebe; warum fragst du mich da, ob ich sie mag?"

„Weil ich nicht glaube, dass du sie magst", sagte der Missionar. „Und lieben tust du sie auch nicht."

Philip merkte, wie er ärgerlich wurde. Wie kam Christopher Morgan dazu, so frei heraus zu sagen, dass er seine Verwandten nicht liebte? Er suchte hektisch nach einer Hintertür, nach einer Möglichkeit, die beiden Fragen so zu deuten, dass sie nicht so schmerzten. Es gelang ihm nicht. Er versuchte, dass es sich nicht beleidigt anhörte, als er antwortete: „Wie kommst du darauf, dass ich meine Geschwister nicht liebe?"

„Nun, du hast gerade gesagt, dass deine Schwester stur ist und dein Bruder faul. Das sind keine Eigenschaften, die man gemeinhin bewundert. Wer mag schon jemand, der störrisch ist oder arbeitsscheu?"

Philip lachte verlegen. „So reden wir halt zu Hause. Wenn meine Geschwister jetzt hier wären, würden sie über mich genauso reden."

Der alte Missionar schloss die Augen, den Kopf leicht zurückgelehnt, so dass das durch die Dachöffnung strömende Licht den Feuerschein auf seinem Gesicht fortwischte. Das weiße Tageslicht ließ Christopher Morgan mehr als uralt aussehen. Er blieb so lange in dieser Haltung, dass es Philip unbehaglich wurde. War der Alte eingeschlafen? Oder gar...? Philips Wut war vergessen; er beugte sich über Nanouwetea und forschte nach einem Lebenszeichen. Die Brust des Alten hob und senkte sich nicht, die Hände lagen reglos in seinem Schoß gefaltet, sein Gesicht schien wie erstarrt, nicht einmal die Lider zuckten. Philips Hand wollte zur Schulter des Alten, um ihn sanft zu schütteln, da sah er es. Im Augenwinkel glitzerte es. Eine einsame Träne trat hervor und hielt sich unschlüssig im Augenwinkel fest.

Dann begann er zu sprechen. Es klang, als redete er von dem Grund eines Brunnens. „Unsere Familien sind sehr ähnlich.“ Seine Augen blieben geschlossen. „Meine Schwester Lucy war eine willensstarke Frau, die sagte, was sie dachte. Sie hatte einen starken Glauben an Gottes Gnade und machte es sich zur Aufgabe, die Arbeit von Anne Hutchinson in Boston wiederzubeleben. Man begegnete ihr nicht freundlicher als Mrs. Hutchinson auch, und sie musste mit ihrer Familie aus Providence fliehen. Mein Bruder Roger fasste nie Fuß im Leben. Er besaß Charisma und war stark, aber er war dem Trunk ergeben und starb als Trinker. Das Einzige, was wir drei gemeinsam hatten, war unser Familienname. Ich war nicht besser als meine Geschwister - meine Welt war meine Missionsarbeit. Sie verzehrte mich.“

Der Alte hielt inne und holte so tief Luft, dass es seine Brust schüttelte. Die einsame Träne wurde durch weitere verdrängt. Philips Angst nahm zu. Wie schwach und zebrechlich Christopher Morgan aussah - nicht mehr wie eine lebende Legende, ein großer Patriarch, sondern wie ein kleines Kind vor seinem Vater.

„Wir haben unseren Vater furchtbar enttäuscht“, sagte er.

„Das stimmt nicht“, sagte Philip leise. Die Rührung presste ihm die Brust zusammen. „Ich bin sicher, dein Vater wäre stolz auf alles, was du erreicht hast.“

Nanouwetea sprach weiter, als habe er ihn nicht gehört. „Der eine große Wunsch meines Vaters war, eine Familie zu haben wie die meiner Mutter in England. Die Herzlichkeit der Matthews in Edenford hatte ihn sehr beeindruckt, ja sie hatte mit zu seiner Bekehrung geführt. Er hoffte, diesen Geist der Familienliebe auch zwischen uns schaffen zu können. Er hat es versucht, ach, wie sehr hat er es versucht.“ Der alte

Missionar drehte sich langsam zu Philip. „Ich dachte damals, dass er mit seinen Gebeten nur erreichen wollte, dass wir drei uns schämten und zu streiten aufhörten. Ich hielt ihn für einen Egoisten, der nur ein wenig Ruhe und Frieden im Haus haben wollte."

Philip rutschte nervös hin und her. Er wollte etwas sagen, um seinen Vorfahren zu trösten, aber alles, was ihm in den Sinn kam, hörte sich abgedroschen und hohl an. Er schwieg.

„Erst als du kamst, habe ich erkannt, wie viel unsere Familie ihm bedeutete."

Philip wusste nicht recht, was er damit meinte. Seine Frage schien sich auf seinem Gesicht zu spiegeln, denn Nanouwetea erklärte: „Das Tagebuch – die Eintragungen im Tagebuch meines Vaters."

Philip nickte.

„In fast jedem Abschnitt sorgt mein Vater sich um uns." Der Alte schloss wieder seine Augen, diesmal, um einen der Einträge aus dem Gedächtnis zu zitieren:

24. April 1652. - Ich werde so lange Leid tragen, bis die Liebe unseres Herrn Jesus Christus in die Herzen meiner Kinder gekommen ist. Lieber Herr im Himmel, meine größte Angst ist, dass sie nie den reichen Segen der Familienliebe erfahren werden. Mein Herz wird warm, wenn ich mich an die Bande zwischen meiner geliebten Nell und ihrer Schwester Jenny erinnere. Ihre Seelen waren miteinander verwoben. Wenn ich daran denke, wie ihr Vater willig sein Leben für sie opferte und wie Jenny für mich und Nell starb, obwohl sie sich hätte retten können ... Und dann sehe ich, wie meine Kinder einander peinigen und alle nur an sich denken. O Herr, wo habe ich es ihnen mangeln lassen? Ich würde mein Leben dafür geben, dass meine Kinder in Liebe zueinander finden.

Die Tränen liefen ihm jetzt hinunter. Philip musste einfach etwas erwidern. „Aber ihr wart doch noch Kinder, als er das schrieb, oder?“

„Ich war 1652 achtzehn Jahre alt, alt genug, um mit John Eliot zu ziehen und mein Lebenswerk zu beginnen. Nein, es war nicht das Alter, es war die Selbstsucht. Ich liebte meine Arbeit mehr als Bruder und Schwester, Vater und Mutter. Ich hätte ihnen schreiben können, aber ich tat es nicht. Es war peinlich. Aber was hätte ich ihnen schreiben sollen? Dass mir meine Arbeit wichtiger war als sie? Ich nahm mir vor, es wieder gutzumachen, indem ich sie persönlich besuchte, aber es ergab sich nie die rechte Gelegenheit. Und dann kam der Krieg. Irgendwo war ich erleichtert, als die Kämpfe zwischen den Kolonisten und den Indianern ausbrachen. Endlich hatte ich eine glaubwürdige Entschuldigung dafür, meine Familie nicht zu besuchen. Dann war der Krieg vorbei, und ich dachte nur an die Arbeit hier im Reservat. Durch Zufall hörte ich, dass mein Vater gestorben war; ein Trapper, der bei mir vorbeikam, machte eine Bemerkung. Sein Gebet für seine Familie ist nie erhört worden.“

Der alte Missionar griff nach seiner Bibel, der Familienbibel seines Vaters. Es kostete ihn Mühe, sie hochzuheben; sie hatte nicht nur das Gewicht ihrer großen Seiten und der Bindung, sondern auch das der Verantwortung für das Familienerbe.

„Nach dem Tod meines Vaters begann ich Gott zu bitten, mir seinen Willen für diese Bibel zu zeigen. Gott gewährte mir in seiner Gnade die Gewissheit, dass meine Gebete erhört werden, und ich versprach ihm, dass ich, wenn er mir diese Gelegenheit schenkte, mein Bestes tun wollte, um den Kurs der Familie Morgan zu korrigieren.“

„Ich muss eine Enttäuschung für dich sein“, warf Philip ein.

Der Alte legte seine Arme um die Bibel. Als er seinen Blick auf Philip richtete, war es deutlich, dass er wieder in der Gegenwart war; seine Gesten und Sprache waren wieder die von Nanouwetea. „Anfangs warst du wirklich eine Enttäuschung. Die Art, wie du so nartnäckig nur an dich und dein eigenes Leben dachtest, erinnerte mich daran, wie ich selber in deinem Alter war. Aber seitdem hast du dich verändert. Du bist gewachsen; deine Sorge um Wampas ist ein Zeichen dafür. Der alte Philip hätte nur Notiz von Wampas genommen, wenn er zwischen ihm und seinem Ziel gestanden hätte."

„Und deine Fragen nach meinen Geschwistern?"

„Als ich diese Bibel bekam", fuhr der Alte fort, die Bibel an seine Brust gedrückt, „erhielt ich sie im historischen christlichen Sinn, das heißt, sie wurde von Generation zu Generation von einem Gläubigen an den Nächsten weitergegeben. Wenn es nicht so wäre, der christliche Glaube wäre vielleicht längst ausgestorben. Was ich damals zu meiner großen Schande nicht begriff, war, dass das hier mehr als eine Bibel ist. Es ist die Familienbibel der Morgans, und damit bedeutet sie für uns ein Doppeltes. Was wäre es für ein Erbe, wenn dieses Buch überlebte, es aber keine Morgans mehr gäbe, die es lesen, lernen und leben? Wir sind eine Familie, und es gibt wenig auf dieser Erde, das kostbarer ist als die Familie."

Wie die Saite eines Instruments mitschwingt, wenn in der Nähe ein Ton erfolgt, so ließen die Worte des alten Missionars in Philip etwas anklingen. Es waren fast die gleichen Worte wie die letzten Worte seines sterbenden Vaters auf der Straße bei Roxbury: *Die Familie ist wichtig, mein Sohn, vielleicht das Wichtigste auf der Welt überhaupt. Vergiss das niemals.*

Die Erinnerungen hatten Nanouweteas schwindende Kraftreserven erschöpft; es dauerte nicht lange, und er war eingeschlafen und Philips einzige Gesellschaft war das

Knistern und Knacken des Feuers. Er durchdachte, was Christopher Morgan ihm gesagt hatte. Er musste an seine Mutter denken, an Priscilla und Jared. Zum ersten Mal war er nicht böse, dass sie ihm nicht schrieben. Was machten sie wohl jetzt? Ging es ihnen gut, waren sie glücklich? Bestimmt hatte Priscilla das Studierzimmer vollkommen aufgeräumt und wusste genau, wo jedes Buch, jedes Dokument, jede Rechnung war. Er zweifelte nicht, dass die Familienpapiere geordneter waren als je zuvor. Und was mochte Jared wohl machen? Hatte er eine Arbeit gefunden? Vielleicht gar schon Anne geheiratet? Wie wurde wohl seine Mutter mit ihrem Witwendasein fertig? Ob sie sehr einsam war? Zum ersten Mal, seit er Cambridge verlassen hatte, betete Philip mit Tränen für sie alle.

Nach dem Gebet kehrten seine Gedanken zur unmittelbaren Gegenwart zurück. Die große Entfernung zu seiner Familie machte es ihm unmöglich, im Augenblick irgendetwas für sie zu tun; bis auf Weiteres musste er geduldig sein und Gott vertrauen. Aber etwas konnte er sofort ausführen: Seine Beziehung zu Wampas und Weetamoo in Ordnung bringen.

Der Himmel war dunstig-blau und die Sonne stand etwas über Augenhöhe, wie die Indianer die Zeit maßen. Das Jahr war so weit zum Herbst hin fortgeschritten, dass die Sonne ihre Morgenkraft verloren hatte. Die Maisstengel waren noch feucht; Philips Schultern und Knie wurden nass, wenn er an ihnen vorbeistrich. Der Boden fühlte sich kalt unter seinen Händen an, die Knie seiner Hose waren schon ganz durchnässt. Er kroch weiter vorsichtig durch die Reihen der Maisstengel, damit sie sich nicht zu heftig bewegten und so seine Gegenwart verrieten.

Als er halb durch das Feld hindurch war, kamen ihm

Bedenken. Vielleicht war die Idee doch nicht so gut. Aber auf allen Vieren hatte er nicht genügend Raum, um umzudrehen, ohne die Stengel zu bewegen, und so kroch er weiter, bis er Weetamoo sah.

Bereits bei seiner Ankunft im Reservat hatte Philip den vier bis fünf Meter hohen Holzturm bemerkt, der direkt neben einem Maisfeld stand. Damals hatte er noch nicht gewusst, wozu er da war; inzwischen wusste er, dass er zum Schutz des Feldes vor den Vögeln diente, die sich besonders in den Morgenstunden an dem Mais auf dem Feld gütlich taten. Es war Weetamoos Aufgabe, dort oben zu sitzen und die lästigen Diebe mit geschickt geworfenen Steinen und Holzstücken zu vertreiben.

Philip erblickte die Maisbeschützerin, als er drei Viertel des Feldes durchquert hatte. Vorsichtig, um ja keine Pflanze zu berühren, kniete er sich hin und betrachtete sie durch die Reihen der Maiskolben. Sie hatte ihn immer noch nicht bemerkt.

Philips Herz pochte heftig, sein Atem ging rasch und flach. Eine Frau beobachten, die dachte, dass sie allein war, das war aufregend, mit einem Hauch von Unanständigkeit. Aber das war durchaus nicht der Grund, warum er hier war, und dennoch konnte er es sich nicht verkneifen, sie etwas eingehender zu betrachten als mit den flüchtigen Seitenblicken, die ihm im Wigwam möglich waren.

Die junge Indianerin saß ruhig auf ihrer Plattform, neben sich zwei Haufen Steine und Holzstücke. Ihr Blick war auf das Maisfeld gerichtet, aber ihre Gedanken schienen woanders zu sein. Dann und wann bewegten sich ihre Lippen, jedoch ohne ein Geräusch zu machen. Führte sie Selbstgespräche? Oder redete sie mit Gott? Jetzt setzte sie sich aufrecht, um Rücken und Hals zu strecken, und wischte sich etwas vom Ärmel. Selbst diese einfache Bewegung sah anmutig aus. Philip hätte ihr stundenlang so zuschauen können, aber sein Gewissen meldete sich. Das hier war nicht recht. Es war unfair gegenüber Weetamoo, und je länger er sie so beobachtete, desto schwieriger würde es, ihr das zu erklären. Er zwang sich, den Blick von ihr abzuwenden, packte einen Maisstengel und schüttelte ihn kräftig.

Einen Augenblick sah er Weetamoo nicht mehr. Dafür zeigte sich ihre Gegenwart auf andere Art. Der erste Stein schoss knapp über seinen Kopf, der zweite streifte seine Wange.

‚Au!“ Er sprang hoch. „Hör auf! Ich bin's!“

„Philip?“ Weetamoo stand am Rand der Plattform, den nächsten Stein schon in der Hand. „Philip Morgan, was machst du in meinem Maisfeld?“

„Mich von dir bewerfen lassen!“, rief er zurück.

„Wie bist du da reingekommen? Ich habe dich nicht hineingehen sehen!“

„Hineingegangen bin ich eigentlich nicht. Sagen wir, ich bin hineingekrochen.“

„Dann verdienst du, was du bekommen hast, und noch mehr!“

Philips Hand strich über seine Wange. Sie blutete.

„Bist du verletzt?“

Er zog die Hand fort und betrachtete das Blut an seinen Fingern. „Eine Schramme auf der Wange!“, rief er.

„Das blutet ja!“ Weetamoo ließ den Stein in ihrer Hand fallen, kletterte die Leiter hinunter und rannte zu Philip. „Lass mich sehen“, sagte sie. Sie entfernte seine Hand. Ihre schwarzen Augen musterten besorgt seine Wange. „Schmerzt es sehr?“

„Nein. Ich spüre gar nichts.“ Er sagte es nicht, um anzugeben; er spürte die Wunde wirklich nicht. Das Einzige, was er spürte, war Weetamoos hypnotisierende Nähe. Die

Wärme ihrer Hand, die magnetische Anziehungskraft ihrer sanften Augen.

„Du bist zu groß“, sagte sie. „Beug dich nach unten, damit ich es besser sehen kann.“

Er hätte alles getan, was sie verlangte. Jetzt war ihr Gesicht nur noch eine Handbreit von seinem entfernt. Er musterte ihre Augen. Sie waren tiefschwarz, mit kleinen braunen Flecken.

„Es sieht nicht sehr tief aus“, meinte sie. Sie flüsterte es fast, so nah stand sie vor ihm. Hätte die Tiefe ihrer Besorgnis der Tiefe der Wunde entsprochen, Philip würde sich eine fast tödliche Verletzung gewünscht haben.

Sie trat einen Schritt zurück. „Du hast mir immer noch nicht gesagt, warum du dich in mein Maisfeld geschlichen hast.“

Das war wieder die Weetamoo, die er gewohnt war, stocknüchtern und distanziert.

Sein glänzender Plan kam ihm plötzlich dumm vor, zu dumm, um ihn mit Worten zu beschreiben. Aber es war die einzige Erklärung, die ihm einfiel.

„Ich weiß, wie sehr die Vögel hier dich ärgern ...“

„Und?“

„Und ich dachte ... dass ich genauso für dich bin, lästig. Und wenn du Steine auf mich werfen wolltest, dann würde ich es geschehen lassen. Ich dachte, du würdest dich dann besser fühlen.” Er beeilte sich, hinzuzufügen: „Aber keiner hat mir gesagt, dass du so gut zielen kannst!“

„Du bist hierher gekommen, damit ich dich mit Steinen bewerfen kann?“

„Also, weil ich doch auch so lästig bin wie diese Vögel ... Ich meine, ich fand es eine gute Idee.“

„Dann willst du dich auf diese Art entschuldigen?“

Philip schaute auf den Boden, dann auf den Maiskolben

direkt neben sich und zuckte mit den Schultern. „Ja, doch..."

Als sie nicht antwortete, schaute er kurz nach oben, um ihre Reaktion zu sehen. Weetamoos Arme waren vor ihrer Brust gekreuzt, ihr Kopf ging ungläubig hin und her, schneeweiße Zähne formten ein lachendes Grinsen. „Du bist ja unglaublich", sagte sie. „Und einfach konntest du nicht sagen, Entschuldige bitte?"

Philips Hand ging instinktiv an seine Wange. Die Schramme schmerzte, als er sie berührte. „Nein", sagte er. „Nein, ich glaube, das konnte ich nicht. Du hättest mich nie nah genug dafür an dich herangelassen."

Weetamoos Grinsen verschwand.

„Ja, stimmt, und ich glaube, du weißt das auch!"

Jetzt schaute Weetamoo zu Boden. „Wenn ich es zugebe, darf ich dann keine Steine mehr auf dich werfen?" Ihr Lächeln war spitzbübisch, als sie durch den Vorhang ihres schwarzen Haars zu ihm hochsah.

Sie saßen einander gegenüber auf der Plattform des Vogelturms.

„Du überraschst mich", sagte Weetamoo.

„Wieso?"

Sie hielt einen kurzen Stock in der Hand, der jeden Moment auf einen der schwarzen Vögel fliegen konnte; doch im Augenblick kratzte sie mit seinem Ende gedankenverloren über die Bretter der Plattform. „Du bist anders als damals bei deiner Ankunft."

„Das glaube ich nicht. Du kennst mich jetzt nur besser."

„Doch, du hast dich verändert. Der Philip Morgan, der seine Familienbibel suchte, war ein arroganter Egoist."

„Wenn ich mich wirklich verändert habe, dann hoffentlich zum Besseren", meinte Philip scherzhaft.

Sie reagierte, wie er es sich gewünscht hatte. Sie lächelte

und schlug ihm neckisch mit dem Stock aufs Bein.

„Wenn du mich fortwährend schlägst, werde ich noch zum Krüppel!"

„An den Steinen warst du selber schuld."

„Da hast du Recht. Ich übernehme die volle Verantwortung für die Steine."

Weetamoo starrte auf seine verletzte Wange, dann kroch ihr Blick zur Narbe an seiner Stirn. „Selbst ein Bär konnte dich nicht zur Vernunft bringen." Sie zeigte mit dem Stock auf die Narbe. Philip fuhr mit dem Finger an ihr entlang.

„Wie weit geht sie?", fragte Weetamoo.

Philip schob sein Haar nach hinten. Sie beugte sich näher. „Das ist eine schlimme Narbe", stellte sie fest. „Du hast Glück, dass sie zum größten Teil von deinem Haar bedeckt ist." Sie setzte sich wieder. „Ich war richtig schockiert, als du zurückkamst, vor allem wegen der Wunde."

„Meine Familienbibel war hier. Nach allem, was hinter mir lag, hatte ich keine Lust, sie so leicht aufzugeben."

Weetamoo nickte. „Als du wiederkamst, warst du immer noch sehr egoistisch. Du wolltest nur deine Bibel, und obwohl es mir Leid tat, dass du verletzt warst, habe ich dich gehasst. Und dann wurdest du auf einmal anders."

„Du sagst das gerade so, als sei es über Nacht geschehen."

„Das glaube ich auch", sagte sie.

„Und wann?"

„Als du erfuhrst, dass Nanouwetea Christopher Morgan war." Sie lachte leise. „Du hättest dein Gesicht sehen sollen! Ich hatte noch nie jemand gesehen, der so vom Donner gerührt war wie du."

„Danke für die Blumen." Philip lachte mit.

„Und seitdem bist du ganz anders."

„Meinst du?"

Sie nickte. „Es ist die Art, wie du ihn ansiehst. Wie soll

ich es beschreiben? Eine Mischung aus Liebe und Ehrfurcht."

„Er ist ein bemerkenswerter Mann", sagte Philip.

„Das ist er. Manchmal habe ich ein richtig schlechtes Gewissen."

„Warum?"

„Weil ich bei ihm nie Hunger oder Angst kennen gelernt habe wie so viele andere Familien. Als ich alt genug war, um geistliche Dinge zu verstehen, fiel es mir leicht, zu glauben, dass ich einen liebenden himmlischen Vater habe, weil ich schon von meinem irdischen Vater eine solche Liebe erfahren hatte."

„Bei mir und meinem Vater war es genauso."

„Du musst ihn schrecklich vermissen."

Philip nickte. „Nanouwetea hat mir geholfen, dass der Schmerz geringer wird."

„Bist du deswegen hier geblieben? Um bei ihm zu sein?"

Wieder nickte Philip.

Weetamoo warf den Stock über den Rand der Plattform. Sie schaute kurz nach dem Stand der Sonne und sagte: „Es ist Zeit, zurück in den Wigwam zu gehen. Nanouwetea erwartet uns." Sie ging an Philip vorbei zur Leiter, ohne ihn anzusehen.

Philip stand auf und folgte ihr. „Weetamoo, warte! Habe ich gerade etwas Falsches gesagt?"

Sie war schon halb die Leiter hinunter. Er folgte ihr hastig. Unten angekommen, wandte sie sich sofort zum Gehen. Philip sprang die letzten vier Sprossen auf einmal hinunter und versperrte ihr den Weg. Ihr Gesicht war nicht wütend, aber auch nicht freundlich.

„Wir haben heute viel Arbeit an dem Lehrbuch vor uns", sagte sie kühl.

„Gut, ich will nur wissen, womit ich dich gerade verärgert habe."

„Du hast mich nicht verärgert." Sie lehnte sich gegen die Leiter, eine Hand auf eine Sprosse gestützt, den Blick betont lässig.

„Ich habe dich so oft gesehen, dass ich weiß, wenn etwas dich ärgert."

Ihre Augen blitzten kurz auf. „Darum geht es ja, Master Morgan. Meinst du, ich habe nicht bemerkt, wie du mich immer ansiehst?"

Philips erster Impuls war, es zu leugnen. Aber dazu war es zu wahr. Sie hatte ihn zu oft erwischt.

„Denkst du, ich weiß nicht, dass du Gefühle für mich hast?", fuhr sie fort.

Obwohl sie ärgerlich war, wurde Philips Herz warm von dieser Entwicklung, die das Gespräch nahm. „Ich habe nicht gedacht, dass du etwas mit mir zu tun haben willst", sagte er.

„Das will ich auch nicht!"

Philip sah sie verwundert an.

„Es ist nicht recht!", stieß sie heftig hervor. Dann, leiser: „Ich ... ich kann nicht anders."

Philip trat zu ihr. Er legte seine Hand auf die ihre. Er trat noch näher. Ihre schwarzen Augen schimmerten feucht und wehrlos. Er beugte sich langsam zu ihr, und ihre Lippen trafen sich.

Sie drehte ihren Kopf zur Seite und zog die Hand fort. „Nein ... nein ... nein", schluchzte sie. Sie drückte sich an Philip vorbei.

„Weetamoo! Warte! Warum nicht? Was ist los?"

„Verstehst du denn nicht?", rief sie. „Du bist die verbotene Frucht!"

„Verbotene Frucht?"

„Ich kann dich nicht haben."

„Aber warum nicht?"

„Wo soll das denn hinführen? Willst du etwa dein Leben in Harvard aufgeben und hier bei mir bleiben?"

„Ich nehme dich mit, wenn ich gehe."

Sie schüttelte den Kopf. „Ich kann nicht mit dir gehen! Mein Leben ist hier, und hier wird es immer sein! Du bist eine Versuchung, Philip Morgan! Eine liebe, bezaubernde Versuchung, aber Versuchungen führen zur Sünde. Ich muss dir widerstehen, Philip Morgan, widerstehen!"

Mary Weetamoo drehte sich um und rannte zu Nanouweteas Wigwam.

Kapitel 17

Philips Feder kratzte gehorsam über das Papier. Er zwang sich zur Konzentration auf die Worte. Ja, sie waren korrekt. Er seufzte. *Die Arbeit am Lehrbuch war viel einfacher, als ich noch dachte, dass sie mich hasst.* In der letzten Woche hatten immer mehr Fehler den Fortschritt des Lehrbuchs behindert. Philips Fehler. Ohne den Kopf zu heben, schaute er zu Weetamoo hinüber. Ihre Blicke begegneten sich. Sie wandte sich stirnrunzelnd wieder der Seite zu, die sie gerade las. Er grinste, dass er sie dabei erwischt hatte, wie sie ihn ansah, und tauchte die Feder für den nächsten Satz wieder in die Tinte.

Wie ein Pendel schwangen Philips Hoffnungen hin und her, von hoch zu tief, von tief zu hoch; und die Kraft hinter dem Pendel war Weetamoo. Mal war sie lieb und sanft, ihre Worte und ihr Lächeln fast einladend, doch dann wieder kalt wie Stein, entschlossen, der Versuchung, die er darstellte, zu widerstehen. Und von einem Tag, ja von einem Augenblick zum andern wusste er nie, welche Weetamoo er vor sich hatte. Manchmal stieg die Wut in ihm hoch, und er beschloss, sich nicht so von ihr beherrschen zu lassen. Sein Aufenthalt im Reservat war bald zu Ende, und er würde nach Cambridge und Harvard zurückkehren. Sie wollte ihm widerstehen? Er würde ihr die Stirn bieten! Doch dann ließ sie, wenn sie ihm ein Manuskript oder eine Schüssel Maisbrei reichte, ihre Hand seine Hand berühren, und seine Entschlossenheit flog davon wie die Krähen im Maisfeld.

Wampas war immer noch fort, so dass die beiden die meisten Abende für sich hatten. Nanouwetea war nach wie vor im Wigwam, aber er schlief schon früh ein. Ihre Gespräche reichten von den Fortschritten des Lehrbuchs über Nanouweteas Gesundheit und Wampas bis zum Leben der Gemeinde und dem geistlichen Zustand des Reservats. Über das Geschehen im Maisfeld sprachen sie nie. Am Ende des Abends zogen sich beide auf ihre Seite des Wigwams zurück. Als Wampas noch dagewesen war, hatte sie sich immer rasch schlafen gelegt, mit dem Rücken zum Feuer und den Männern. Jetzt legte sie sich manchmal mit dem Gesicht zum Feuer hin und starrte zu Philip hinüber. Sie sprach kein Wort, lächelte auch nicht, sah ihn einfach an, bis sie einschlief.

„Philip! Philip! Du musst ihn aufhalten!"

Es war früh am Abend, das Loch im Dach des Wigwams war gerade schwarz geworden. Dann und wann blinkte ein Stern durch den aufsteigenden Rauch. Philip erzählte Nanouwetea von Priscillas nächtlichen Studien mit ihrem Vater, als sie unterbrochen wurden. Weetamoo war zu Namumpum gegangen, die ihr Kind immer noch nicht bekommen hatte, und sie erwarteten sie nicht so bald wieder zurück. Plötzlich erschien sie in der Öffnung des Wigwams. Ihre Augen waren weit vor Angst. Sie rannte zu Philip, packte ihn am Arm und versuchte ihn hochzuziehen.

„Schnell!", rief sie. „Du musst ihn aufhalten, bevor das Spiel beginnt!"

„Nicht so schnell!", rief Philip. „Wen soll ich aufhalten? Was für ein Spiel?"

„Wampas!" Weetamoo rang nach Luft und Worten. „Ich war bei Namumpum ... und da hörte ich, dass die Männer heute Abend spielen wollen ... mit dem Wampanoag-Stamm. Sie haben Wampas zu unserem Spieler gewählt ... sie denken, er bringt ihnen Glück, weil er Nanouweteas Gott kennt."

Nanouwetea fragte: „Will es Wampas selbst auch?"

„Das weiß ich nicht, aber ich glaube schon. Ich habe nur gehört, dass er unser Spieler sein soll. Philip, du musst ihn aufhalten!"

„Ich glaube, ich verstehe", sagte Philip zu Nanouwetea. „Es könnte der Gemeinde Schaden bringen. Wenn Wampas gewinnt, werden viele glauben, dass es daran lag, dass Gott ihm Glück geschenkt hat, und wenn er verliert, wird es heißen, dass Gott schwach und machtlos ist."

„Und du meinst, wir sollten ihn davon abhalten, dem guten Ruf der Gemeinde zu schaden?"

Etwas in den Augen des Alten sagte Philip, dass die Frage mehr war als eine Bitte um Klarstellung. Aber was? Hatte er da gerade etwas übersehen? Dann lächelte er. Natürlich! Zum ersten Mal in seinem Leben wusste er die richtige Antwort auf diese Frage. „Nein", sagte er fest. „Wir sollten Wampas nicht wegen des guten Rufs der Gemeinde aufhalten, sondern weil wir ihn lieben."

Der Stolz, der in den Augen des alten Missionars aufleuchtete, war Philips Belohnung. „Geh und hole Wampas nach Hause, mein Sohn."

Weetamoo hatte gesagt, dass das Spiel an der Nordseite des Langhauses stattfinden sollte. Als Philip sich über die Schulhausstraße dorthin begab, dämmerte es ihm: Er ging in eine Prüfung. Aber nicht wie in Harvard, wo man die richtigen Antworten nennen musste; hier musste er die Antwort nicht nur wissen, er musste sie auch ausführen. Was war, wenn er die richtige Antwort wusste und die Prüfung doch nicht bestand?

Die nach Norden führende Straße war dunkel, der Mond schien fast nicht. Philip musste darauf achten, dass er nicht in eine der vielen Furchen trat. Aber er war nicht allein auf der Straße; je näher er dem Langhaus kam, desto mehr Indianer sah er. Sie gingen alle zu Fuß und in die gleiche Richtung wie er.

Philip war selbst kein Spieler, aber er erinnerte sich, wie begeistert seine Studienkameraden gewesen waren, wenn sie sich dann und wann spät abends davonschlichen, um zu spielen und zu trinken. Bei ihrer Rückkehr war ihre Stimmung wesentlich gedämpfter. Wohlgemut und gut mit Geld versehen, waren sie aufgebrochen, betrunken und mit leeren Taschen kamen sie zurück. Doch die Indianer, die an diesem Abend zum Langhaus pilgerten, hatten alle unbewegt ernste Mienen. Um ihren Hals trugen sie Schnüre mit ihrem Muschelgeld, ihre Wangen, Arme, Beine und Brust waren in verschiedenen Farben bemalt. Fast schien es, als wären sie in einer Trance, die sie gegen ihren Willen zum Spiel zog. Ein ungewöhnlich hochgewachsener Mann mit einer hässlichen Narbe an der linken Schulter warf Philip einen abschätzenden Blick zu. Philip lächelte ihn an und erhielt einen ärgerlichen Blick zur Antwort. Für den Rest des Abends machte Philip eine ernste Miene.

Hinter dem Langhaus war der Himmel von Feuern erhellt. Schon aus einiger Entfernung hörte man lautes Rufen. Selbst diese Geräusche erinnerten Philip daran, dass er hier unter Menschen mit einer ganz anderen Kultur als der eigenen war. Die Geräuschkulisse war völlig anders als in Boston an einem Markt- oder Erntedanktag. Wenn die Kolonisten ausgelassen waren, lachten sie dröhnend, riefen laut umher und fluchten. Die Indianer dagegen stießen merkwürdig schrille Schreie aus. Der Unterschied machte Philip nervös; er merkte auf einmal, wie wohlbehütet sein Leben hier im Reservat bisher war. Seit seiner Ankunft hatte er erst einmal versucht, sich am kulturellen Leben des Reservats zu beteiligen: Bei dem misslungenen Experiment im Feuerhaus. Die ganze übrige Zeit hatte er nur mit Menschen zu tun gehabt, die Nanouwetea kannten und achteten und Beziehungen zur Gemeinde besaßen. Ihnen hatte er als Bruder in Christus begegnen können. Nicht so heute Abend. Er fühlte sich plötzlich wie David, der ganz allein Goliath entgegenging. Aber David hatte wenigstens seine Schleuder gehabt; was hatte er?

Plötzlich begann sich seine Brust zusammenzuziehen. Je näher er dem lauten Trubel des Wettkampfplatzes kam, desto beklommener wurde ihm. *Nein! Nicht jetzt!, schrie er innerlich. Das kann ich jetzt nicht brauchen.* Aber je mehr er gegen das Gefühl ankämpfte, um so stärker wurde es, als würden zwei eiserne Riesenfäuste in seine Brust hineingreifen. Er keuchte und hustete, rang nach Luft. Seit seinem letzten Anfall waren Monate vergangen. Monate der Seligkeit.

Er konnte sich kaum noch auf den Beinen halten. Er verließ die Straße und stolperte zum Langhaus. Sein Rücken bog sich. Er keuchte nach Luft; sie brannte wie Feuer. Er torkelte in den Schatten des Langhauses. Wenn ihn nur niemand in diesen Zustand sah ... Er dachte an Weetamoo und Nanouwetea. Sie würden enttäuscht sein, aber wenn er ihnen erklärte, dass er einen Asthama-Anfall bekommen hatte, würden sie ihn verstehen, ihm vergeben und ihm sagen, dass er sein Bestes versucht hatte.

„Nein!", keuchte Philip. Er wollte nicht ihr Mitleid, er wollte sich nicht in Entschuldigungen flüchten, er wollte nicht versagen! *Gott, hilf mir, bitte!* Die Antwort war noch mehr Feuer in seiner Brust. Er fiel auf die Knie, sein ganzer

Körper krümmte sich, es pfiff und rasselte in seiner Luftröhre. Er wollte aufstehen, konnte aber nicht. Je mehr er sich anstrengte, desto größer wurde der Schmerz. *O Gott, hilf mir!* Seine Hände gruben sich in die Erde. Er hob den Kopf. Luft, er brauchte Luft! Er bekam einen Stein zu fassen und drückte ihn, bis seine Finger schmerzten.

David hatte wenigstens seine Steinschleuder.

Philip starrte auf den Stein in seiner Hand. Der Gedanke kam ihm erneut. Genauso geheimnisvoll wie vorher.

Nein, nicht so! Das war die Stimme der Angst. Nicht die Steine hatten David den Sieg gegeben und ihn so furchtlos angesichts des Riesen gemacht. Gott hatte ihn siegen lassen! *Und diese ganze Versammlung soll erkennen, dass der Herr nicht durch Schwert oder Speer errettet. Denn des Herrn ist der Kampf...* So hatte David gesprochen. Philip benötigte nicht Davids Steine, er benötigte Davids Gott!

Dort im schwarzen Schatten des Langhauses der Narragansett, mit dem Festlärm der Indianer im Hintergrund, legte Philip den Kampf in Gottes Hände.

Das Spielhaus, wie es genannt wurde, bestand aus vier in die Erde gerammten langen Holzpfählen, die ein Viereck bildeten und an die sechs Meter hoch waren. Zwischen den Pfählen liefen waagrecht angebrachte Stangen, und an diese Stangen hing man die Wetteinsätze - verschiedene Felle und Ketten aus Wampum und Suckauhock. Die Wampum-Ketten bestanden aus den blankpolierten weißen Gehäusen der Uferschnecke, einer essbaren Süßwasserschnecke, die Suckauhock-Ketten aus bläulich-schwarzen Muschelschalen. Eine Suckauhock-Muschel war zwei Wampum-Gehäuse wert. Das Spiel selber fand innerhalb des Vierecks statt. Jeder Stamm wählte einen Spieler, der ihn vertrat. Die Spieler hatten bemalte Steine ähnlich wie Würfel zu werfen. Wampas würde heute Abend für die Narragansett spielen, es sei denn, Philip konnte ihn dazu bringen, mit nach Hause zu kommen.

Die Feuer bei dem Spielhaus loderten so hell, dass Philip zu den Sternen hochsehen musste, um sich zu vergewissern, dass es Nacht war. Wohin das Auge sah, befanden sich Indianer. Wie sollte er in dieser Menge Wampas finden? Er mischte sich in das Gewoge, studierte die Gesichter. Die meisten hatten sich Gesicht und Körper mit Streifen und Kreisen bemalt. Rot schien die Lieblingsfarbe zu sein, vor Gelb, Grün, Blau, Weiß und Schwarz. Philip sah gedrungene Indianer mit Tabakbeuteln, großgewachsene mit Wampum-Ketten um Handgelenke oder Hals, Indianer mit Federschmuck, Männer in Tierfellen oder Hosen aus Leder in halb indianischer, halb englischer Kleidung; einige waren fast unbekleidet. Er ging durch Wolken von Tabakqualm. Viele Gäste rochen nach Rum. Der Rauch ließ Philips Lunge nur noch mehr brennen.

Die allgemeine Aufmerksamkeit war auf das Spielhaus gerichtet. Auf einer Seite standen die Narragansett zusammengedrängt, auf der anderen die Wampanoag. Auf beiden Seiten wurden Muschelketten hochgehalten, Wetteinsätze ausgerufen oder die Ellbogen eingesetzt, um das Spielhaus besser sehen zu können. Da Philip größer als die meisten war, konnte er über ihre Köpfe hinwegsehen.

Er sah Wampas im gleichen Augenblick, wie dieser ihn sah. Er stand direkt neben dem Spielhaus, um seinen Hals mehrere Wampum-Ketten. Seine Wangen waren mit roten und schwarzen Streifen bemalt. Seine Brauen zogen sich zusammen, als er Philip erkannte, sein Nacken versteifte sich, ein wütender Blick trat in seine Augen.

Philip holte tief Luft. Der Kampf ist des Herrn, erinnerte er sich. Er bahnte sich einen Weg durch die Menge.

„Verschwinde, Engländer, du bist hier nicht willkommen“, begrüßte ihn Wampas, seine Stimme und seine Augen härter als die Spielsteine, die er in der Hand hielt. Er stank nach Rum.

„Ich verschwinde gleich wieder“, entgegnete Philip. „Wenn du mitkommst.“

Wampas warf die Steine gegen Philips Brust. Er schaute hinunter, wie sie auf dem Boden zu liegen kamen, und sagte: „Glück für dich, du gewinnst. Wenn du jetzt gehst, geschieht dir nichts.“

„Was ist das hier?“ Direkt neben Wampas, mit dem Rücken zu Philip, stand ein großer, muskulöser Indianer, der dabei war, von mehreren anderen Muschelketten entgegenzunehmen und sie an die Wettstangen zu hängen. Er war so groß, dass Philip zu ihm hochsehen musste. Neben Wampas sah er aus wie Goliath. Er musterte Philip aus roten glasigen Augen und schüttelte seine langen, knochigen Finger, als verscheuche er ein lästiges Insekt. „Geh“, sagte er. „Das hier ist nichts für dich.“

„Ich gehe nur mit Wampas,“ erwiderte Philip.

Mehrere andere Köpfe drehten sich in seine Richtung, die Zahl der wütenden Gesichter, die ihn anstarrten, vervielfältigte sich. Wampas trat so dicht an ihn heran, dass ihre Köpfe sich fast berührten. „Ich hasse dich, Engländer!“, zischte er. „Verschwinde jetzt sofort, oder ich bring dich um!“

Der Riese gab zwei anderen in der Nähe ein Zeichen. Sie traten zu Philip und nahmen ihn in die Mitte. Der Große hob die Steine wieder auf und legte sie Wampas in die Hand. „Mach dir nichts aus dem Engländer, ich sorge dafür, dass er geht.“

Die beiden Männer neben Philip packten ihn. Er versuchte sich loszureißen, aber sie waren zu stark. Er spürte, wie seine Füße den Boden verloren.

„Wartet! Halt!“, rief er. „Wampas, hör mir zu!“

Aber Wampas hatte ihm schon wieder den Rücken zugedreht, die übrigen Indianer ebenso. Für sie war der lästige Zwischenfall mit dem Weißen beendet.

„Wampas!", rief Philip. „Mecauntitea! MECAUNTITEA!"

Alles erstarrte. Der Riese drehte sich zu Philip, ein gieriges Grinsen erschien auf seinem Gesicht. Die Männer neben Philip blieben stehen, ohne jedoch ihren Griff zu lockern.

Wampas sah Philip an. „Du willst mit mir kämpfen?"

„Das habe ich gesagt."

Wampas bahnte sich einen Weg durch die Wetter, bis er direkt vor Philip stand. Er schmunzelte amüsiert. „Ich würde dich töten", sagte er.

„Ich bin im Namen des allmächtigen Gottes gekommen", antwortete Philip. „Er wird mir den Sieg geben."

In diesem Schlagabtausch der Worte war Philip der klare Sieger. Wampas war sprachlos. Philip hatte dessen christliches Gewissen geweckt. Die Frage für Philip war, ob es ausreichen würde. Er musste seine Chance nutzen!

„Hört her!", rief er den Indianern zu, die um ihn und Wampas standen. „Ihr habt Wampas zu eurem Spieler gewählt, weil sein Gott mächtig ist. Und wahrhaftig, kein Gott ist mächtiger als der, den Wampas anbetet, und wenn er in diesem Spiel auf eurer Seite wäre, würdet ihr bestimmt gewinnen. Aber er ist nicht auf eurer Seite, denn das hat Wampas euch nicht gesagt: Sein Gott hat ihn verlassen!"

Schreie, Rufe, allgemeiner Tumult. Der Große packte Wampas an den Schultern. „Dein Gott hat dich verlassen?", rief er.

„Dieser Mann lügt!", protestierte Wampas. „Mein Gott ist nach wie vor bei mir!"

„Dann soll er es beweisen!" rief Philip.

Der große Indianer drehte sich zu Philip. „In einem

Kampf?"

Philip nickte. „Er wird zeigen, dass ich die Wahrheit sage."

„Du bist ein schwächlicher Mann", meinte der Große. „Du kannst nicht gewinnen."

„Ich werde gewinnen, weil Gott mit mir ist. Er wird mich stark machen!"

„Er lügt!", rief Wampas. „Ich werde es beweisen, jetzt gleich, im Kampf!"

Anfeuerungsrufe, dann skandierten mehr als einhundert Kehlen im gleichen Rhythmus: „Wetten! Wetten! Wetten!"

Philip streckte beide Hände empor. „Keine Wetten! Keine Wetten!"

„Es muss Wetten geben!", forderte der Große.

Philip schüttelte den Kopf. „Es kann keine Wetten geben, denn ihr werdet so oder so gewinnen. Wenn ich den Kampf gewinne, werdet ihr wissen, dass Gott Wampas verlassen hat, und dann wird euch die sichere Niederlage gegen die Wampanoag erspart bleiben. Und wenn ich verliere, dann werdet ihr ohne jeden Zweifel wissen, dass Gott weiter mit Wampas ist, und ich werde verschwinden. Ihr könnt nur gewinnen."

Der große Indianer nickte zustimmend und befahl, Platz für den Kampf zu machen. Narragansett und Wampanoag bildeten eine improvisierte Arena. Wohin Philip schaute, feilschten Indianer um private Wetteinsätze. Man wettete nicht darum, wer gewann, sondern ob Philip den Kampf überleben würde.

Bald stand Philip in der Mitte auf dem Sandplatz, umringt vom Hohngeschrei der Männer. Sie war verrückt, seine Idee, aber eine andere war ihm nicht eingefallen. Der Rumgeruch von Wampas' Atem und der gelbliche Schleier auf seinen Augen ließen ihn immerhin hoffen, dass der Indianer so betrunken war, dass er eine Chance besaß. Wampas stand gerade am Rand des Kampfplatzes und nahm seine Muschelketten ab, dann rieb er sich Arme und Beine, um sie aufzuwärmen. Philip rieb sich seine Brust und Kehle. Das Brennen war immer noch da. Er schaute zum Himmel hoch und sog so tief die Luft ein, wie seine Lunge es zuließ. „Dein Wille geschehe", betete er.

Der Große und Wampas traten zu Philip in die Mitte der Arena aus Menschenleibern. Wampas hatte den wilden Blick eines Kämpfers. „Das wird ein Spaß!", erklärte er.

„Keine Waffen", sagte der Riese. „Das hier ist ein Kräftemessen. Der Kampf ist vorbei, wenn ein Mann nicht mehr aufstehen kann." Er schob die beiden auseinander, dann rief er: „Kämpft!"

Mit einem wilden Schrei stürzte sich Wampas auf Philip. Seine Schulter rammte sich so in Philips Brust, dass dieser zurückflog. Die beiden Kämpfer gingen zu Boden. Das volle Gewicht seines Gegners presste Philip die Luft aus der Lunge. Wampas durch den Alkohol geschwächt? Kein Denken daran ... Wampas kam hoch und stieß einen Arm seitlich in Philips Gesicht, so dass der fast ohnmächtig wurde.

Etwas tun, Zeit gewinnen ... Philip packte Wampas benommen am Hals und drückte seinen Kopf mit aller Kraft so an seine Brust, dass Wampas wenig ausrichten konnte. Der Indianer versuchte sich zu befreien, aber Philip hielt fest, während er ununterbrochen nach Luft rang. Kehle und Luftröhre brannten.

Wampas versuchte von ihm wegzurollen, aber Philip hielt fest. Zusammen rollten sie über den Boden, begleitet von den Schreien und dem Johlen der Männer, die ihnen zuschauten. Endlich kam Wampas frei und sprang auf die Füße.

Philip rollte zur Seite, stützte sich hoch, versuchte Luft zu bekommen. Der Lärm war ohrenbetäubend. Er rappelte sich nach oben. Begeisterte Schreie; der Kampf würde weitergehen.

Wampas stand halb geduckt in der Mitte der Arena. „Komm her, Engländer!“ Philip beugte sich nach vorn, die Hände wie unschlüssig auf den Knien, dann schoss er plötzlich los. Der Trick gelang nicht. Wampas machte einen Schritt zur Seite, packte Philips Schultern und warf ihn, seinen Schwung ausnutzend, durch die Luft. In einer Staubwolke landete Philip im Sand.

Jubelrufe ertönten. Wampas hob seinen Arm zum Siegeszeichen. Verfrüht, denn Philip war, wenn auch wackelig, wieder auf den Beinen.

Erneut forderte Wampas ihn heraus, wieder griff Philip ihn an, diesmal langsamer. Wie Ringer verkeilten die beiden Kämpfer sich ineinander, jeder versuchte, den anderen aus dem Gleichgewicht zu bringen.

„Warum bist du gekommen?“, schrie Wampas. „Ich kann dich töten, wenn ich will.“

„Du hast einmal mein Leben gerettet, jetzt kannst du es mir nehmen.“

Wampas drückte die Schulter mit einem Ruck nach unten, so dass Philip wie ein Sack auf ihm lag. Mit lautem Schrei schleuderte er Philip fort. Wieder ein dumpfer Aufschlag, die nächste Staubwolke. Philip wusste nicht, wie viel er noch aushalten würde. Aber er musste es versuchen! Er rollte sich auf die Seite, kam auf die Knie, dann auf die Beine. Er stellte sich Wampas erneut zum Kampf, wieder verkeilten sich ihre Arme.

„Warum benutzt du nicht die richtigen Griffe?“, schrie Wampas.

„Weil ich sie nicht kenne!“

Wie der Blitz sprang Wampas zur Seite, schob ein Bein hinter Philip und stieß ihn nach hinten. Philip fiel zu Boden,

Wampas lag auf ihm. Philip traten die Augen hervor, als das volle Gewicht des Indianers auf ihm landete. Luft, wo war Luft? War es nicht besser zu sterben, als diesen Schmerz in der Lunge zu haben? Hoffnungslos, alles hoffnungslos ...

Dann sah er Wampas' Gesicht. Die Augen des Indianers waren weicher geworden; war da ein Funke Mitleid?

Wampas sprang auf seine Füße und hob die Hände. „Fertig!"

Philip richtete sich langsam auf. „Nichts ist fertig!"

Wampas wirbelte herum. „Du hast kein Hirn, Engländer!"

„Das sagtest du schon einmal."

Die beiden gingen wieder in Kampfstellung und bewegten sich seitlich um einen unsichtbaren Kreis. Wampas kam langsam näher, dann senkte er plötzlich seinen Kopf und rammte ihn in Philips Magengrube. „Und jetzt bleib liegen!"

„Ich gehe nicht ohne dich", presste Philip hervor.

Diesmal dauerte es etwas länger, aber wieder kam Philip auf die Beine. Wampas schüttelte ungläubig den Kopf, sein Blick war gequält.

Diesmal griff Philip an. Wampas duckte sich, packte Philip um die Hüfte, hob ihn hoch und warf ihn nach hinten über seinen Rücken.

Die Sterne zu seinen Füßen - es war ein prickelndes Gefühl für Philip, aber er konnte es nicht lange genießen. Im nächsten Augenblick krachte er zu Boden, als habe ihn der Blitz getroffen. Diesmal kam er nicht mehr hoch. Kurz bevor er das Bewusstsein verlor, sah er Wampas' Gesicht, das sich über ihn beugte - und er wusste, dass er gewonnen hatte.

Es war der gleiche Alptraum wie damals im Wald. Sein

Vater kam auf ihn zugerannt, dicht gefolgt von einem Handelsschiff mit dem Matrosen und dem Indianer an der Reling, das die Bäume wie Wasserwellen teilte. Es fuhr über seinen Vater, dann weiter auf Philip zu. Jetzt pflügte sein Bug direkt vor seiner Brust den Boden auf, und eine riesige Welle klatschte auf ihn herunter.

Philip spuckte und hustete. An seinem Kinn lief Wasser herunter. Er versuchte sich aufzurichten und fiel wieder zurück. Er blinzelte mehrere Male, um zu sehen, wo er war. Er wusste, das Schiff war wieder nur ein Traum, aber der Schmerz und das Wasser waren echt. Langsam löste sich der Nebel vor seinen Augen auf. Sein Rücken lehnte an einem Baum, weiter vorn schimmerte eine Wasserfläche schwach im Mondlicht. War das der Adam-See? Er war sich nicht sicher.

Er versuchte sich umzudrehen. Ein Schmerzensstich, der seinen Nacken und Rücken und beide Arme hinablief, belohnte seine Anstrengung. Er stöhnte.

„Du bist hartnäckig, Engländer."

Philip lächelte, dann stöhnte er noch einmal. Das Lächeln tat höllisch weh. Ganz vorsichtig drehte er den Kopf, bis Wampas in sein Blickfald kam. Der Indianer war verdreckt und von blauen Flecken übersät, sein rechtes Auge war zugeschwollen. Er hatte einen Lederschlauch mit Wasser in den Händen.

„Was ist mit dir passiert?", fragte Philip.

„Das warst du."

„Unsinn! Ich habe dich kein einziges Mal getroffen!"

„Erinnerst du dich an den Riesen, der uns das Startzeichen gab?"

„War er das?"

Wampas nickte. „Als ich nicht mehr spielen wollte."

Auch wenn es schmerzte, Philip musste wieder lächeln.

„Ich habe gewonnen!"

„Du bist verrückt! Du hast den Kampf verloren!"

Philip schüttelte mühsam den Kopf. „Ich habe gewonnen, weil ich erreicht habe, was ich wollte. Du bist hier."

„Ich hätte dich töten können!", rief Wampas. „Vielleicht hätte ich es tun sollen!"

„Ich wusste, dass du es nicht tun würdest. Ich habe darauf gesetzt, dass dein Glaube an Jesus Christus echt ist. Ich wusste: Wenn er echt ist, dann wirst du mich nicht töten."

Wampas ließ den Kopf hängen. Er legte die Hand auf sein zugeschwollenes Auge und zuckte zusammen. „Warum bist du nicht liegen geblieben, wie ich es dir sagte?"

„Ich hatte versprochen, dich mit nach Hause zu bringen. Ich konnte nicht aufgeben, solange ich nicht sicher war, dass du mitkommen würdest."

„Du konntest nie und nimmer gewinnen!"

Es war Schwerarbeit für ihn, aber Philip schob sich vom Baum und setzte sich ohne Stütze aufrecht. „Ich habe es in deinem Gesicht gesehen. Als ich ohnmächtig wurde, wusste ich, dass ich gewonnen habe."

„Nein." Wampas stand auf und schüttelte den Kopf. „Nein, du konntest unmöglich wissen, dass ich nicht mehr spielen würde, nachdem ich dich besiegt hatte. Das ist ja der verrückteste Plan, den ich je gehört habe."

Philip zuckte schmerzvoll mit den Schultern. „Aber er hat funktioniert."

Wampas drehte ihm den Rücken zu und ging ein paar Schritte zum Ufer. Er blieb stehen und drehte sich um. „Schau dir an, wie du aussiehst! Warum hast du das gemacht?"

Da war es wieder. Die Prüfung. Und jetzt wusste Philip nicht nur die richtige Antwort, sondern er führte sie aus.

Sein Hals war wund und rau, alle Knochen taten ihm weh, aber er fühlte sich wunderbar. Zum ersten Mal in seinem Leben hatte er etwas völlig Selbstloses getan. Nicht eine belanglose Geste, wie jemand den Lieblingsnachtisch geben, nein, er hatte seine Sicherheit, ja, sein Leben für einen anderen eingesetzt! „Ich habe es gemacht", strahlte er, „weil du mein Bruder in Christus bist und ich dich liebe."

Der Blick auf Wampas' Gesicht war der gleiche wie vorhin, als Philip ihn zum Kampf herausgefordert hatte - ungläubiges Staunen. „Ich kann nicht mit dir nach Hause gehen", meinte er. „Ich habe Nanouwetea und Weetamoo enttäuscht und die Ehre Christi beschmutzt."

Philip stemmte die Hände auf den Boden und drückte sich hoch. Die plötzliche Bewegung ließ ihn schwindelig werden. Er lehnte sich an den Baum. Als sein Kopf wieder klarer war, humpelte er die Uferböschung hinab zu Wampas. „Was meinst du, wer mich geschickt hat, um dich nach Hause zu holen?"

Wampas dachte nach, dann sagte er: „Es würde nichts werden. Es hat sich doch nichts geändert. Nach ein paar Tagen würde alles wieder von vorn beginnen."

„Wegen mir, richtig?" Wampas antwortete nicht, und Philip fuhr fort: „Würde es dir helfen, wenn ich gehe?"

„Nanouwetea und Weetamoo würden nur mir die Schuld daran geben."

Natürlich, er hatte Recht. „Wampas, ich wollte dich nie von deinem Platz verdrängen. Als ich herausfand, dass Nanouwetea mein Vorfahre ist, wollte ich nur helfen."

„Als du kamst, konntest du kein Algonquin, und das war mein Vorteil. Aber dann lerntest du die Sprache sehr schnell, und mein Vorteil war dahin."

„Sprachen sind mir immer schon leicht gefallen", erklärte Philip. „Ich weiß noch, wie ich dir sagte, dass ich Latein,

Griechisch und Hebräisch kann, und wie du gesagt hast, dass es hier nicht viele Indianer gibt, die Latein, Griechisch und Hebräisch können."

Wampas lachte. Dann fragte er: „Und wie ist es so in Harvard?"

Die Frage überraschte Philip. Er musterte Wampas' Gesicht. „Warum fragst du?"

„Einfach so. Ach, vergiss es."

„Wampas, sag es mir. Ich möchte es wissen."

Der Indianer sah über den See zum gegenüberliegenden Ufer. „Ich habe es noch nie jemand erzählt, auch nicht Nanouwetea, noch nicht einmal Weetamoo. Ich habe dich gehasst, weil du in Harvard studieren konntest und ich nicht. Von dem Tag an, als Nanouwetea zum ersten Mal Harvard erwähnte, habe ich dorthin gewollt."

„Auf die indianische Fakultät?"

Wampas nickte.

„Das ist ja großartig!", rief Philip. Dann meinte er leiser: „Du hast sicher deine Gründe dafür. Kannst du mir sagen, warum du dorthin willst?"

Wampas senkte den Kopf. „Damit ich so weise werden kann wie Nanouwetea."

„Da haben wir etwas gemeinsam! Ich hoffe auch, dass ich eines Tages so weise sein werde wie Nanouwetea. Warum hast du es niemand gesagt, dass du nach Harvard willst?"

„Weil es nie geschehen kann. Ich bin nicht gebildet genug dafür. Sie würden mich nie nehmen. Ich habe gehört, dass die Aufnahmeprüfung sehr schwer ist."

„Nicht, wenn man die richtigen Antworten weiß", grinste Philip. „Wampas, Bruder, ich schlage dir einen Handel vor."

„Einen Handel?"

„Wenn du heute Nacht mit mir zurück zu Nanouweteas Wigwam kommst, bringe ich dir Latein bei und was du sonst noch benötigst, um die Aufnahmeprüfung in Harvard zu bestehen. Und wenn ich zurück nach Cambridge gehe, stelle ich dich persönlich dem Rektor des Colleg vor."

Wampas' Augen leuchteten. Er sah aus wie ein kleiner Junge zu Weihnachten. „Du willst mir Latein beibringen? Nach allem, was ich dir angetan habe? Warum?"

Philip grinste. „Um das Wort eines Freundes abzuwandeln: Weil der Rektor von Harvard kein Algonquin spricht."

Seite an Seite gingen sie den Hang zu Nanouweteas Wigwam hoch. Sie unterhielten sich angeregt darüber, was Wampas alles lernen musste, um sich auf seine Vorstellung beim Rektor von Harvard vorzubereiten. Weetamoo, die sie kommen hörte, erschien in der Öffnung des Wigwams. Ihr Gesicht hellte sich auf, als sie die beiden kommen sah. Doch dann erschrak sie.

„Habt ihr gekämpft?"

„Nur ein wenig Strategie", sagte Philip.

„Eine, die uns beiden fast den Tod gebracht hätte", fügte Wampas hinzu.

„Nichts da!", protestierte Philip. „Ich wusste die ganze Zeit, was ich tat!"

Weetamoo unterbrach sie. „Ihr werdet es uns sicher alles genau erzählen, ob wir es hören wollen oder nicht. Aber jetzt wartet erst einmal Nanouwetea auf euch ... Er ist noch geblieben, um für euch zu beten."

Sie führte die beiden erstaunten jungen Männer zu dem Missionar. Und die Freude war groß, weil der verlorene Sohn nach Hause gekommen war.

Kapitel 18

Es war einer jener Tage, der die Erde mit Verheißung erfüllt an dem es eine Lust ist zu leben. Die Sonne war hell und warm für Ende Oktober; St. Martin's Sommer nannten manche diese Wochen, weil sie so kurz vor dem Tag des großen Heiligen lagen. Philip wartete still auf den Beginn der Zeremonie. Er genoss das prickelnde, leicht feuchte Gefühl des Schattens auf seiner Haut. Die Luft war frisch, im Hintergrund glänzten die kleinen Wellen des Adam-Sees.

„An einem Tag wie diesem übergab mein Vater mir diese Bibel." Der greise Missionar hielt die Familienbibel der Morgans an seine Brust gedrückt, während er sprach. „Auch die Umgebung war ähnlich wie heute: Unter einem Baum über dem Hafen von Boston. Es war einer der allerersten Gottesdienstplätze der ersten Kolonisten, bevor sie sich ein genügend großes Haus bauten. Meine Mutter stand neben meinem Vater. Ich weiß noch, dass sie mir schöner erschien als sonst an diesem Tag. Meine Schwester und mein Bruder waren da, dazu der Zukünftige meiner Schwester, William Sinclair. Ich war damals zwanzig."

John Wampas und Mary Weetamoo sahen einander an. Sie schienen beide das Gleiche zu denken: Wie schwer es war, sich vorzustellen, dass dieser Alte, der ihnen so am Herzen lag, jemals zwanzig gewesen war. Es war Philips Idee gewesen, sie an der Zeremonie teilnehmen zu lassen. Christopher Morgan hatte sie begeistert aufgenommen, und so hatte Philip in Ermangelung seiner Verwandten zu Hause die beiden als seine Geschwister im Glauben als Zeugen eingeladen.

„An jenem Tag begann mein Vater eine Tradition, von der es sein Gebet war, dass sie bis zur Wiederkunft Christi nicht aufhören sollte und die auf zwei Grundfesten beruhte, für die mein Vater lebte und starb. Die erste war der Glaube, dass die Bibel Gottes unfehlbare Richtschnur für alle Bereiche des Lebens und Glaubens ist. Die zweite war die Überzeugung, dass unser kostbarster irdischer Besitz unsere Familie ist." Christopher Morgans Wangen wurden feucht. „Das erste habe ich treu bewahrt, bei dem zweiten habe ich elend versagt, und ich danke Gott, dass er es mir gewährt hat, lange genug zu leben, um doch noch die Freude des Familienlebens kennen zu lernen. John Wampas, Mary Weetamoo und Philip Morgan - ihr seid mein größter Schatz."

„Ich liebe dich, Nanouwetea", flüsterte Weetamoo.

„Diese Bibel ..." - Christopher Morgan hielt sie mit zitternden Händen - „... hat mein Vater, Drew Morgan, nach Boston gebracht, als er zusammen mit den puritanischen Getreuen aus Edenford in England floh." Er öffnete die Bibel und zog ein kreuzförmiges Lesezeichen aus kunstvoll gearbeiteter weißer Spitze aus ihren Seiten hervor. „Das ist das Werk meiner Mutter und ihr Beitrag, ein rechtes Familienerbstück zu ihrem Gedenken." Er legte das Lesezeichen zurück und schloss die Bibel. „Zusammen sind diese Bibel und dieses Kreuz das Symbol des Glaubens der Familie Morgan."

Der alte Missionar machte eine Pause, um Luft zu holen. Er war sichtlich müde und erschöpft, aber er bestand darauf, die Zeremonie fortzuführen.

„Der Besitzer dieser Bibel hat eine zweifache Verpflichtung. Erstens ist er dafür verantwortlich, dass das geistliche Erbe der Familie an die nächste Generation weitergegeben wird, und zweitens hat er aus der ihm nachfolgenden Generation einen Nachfolger zu wählen. Als mein Vater mir die Bibel gab, war es sein Gebet, dass ich einen Sohn bekommen würde, dem ich sie weitergeben konnte. Das sollte nicht sein. Aber in seiner Gnade hat Gott mir durch meinen jüngeren Bruder einen Blutsverwandten zugeführt, den ich wie meinen eigenen Sohn zu lieben gelernt habe."

Christopher Morgan trat zu Philip.

„Doch du sollst wissen, Philip, dass ich dir diese Bibel nicht nur deshalb übergebe, weil du mein einziger Blutsverwandter bist, den ich hier habe. Wenn ich nicht überzeugt wäre, dass Gott dich zum Hüter dieses Erbes erwählt hat, würde ich weiter warten, bis er den Richtigen zu mir bringt." Mit einem verschmitzten Lächeln fügte er hinzu: „Und genau das dachte ich, als du das erste Mal in meinen Wigwam kamst. Aber seitdem hast du dich dieser Ehre als würdig erwiesen. Zwei Dinge haben mich überzeugt. Erstens deine Beharrlichkeit. Als ich dich in den Wald schickte, wählte ich mit Bedacht einen Weg, der dich fast in heimatliche Gefilde führte. Du hättest einfach wieder nach Hause gehen können. Aber du kamst zurück. Und zweitens habe ich beobachtet, wie du an Glauben und innerer Reife gewachsen bist. Am deutlichsten hat sich das darin gezeigt, wie du auf deinen Bruder in Christus, John Wampas, zugegangen bist. Du hast Mut und Selbstlosigkeit bewiesen, das große Siegel eines rechten Christenmenschen und, wie ich hoffe und bete, auch der Familie Morgan. Philip, ich bin stolz darauf, deinen Namen den anderen Namen in dieser Bibel hinzufügen zu können."

Christopher Morgan öffnete den Einband der Bibel. Unter den Namen von Drew Morgan und ihm selber stand jetzt ein dritter:

Philip Morgan, 1729, Philipper 2:3-4

„Falls du den Bibelvers nicht gleich erkennst, er lautet so: *Tut nichts aus Eigennutz oder um eitler Ehre willen, sondern in Demut achte einer den andern höher als sich selbst, und ein jeder sehe nicht auf das Seine, sondern auch auf das, was dem andern dient.* Die Handschrift ist nicht meine, sondern Weetamoos Handschrift. Ich habe sie gebeten, für mich zu schreiben; du weißt ja, wie meine Hände zittern. Ich hatte Angst, du könntest es nicht lesen, wenn ich es selber schrieb."

Philip sah Weetamoo mit anerkennendem Lächeln an. Sie lächelte zurück.

„Mein Sohn, hiermit übergebe ich die Zukunft der Familie Morgan in deine Obhut. Mach nicht meinen Fehler, dass du die Deinen vernachlässigst. Wenn deine Arbeit hier beendet ist, kehre zu ihnen nach Cambridge zurück. Lehre sie die Liebe Gottes und die Kraft seines Wortes, sei ihnen ein Beispiel. Wenn dir auch sonst nichts gelingen sollte, so tue doch das Eine: Bring deine Familie in Einheit und Liebe zusammen. Meine Gebete begleiten dich."

Christopher Morgan ließ die Bibel los. Sie gehörte jetzt Philip. Das Symbol des Familienglaubens der Morgans war auf eine neue Generation übergegangen.

„Darf ich etwas sagen?", fragte Philip. Christopher Morgan nickte.

„Eigentlich fehlt in dieser Bibel ein Name - der meines Vaters, Benjamin Morgan. Es war seine Vision, die mich hierher brachte. Er war der erste in unserer Familie, der die Bedeutung dieser Bibel erkannte. Ich kann nur hoffen, dass er in dieser Stunde neben Drew und Nell Morgan steht und vom Himmel aus dieser Zeremonie zuschaut, ist sie doch der Beginn der Erfüllung seines Traums. Und Gott ist mein Zeuge, dass ich alles tun werde, um zu vollenden, was heute hier begonnen hat: Die Einigung der Familie Morgan."

Den Rest des Nachmittags verbrachten die vier Bewohner von Christopher Morgans Wigwam als Feiertag. Obwohl nicht blutsverwandt, waren sie zu einer Familie zusammengewachsen. Wampas und Weetamoo gratulierten Philip überschwenglich, als sie im Schatten des großen Baums am Adam-See Platz nahmen und sich ein kleines Festmahl aus Mais, Wild und Weetamoos Kastanien schmecken ließen. Sie hörten aufmerksam zu, wie der alte Patriarch die Geschichte vom Anfang des Familienglaubens der Morgans erzählte, wie er sie selber gehört hatte. „Die Geschiche beginnt auf Schloss Windsor", sagte er, „an dem Tag, an dem Drew Morgan Bischof Laud kennen lernte. Denn an diesem Tag begann der Lauf seines Lebens sich zu neigen ..."

Philip war enttäuscht, dass Weetamoo so ganz bestimmte, wann, wo und wie lange sie zusammen waren. Es gab Tage, wo er überzeugt war, dass sie mit ihm spielte. Wenn er am meisten in ihrer Nähe sein wollte, schien sie am kühlsten und unnahbarsten zu sein, und wenn er sie dann loslassen wollte, wurde sie wieder zugänglich. Es war die reinste Folter. Sollte er nicht lieber Schluss machen? Wenn nur nicht die paar Augenblicke, die sie zusammen verbrachten, besser gewesen wären als seine schönsten Träume ... Am Abend nach der Zeremonie, als seine Gedanken ganz auf Cambridge und die schwere Aufgabe, seine Familie zusammenzubringen, gerichtet waren, flüsterte sie ihm zu, dass sie ihn im Maisfeld treffen wollte, sobald Nanouwetea schlief.

Wampas schaute kaum auf, als Philip nach draußen schlüpfte, und fragte ihn nicht, wohin er wollte. So weit Philip wusste, sprachen Wampas und Weetamoo nie über den Abend, an dem er sie fast vergewaltigt hätte. Weetamoo schien damit zufrieden zu sein, die Sache auf sich beruhen zu lassen, Wampas dagegen wurde von Gewissensbissen geplagt. Philip konnte es in seinen Augen lesen. Der Indianer konnte sich selbst nicht vergeben. Er und Weetamoo waren nach wie vor Freunde, aber nie mehr wäre er fähig, ihr romantisch zu begegnen; es hätte ihn nur an seine Schande erinnert.

Und so vergrub er sich in sein Lernen. Als Philip an diesem Abend den Wigwam verließ, war Wampas in die lateinische Grammatik vertieft. Noch nie hatte Philip jemand erlebt, der so wissensdurstig war und so entschlossen, es zu schaffen. Manchmal konnte er kaum genügend Aufgaben finden, um Wampas zu beschäftigen. Er war der reinste Musterschüler, und die Beziehung zwischen Lehrer und Schüler heilte schneller als die Blessuren, die sie beide an dem Abend im Spielhaus davongetragen hatten. Philip genoss das Gefühl. Sein ganzes Leben lang hatte er sich leicht getan mit der Beziehung zur älteren Generation - zu seinem Vater, zu seinen Lehrern, zu Christopher Morgan. Das Problem waren immer die Gleichaltrigen gewesen. Wampas war eine wohltuende Ausnahme.

Philip trat in die helle Mondnacht hinaus. Es war ein vollkommener Abend. Der Mond hing groß und voll und tief über dem Maisfeld. Der Turm und die Maispflanzen schimmerten im Silberlicht. Seit dem Tag, an dem Weetamoo ihn mit Steinen beworfen hatte, war das Maisfeld ihr Treffpunkt. Es waren immer nur kurze Rendezvous gewesen, ein paar Worte, eine kurze Berührung der Hände, mehr nicht.

„Weetamoo!", rief er leise, als er die erste Reihe des Feldes erreichte. Die Kolben waren abgeerntet, die Stiele standen trocken, braun und spröde. „Weetamoo!", rief er noch einmal.

„Psst!“

Er hörte sie, aber sah sie immer noch nicht. Er beschleunigte seine Schritte und schaute in jede Maisreihe. Da sah er sie, am Ende des Feldes, die Hände unschuldig vor der Brust gefaltet, den Kopf leicht geneigt. Ihre Augen leuchteten unter den schwarzen Haaren, in denen das Mondlicht spielte. Sie lächelte warm und einladend. Philip konnte sich nichts Mächtigeres vorstellen als das Gefühl, das ihn bei dem Anblick durchströmte.

Er ging zu ihr. Der Wigwam und der Rest des Reservats waren nicht mehr zu sehen. Es war, als ob sie in einem Zimmer waren, allein nur für sich, mit dem Mais als Wand und dem Sternenhimmel als Decke.

„Danke, dass du gekommen bist“, sagte sie leise.

Philip grinste zu breit. Ihr Gruß amüsierte ihn - so höflich, so förmlich. Wenn sie nur wüsste, was für eine Macht sie über ihn hatte.

„Lachst du mich aus?“

„Nein, nein ...“, stotterte er. „Es ist nur ... ich meine ... Warum wolltest du mich sprechen?“ *Beherrsch dich,* meldete sich die innere Stimme, *sonst ruinierst du noch alles an diesem schönen Tag!*

Sie sah ihn einen Augenblick skeptisch an. „Ich wollte dir noch einmal persönlich gratulieren“, sagte sie. Sie trat immer noch nicht näher. „Nanouwetea ist mächtig stolz auf dich. Und ich auch.“

„Danke. Das bedeutet mir viel.“

Jetzt begann sie zu grinsen. „Das hätte ich zuerst nie von dir erwartet. Du hast mich wirklich überrascht. Und bekommen, wofür du hierher kamst.“

„Und noch mehr dazu!“

Weetamoo runzelte die Stirn. „Philip, fang damit nicht an, bitte! Du weißt, dass zwischen uns nichts sein kann ...“

Philip hob eine Hand, um sie zu unterbrechen. „Ich habe damit gerade gemeint, dass ich Christopher Morgan kennen lernen konnte! Als ich von Cambridge aufbrach, stellte ich mir nicht im Traum vor, dass ich einen meiner eigenen Vorfahren treffen würde."

Weetamoo legte ihre Finger über Mund und Nase, um ihre Verlegenheit zu verbergen. „Entschuldige, ich habe dich missverstanden."

Es trat eine lange Pause ein. Dann sagte Philip: „Aber da du gerade uns beide erwähnt hast ..."

„Es gibt kein ‚uns beide'! Es kann nicht sein!" Sie machte einen Schritt nach hinten.

Philip hob resigniert beide Hände und entschuldigte sich.

„Wann wirst du gehen?", fragte Weetamoo.

„Der Winter ist nicht mehr weit", sagte er. „Eigentlich sollte ich jetzt schon fort sein, aber Nanouweteas schwache Gesundheit hat die Arbeit am Lehrbuch ziemlich verzögert. Und Wampas macht gute Fortschritte, aber er wird noch ein paar Monate brauchen, bis er reif für die Aufnahmeprüfung ist ... Ich weiß nicht, ich muss einfach abwarten."

Weetamoo nicke und wischte ein paar widerspenstige Haarsträhnen aus ihren Augen. „Ich bin sehr stolz auf Wampas. Habe ich mich schon einmal bei dir bedankt, dass du ihm Unterricht gibst?" Sie kicherte. „Was für eine edle Geste von dir, obwohl er dir doch einmal deine Kleider gestohlen hat und du nackt durch das ganze Reservat laufen musstest!"

Philip lachte mit. „Erinnere mich nicht daran!"

„Es wird einsam hier sein, wenn ihr beide fort seid", seufzte sie.

„Weetamoo, ich habe darüber nachgedacht. Ich muss gehen, ich habe keine Wahl ... Aber ich habe beschlossen, zurückzukommen."

Ihre Reaktion war das genaue Gegenteil davon, was er erwartet hatte. „Rede nicht solchen Unsinn!" Ihre Augen blitzten wütend.

„Ich sage die Wahrheit!", protestierte Philip.

„Ich glaube dir nicht! Wohin willst du denn zurück? Nanouwetea wird tot sein und Wampas fort." Sie nahm einen trockenen Maisstengel und richtete ihn wie einen Zeigestock auf ihn. „Wir sind ein armes Reservat, das von den Brosamen der Leute in Charlestown lebt. Was willst du hier? Du hast in Harvard studiert - das ist dein Leben, und nicht das hier!"

„Ich will wiederkommen, um bei dir zu sein."

„Für einen studierten Mann kannst du manchmal wirklich dumm sein!"

Philip spürte, wie die Empörung ihm das Blut in Gesicht und Hals trieb. Er schüttelte seinen erhobenen Zeigefinger. „Ich habe es satt, dass man mich in diesem Reservat einen Dummkopf nennt! Und dass du mir meine Bildung vorhältst, als ob sie etwas Unanständiges wäre! Wenn ich sage, dass ich zurückkomme, dann komme ich zurück!"

„Sprich nicht so zu mir!" Sie verschränkte ihre Arme und drehte ihm den Rücken zu. „Entweder wir wechseln das Thema oder ich gehe. Ich kann jetzt nicht mehr darüber sprechen."

„Schön!"

„Schön was?", rief sie über ihre Schulter. „Willst du, dass ich gehe?"

Philip senkte seine Stimme. „Nein, ich habe gemeint: Schön, wechseln wir das Thema."

Sie schwiegen beide. Es war einfacher, das alte Thema fallen zu lassen, als ein neues zu finden. Die Stille hing wie eine Decke zwischen ihnen.

„Namumpum hat heute entbunden", meinte Weetamoo schließlich leise.

„So? Ich dachte, das sollte schon vor über einem Monat sein!“

Weetamoo nickte, ohne sich umzudrehen. „Namumpum war noch nie gut im Zählen. Wahrscheinlich hat sie sich in den Monaten vertan. Oder sie brauchte diesmal wirklich mehr Zeit. Sie hat zwei Jungen bekommen.“

„Zwillinge!“

Weetamoo warf ihm über die Schulter ein Lächeln zu und nickte, dann drehte sie sich langsam zu ihm um. „Sie sind beide schon recht groß. Und gesund. Namumpum ist dankbar, dass die Warterei vorbei ist.“ Sie fügte grinsend hinzu: „Obwohl ich ja finde, dass ihre Arbeit jetzt erst anfängt.“

Weetamoos Gesicht leuchtete, während sie darüber sprach. Sicher würde sie einmal eine wunderbare Mutter werden ...

Sie bemerkte seinen Blick. „Was ist los?“

„Nichts. Ich habe nur nachgedacht.“ Er verschränkte gleichgültig die Arme.

„Und was hast du gedacht? Du schienst weit entfernt zu sein.“

„Ich war auch weit entfernt. Ich habe gemerkt, wie dein Gesicht strahlt, wenn du über Kinder sprichst. Du wirst bestimmt einmal eine gute Mutter.

Weetamoo, wir müssen über uns beide reden.“ Die Haltung ihres Kinns und der Blick ihrer Augen sagten ihm, dass sie in Abwehrstellung ging, aber er musste einfach weitersprechen. „Ich habe tiefe Gefühle für dich, und sie werden nicht vergehen. Ich habe versucht, mir vorzumachen, dass sie nicht da sind, aber das ändert nichts an ihnen. Als ich vorhin sagte, dass ich zurückkomme, habe ich das ernst gemeint! Ich würde mit Freuden den ganzen Rest meines Lebens hier bleiben, wenn es hieße, dass ich bei dir bin.

Weetamoo, ich liebe dich!"

„Sag so etwas nicht!" Sie entfernte sich wieder ein Stück von ihm.

„Ich kann es nicht mehr zurückhalten! Ob du es hören willst oder nicht, ich muss es sagen, denn so sieht es in meinem Herzen aus!"

„Nein, so ist es nicht!" Feuchte Rinnsale liefen ihr über die Wangen und glitzerten im Mondlicht. „Wenn du nach Harvard zurückgehst, wirst du mich vergessen! Penelope wird auf dich warten, und du wirst nie zurückkommen, nie! Ich glaube dir nicht, Philip Morgan, ich glaube dir nicht!"

Sie drückte sich an ihm vorbei und lief davon. Einen Augenblick später war auch ihr Schluchzen nicht mehr zu hören.

Philip blieb mit hängenden Schultern, sein Gesicht zu den Sternen erhoben, zurück. Es war eine augenblickliche Resignation, mehr nicht, denn Weetamoos Ausbruch vermochte das Feuer in ihm nicht zu löschen. Je mehr er über sie nachdachte, desto stärker loderte es auf. Er hob seine Faust und stieß einen heftigen Schrei aus. Er schlug gegen einen Maisstengel. „Warum tut sie mir das an?", brüllte er die Stengel an.

„Warum lass ich mir das gefallen? Sie macht mich wahnsinnig!"

Er marschierte heftig atmend auf und ab, bis sein Zorn sich abzukühlen begann und sein Kopf klarer wurde. Das Feuer in ihm hatte nur kurze Zeit gedauert, aber ihm alle Kraft genommen. Er ließ sich auf die Knie fallen.

„Gott im Himmel", betete er, „vielleicht hat sie ja Recht, vielleicht bin ich wirklich so dumm wie Bohnenstroh, weil ich nicht weiß, wie ich mich benehmen soll. Ich mache alles falsch, jedes Wort ist falsch! Aber ich kann nicht aufhören, an sie zu denken, ich muss sie einfach lieben. Bin ich dazu verdammt, für den Rest meines Lebens eine Frau zu lieben, die meine Liebe nicht erwidert? Oder soll ich dich bitten, mir meine Gefühle für sie zu nehmen? Aber nein! Lieber lebe ich mit dieser unerfüllten Liebe, als dass ich aufhöre, sie zu lieben. Gott im Himmel, ich bin ein Narr! Lehre mich, klug zu sein. Zeige mir, was ich tun soll. Bitte Herr, zeige es mir!"

Ein leichter Wind raschelte in den Maisstengeln, als Philip seine Augen wieder öffnete. Er sog tief die Luft ein, erhob sich und wischte den Dreck von seinen Knien. Er fühlte sich besser. Jetzt war es nicht mehr allein sein Problem. Er war zuversichtlich: Gott würde ihn richtig führen. Er beschloss, zum Seeufer hinunter zu gehen, um eine Weile für sich allein zu sein. Er hatte keine Lust, jetzt zum Wigwam zu gehen. Weetamoo war noch wach, und Wampas würde sein Latein mit ihm üben oder seine Lektionen durchgehen wollen, und Philip war nicht danach zu Mute, Fragen zu beantworten. Er erreichte das Ende des Maisfeldes und wandte sich zum See. Da stand Weetamoo!

„Hast du ernst gemeint, was du gerade gebetet hast?", fragte sie.

„Du lauschst, wenn ich zu Gott bete?"

„Du betest ziemlich laut. Hast du es ernst gemeint?"

Philip schaute in ihre schwarzen Augen, in denen sich der Mond spiegelte. „Jedes Wort", erklärte er.

„Philip!" Weetamoo warf sich mit einer Wucht in seine Arme, dass er zurückstolperte. Sie küsste ihn auf den Mund. „Bitte, vergib mir ..." Auf sein Kinn. „... dass ich dir so weh getan habe." Auf seine Wangen. „Ich habe nur ..." Auf seine Nase. „Ich habe ..." Wieder auf den Mund. „... schreckliche Angst gehabt."

Das hier war zu schön, um wahr zu sein! Philip machte einen Schritt nach hinten, um sie zu betrachten. Er sah bodenlose schwarze Augen, die ihre Liebe verkündeten, ein zartes Gesicht. Er zog sie so heftig an sich, dass sie einen leisen Schmerzensschrei ausstieß. „Entschuldige Liebes", sagte er. „Aber ich kann es noch nicht fassen, dass ..."

„Sprich nicht mehr davon."

Er küsste sie. Und wieder und immer wieder.

Sie saßen auf dem Turm im Maisfeld. Ihr Rücken lag an seiner Brust, seine Arme waren um ihre Taille gelegt. Sie schauten zu, wie das letzte Stück der Mondscheibe unter den Horizont rutschte. Philip legte seine Wange auf ihr Haar. Er drückte sie leicht. Zur Antwort rieb sie mit einem zufriedenen Seufzer ihre Wange an seinem Arm. „Es ist wunderbar", sagte sie.

„Das will ich nicht bestreiten."

Sie legte ihren Kopf nach hinten. „Wann hast du zum ersten Mal gemerkt, dass du mich liebst?"

„So genau weiß ich es nicht", entgegnete er. „Es ist gewachsen."

„Gewachsen? Meinst du etwa, wie ein Pilz oder so?"

„Ich meine, als ich dich das erste Mal sah, spürte ich sofort, dass du etwas Besonderes bist. Dann habe ich gemerkt, wie ich dich immer öfter ansah. Manchmal dachte ich, wie es wohl wäre, wenn wir zusammen wären. Aber ich schob den Gedanken immer wieder fort. Erst heute Abend habe ich richtig gemerkt, wie sehr ich dich liebe. Die Vorstellung, nicht mehr in deiner Nähe zu sein - es war mir unerträglich."

„Warum hast du den Gedanken fortgeschoben?"

„Wegen der Art, wie du mich behandelt hast. Jedes Mal, wenn etwas uns zusammenbrachte, nahmst du mir den Wind aus den Segeln. Ich dachte, du hasst mich."

„Nein", sagte Weetamoo leise. „Genau das Gegenteil."

„Jetzt verstehe ich überhaupt nichts mehr."

„Ich hielt dich auf Abstand, weil ich unsicher war. Wenn ich dich nicht verjagte, brauchtest du nur ein Wort zu sagen, eine Geste zu machen oder mir in die Augen zu sehen und es wäre aus mit mir. Ich ließ dich nur dann in meine Nähe, wenn ich mich stark genug fühlte, dir zu widerstehen."

„Aber wenn du mich die ganze Zeit liebtest, warum wolltest du dann nicht, dass ich es merke?"

Er spürte, wie sie zitterte. Er zog sie fester an sich. Ihre Stimme war traurig, als sie sagte: „Weil ich weiß, dass du nie wiederkommen wirst, wenn du gehst."

„Wie kannst du das nach dem heutigen Abend noch sagen?"

„Glaubst du nicht, dass ich dir glauben will? Ich kann es nicht erklären, ich spüre es einfach."

„Aber warum sind wir dann jetzt hier und küssen und umarmen uns?"

Sie rieb ihre Wange an seinem Arm. „Weil ich dich liebe. Ich kann dich vielleicht nicht für immer haben, aber wenigstens für diese eine Nacht."

Er beugte sich über sie und flüsterte ihr ins Ohr: „Ich liebe dich, Weetamoo, und ich verspreche dir: Nichts wird mich daran hindern, zurückzukommen. Nichts."

„Sprechen wir von etwas anderem", bat sie ihn.

„Wie kann ich dich überzeugen, dass ich wiederkomme?", fragte Philip.

Weetamoo dachte einen Augenblick nach. „Wenn ich dich wieder in diesem Maisfeld stehen sehe, dann werde ich überzeugt sein."

Im Laufe des Winters bekam Christopher Morgan ein Rasseln in seiner Brust, das nicht mehr verschwand. Er starb im Mai, nicht lange nachdem der Frühling die letzten Reste eines ungewöhnlich harten Winters fortgewischt hatte. Am

Abend vor seinem Tod hatte er noch gesagt, dass das Lehrbuch jetzt beinah fertig und er mit dem Ergebnis sehr zufrieden war. Zur Feier des Tages hatte er den Korb mit den Kastanien umherreichen lassen, dann hatte er gute Nacht gesagt und sich wie immer schlafen gelegt. Er wachte nicht mehr auf. Als Weetamoo ihn am nächsten Morgen nicht aufwecken konnte, rief sie Philip, der ihr bestätigte, dass eingetroffen war, was sie schon so lange befürchtet hatten: Christopher Morgan war tot.

Jahrelang schon hatte Nanouwetea freimütig über seinen Tod gesprochen. Er wollte in dem Reservat begraben werden, in dem er den größten Teil seines Lebens verbrachte, und das Begräbnis sollte die beiden Kulturen, in denen sich sein Leben bewegt hatte, widerspiegeln: Die Kultur der Puritaner und die der Narragansett. Dazu kam eine ganz besondere Note.

Es war unter den Narragansett üblich, sich zum Zeichen der Trauer das Gesicht schwarz anzumalen, vergleichbar der schwarzen Trauerkleidung der Kolonisten. Christopher Morgan hatte sich weder für noch gegen diese Sitte ausgesprochen und überließ sie dem einzelnen Trauernden. Die Trauerzeit konnte sich, wenn der Verstorbene eine große Persönlichkeit gewesen war, über ein ganzes Jahr hinziehen. Es war bei Strafe verboten, den Namen des Verstorbenen auszusprechen; wer denselben Namen hatte, änderte ihn. Christopher Morgan billigte diese Sitte nicht, aber da er wusste, dass viele Indianer sich so oder so danach richten würden, hatte er auch hier keine besonderen Instruktionen gegeben. Was das Grab betraf, so bestatteten die Narragansett ihre Toten mit angezogenen Knien - wie ein ungeborenes Kind - und nach Südwesten ausgerichtet, denn sie betrachte-ten den Tod als Geburt hinein in eine andere Lebensform und glaubten, dass Cautantowwit, der Gott der Unterwelt, im Südwesten wohnte; ein riesiger Hund bewachte das Totenreich und schützte seine Bewohner.

Christopher Morgan hatte Anweisung gegeben, ihn nach der Sitte der Narragansett zu bestatten, also mit angezogenen Knien und nach Südwesten gerichtet; als „englischen“ Beitrag wollte er jedoch zusätzlich einen Grabstein haben. Weder die Puritaner noch die Indianer hielten Grabreden über ihren Verstorbenen. Christopher Morgan jedoch hatte Philip gebeten, bei dem Begräbnis einige Worte zu sagen. Er sollte den Trauergästen erklären, dass Nanouwetea sich mit angezogenen Knien begraben ließ, weil auch er glaubte, dass der Tod eine Geburt in ein neues Leben war; ferner, dass, auch wenn sein Leichnam der Sitte gemäß nach Südwesten gerichtet lag, seine Seele jetzt mitnichten im Haus von Cautantowwit wohnte, sondern im Himmel bei Gott.

Der Begräbnistag kam mit trübem Wetter. Eine feierlich-düstere Stimmung lag über dem Reservat, auch bei denen, die nicht den Glauben des alten Missionars teilten, aber seine Weisheit und Führungsqualitäten schätzen gelernt hatten. Hier hatte ein ehrlicher, vertrauenswürdiger weißer Mann gelebt - eine wahre Seltenheit. Die Gemeindemitglieder spürten den Verlust stärker. In langer Prozession kamen sie in den Wigwam, wo sie Weetamoo, Wampas und Philip mit dem traditionellen Kutchimmoke, „Sei getrost“, bei dem man über die Wange des Trauernden strich, trösteten.

Am Grab las Philip aus der Algonquin-Bibel den berühmten Auferstehungsabschnitt aus dem ersten Thessalonicherbrief Kapitel 4. Philip malte den Trauergästen vor, wie herrlich es für Christopher Morgan sein musste, wieder mit seinem Vater und seiner Mutter vereint zu sein, vom klaren Wasser des Stroms zu trinken, der vom Thron Gottes fließt, und in die Wohnung zu gehen, die Jesus Christus ihm im Vaterhaus bereitet hatte.

Nach dem Gottesdienst saßen Weetamoo, Wampas und Philip noch bis spät in die Nacht zusammen und erzählten sich tausend Geschichten über Christopher Morgan. Als sie sich endlich schlafen legten, kam ihnen der Wigwam merkwürdig leer vor. Ihr Vater, Vorfahr, Ratgeber und Freund - er war nicht mehr da.

Den Rest des Monats Mai bis Mitte Juni arbeiteten Weetamoo und Philip intensiv an der Fertigstellung von Christopher Morgans Lehrbuch, mit größter Sorgfalt und entschlossen, ihr Allerbestes zu geben, um dem Verfasser des Buchs keine Schande zu bereiten. Aber es gab noch einen zweiten, unausgesprochenen Grund für ihr langsames Tempo: Wenn das Buch fertig war, würde Philip nach Hause gehen.

Philip bereitete Wampas auch weiterhin auf die Aufnahmeprüfung in Harvard vor, die, wenn möglich, im August stattfinden sollte. Abends, wenn Wampas studierte, gingen Philip und Weetamoo im Maisfeld oder am Ufer des Sees spazieren oder setzten sich auf den Turm und sprachen bis spät in die Nacht miteinander. Zuerst machte Philip sich Sorgen, dass Wampas etwas gegen ihre Zusammenkünfte haben könnte. Er fragte den Indianer schließlich danach, und zu seiner großen Erleichterung fand Philips Beziehung zu Weetamoo seine Billigung.

Er meinte dazu: „Es kann nur eine große Liebe im Leben eines Menschen geben, und ich habe mich in die Welt des Wissens verliebt. Ich werde Weetamoo stets als meine Schwester lieben, aber mehr könnte ich ihr nicht geben. Sie würde immer erst an zweiter Stelle nach dem Lernen kommen, und das wäre nicht recht."

Weetamoo war über diese Worte nicht weniger erfreut als Philip. Die drei hatten sich noch nie so gut verstanden wie in diesen Wochen.

Noch eine andere Beschäftigung hatte Philip, und sie war eine Überraschung für ihn. Mehrere Gemeindemitglieder, die früher Rat suchend zu Nanouwetea gekommen waren, erschienen weiter im Wigwam und baten jetzt Philip um seinen Rat. Er half ihnen, Streitigkeiten beizulegen und sich zu versöhnen und beriet junge Paare, die ans Heiraten dachten. Es war eine Arbeit, die er gerne machte und wusste nicht, worüber er sich mehr freute: Dass sie ihn akzeptierten oder dass sie ihn als Nachfolger seines weisen Vorfahren sahen.

Der Gedanke an den Abschied fiel ihm nicht leicht. Es war schwer, das Reservat zu verlassen, doppelt schwer, von Weetamoo Abschied zu nehmen. Aber das Lehrbuch war jetzt fertig; er würde es mitnehmen und in Boston drucken lassen. Wampas war auf seine Aufnahmeprüfung vorbereitet, und in gut einem Monat würde der Unterricht beginnen. Philip besaß die Familienbibel der Morgans und hatte viel unerledigte Arbeit zu Hause in Cambridge. Er konne es nicht länger aufschieben; er musste gehen.

Sie standen unter dem großen Baum am Seeufer. Es war Philips letzter Abend im Reservat. Am Morgen würde er mit Wampas nach Cambridge aufbrechen. Er hielt Weetamoo in seinen Armen. Wie gut sich das anfühlte, wie natürlich; am liebsten hätte er sie nie mehr losgelassen.

„Ist dein Pferd bereit?" Er spürte ihre Bewegung an seiner Brust, als sie sprach.

„Ja. Obwohl es mich wohl kaum noch erkennen wird. Der Stamm vom Großen Sumpf hat es sehr verwöhnt."

„Ihr werdet das arme Tier doch sicher nicht zu zweit reiten, du und Wampas?"

Philip lächelte. „Wir wechseln uns ab. Erst reite ich ein

paar Meilen, dann binde ich das Pferd an und laufe weiter. Wenn Wampas das Pferd erreicht, reitet er ein paar Meilen und überholt mich, dann bindet er es an, und so weiter."

„Ich werde dich vermissen."

Philip fasste sie an den Schultern und sah ihr gerade in die Augen. „Ich komme zurück, das verspreche ich dir!"

Tränen füllten ihre Augen. „Das möchte ich sehr gerne glauben ..."

„Dann glaube es!"

Sie antwortete mit einer so festen Umarmung, dass ihm die Luft wegbleiben wollte.

„Ein Jahr? Zwei?", fragte sie.

„Wenn ich sowieso hierher zurückkomme, muss ich mein Studium nicht abschließen."

Sie schüttelte den Kopf. „Das haben wir doch schon besprochen. Du weißt ja nicht, was aus deiner Familie geworden ist. Du wirst Zeit benötigen, um die zerbrochenen Verbindungen wieder neu zu knüpfen. Während dieser Zeit kannst du genauso gut dein Studium fertig machen."

Er kannte das Argument nur zu gut; sie hatte ja Recht. Er nickte stumm.

„Schreibst du mir?"

„Also, viel Erfolg mit Briefen hatte ich ja nicht, das weißt du ja", sagte er. Sie kicherte. „Aber ich werde dir schreiben, das verspreche ich."

„Ich weiß."

„Und ich komme zurück!"

Sie standen noch lange Arm in Arm im Mondlicht, das seine Diamanten auf das Wasser des Sees warf. Sie wussten beide: Es gab keine Garantie, dass sie sich je wieder umarmen würden.

Die Hufe des Pferdes klapperten über die Holzbrücke,

die den Charles River überspannte. Philip war jetzt fast zu Hause. Wampas war vielleicht eine Meile hinter ihm. Drei Jahre lag es jetzt zurück, dass Philip aufgebrochen war. Drei Jahre ohne jedes Lebenszeichen von den Seinen. Er wusste nicht, was ihn erwartete, aber er verspürte eine freudige Spannung, als er die Straßen und Brücken und Häuser sah, die so fest zu seinem Leben gehört hatten. Die Farben überraschten ihn. Im Reservat herrschten das Braun der Erde und der Wigwams und das Blau des Himmels vor. Hier war alles bunt: Die Häuser, die Schilder, die Zäune. Es war eine andere Welt.

Er ritt zu seinem Elternhaus. Bestimmt waren Jared und seine Freunde Chuckers und Will wieder am Fluss. Aber dort war niemand zu sehen. Philip musterte jede Handbreit der Hausfassade, während er abstieg. Wilde Vorfreude ließ sein Herz galoppieren als er die Stufen hinaufstieg und die Haustür öffnete.

„Mutter? Jared? Priscilla? Ich bin's - Philip! Ich bin wieder da!"

Stille. Dann bemerkte Philip, dass der Eingangsflur sich verändert hatte: Andere Möbel, andere Tapeten. Aber nun ja, wer konnte im Ernst erwarten, dass sich in drei Jahren überhaupt nichts veränderte?

„Was macht Ihr in meinem Haus, junger Mann?" Ein untersetzter, rundbäuchiger Mann kam aus dem Studierzimmer. Auf seiner Nasenspitze saß eine Brille, über deren Rand ein empörtes Augenpaar Philip anstarrte. „Ich muss Euch bitten, sofort zu gehen!"

Eine Frau im mittleren Alter, genauso klein und dick, kam die Treppe herunter. „Arthur? Hast du etwas gesagt?" Sie fuhr zusammen, als sie Philip sah. „Arthur, wer ist das?", fragte sie irritiert.

„Das weiß ich auch nicht", erklärte der Mann.

„Warum hast du ihn dann hereingelassen?"

„Ich habe ihn nicht eingelassen, er ist einfach hereingekommen!"

„Mein Gott!" Eine Hand der Frau krampfte sich um den Kragen ihres Kleides und zog ihn höher.

„Was macht Ihr hier?", fragte Philip.

„Ich glaube, die Frage solltet eigentlich Ihr beantworten!" Der Mann wurde mit jeder Sekunde aufgeregter.

„Das ist mein Haus!", sagte Philip. „Ich wohne hier!"

Der Mann trat zwischen seine Frau und den ungebetenen Gast. „Junger Mann, ich bin kein Mann, der Schabernack duldet! Entweder Ihr geht sofort, oder ich bin gezwungen, meinen Säbel zu holen!"

„Ich gehe nicht, bevor ich nicht ein paar Antworten bekommen habe!", brüllte Philip.

„Probleme, Sir?" Ein massiger schwarzer Diener erschien hinter Philip in der Tür.

„Abel, dieser junge Schnösel ist hier eingedrungen! Wirf ihn hinaus."

„Yes, Sir."

„Wartet!" rief Philip. Aber der Diener hatte ihn schon gepackt. Philip flog die Stufen hinab. Er stand wieder auf. Sollte er den Diener angreifen? Aber der schien seine Gedanken lesen zu können. Er machte zwei Schritte zu Philip. Je näher er kam, desto größer wurde er. Philip bestieg sein Pferd.

Er ritt zu Wampas. Gemeinsam gingen sie in die Brattle Street. Penelope war nicht zu Hause. Ihr Vater, Dr. Chauncy, schien nicht erfreut, Philip zu sehen. Die Unterhaltung war kühl und kurz, und Philip erfuhr mehrere bestürzende Neuigkeiten. Vor etwa zwei Jahren hatte seine Mutter Daniel Cole geheiratet, worauf das Haus der Morgans verkauft worden war. Außerdem, so Dr. Chauncy, hatte Philip vor drei Jahren das Herz seiner Tochter gebrochen und noch nicht einmal den Anstand besessen zu schreiben; wenn er es wagte, sich noch einmal hier blicken zu lassen ...

Ein verwirrter Philip verließ Dr. Chauncys Haus. Was nun? Es war Wampas, der ihm das Naheliegende sagte: Geh zuerst zu deiner Mutter. Er bot sich an, so lange zurück in den Wald zu gehen und dort zu bleiben, bis Philip ihn holte. Doch davon wollte Philip nichts hören, nein, Wampas sollte bei ihm bleiben. Und so nahmen die beiden Freunde die Fähre von Cambridge nach Boston.

Es war nicht schwierig, sich zu Daniel Coles Haus durchzufragen; schließlich war es das einzige Gebäude in seiner Straße, über dessen Tür ein riesiger Zinnkessel hing. Eine Dienerin öffnete auf Philips Klopfen. Er stellte sich vor und fragte nach seiner Mutter.

Ein paar Augenblicke später hörte er von der anderen Seite der Tür Stimmen. „Mein Philip? Kann das wahr sein? Philip?"

Die Tür öffnete sich weit, das angespannte Gesicht von Constance Morgan Cole erschien.

„Ich bin nach Hause gekommen, Mutter", sagte Philip.

Constance sah ihn an, dann an ihm vorbei zu Wampas. Ihre Augen rollten nach oben, sie fiel in Ohnmacht. Zwei Diener halfen Philip, sie in den Salon zu tragen, während die Dienerin davonlief, ein nasses Tuch zu holen. Mehrere besorgte Augenblicke später öffneten sich Constance Coles Augen wieder. „Philip, bist du das? Bist du es wirklich?"

Die tiefe Stimme von Daniel Cole unterbrach sie. „Was geht denn hier ...?" Dann sah er Philip. Ein ärgerlicher Schock fuhr kurz über sein Gesicht, dann erschien ein joviales Grinsen. Er lachte dröhnend. „Mensch, da ist ja unser Philip!" Er warf einen misstrauischen Seitenblick auf Wampas, der still in einer Ecke stand. „Was für eine freudige Überraschung! Willkommen zu Hause, Junge, willkommen!"

Kapitel 19

Ein fester Tagesrhythmus mit herrlichen Abenteuereinlagen - so erlebte Jared das Piratenleben. Die meisten Matrosen fanden den Tagesrhythmus langweilig. Nicht so Jared. Er liebte alles an seinem neuen Leben, und wenn es das Schrubben des Decks oder das Entrosten eines Ankers war. Anfangs verstand er selber nicht recht, dass ihm die Arbeit solchen Spaß machte, hatte er doch zu Hause oft alle Register seiner fruchtbaren Phantasie gezogen, um ihr aus dem Weg zu gehen. Doch hier auf See schien es anders zu sein. Lag es vielleicht daran, dass seine Welt hier kleiner, überschaubarer war? Sein ganzes Universum hieß jetzt Dove und bestand aus einem Zweimaster, aber es war von Bug bis Heck sein Universum, und für dieses Universum tat er alles.

Bei Tagesanbruch begann die Morgenwache ihren Dienst: Sie schrubbte das Deck, füllte das Wasserfass mit frischem Trinkwasser und schoss das Tauwerk auf. Diese Arbeiten dauerten gewöhnlich zwei Stunden, bis zu sieben Glasen - halb acht - , wenn alle ihr Frühstück bekamen, das gewöhnlich aus kaltem Pökelfleisch und Schiffszwieback bestand. Um acht Glasen begann die Tagesarbeit, die bis zum Sonnenuntergang fortdauerte.

Außer dem eigentlichen Segeln und dem Wachdienst oblag den Matrosen auch die Instandhaltung ihres Schiffes.

Der Erste Maat, Tracy, drückte es so aus: „Ein Schiff ist wie eine Damenuhr, man muss es ständig reparieren.“ Nach dem Auslaufen aus einem Hafen musste das laufende Tauwerk überprüft und alles, was schadhaft war, ersetzt werden. Darauf wurde das stehende Tauwerk auf Verschleiß überprüft und entsprechend repariert. Die kleineren Taue stellte man aus gebrauchten Tauen an Bord selber her. Beim Takeln war es selten, dass man ein Tau zog, ohne dass ein anderes verändert werden musste. Dazu das ständige Teeren, Ölen, Firnissen, Anstreichen, Entrosten und Schrubben, und der Tag füllte sich wie von selber. Und wenn es wirklich nichts anderes zu tun gab, musste wieder einmal irgendein Teil des Schiffs mit Werg behandelt werden: Lose gedrehter und mit Teer getränkter Hanf, den man als Dichtungsmasse in die hölzernen „Nähte“ des Schiffs presste. Aber gleichgültig, was die Arbeit war, Jared Morgan gefiel sie.

Die ersten Worte, die Käpten Devereaux an Jared richtete, waren eine Rüge. Jared hatte das Deck fertig geschrubbt, mehr als zeitig vor dem Frühstück. Da er nicht wusste, dass es eine Sünde war, wenn ein Matrose nichts zu tun hatte, stellte er sich an die Reling und betrachtete den Sonnenaufgang, während er auf das Frühstückssignal wartete. Da kam der Kapitän an Deck und befahl seinem herumlungernden Mann, auf der Stelle den Großmast von oben bis unten zu schmieren. Jared war so erfreut über die neue Aufgabe, dass er sie überhaupt nicht als Strafe empfand. Er packte sich einen Eimer Fett - es roch nicht viel besser als Schlagwasser - und kletterte auf den Großmast. Es war das erste Mal, dass er den Mast bestieg. Endlich ging sein großer Wunsch, den er seit seiner ersten Woche an Bord hatte, in Erfüllung! Mit jedem Fuß, den er nach oben stieg, wurde das Schaukeln des Schiffs spürbarer. Dort oben fühlte er sich, als ob er durch den Himmel segelte.

Jared gewöhnte sich im Nu an seine neue Umgebung. Während die meisten anderen frisch gebackenen Matrosen in den ersten zwei bis drei Tagen seekrank über der Reling hingen, wurde es Jared nicht einmal übel. Jetzt hing er wie ein kopfstehendes Pendel am Großmast, war noch vor dem Frühstück mit dem Schmieren fertig und verschlang sein Essen, als sei er ein alter Seebär - mit einem Unterschied: Alte Seebären grinsten nicht den ganzen Tag.

Für James Magee und Benjamin Wier war Jareds so schnelle und bereitwillige Verwandlung zum Matrosen ein Elend mehr. Die Dove fuhr jetzt südlich auf die Bahamas zu, die mit ihren zahlreichen Inseln und Buchten ein beliebter Piratenschlupfwinkel waren. Für die Mannschaft war es eine Art Probefahrt. Sobald sie die Bahamas erreichten, würden sie das Schiff bei Ebbe in einer Bucht kielholen und seinen Rumpf von den verschiedenen Muschel-, Krebs- und sonstigen Krusten befreien, um es schneller zu machen, ein Muss für ein Piratenschiff. Die „Jagdsaison" auf den Handelsrouten kam näher, und Kapitän Devereaux wollte, dass Schiff und Besatzung bereit waren. Um die Mannschaft auf Trab zu bringen, veranstaltete er Wettkämpfe zwischen der Backbordwache, die in Ermangelung eines Zweiten Maats Kanonier Rudy Shaw unter sich hatte, und der Steuerbordwache des Ersten Maats Patrick Tracy. Aber zuerst mussten die neuen Matrosen angelernt werden, bevor der Erste Maat sie auf die Wachen aufteilen würde.

Jared war der Favorit unter den beiden Wachoffizieren, und für Shaw war es klar, dass der Erste Maat ihn in seine eigene Wache stecken würde. Von den beiden übrigen Neulingen zog er Wier nicht gerade vor. Bei jeder Gelegenheit meckerte und krähte Shaw über den unbeholfenen Wier.

Sturmwolken kamen am Horizont auf, als der Teil der Mannschaft, der gerade keine Wache hatte, sich zu einer

Übung auf dem Vorderdeck versammelte. Erster Maat Tracy erklärte die Übung: „Seht ihr das Ding da, Leute?“ Er zeigte auf eine Art dicker Stange, die vom Bug des Schiffs nach vorne stand. „Falls ihr's noch nicht wisst, das ist der Bugspriet. Manchmal verheddert sich ein Tau am Sprietsegel, und dann muss einer hinklettern und es wieder losmachen. Könnt ihr raten, wer das ist?“ Er grinste breit, seine roten Augenbrauen hüpften rauf und runter. Die Matrosen auf dem Vorderdeck lachten über die nervösen Gesichter der Neulinge. Tracy fuhr fort: „Ist was vom Feinsten, was wir an Bord zu bieten haben. Wier, du zuerst! Kletter auf den Bugspriet, berühr die Spitze und komm zurück. Einfache Sache!“ Er schaute zu der näher kommenden Wolkenwand. „Bringen wir's hinter uns, bevor der Sturm da ist! Los, Wier!“

Wier stand stumm an seinem Platz, die Augen auf den auf und ab tanzenden Bugspriet geheftet. Das einzige „Geländer“ für die Kletteraktion waren der Spriet selber und die Takelage; unten war nichts als die schäumende See. Wer vom Bugspriet fällt, wird vom eigenen Schiff überfahren ...

„Mach schon, Wier.“ Shaws Stimme klang verächtlich.

Benjamin Wier starrte auf den Bugspriet und schüttelte den Kopf. „Ich glaub, das kann ich nicht“, murmelte er.

„Das muss jeder Seemann schaffen“, sagte der Erste Maat.

„Du kannst es, Wier“, sagte Jared.

Benjamin Wier sah Jared an, der ihm aufmunternd zunickte.

Wier ging langsam zum Bugspriet, setzte sich rittlings darauf und schaute nach vorn auf seine Spitze, die mal hoch in den Himmel, mal tief ins Meer hinunter zeigte.

„Du schaffst es, Wier!“ Magee schloss sich Jared an.

Wier umklammerte den Spriet mit beiden Händen und begann sich langsam nach vorn zu schieben. Er sah aus wie eine Raupe auf einem Baumast. Sein Kopf schob sich über den Bug des Schiffs, dann sein Körper, zum Schluss seine Beine, bis nichts als die Wellen unter ihm war. Er sah nach unten und erstarrte.

„Bis nach vorne, Wier!", rief Shaw. „Schlafen kannst du ein andermal!"

„Lass dich nicht beirren!", rief Jared, was ihm einen bissigen Blick von Shaw eintrug. „Schau nicht nach unten, schau den Spriet entlang und kriech weiter!"

„Komm, Wier, auf geht's!", rief der Erste Maat.

Aber ihre Worte erreichten ihn nicht. Benjamin Wier klebte am Spriet, traute sich nicht vor und nicht zurück. Den Kopf auf das Holz gepresst und die Augen geschlossen, klammerte er sich in Todesangst fest. Schließlich kletterte Tracy zu ihm hin. Als er Wiers Fuß berührte, zuckte dieser zusammen und umklammerte den Spriet noch fester, die Augen vor Panik weit geöffnet. Nach einer Weile konnte Tracy ihn dazu bringen, Zentimeter um Zentimeter zurück auf den Bug zu kriechen, wo er vom Spriet herunterrollte und wie ein nasser Sack auf Deck sank. Tracy half ihm zur Seite, wo er sich mit dem Rücken zur Reling hinkauerte und verstört und nicht ansprechbar vor sich hinstarrte.

„Was für ein männliches Beispiel!", krähte Shaw.

„Halt's Maul, Shaw!", rief Jared.

Der Kanonier sprang zu ihm hin. Der Erste Maat wies ihn mit einem Blick in die Schranken, dann sagte er zu Jared: „Schluss, Morgan! Magee, du bist der Nächste!"

Der heranziehende Sturm begann die Wellen so aufzupeitschen, dass der Bugspriet immer wilder tanzte, jetzt auch seitwärts. James Magee trat vorsichtig zu dem Spriet, schwang seine Beine darüber und schob sich langsam über den Bug. Die hochspritzende Gischt begann den Bugspriet glitschig zu machen. Magee rutschte aus und konnte gerade noch verhindern, dass er mit dem Kopf nach unten kippte. Ein

Hochruf belohnte ihn, als er die Spitze des Spriets berührte und den Rückweg begann, der doppelt so lange dauerte. Breit grinsend sprang er zurück auf Deck. Erneutes Hurra.

„Nicht schlecht für einen Neuen“, meinte der Erste Maat. „Würde nicht gern auf ein Riff zusteuern, während wir auf euch da vorne warten, aber nicht schlecht.“

Der Regen und der Hagel begannen, der Sturm war da. Der Bugspriet tanzte heftiger; wie ein sich aufbäumendes Pferd schoss er nach oben, um sich gleich danach regelrecht in das Wasser zu bohren. Tracy sagte: „Sorry, Morgan, sieht so aus, als ob du warten musst.“

„Nein, gleich jetzt!“, rief Shaw.

„Zu rau jetzt! Später!“

„Du verwöhnst ihn ja! Entweder er kann es oder er kann's nicht. Jetzt kann er es zeigen!“

Käpten Devereaux, in Ölzeug gekleidet, hatte sich zu den Männern auf dem Vorderdeck gesellt. Tracy bat ihn zu entscheiden. Aber das tat er nicht.

„Ich schaffe es!“, sagte Jared zu Tracy.

„Zu gefährlich für ´nen ersten Versuch. Der Spriet ist jetzt rutschig und die Taue auch. Wär selbst für ´nen alten Seebären schwer“, erklärte Tracy.

„Hör auf, ihn zu bemuttern!“, rief Shaw. „Ist er jetzt ein Matrose oder nicht?“

„Das ist meine Entscheidung, Shaw!“, rief Tracy zurück.

„Ein Matrose muss doch so was können, oder Mr. Tracy?“, fragte Jared.

Der Erste Maat sah ihn fest an.

„Ich kann es“, sagte Jared.

„Also gut - los!“

Jared sprang zur Basis des Spriets hinunter und ging in Wartestellung. Er sah zur Spitze, die wie ein Wildpferd auf und nieder sprang.

„Worauf wartest du?“, rief Shaw.

Kurz bevor der Spriet seinen Gipfel erreichte, sprang Jared mit aller Kraft nach vorn. Er hatte es perfekt abgepasst. Er traf den Spriet in genau dem Augenblick, wo dieser den höchsten Punkt erreichte, und presste sich mit Armen und Beinen an ihm fest. Der Spriet schoss wieder nach unten. Zwei Brecher kamen von vorne, direkt hintereinander. Jared hielt sich fest, seine Füße hakten sich in die Takelage. Er berührte das Ende des Spriets, als dieser in die nächste Welle krachte. Jetzt war er unter Wasser, seine Füße baumelten frei. Hing er überhaupt noch an dem Spriet? Aber da schoss der Spriet wieder nach oben und riss ihn zurück aus dem Wasser. Er hing an beiden Händen vom Ende des Spriets herab. Jetzt war der Gipfel wieder erreicht. Jareds Hände begannen den Spriet hinunterzurutschen. Wäre er noch weiter hochgestiegen, er wäre vollends abgerutscht. Er stoppte die Rutschbewegung und sah hinunter in den Ozean. Jetzt schoss das Wasser wieder auf ihn zu. Kurz bevor es ihn erreichte, gelang es ihm, ein Bein über den Spriet zu schwingen. Als er wieder hochkam, merkte er, dass er sich gedreht hatte und mit dem Gesicht zum Schiff saß. Zwei Brecher später stand er wieder auf Deck. Es schien wie ein sicherer Fels nach dem Bugspriet; so erleichtert hatte er sich schon lange nicht mehr gefühlt.

Kein Hurra begrüßte ihn. Das Vorderdeck war leer, das Schiff brauchte jeden Matrosen in diesem Sturm. Nur der Erste Maat stand noch da.

„Gut gemacht, Matrose!“, schrie er über das Tosen der See. Er packte Jareds Hand und schüttelte sie fest. Der Kapitän, der auf dem Hauptdeck stand, blickte auf, als der Maat und Jared an ihre Plätze eilten. Sein Blick blieb bei Jared. Er nickte.

Der Sturm dauerte zwei Tage, und die ganzen zwei Tage

musste Benjamin Wier den Schimpf und Spott seines Wachoffiziers Rudy Shaw ertragen. Mit jeder neuen Demütigung schien der junge Mann sich mehr in sich zurückzuziehen. Er sprach mit niemand, aß kaum und erledigte seine einfachen Arbeiten wie ein Schlafwandler. James Magee dagegen schien sich allmählich mit seinem Schicksal abzufinden und zeigte wieder ein Stück von der feuchtfröhlichen Art, die er beim ersten Treffen mit Jared in Coles Lagerhaus an den Tag gelegt hatte.

Der dritte Tag begann mit blauem Himmel und warmem, trocknenden Sonnenschein. Die See hatte sich beruhigt, der Wind reichte gerade, um die Segel zu blähen. Es war die vollkommene Meeresidylle. Nach dem Deckschrubben und Frühstück waren die Matrosen an ihre unterschiedlichen Arbeiten gegangen, als plötzlich der Ruf „Land in Sicht!" erscholl. Jareds Augen folgten dem Blick der erfahreneren Matrosen zur Leeseite. Über den gesamten Horizont zog sich ein Landstreifen, das erste Land, das Jared sah, seit er an Bord gekommen war.

Den Schiffsoffizieren schien der Landstreifen nicht zu gefallen. Nach dem, was Jared aufschnappen konnte, hatten sie ihn nicht erwartet. Der Kapitän befahl, nach Backbord zu drehen, während er seine Instrumente prüfte. Der Landstrich wurde größer. Während der Ausguck die Anweisung bekam, nach Orientierungspunkten auszuschauen, die ihnen zeigen konnten, wo sie waren, versuchten Kapitän und Erster Maat, herauszufinden, welches der Navigationsinstrumente falsch angezeigt hatte, das Chronometer oder der Sextant. Das Schiff war bereits gut in Sichtweite der Küste, als man herausfand, dass das Chronometer der Übeltäter war. Die Dove befand sich vor der Küste von Florida. Der Kapitän befahl, nach Steuerbord abzudrehen, um zurück auf die hohe See zu kommen.

PLATSCH!

„Mann über Bord! Mann über Bord!" Der Schrei kam von der Steuerbordwache.

„Was ist los?", brüllte der Kapitän.

„Wier, Sir", sagte Whitmore. „Ist über Bord gesprungen. Absichtlich."

Alle Augen suchten nach Benjamin Wier, während der Kapitän befahl, beizudrehen. Da war Wier. Er schwamm in Richtung Küste. Seine ungelenken Armbewegungen verrieten Jared, dass er kein sehr guter Schwimmer war.

„Das schafft er nie", sagte Tracy. „Ist ´ne Ecke weiter, als es aussieht."

Der Bug des Schiffs drehte sich, und Jared konnte Wier nicht mehr sehen. Tracy dafür umso besser.

„Er kämpft", sagte der Erste Maat. „Scheint Schwierigkeiten zu haben. Seine Kleidung zieht ihn nach unten. Jetzt ist er weg!"

Jareds Augen strichen über die Wasserfläche. Wo war Wier?

„Da!", schrie Tracy.

Eine Sekunde lang konnte Jared Wier sehen. Sein Gesicht kam durch das Wasser nach oben. Sein Mund war offen, er keuchte nach Luft. Seine Arme schlugen verzweifelt aufs Wasser.

„Mann über Bord!"

„Schon wieder?" Der Kapitän fluchte.

Jared hatte sein kariertes Hemd und die weite Hose ausgezogen und war über die Reling in den Ozean gesprungen. Mit kräftigen, stetigen Zügen schwamm er zu der Stelle, wo er Wier zuletzt gesehen hatte. Jetzt konnte er ihn nicht mehr sehen, er musste untergegangen sein. Jared steckte den Kopf unter Wasser und blickte sich um. Nach unten wurde es rasch dunkler. Keine Spur von Wier. Jared kam wieder hoch.

Lautes Rufen vom Schiff. Es war Tracy. Er gestikulierte nach links. Jared schwamm in die Richtung, bis ihm der Maat zurief, anzuhalten. Er tauchte rasch wieder nach unten. Viele Chancen hatte Wier nicht mehr, er musste ihn finden!

Ein wogender Wald von Seetang begrüßte ihn. Das Wasser war trübe, Sandkörner blinkten im Sonnenlicht auf. Die paar Fische, die er sehen konnte, schossen verschreckt zur Seite. Jared tauchte tiefer. Reihe um Reihe von Tang drückte er zur Seite; bestimmt war Wier hinter der nächsten Reihe? Oder der Übernächsten?

Seine Lungen schrien nach Luft. Er tauchte wieder auf. Das Schiff mochte einhundert Meter entfernt sein. Jared füllte seine Lungen mit Luft und tauchte erneut. Wieder kein Glück. Er kam hoch. Keiner auf dem Schiff hatte ein Lebenszeichen von Wier gesehen. Jared tauchte erneut. Und noch einmal.

„Der ist weg!“, rief Shaw. „Vergeude nicht deine Zeit!“

Wenn ein anderer es gesagt hätte, würde Jared ihm beigepflichtet haben. Wier war schon zu lange unten, um noch zu leben. Aber die Art, wie Shaw es sagte, machte ihn wütend. *War es also Zeitverschwendung, jemand das Leben zu retten?* Jared tauchte wieder. Jetzt sah der Tang schon wie ein alter Bekannter aus. Jared wusste, dass er an Stellen suchte, wo er schon gewesen war. Aber er wollte immer noch nicht zugeben, dass er nichts mehr machen konnte. Er kam wieder hoch, um Luft zu holen.

„Jared, du hast getan, was du konntest!“, rief der Erste Maat.

„Der ist tot, Morgan!“, schrie Shaw. „Hat seinen Abgang gemacht, das Muttersöhnchen!“

Jared tauchte noch einmal. Wenn er ihn nur finden und hochholen konnte, würde doch noch alles gut werden ... Wier konnte doch noch ein guter Matrose werden, er brauchte nur etwas Zeit. Er hatte Angst, sicher, aber hatte nicht jeder Angst? *Er braucht nur eine Chance! Gebt ihm eine Chance, Leute!*

Diesmal blieb Jared so lange unten, dass er es fast nicht mehr schaffte, rechtzeitig hoch zu kommen, bevor seine Lungen unwillkürlich nach Luft schnappten.

„Morgan! Zurück an Bord! Das ist ein Befehl!“ Die Stimme war streng, und sie gehörte Käpten Devereaux.

Jared ließ ein verzweifeltes letztes Mal seinen Blick über die Wasserfläche gleiten. Kein Benjamin Wier war zu sehen.

„Ich hab gesagt, das ist ein Befehl, Morgan!“, rief der Kapitän. „Komm in meine Kabine, wenn du dich abgetrocknet hast!“

Käpten Jack Devereauxs Glatze war so kahl, wie eine Glatze sein kann. Die Entdeckung ließ sich nicht leugnen, als Jared vor dem Tisch des Kapitäns stand. Devereaux war über sein Logbuch gebeugt, in das er gerade etwas eintrug, und die Kerze auf dem Tisch - die einzige Beleuchtung in seiner Kabine - spiegelte sich in seinem Schädel.

Jared fand die Kahlköpfigkeit seines Kapitäns faszinierend. Bisher hatte er noch keine Ahnung von ihr gehabt. Er hatte den Mann schon Hunderte Male gesehen, aber immer auf Deck und in einiger Entfernung und nie ohne seinen Hut, und unter dem Hut hatten immer Devereauxs schwarzgraue Schläfen- und Nackenhaare hervorgesehen, die dünn, aber so lang waren, dass sie sich an den Enden kräuselten. Jared hatte nichts anderes gedacht, als dass dieser Wald sich bis zum Gipfel des Schädels erstreckte. Fehlanzeige; an einer unsichtbaren Baumgrenze war plötzlich Schluss.

Das Kratzen der Feder hörte auf. Devereaux legte sie mit einem Seufzer hin. „Ein unangenehmer Job, den Tod eines Matrosen eintragen.“ Der Blick seiner Augen passte zum Ton der Stimme. Der Verlust von Wier hatte ihn sichtlich mitgenommen. Jared hatte sich Schiffskapitäne immer als völlig abgehärtete, mitleidlose Burschen vorgestellt, die außer Wut keine Gefühle kannten, vor allem, wenn sie auch noch ein Piratenschiff führten. Der Mann hinter dem Tisch passte nicht zu dieser Vorstellung.

Devereaux verschränkte seine dicken Finger und ließ seine Hände auf das immer noch geöffnete Buch fallen. Er sah Jared fest an. Wollte er ihn einschüchtern? Wenn ja, gelang es ihm gut.

Die Augen, die unter den buschigen Brauen wie aus zwei Höhlen hervorblickten, waren scharf, aber was den Betrachter am meisten verunsicherte, war ihre blassblaue Farbe, so blass, dass sie schon fast grau aussahen. Sie wirkten verschlagen und erinnerten Jared an die hellblauen Augen, die er in der Wolfsjagdnacht mit Chuckers und Will bei einem der Wölfe gesehen hatte.

Zwischen den Augen sprang eine kräftige Nase hervor, deren Flügel weit auseinandergingen. Unter ihnen kam der noch breitere Schnurrbart. Wie von einem alten Seebären nicht anders zu erwarten, waren Devereauxs Gesicht, Hals und Arme tief gebräunt.

„Morgan, wenn ein Mann über Bord geht, befolgen wir bestimmte Regeln. Dass man ihm hinterherspringt, gehört nicht zu diesen Regeln."

Der Tonfall des Kapitäns war gesetzt, fast wie bei einem Vater, der seinem Sohn erklärt, was er am Sonntag zu tun und zu lassen hat. Die nächste Überraschung. Jared hatte Schreien und Fluchen erwartet, vielleicht sogar Schläge. Fast war er etwas enttäuscht. Die anderen Matrosen hatten wahre Horrorgeschichten über ihre früheren Kapitäne zu erzählen, aber falls Devereaux sich nicht plötzlich in ein reißendes Monster verwandelte, würde Jared keine Horrorgeschichten parat haben, mit denen er jungen Matrosen Angst einjagen konnte.

Aber dann erinnerte er sich an das, was der Erste Maat über die Autoritätskette auf einem Piratenschiff gesagt hatte. Auf einem Piraten wurden Kapitän und Offiziere von der Mannschaft gewählt, und bei dieser Wahl setzte man einen Vertrag auf, der Hierarchie und Befugnisse, die Schiffsordnung, die bei verschiedenen Vergehen geltenden Strafen sowie die Verteilung der Beute nach gelungener Plünderung eines anderen Schiffs regelte. Auf Handelsschiffen herrschten Diktatoren, auf Piratenschiffen gewählte Oberhäupter. Auf den meisten Piratenschiffen hatte der Kapitän die alleinige Autorität lediglich dann, wenn es zum Kampf oder zu Verfolgungsjagden kam; alle anderen Dinge wurden der Besatzung vorgelegt und mehrheitlich entschieden.

„Der Tod ist ein unausweichlicher Bestandteil des Matrosenlebens." Die Stimme des Kapitäns brachte Jared in die Gegenwart zurück. „Unfälle, Stürme, Kämpfe, Krankheiten sind genauso unsere Begleiter wie die Kameraden an Bord. Auch der Tod gehört zur Mannschaft dazu, und wir können wenig gegen ihn machen, außer, dass wir vorsichtig sind und Befehle und Regeln befolgen. Hast du das verstanden?"

Jared nickte.

Die Augen des Kapitäns wurden hart, sein Ton sehr ernst. „Das will ich hoffen!" Sein Finger schoss nach vorn. „Weil davon Menschenleben abhängen!" Dann war das Gesicht wieder freundlich, wie die Sonne nach einer kurzen Gewitterbö. Das Lächeln entblößte zwei etwas unregelmäßige Zahnreihen und eine Furche im Kinn. „Aber eins muss ich dir sagen, Morgan: Wenn dieser Kahn je untergeht, hoffe ich, dass du in der Nähe bist. Du schwimmst wie ein Delfin. Wo hast du das gelernt?"

„Ich bin am Charles River aufgewachsen und habe immer

viel geschwommen."

Der Kapitän nickte. Er stand auf, langte nach einer Pfeife, stopfte sie, zündete sie an und lehnte sich gegen die Vorderseite des Tischs. „Hab dich beobachtet." Mit der Pfeife zwischen den Zähnen nuschelte er, Jared musste beim Zuhören genauer hinhören. „Du bist ein geborener Matrose. Wenn der Maat dir einmal was gezeigt hat, machst du es gerade so, als hättest du es schon dein ganzes Leben lang getan. Ist dein Vater Seemann?"

Jared schüttelte den Kopf. „Nein, Professor in Harvard. Aber jetzt ist er tot."

Der Kapitän zog lange an seiner Pfeife. Über seinem Kopf stiegen Rauchringe nach oben. „Und bist du auch nach Harvard gegangen?"

„Bücher waren nie mein Fall. Ich habe meinen Vater enttäuscht. Er wollte, dass ich nach Harvard gehe, aber das wäre nichts für mich gewesen. Zwei Gelehrte in der Familie, das reicht."

„Zwei?"

„Mein Vater und mein Bruder. Die sind beide gut in so was."

„Spielst du Schach?"

„Na ja, etwas."

„Ich suche einen Partner. Wie wär's mit Sonntag?"

„Geht in Ordnung."

„Gut!" Der Kapitän schlug auf den Tisch und erhob sich. „Das war's dann, Morgan."

Jared erhob sich ebenfalls. „Käpten?"

„Ja?"

„Wier wollte nie Matrose werden. Hatte nicht das Zeug dazu."

„Ich weiß."

Die Erinnerung an den Tod des Jungen warf erneut einen

Schatten über das Gesicht des Kapitäns; Jared tat es Leid, aber er musste sagen, was ihm auf der Seele brannte. Er wollte eine Erklärung, ein Zeichen des Bedauerns. Es erfolgte nicht.

„Und Magee?“, fragte der Kapitän. „Ist der ein Seemann?“

„Es wird so langsam“, antwortete Jared. „Der wird noch gut.“

Der Kopf des Kapitäns hüpfte auf und nieder, die Rauchringe wurden dichter. „Gut. Gut.“

Die Trauerzeremonie für Benjamin Wier fand noch am gleichen Nachmittag am Großmast statt. Sie war schlicht, wie auf See üblich. Man betete für den Toten, jemand sprach ein paar Worte des Gedächtnisses und dann kam der Totensalut aus den Schiffskanonen. Kanonier Rudy Shaw beharrte darauf, dass ein Salut für Wier eine Verschwendung von Pulver und eine Beleidigung jedes echten Matrosen war; der Junge sei nie ein Matrose gewesen und verdiene folglich keinen Salut. Der Kapitän hielt dagegen, dass Wier während des Dienstes auf einem Schiff gestorben war und damit ein anständiges Begräbnis verdiente. Worauf der Kanonier eine Abstimmung über die Sache beantragte. Die übrige Mannschaft stimmte geschlossen mit dem Kapitän, und die Zeremonie begann.

Käpten Devereaux sprach ein kurzes Gebet für Benjamin Wier, in welchem er fragte, wie Wiers Leben wohl verlaufen wäre, wenn man ihn nicht an Bord gebracht hätte, da er doch kein Talent zum Matrosen zeigte. Doch andererseits: War das Leben nicht ein ungewisses Unternehmen und musste nicht jeder das Beste aus seiner Situation machen?

James Magee war der Einzige, der ein paar Worte zum Gedenken an den Toten sprach. Wier hatte nie viel geredet, aber Magee hatte er das eine und andere erzählt – so zum

Beispiel, dass er in Hingham aufgewachsen war, bei seiner Mutter und zwei älteren Schwestern. Seinen Vater, der nicht lange nach seiner Geburt an Blattern gestorben war, hatte er nie gekannt. Er konnte gut Rechnen und war gerade nach Boston gezogen, um sich im Hafen eine Anstellung als Buchhalter zu suchen, als er den Pressern in die Hände lief. Kurz vor seinem Tod hatte er immer wieder davon gesprochen, was für ein Fehler es gewesen war, aus Hingham fortzugehen, und dass er bei der ersten Gelegenheit zurück nach Hause gehen würde, was er mit seinem Sprung über Bord versucht hatte.

Die Kanonen des Schiffs wurden abgefeuert, die Zeremonie war vorüber. Gewöhnlich folgte auf die Trauerandacht einige Tage später ein weiteres Ritual, das den Matrosen Gelegenheit geben sollte, mit ihren Gefühlen fertig zu werden. Es bestand darin, dass der Besitz des Toten - seine Seekiste, Bettzeug, Kleidung und etwaige persönliche Habseligkeiten - versteigert wurde. Doch da Benjamin Wiers ganzer Besitz aus seiner Hängematte bestand, verzichteten Kapitän und Mannschaft auf diesen Teil der Trauerfeierlichkeiten.

Mit Benjamin Wier hatte Shaw seinen Prügelknaben verloren. Er brauchte einen Nachfolger und gewährte James Magee die fragwürdige Ehre. Als die Wachen eingeteilt wurden, teilte Tracy, wie erwartet, Jared seiner eigenen Wache zu, und Magee kam in Shaws Wache. Shaw machte Magee prompt zu seinem persönlichen Gehilfen oder „Pulveraffen“, wie er es nannte. Womit Magee rund um die Uhr unter Shaws Fuchtel stand. Vom ersten Tag an schoss Shaw einen wahren Strom von Meckersalven auf den armen Magee ab, die bei Sonnenaufgang begannen und bis lange nach Sonnenuntergang dauerten.

Jared konnte es fast nicht mit ansehen, wie sein Freund

Tag für Tag die Beschimpfungen des Kanoniers über sich ergehen lassen musste. Er wurde bei Bootsmann Whitmore vorstellig, dann beim Ersten Maat. Beide pflichteten ihm bei, dass Shaw ein launisches Ekel war, weigerten sich jedoch einzuschreiten, so lange die Sicherheit des Schiffs nicht in Gefahr war. Hilflos musste Jared zusehen, wie Magees Selbstvertrauen mit jedem Tag kleiner wurde. Bei jeder Gelegenheit - aber die Gelegenheiten waren selten, da sie zu verschiedenen Wachen gehörten - lieh er Magee sein Ohr und versuchte, ihn moralisch aufzubauen und dem Schaden, den Shaw anrichtete, entgegenzuwirken.

Shaw, so erfuhr Jared bald, war ein fauler, charakterloser Kerl. Seine einzige Tugend bestand darin, dass er sich mit Kanonen und Munition auskannte. Aber nichts von der Arbeit tat er selbst, sondern saß da und bellte Magee seine Befehle zu. Wenn jemand zum Kanonendeck hinabstieg, fing Shaw ihn ab und redete endlos, wobei er fleißig den Kapitän und den Ersten Maat schlecht machte. Oft legte er sich während der Wache schlafen, nicht ohne Magee anzuweisen, ihn zu wecken, wenn jemand kam.

Während einer von Shaws Schimpftiraden gegen den Kapitän erfuhr Magee den Grund für seine ständige Unzufriedenheit: Im vergangenen Sommer, als die Zahl der Matrosen an Bord der Dove so gestiegen war, dass man einen Zweiten Maat brauchte, wäre Shaw angesichts seiner langen Jahre auf See eigentlich der logische Kandidat gewesen. Aber anstatt ihn zu unterstützen, hatte der Kapitän vorgeschlagen, den Zweiten durch Wahl zu bestimmen. Shaw wurde nicht gewählt, und da er kein guter Verlierer war, benötigte er ein Ablassventil für seine Wut. Ein paar Monate später hatte man die drei Neulinge an Bord der Dove gebracht.

Magee warnte Jared, Abstand zu Shaw zu halten. Obwohl der Kanonier ihn den ganzen Tag lang schikanierte, war der, den er eigentlich hasste, Jared oder „Tracys Junge", wie er ihn nannte. „Eines Tages knöpf ich mir Tracys Jungen vor..."

Jared reagierte auf Shaws Drohungen so, wie es nur ein junger Mann seines Alters tun konnte: Er rächte sich mit Streichen. Den ersten führte er allein aus. Während des Essens ließ er, als Shaw gerade nicht hinschaute, eine Küchenschabe in dessen Bier fallen. Zum Vergnügen der halben Mannschaft, die Jareds Manöver mitbekam, nahm der Kanonier mehrere Schlucke, bevor er die Fleischzugabe entdeckte. Die Anschläge, die folgten, waren komplizierter, und Jared fand jede Menge freiwillige Helfer. In einer Nacht banden mehrere Männer den tief schlafenden Shaw an seiner Hängematte fest. Sie verbanden ihm die Augen und knebelten ihn, bevor er jemand erkennen konnte. Als der Kanonier nicht pünktlich zu seiner Wache erschien, suchte der Erste Maat nach ihm und fand einen ebenso wütend wie vergeblich gegen seine Fesseln ankämpfenden Shaw vor. Ein anderes Mal passten mehrere mit Kapuzen Vermummte Shaw im Laderaum ab, zogen ihm die Hose aus und teerten ihm das Hinterteil. Er bekam seine Hose schließlich zurück, aber mehrere Tage lang klebte sie an ihm fest.

Der Höhepunkt der Anschlagserie kam nach einem Sturm, der dem Schiff drei Tage lang zugesetzt hatte. Die Verspätung war groß, und der Kapitän, der einen vorzeitigen Beginn der Hurrikan-Saison befürchtete, fragte sich, ob sie weiter auf ihren Winterhafen zusegeln oder sich einen anderen aussuchen sollten. Die Männer waren nach dem heftigen Kampf gegen die Elemente erschöpft. Nass bis auf die Haut taumelten alle bis auf die Wache unter Deck und fielen in ihre Hängematten. Alle bis auf Rudy Shaw, in dessen Matte Jared einen Schlitz geschnitten hatte, so dass Shaw nicht in die Matte fiel, sondern durch sie auf den Boden.

Jared erfuhr nie, ob Shaw herausgefunden hatte, dass er

der Streicherfinder war, oder ob er sich auf ihn stürzte, weil er am lautesten lachte. Wie es auch war: Plötzlich rollten er und Shaw heftig kämpfend auf dem Boden umher.

Der Erste Maat, der das Getümmel hörte, beendete den Kampf sofort. Die Bordordnung war klar: Tätlichkeiten waren verboten; jegliche Streitigkeit war durch Säbel und Pistole an Land beizulegen. Tracy erklärte den Kontrahenten, dass sie sich bei der Ankunft auf den Bahamas mit Pistolen zu duellieren hatten. Ging bei beiden der erste Schuss daneben, würden sie mit dem Säbel weiterkämpfen. Wer als Erster den anderen verletzte, war der Sieger. Das Ziel dieser Ordnung war, Konflikte vom Schiff zu verlagern und so den nötigen Frieden in den engen Mannschaftsräumen unter Deck zu bewahren.

Jared und Shaw erklärten sich bereit, die Sache an Land zu erledigen. Für den Rest der Reise gab es keine offenen Feindseligkeiten und keine Streiche mehr zwischen ihnen.

Kapitel 20

Jared hatte den Kopf in die Hände gestützt. Ihm gegenüber saß Deveraux. Zwischen ihnen lag ein Schachbrett. Es war ein sonniger Sonntagnachmittag. Die Wache war auf ein Minimum reduziert, und Jared hatte noch zwei Stunden, bis der Dienst begann.

Der Kapitän starrte auf das Brett. „Du bist hartnäckig, das muss man dir lassen. Aber kurzsichtig."

Der Kapitän griff Jareds angreifenden Springer mit einem Läufer an; Jared musste den Rückzug antreten, wenn er nicht den Springer verlieren wollte. Er seufzte irritiert.

Der Kapitän schob seinen Turm über die Grundlinie. „Du hast gute Instinkte und strategische Phantasie. Aber..." Der Kapitän machte eine Pause, während Jared seinen Springer wieder zog. Noch zwei Züge bis zum Matt.

„... dein Gesamtplan ist mangelhaft, und das ist dein Untergang."

„Diesmal nicht, Sir", erwiderte Jared. „In zwei Zügen habe ich Euch."

Der Kapitän schielte auf das Brett und kratzte sich am Kinn. „Stimmt." Er kratzte sich noch einmal. „Das heißt, es würde stimmen, wenn du noch zwei Züge hättest." Er zog einen Läufer. „Schach."

Jared schlug den Läufer mit einem Bauern.

Der Kapitän schlug den Bauern mit seinem Turm. „Schach."

Jared schlug den Turm mit dem eigenen Turm.

Der Kapitän schob seinen zweiten Turm vor und nahm Jareds Turm. „Matt!"

Jared lehnte sich zurück und schüttelte den Kopf. So ging es meistens aus. Bis jetzt hatte er den Kapitän erst einmal schlagen können.

Devereaux grinste. Er gewann gerne. „Deine Schwäche ist, dass du nur auf die einzelnen Figuren achtest." Er nahm die Spielfiguren und stellte sie zurück auf das Brett. „Das Geheimnis des Schachspiels besteht darin, die relative Stärke jeder Figur zu kennen und sie im Zusammenspiel mit den anderen Figuren zu nutzen."

„Das tue ich doch", protestierte Jared. „Aber Ihr gewinnt trotzdem."

Der Kapitän schüttelte den Kopf. „Nein, das tust du nicht. Du greifst mit einer Figur an, und alle anderen haben nur noch ihr zu dienen. Was ich meine, ist, dass man sämtliche Figuren auf dem Brett in einer gemeinsamen Strategie, zu einem gemeinsamen Ziel so vereint, dass jede den Beitrag leistet, zu dem sie fähig ist, und gleichzeitig von den anderen profitiert, so dass sie schließlich zusammen den Sieg erringen. Wie in unserer letzten Partie. Du konntest mich nicht aufhalten, weil zu viele Figuren gemeinsam gegen dich kamen."

Jared starrte auf das Brett. Allmählich dämmerte ihm, welche Möglichkeiten es bot.

„Hast du noch Zeit für eine Partie, bevor deine Wache beginnt?", fragte Devereaux.

„Doch, ja", sagte Jared zerstreut. Sein Gehirn arbeitete bereits an einer Strategie.

Sie machten schweigend ihre Eröffnungszüge. Dann lehnte der Kapitän sich zurück, reckte sich und zündete seine

Pfeife an. „Morgen gehen wir an Land."

Jared sah auf. Morgen würde er also sein Duell mit Shaw austragen müssen.

„Hast du schon einmal mit einer Pistole geschossen?", fragte der Kapitän.

„Nein, nur mit einer Muskete." Jared begann einen Angriff mit seiner Dame.

„Es ist Zeit, dass ich dir etwas sage, Junge."

Jared sah den Kapitän an. Es war das erste Mal, dass der ihn Junge nannte.

„Du musst das nicht machen, dieses Duell mit Shaw."

Jared nahm seine Augen vom Schachbrett, um sich auf die Worte des Kapitäns zu konzentrieren. „Das verstehe ich nicht. Nach der Schiffsordnung muss ich doch mit ihm kämpfen!"

„Dieser Teil der Schiffsordnung gilt nur für Männer, die zur Schiffsmannschaft gehören."

„Aber das tue ich doch."

„Nein, das tust du nicht."

Jared traute seinen Ohren nicht. Er stand auf; er spürte, wie er wütend wurde. „Wollt Ihr mir etwa vorschlagen, dass ich das Schiff verlasse, nur damit ich nicht mit Shaw kämpfen muss?"

„Setz dich, Morgan!" Der Kapitän fiel in seine Kommandostimme. „Ich muss dir etwas sagen, und jetzt ist der richtige Augenblick dafür."

Jared setzte sich wieder.

„Piraten kaufen ihre Männer nicht von Pressern. Es gibt mehr Matrosen, die zu uns wollen, als wir annehmen können. Jedes Mal wenn wir ein Handelsschiff entern, kommt ein kritischer Augenblick, wo wir die, die sich uns anschließen wollen, auffordern, ihre Waffen niederzulegen. Oft ist in dem Augenblick der Kampf schon gewonnen, weil so viele Matrosen die Nase voll haben von der Tyrannei auf einem Handelsfahrer. Manchmal sind es so viele, dass wir den nächsten Hafen anlaufen müssen, um sie auf andere Schiffe zu verteilen."

„Warum habt Ihr dann mich und Magee und Wier von den Pressern in Boston gekauft?"

Devereaux sah an Jared vorbei; seine Augen schienen etwas oder jemand zu sehen, der nicht mit in der Kabine war. Er zog zweimal heftig an seiner Pfeife, bevor er die Frage beantwortete.

„Du solltest an einen Handelskapitän namens Edmund Barlow verkauft werden. Hab mal unter ihm gedient. Der Mann ist ein sadistischer Tyrann, und vor langer Zeit schwor ich mir, dass ich alles tun würde, um Käpten Barlow und dem Händler, der ihm diese Sklavenschiffe finanziert, die Suppe zu versalzen."

„Dann habt Ihr uns gekauft, um uns zu retten?"

„Die Männer, mit denen ihr zu tun hattet, sind gefährlich. Für sie zählt nur ihr eigener Besitz und die eigene Haut. Der Presser, der euch mir verkaufte, steht im Sold von Daniel Cole."

„Cole?" Jareds Zähne knirschten und seine Fäuste ballten sich zusammen, bis es ihm weh tat. „Das ich das nicht gemerkt habe! Seid Ihr sicher, dass Cole dahinter steckt?"

Devereaux nickte grimmig. „Der Presser, der für ihn arbeitet, ist mein Bruder."

Jared sah ihn sprachlos an.

„Mr. Tracy hat mir erzählt, dass du glaubst, dass mein Bruder und sein indianischer Partner deinen Vater umgebracht haben."

Jared nickte vorsichtig.

Der Kapitän senkte seinen Kopf, er sprach jetzt leise. „Ich bitte aufrichtig um Entschuldigung. Ich habe das erst erfahren, als du schon an Bord warst. Mein Bruder und Seekonk - so heißt sein Komplize - erledigen seit Jahren die schmutzige Arbeit für Cole. Sie sind gedungene Mörder. Als ich ihm in Boston über den Weg lief, prahlte er damit, wie viel Geld er mit diesem Auftrag machen würde. Cole bezahlte ihn dafür, dass er dich und Magee beseitigte, wie, war ihm egal. Erst wollte mein Bruder euch umbringen, aber dann hatte er eine bessere Idee: Wenn er euch an Barlow verkaufte, konnte er seinen Profit verdoppeln. Das war, als ich ihm über den Weg lief. Ich gab ihm das Doppelte von dem, was Barlow geboten hatte. Ich wusste, dass er anbeißen würde, er ist schließlich mein Bruder.“ Der Kapitän räusperte sich. „Hab gedacht, das Beste, was ich machen konnte, war, euch so weit wie möglich von Cole und Barlow und meinem Bruder fortzubringen. Auf den Bahamas lebt sich's gut. Sobald wir im Hafen sind, kannst du gehen. Du brauchst dich nicht mit Shaw zu duellieren.“

Jared starrte den Kapitän ungläubig an. Das Schachbrett vor ihm war mit einem Mal unwichtig. „Und Magee und Wier?“

„Magee kann auch gehen, wenn er will. Und Wier ...“ Die Stimme des Kapitäns ging in ein Murmeln über. „Wenn er nur etwas länger durchgehalten hätte ...“

„Und können wir auch hier bleiben, wenn wir wollen?“

Die Frage schien dem Kapitän zu gefallen. „Wie du willst. Aber dann musst du natürlich mit Shaw kämpfen.“

„Ich spreche mit Magee darüber. Werden wir auch Schiffe von Cole entern?“

Devereaux grinste breit. „So viele wie wir bekommen.“

Jared grinste ebenfalls. „Würde mir echt Spaß machen.“

„Sei vorsichtig, Jared. Die Rache ist eine unbeständige Geliebte; sie wendet sich leicht gegen einen.“

„Ich will sie ja nicht heiraten, nur ein wenig mit ihr

flirten."

Der Kapitän drückte sich vom Tisch hoch. Auf das Spiel konzentrieren konnte sich keiner der beiden mehr. „Falls du bei uns bleibst", sagte er, „wirst du das Gefühl genießen können, auf einem ehemaligen Schiff von Daniel Cole zu dienen."

„Habt Ihr die Dove etwa von ihm gekauft?"

„Nicht ganz. Barlow war früher der Kapitän. Wir waren in Glasgow, als mehrere von uns fanden, dass wir genug von dem Alten hatten." Devereaux grinste. „Also stahlen wir seinen Kahn! Tja, und so bin ich also Pirat geworden."

James Magee lag auf dem Sand und blinzelte in die Sonne. „Du meinst, wir können gehen, wenn wir wollen - einfach so?"

Jared saß neben ihm und ließ seine Finger über den warmen Sand gleiten. Die Dove lag kielgeholt vor der Katzeninsel. Zu ihren Füßen erstreckte sich eine winzige Bucht von kristallblauem Wasser, eine der vielen von Korallenriffen gebildeten Lagunen auf den Bahamas. Während die Einwohner von Boston sich für die ersten Winterstürme rüsteten, konnten die beiden jungen Männer sich in dem subtropischen Klima der Bahamas sonnen. Die Sonne stand hoch am Himmel und schien so stark, dass es Jared selbst mit geschlossenen Augen noch hell vorkam.

„Ja, das hat der Kapitän gesagt", erklärte Jared. „Wir können uns nach Hause durchschlagen oder hier bleiben oder auf dem Schiff, ganz wie wir wollen."

Magee setzte sich auf und sah seinen Freund an. „Dann haben sie uns also nicht entführt, um uns zu Piraten zu machen?"

Jared lächelte. Nein, sein Freund war nicht schwerhörig; wie Jared selber, konnte auch er es immer noch nicht fassen, dass sie wirklich frei waren. „Devereaux hat uns beschützt."

„Ich hätte niemand nötig gehabt, der mich beschützt", warf Magee ein. „Mir ging's doch gut!"

Jared stützte sich auf seinen Ellbogen. „Wenn ich mich recht erinnere, haben wir selbst uns nicht besonders glänzend beschützen können. Wir könnten jetzt tot sein oder Sklaven auf einem Handelsschiff! Devereaux hat uns gerettet."

„Ich weiß." Magee griff in den Sand und warf eine Handvoll zum Wasser. „Ich meine, mir hat meine Arbeit gefallen. Ein guter, angenehmer Job. Hatte vor, mir ein Mädchen zu angeln, eine Familie zu gründen, mir einen Namen zu machen und so."

„Aber Cole hat dich verraten."

„Doch warum? Ich dachte immer, er mochte mich!"

„Vielleicht hat er dich einfach benutzt, um mich besser in die Falle zu führen, und als sie zuschnappte, warst du halt mit drin."

„Und was hat er gegen dich?"

Jared schüttelte den Kopf. „Keine Ahnung. Aber eins weiß ich: Eines Tages werde ich ihn zur Rede stellen - und dann soll er sich warm anziehen ..."

Magee legte die Arme um die Knie. „Dann gehst du also zurück nach Boston?"

Es dauerte einen Augenblick, bevor Jared antwortete. Er sah auf das glatte blaue Wasser. Knapp über dem Horizont war ein Segel zu sehen. Fast hätte er „Schiff in Sicht!" gerufen, doch dann erinnerte er sich, dass er ja keine Wache hatte. „Ich bleibe auf dem Schiff."

„Wenn sie dich fangen, kannst du am Galgen enden."

„Ja. Oder ich gehe über Bord oder sterbe in einem Gefecht oder werde von einem herabstürzenden Holzstück erschlagen oder von Haien gefressen ... Im Augenblick ist es halt das Richtige für mich. Wenn ich Coles Schiffe kapere, kann ich ihm seine Geschäfte vermiesen, bis ich ihn direkt am Kragen packen kann. Außerdem gefällt mir das Piratenleben."

„Woher willst du das wissen? Bis jetzt haben wir nichts gemacht, als bis hierher zu segeln!"

„Ich segel gerne. Ich mag auch die anderen Männer auf dem Schiff, mit einer Ausnahme natürlich, und ich möchte gern fremde Länder sehen. Was das Kapern von Schiffen angeht, das wird sich zeigen. Und du? Was hast du vor?"

Magees Gesicht legte sich in Falten. „Ich weiß noch nicht so genau ..."

„Natürlich weißt du es!" Jared stand auf. „Erinnerst du dich nicht mehr, was du in der Kneipe sagtest, kurz bevor sie uns betrunken machten?"

Magee schüttelte den Kopf.

„Du hattest von einem Mann geredet, der nach Barbados versetzt worden war, und wie toll es wäre, wenn er dich vielleicht auch für einen Posten auf Barbados empfehlen würde. Na?" Jared breitete seine Arme zur See aus. „Du hast es geschafft! Wir sind fast da ... na ja, irgendwo hier muss es sein." Jared lachte über seine geringen Geographiekenntnisse.

Magee lachte mit. „Das muss ich dir lassen: Du hast dir genau die richtige Stelle für eine Werbung ausgesucht. Aber du musst auch nicht diesen Shaw ertragen!"

„Das wird sich morgen regeln", sagte Jared. „Wenn ich ihn erschieße." Er sagte es wie nebenbei.

„Also", stellte Magee fest, „dann sind wir also jetzt Piraten!"

Kanonier Rudy Shaw sah furchtbar aus. Rote filmige Augen, gelbe Zähne, ein zu dem braun-weiß gesprenkelten Bart passender stinkender Atem - der Mann musste krank sein.

„Wenn es dir heute nicht passt", meinte Jared, „können wir es auch ein andermal machen."

„Hast du Angst, Junge?" Shaws blick wurde höhnisch. Er trat einen Schritt näher, seine Nase wanderte nach oben und nach unten, als beschnuppere er seinen Widersacher.

„Willst du es wirklich machen?", fragte Tracy.

Jared zuckte mit den Schultern. „Warum nicht?"

„Warum nicht?", echote Tracy. „Weil du am Ende vielleicht tot bist!"

Die Worte des Ersten Maats wirkten wie eine kalte Dusche. Tot - darüber hatte Jared noch nicht nachgedacht. Der Tod war etwas für Greise oder Leute, die halt Pech hatten, und Jared gehörte zu keiner dieser beiden Gruppen. Er fühlte sich stark und gesund wie ein junger Wolf. Und wie bei einem jungen Wolf bedeutete Kämpfen für ihn, dass man knurrend und schnappend auf dem Boden herumrollte. Für ihn war das Duell mit Shaw nicht viel mehr als das Herumtollen am Samstagnachmittag mit Chuckers und Will, bei dem es hin und wieder blaue Flecken und lautes Protestgeschrei gab, natürlich nicht absichtlich. Hier war es halt Shaw statt Chuckers. So jedenfalls hatte Jared gedacht, bis Tracy das Wort „tot" aussprach. Sah Shaw etwa deshalb so furchtbar aus, weil auch er an den Tod dachte?

„Wenn ich auf dem Schiff bleiben will, muss ich es tun", erklärte Jared.

Der Erste Maat schien mit der Antwort zufrieden zu sein.

Tracy trat zwischen die beiden Duellanten. Die drei standen in der Mitte eines großen Sandstrands an einer der vielen Lagunen. In der Ferne sah man die auf der Seite liegende Dove. Thomas Bardin, der Schiffszimmermann, beaufsichtigte die Reparaturarbeiten am Rumpf. Das Schiff war bei Flut in die Bucht gefahren. Als die Ebbe kam, hatte es aufgesetzt, worauf die Matrosen es mit Seilen auf die Seite gelegt hatten, so dass die Unterseite des Rumpfs sichtbar wurde. Man war dabei, die Kruste aus Meeresgetier zu entfernen und die Nähte zwischen den Planken abzudichten. Der Teer wurde erhitzt, damit er sich fest mit dem Holz verband.

Die Matrosen, die nicht bei den Reparaturarbeiten waren, hatten sich als Zuschauer am Rand des Duellplatzes eingefunden.

Tracy gab den beiden Kontrahenten je eine geladene Pistole, die sie persönlich inspizieren durften. Darauf mussten sie sich mit dem Rücken gegeneinander aufstellen.

„Die Regeln sind ganz einfach." Tracy zeigte auf zwei Säbel, die in dem Sand vor Jared und Shaw steckten. „Die Säbel hier sind zehn Schritt von euch entfernt. Auf mein Kommando geht ihr zehn Schritte, dreht euch um und schießt. Wenn beim Schießen kein Blut fließt, packt ihr die Säbel und kämpft mit ihnen weiter. Sieger ist, wer dem andern als Erster eine Wunde beibringt. Klar?"

„Klar", sagte auch Shaw.

„Klar", sagte Jared.

Tracy ging in sichere Entfernung. „Ich zähle die Schritte!", rief er. „Eins! Zwei! Drei!"

Jared machte bei jeder Zahl einen Schritt nach vorne. Zu seiner Rechten saßen Magee und mehrere andere auf einer Klippe. Jared erinnerte sich, dass er Magee noch sagen musste, dass dem Kapitän Wiers Tod Leid getan hatte. Das würde er sicher gerne hören.

„Vier! Fünf! Sechs! Sieben!"

Komisch, was für Gedanken ihm auf einmal kamen. Er erinnerte sich daran, sich gefragt zu haben, woran wohl Menschen dachten, die den Tod vor Augen sahen. Er hatte immer angenommen, dass sie an ihre Familie dachten oder daran, was sie alles falsch gemacht hatten. Wäre er ihrem

Beispiel gefolgt, hätte er jetzt zum Beispiel an Anne denken müssen. Er dachte gern an sie - aber während eines Duells? Irgendwie passte es nicht.

„Acht! Neun!"

Wenn ich nicht an sie denken kann, heißt das vielleicht, dass ich auch nicht sterben werde ...

„Zehn!"

Jared wirbelte herum und zielte. Er schaute den Lauf der Waffe entlang, während Shaw sich erst halb umgedreht hatte. Jared wartete. Jetzt hob auch Shaw seine Pistole. Jared musste abdrücken. Der Lauf seiner Waffe zielte auf Shaws Brust. Wenn er jetzt schoss, konnte er den Mann schwer verletzen!

Dann sah er einen Blitz, eine Rauchwolke, hörte die Explosion des Pulvers und spürte ein Brennen an seiner linken Schulter. Er zuckte zusammen und ließ die Pistole sinken. Sein Arm fühlte sich an, als hätte ihm jemand mit einem heißen Eisen gestreift. Er packte an seine Schulter.

„Bist du getroffen?", rief Tracy ihm zu.

„Ich glaube, ja!"

Tracy befahl Shaw, an seinem Platz zu bleiben, während er zu Jared trat, um sich die Wunde anzusehen. Er zog Jareds Hand fort. „Hier ist die Kugel durch", sagte er. Sein Finger stach durch ein Loch in Jareds Hemd und durch ein anderes wieder hinaus. Er schob den Ärmel zurück und untersuchte die Schulter. „Nur leicht geschürft", sagte er, „das ist alles."

Er drehte sich um und rief: „Nur ein Streifschuss, kein Blut!"

Und zu Jared meinte er: „Du bist dran, Jared!"

Jared sah den Mann an, der zwanzig Schritte entfernt von ihm stand. Shaws Schultern hingen nach unten, die Pistole baumelte von seiner Rechten. Noch nie hatte das Ekel Shaw so jämmerlich ausgesehen. Jared hob seine Waffe und zielte auf Shaws Nase. Nein, lieber nicht. Er senkte das

Visier, bis es auf Shaws Schulter zeigte. Nein, auch das nicht. Besser ein Bein? Oder ein Arm? *Nein, möglicherweise treffe ich einen Muskel! Ein Kanonier taugt nicht ohne kräftige Arme und Beine!*

Shaw brüllte eine Salve von Flüchen. „Schieß doch! Schieß doch! Was musst du mich noch extra quälen, du Aas!“

Jared ließ die Pistole sinken. „Ich will dich nicht erschießen!“, rief er zurück.

„Du musst schießen!“, rief Tracy. „Das ist Gesetz!“

„Und wenn ich nicht will?“

„Du musst!“

„Gut, ich schieße!“ Jared zielte in die Luft und drückte ab. Ein ohrenbetäubender Knall. Einen Augenblick stand er in einer Rauchwolke. Es stank nach verbranntem Pulver.

„Die Säbel!“, befahl Tracy. „Wer zuerst blutet, hat verloren!“

Viel besser als Schießen!, dachte Jared. Er packte den Säbel und lief zu seinem Gegner.

Nach zehn Schritten hielt er an und wartete auf Shaw. Der hatte seine Pistole in den Sand fallen lassen, griff mit zitternden Händen nach dem Säbel und zog ihn aus dem Sand. Er wurde erneut von Wut gepackt, der Schweiß lief ihm herunter, seine gelben Zähne waren zu einem bösen Grinsen zusammengepresst.

„Wenn es zum Gefecht kommt“, hatte Tracy Jared instruiert, „halt Abstand von ihm. Er ist kein guter Fechter, und er weiß das; also verlegt er sich auf hässliche Tricks, aber Piraten nehmen es natürlich nicht so genau mit der Etikette. Du erwischst ihn bestimmt. Hast zwar noch nicht lange geübt, aber du bist der bessere Fechter. Du hast mehrere Vorteile. Du hast längere Arme, bist jünger und hast bessere Reflexe. Mach das Beste daraus und lass ihn nicht zu nah kommen!“

Mit wildem Schrei wie ein angreifender Stier griff Shaw Jared an. Der ließ ihn mit einer geschickten Seitenbewegung ins Leere laufen. Doch da kam er schon wieder. *Zu nah!*, läutete die Alarmglocke in Jareds Kopf.

Eisen knallte gegen Eisen. Jared blockierte mehrere hässliche Stöße. Ihre rohe Wucht wollte ihn fast umwerfen. Ein Leben lang Kanonen schleppen und beladen hatte bei Shaw mächtige Armmuskeln bewirkt. Jared musste seine Schnelligkeit ausspielen! Er wartete den nächsten Stoß ab. Da kam er. In letzter Sekunde wich er aus. Die Wucht von Shaws Stoß ließ diesen nach vorne fallen. Er landete mit dem Gesicht nach unten im Sand.

„Gib's ihm! Gib's ihm!", ertönten ringsum die Rufe.

Jared hätte den gefallenen Kanonier mit Leichtigkeit töten können. Er tat es nicht, sondern trat zur Seite und wartete, bis Shaw sich umgedreht hatte. Der saß ihm Sand und sah zu Jared hoch. „Warum hast du mich nicht erledigt?"

„Weil ich dir nichts anhaben will!"

„Dein Pech!" Shaw warf Jared eine Handvoll Sand in die Augen, sein Säbel schoss gegen dessen Beine vor.

Jareds Augen brannten wie Feuer. Er blinzelte verzweifelt. Shaws Bewegung nahm er gerade noch wahr. Die Klinge zischte an ihm vorbei. Die nächste Bewegung, das nächste Zischen, diesmal neben seinem Gesicht.

Mit heftigem Reiben bekam Jared seine Augen halboffen und folgte den Manövern des Kanoniers. Mehrere neue wilde Streiche; jedes Vorbeizischen der Klinge war ein neuer kleiner Sieg. Von allen Seiten kamen Schreie und Anfeuerungsrufe, einige für Jared, ein paar für Shaw, die meisten einfach so, weil es ein Duell gab.

Wieder griff der Kanonier an, wieder wich Jared aus. Langsam wurden seine Augen wieder klar, aber das Brennen von Salz und Sand machte ihn wütend. Bald war es Shaw, der zurückspringen und ausweichen musste. Doch immer noch bremste sich Jared. Mehrere Male hätte er Shaw direkt treffen können; er tat es nicht.

Shaw ermüdete zusehends. Der Schweiß floss ihm buchstäblich von den Schläfen, sein Atem ging mühsam, die Spitze seines Säbels senkte sich immer wieder. Immer noch stieß Jared nicht zu. Er sprang und tanzte und spielte, während Shaws Streiche immer ungenauer wurden.

„Blut! Wir brauchen Blut, um aufzuhören!“, brüllte Tracy.

Jared drehte sich kurz zu ihm um. „Ich kann nicht!“

Zack! Shaws Klinge sauste einen Fingerbreit an seiner Wange vorbei. Jared kämpfte ihn mit ein paar wohlgezielten Stößen zurück. Der letzte ließ den erschöpften Kanonier rücklings auf den Sand fliegen.

„Du mussst ihn ja nicht töten! Die Haut aufritzen reicht!“, schrie Tracy.

Der Gedanke lenkte Jared ab. *Treffen, ohne richtig zu verletzen? Wo? An der Wange? Der Schulter? Der Brust? Am Bein? Wo würde es Shaw am wenigsten schmerzen?*

Die Spitze von Shaws Schuh stieß in Jareds Kniekehle. Der Kanonier war wie eine Krabbe zu Jared gekrochen. Jared knickte ein, er landete mit dem Rücken auf dem Boden. Die Spitze von Shaws Klinge stieß nach seiner Brust.

Jared rollte zur Seite. Die Klinge bohrte sich in den Sand. Da kam sie wieder. Jared rollte sich erneut zur Seite. Shaw war auf den Knien, Jared als erster wieder auf den Füßen, seine Klinge an Shaws Kehle. „Jetzt reicht es“, stieß Jared hervor.

Der erschöpfte Kanonier sah zu ihm hoch und erwartete sein Schicksal.

Jareds Säbelspitze ritzte über Shaws Kinn. Ein Tropfen Blut fiel in den Sand.

Jared hatte das Duell gewonnen und doch nicht gewonnen. Ein Pirat, der kein Blut vergießen wollte, das gefiel den anderen nicht. Jared versicherte ihnen, dass er in einem richtigen Kampf mit einem wirklichen Feind den Feind töten würde. Sie glaubten es ihm nicht ganz.

Auch der besiegte Kanonier hatte seine Zweifel. „Das Duell heute hast du gewonnen, Junge", sagte er. „Aber wenn du's nicht lernst zu töten, wirst du dein erstes Entern nicht überleben."

Der Erste Maat war voll Lob über die Fechtkünste und Geistesgegenwart seines Schülers - mit Ausnahme der einen Ablenkung, die ihn fast das Leben gekostet hätte -, aber auch er hatte seine Bedenken.

„Wartet nur bis zu unserem ersten Schiff", meinte Jared. „Dann werdet ihr schon sehen, wie gut ich bin."

Käpten Devereaux hatte den Kampf aus der Ferne beobachtet. Als er vorbei war, kehrte er zu seinem Schiff zurück, um den Fortgang der Reparaturarbeiten zu überprüfen. Bei Jared erwähnte er das Duell mit keinem Wort.

Jack Devereaux hatte fünf Jahre als Pirat überlebt, weil er vorsichtig, immer auf jede Möglichkeit vorbereitet, ein brillanter Stratege und hervorragender Seemann war. Die verbreitete Sitte, sich mit anderen Piratenschiffen zusammenzuschließen, machte er nicht mit. „Zu viele Kapitäne verderben den Brei", sagte er. Er sah zu, dass sein Schiff stets im bestmöglichen Zustand, dass seine Mannschaft gut ausgebildet, geübt und für jede Situation gerüstet war und dass seine Kampfstrategie die Stärken seiner eigenen Männer und die Schwächen des Gegners ausnutzte. Und niemals ließ er sich bei seinen Aktionen vom Durst nach Rache beherrschen.

Diese „Berufsethik" hatte Jack Devereaux den Ruf eines „Gentleman-Piraten" eingebracht, was natürlich nicht bedeutete, dass die Händler ihn weniger hassten oder ihn nicht liebend gern von einem Galgen in Waping, London, Boston oder anderswo hätten baumeln sehen. Aber sie respektierten Devereaux. Und noch mehr respektierten ihn die Männer auf seinem Schiff.

Während der Schiffsrumpf überholt wurde, hatten die Matrosen reichlich Gelegenheit, ihre Zeit auf mehr oder weniger kluge Art totzuschlagen. Viele fuhren zum nahe gelegenen Hafen New Providence, der verschiedene Vergnügungen von der Art bot, die man anschließend tage- oder wochenlang bereute. Es waren vor allem zwei Vergnügungen: Trinken und Frauen, und die erfahreneren Seebären betrachteten es natürlich als ihre Pflicht, den Neulingen zu zeigen, wie man zünftig seinen Landurlaub verbrachte.

Magee und Jared gingen gerne mit. Während James Magee etwas Erfahrung mit der Welt des Alkohols und der Frauen besaß, hatte Jared sich noch nie viel aus dem Trinken gemacht, und sein bisher größtes Frauenabenteuer bestand darin, dass er Anne vorgeschlagen hatte, für sie und ihn ein elterliches „Bundling" zu arrangieren.

Nach den ersten ein, zwei Gläsern wurde es Jared langweilig. Er erinnerte sich gut, wohin ihn das Trinken in Boston geführt hatte, und so widerstand er dem Drängen seiner Kameraden - vor allem Michael Dalton, Jeremiah Lee und Richard Derby. Doch Dalton war hartnäckig. Er brachte Jared ein Geschenk: Eine der beiden Damen, die ihm am Hals hingen. „Nimm sie dir", sagte er. „Sie heißt Minuet. Hab schon bezahlt für dich. Nimm's als Dankeschön dafür, dass du das Aas Shaw hast zappeln lassen."

Minuet redete Jared gut zu, und so folgte er ihr in ein Zimmer im Obergeschoss. Sie schloss sofort die Tür. Jared rümpfte die Nase. Auch Minuets Parfüm konnte die abgestandenen Körpergerüche in dem Raum nicht überdecken.

Er kam sich vor wie im Schlafzimmer der Mutter eines Fremden. Er musste hier hinaus!

Er machte mehrere Anläufe, durch die Tür zu verschwinden. Minuet, die ihn für schüchtern hielt, versuchte ihn aufzumuntern. Je heftiger sie ihn zu verführen versuchte, desto widerlicher fand er es. Er kletterte schließlich durchs Fenster, rutschte das Dach hinunter und sprang drei Meter tief in eine Gasse.

Ein Gutes hatte das bizarre Erlebnis; es entfachte seine Sehnsucht nach Anne. Den Rest der Zeit, die er in New Providence verbrachte, dachte er immer wieder an sie. Er musste ihr schreiben, ihr versichern, dass er eines Tages zurückkommen würde. Der Gedanke, dass Anne Pierpont vielleicht einen anderen heiraten könnte, war ihm nie gekommen. Jared und Anne - etwas anderes hatte es nicht gegeben. Erst jetzt merkte er, wie selbstverständlich es für ihn gewesen war, dass sie sich nie für andere junge Männer interessiert hatte. Er war sicher, dass sie auf ihn wartete, wenn er sie darum bat. Aber wie lange würde sie auf jemand warten, der vermisst wurde? Er musste ihr eine Nachricht schicken!

In einem Geschäft besorgte er sich Papier und Tinte, borgte sich eine Feder und setzte sich mit Erlaubnis des Besitzers ins Hinterzimmer, wo er einen Brief an seine geliebte Anne schrieb:

21. November 1728

Meine liebste Anne!
Dieser Brief wird Dich sicher überraschen. Das letzte Mal, wo Du von mir hörtest, saß ich ja auf Deinem Baum vor Deinem Fenster. Sie scheint schon endlos lange her zu sein, diese Nacht. Mit diesem Brief will ich Dir nur sagen, dass ich lebe und dass es mir gut geht. Ich

wurde gegen meinen Willen auf ein Schiff gebracht. Ich kann Dir nicht sagen, wo ich gerade bin, aber ich bin ein Matrose. Es tut mir weh, dass ich es Dir nicht genauer sagen kann, aber wenn ich wieder bei Dir sein und alles erklären kann, wirst Du verstehen, was ich Dir jetzt schreibe.

Ich könnte nach Hause zurückkehren, aber ich habe beschlossen, zunächst auf dem Schiff zu bleiben. Ich habe mehrere Gründe dafür, die ich hier nicht nennen kann, aber ich bitte Dich: Vertraue mir!

Ich weiß nicht, wann ich Dich wiedersehen werde. Vielleicht in einem Jahr, vielleicht in zweien, vielleicht noch später. Ich weiß, das ist für Dich nicht nett, aber bitte glaube mir: Ich muss es tun! Bitte warte auf mich. Ich weiß, dass ich da viel von Dir verlange, aber wenn es um Dich geht, bin ich sehr egoistisch. Was würde ich nicht geben, um jetzt ein paar Minuten bei Dir sein zu können. Ich würde sogar freiwillig in Eurem Wohnzimmer sitzen, mit den Kindern und dem Lärm, ja, ich würde sogar durch dieses verrückte Rohr mit Dir sprechen, wenn ich Dich nur wiedersehen könnte. Ich schließe gerade meine Augen und versuche, Dich zu sehen - Deine lieben grauen Augen, Dein schönes langes rotes Haar und wie Deine Unterlippe sich manchmal vorschiebt. Ich kann nicht mit Worten ausdrücken, wie ich Dich liebe und mich nach Dir sehne.

Ich weiß nicht, ob dieser Brief Dich überhaupt erreicht, aber ich musste es versuchen. Meine liebste Anne, bitte warte auf mich. Ich verlange viel von Dir, ich weiß. Ich hoffe nur, dass ich es Dir eines Tages vergelten kann.

In Liebe,
Dein Jared

P.S. Bitte sage meiner Mutter, dass es mir gut geht. Und sage meiner Schwester, ich hätte nie gedacht, dass ich das einmal sagen würde - ich vermisse sie. Ich wollte nur, ich hätte meinem Bruder dasselbe sagen können, bevor er starb.

Jared wanderte durch den Hafen von New Providence, bis er ein Schiff fand, das nach Boston segelte. Er gab sich als ein Matrose der Levant aus, die ebenfalls in New Providence lag, aber nach Afrika fuhr, und überredete den Steuermannsmaat, seinen Brief nach Boston mitzunehmen.

Anne, der Brief, Jared konnte seine Gefühle nicht beschreiben. Er war sehnsüchtig und wehmütig und aufgeregt, alles gleichzeitig. Er kehrte zu seinen Kameraden zurück, worauf sie alle zurück zur Katzeninsel und zu ihrem Schiff fuhren. Als das Wasser gegen die Seiten der Schaluppe schlug und die Dove in Sicht kam, zog Jared Bilanz über seine Situation. Eigentlich war er ein Glückspilz; so weh ihm auch ums Herz war - er würde am nächsten Morgen keinen Kater haben ...

Kapitel 21

Schiff in Sicht!" Der Ruf des Ausgucks ließ Käpten Devereaux aus seiner Kajüte kommen, das Fernrohr in der Hand. „Steuerbord voraus, Sir."

Devereaux hob das Rohr an seine Augen und sah zu dem Schiff, dessen Segel für das bloße Auge gerade eben über dem Horizont sichtbar waren. Die Dove war nach Beendigung der Reparaturen schon seit sechs Tagen wieder auf See. Sie fuhr ohne Flagge, auf der Suche nach Beute, und das hier war das erste Schiff, das sie sichtete. Jared war gerade an Deck gekommen; es war acht Glasen, der Beginn seiner Wache.

Die Sonne stand fast senkrecht über dem Schiff im fast wolkenlosen Himmel, so dass Jared die Augen einen Augenblick schließen musste. Mit seinem ersten Schritt auf Deck spannten sich seine Muskeln. Er spürte, dass hier etwas in der Luft lag. Das Schiff schien den Atem anzuhalten, während es auf den Befehl des Kapitäns wartete. Sämtliche Blicke waren Steuerbord voraus auf den Horizont gerichtet. Wer seine Arbeit nicht unterbrechen konnte, verrichtete sie in angestrengter Stille, beide Ohren in Richtung Kapitän gespitzt.

Jared sah zu Devereaux. Was mochte jetzt in dem Kapitän vorgehen? Er sah aus wie eins der Seefahrerstandbilder, die man auf den Marktplätzen der großen Städte erblicken konnte. Die einzige Bewegung war das Spiel des Windes in den schwarzgrauen Locken, die unter seinem Hut herabflossen, und das leichte Flattern seines Rocks unter dem untersten Knopf. Jareds Herz dagegen hämmerte wie wild. *Wenn ich noch lange warten muss, platze ich!*

Der Kapitän ließ sein Fernrohr sinken. „Drehen, Mr. Tracy!", rief er. „Sieht aus, als ob wir was haben!"

Hurraschreie an Deck. Am lautesten schrie Jared.

Der Bug des Schiffs richtete sich zur Seite, Backbord in den Wind. Es rollte nach rechts, so dass das Wasser nur knapp unter der Steuerbordreling vorbeischoss. Alles an Deck schien wacher, aufmerksamer, entschlossener zu sein. Selbst der Bug des Schiffs schien energischer durch die Wellen zu schneiden. Die Beute war gesichtet, die Jagd begann.

Doch Jared lernte schnell, dass wie bei anderen Formen der Jagd auf die anfängliche Begeisterung alsbald die Mühen des Wartens folgten. Obwohl die Dove mit voller Fahrt auf ihre Beute zusteuerte, brauchte sie ihre Zeit, um sie zu erreichen, und Zeit bedeutete Geduld, eine Eigenschaft, die Jared nicht gerade im Übermaß besaß. Er versuchte so viel wie möglich davon aufzuschnappen, was der Kapitän und der Erste Maat miteinander sprachen. Er erfuhr, dass das andere Schiff ein Ostindienfahrer war, ein großer, für enorme Ladungen gebauter Dreimaster. Er schien allein zu segeln, getrennt von den übrigen Schiffen seines Konvois, und die Dove noch nicht gesichtet zu haben, denn er hatte seinen Kurs nicht geändert und fuhr nicht mit vollen Segeln. Trotzdem glaubte der Kapitän nicht, dass sie ihn vor Einbruch der Dämmerung einholen würden. Jared versuchte sein Bestes, seine Vorfreude zu zügeln, damit sie ihn nicht erschöpfte, bevor der Kampf überhaupt begann.

„Sie haben uns gesichtet“, meldete Tracy dem Kapitän.

Sie hatten den Indienfahrer bereits mehrere Stunden verfolgt, als er seinen Kurs änderte. Die Dove passte ihren Kurs entsprechend an. Das gejagte Schiff änderte seinen Kurs abermals, die Dove ebenso. Minuten später setzte das Handelsschiff sämtliche Segel, einschließlich mehrerer Beisegel, für die die Ruder als Rahen dienten. Es war nicht mehr als ein Hinhalte-Manöver; das mit Rahen getakelte, voll beladene Handelsungetüm konnte dem Zweimast- Schoner unmöglich entkommen.

Bei Sonnenuntergang war der Abstand deutlich geringer geworden. Der Indienfahrer fuhr ohne Licht in der Hoffnung, im Schutz der Nacht entkommen zu können. Die Unterhaltung beim Abendessen und unter Deck war gedämpft, die Parole hieß Abwarten. Den ganzen Tag hatten die Matrosen der Dove Taue, Munition und Pulver geschleppt, zur Vorbereitung auf den Kampf. Fehlte nur noch der Gegner.

Wer keine Wache hatte, lag in seiner Hängematte und starrte schweigend zu den Balken hoch. Das bevorstehende Gefecht stand wie eine schwarze Gewitterwolke vor ihnen. Die meisten Matrosen hatten schon etliche Kämpfe wie auch Stürme überlebt, aber wer wusste, ob er auch den nächsten überlebte? Wie viele Hängematten würden morgen Abend leer sein? Vielleicht die eigene? Die Wachen würden neu aufgeteilt werden müssen, wegen der getöteten und der neu hinzukommenden Matrosen. Der morgige Tag würde Veränderungen bringen, und auf See bedeuteten Veränderungen Ungewissheit.

Jared erledigte seine Arbeiten wie ein Schlafwandler. Ständig kreisten seine Gedanken um das fremde Schiff, das sie morgen entern würden. In dieser Nacht hatte er die Achterwache. Er stand gegen die Heckreling gelehnt und starrte in das dicke Schwarz der mondlosen Nacht. Nachdem man nach Sonnenuntergang den Blickkontakt zu dem Indienfahrer verlor, hatte die Besatzung der Dove die Segel gerefft, um das Tempo zu drosseln. Man ging davon aus, dass der Kapitän des Handelsschiffs bald nach Einbruch der Dunkelheit seinen Kurs ändern würde, aber in welche Richtung? Das Beste, was ein Piratenschiff in dieser Lage tun konnte, war, auf den Morgen zu warten und zu hoffen, dass das Beuteschiff dann noch in Sicht war. Jared reckte sich gähnend, die Nerven vom Warten überspannt.

Da sah er es, das Flackern in der Ferne. Ein Licht. Es schien unter dem Horizont zu sein. In einer mondlosen Nacht war der Horizont die unsichtbare Linie, wo die Sterne aufhörten. Jared starrte angestrengt in die Dunkelheit. Doch, es war unter dem Horizont! Dann ging es aus.

„Mister Tracy!", rief Jared nach dem Ersten Maat, der am Steuer stand.

„Was ist, Morgan?"

„Hab gerade ein Licht gesehen, Sir!"

Der Erste Maat kam nach hinten gesprungen, Fernrohr in der Hand. „Lass sehen!"

Jared zeigte in das Schwarz hinaus. Der Maat hob das Rohr in die Richtung. „Nichts", sagte er. „Bist du sicher, dass es auf dem Wasser war?"

„Ja, Sir."

Der Erste Maat fluchte. „Könnte kehrtgemacht haben", murmelte er. „Das würde ihn am weitesten von uns entfernen. Hol den Käpten!"

Jared weckte den Kapitän und berichtete ihm, was er gesehen hatte. Der Kapitän begleitete ihn zurück zum Heck, wo er ebenfalls durch das Fernrohr in die Dunkelheit starrte. „Und du bist ganz sicher, dass du ein Licht gesehen hast?", fragte er Jared, ohne das Rohr abzusetzen.

Mit jedem Mal, wo er die Frage hörte, war Jared etwas weniger sicher, aber das war nicht der rechte Augenblick dafür. „Ja, Sir. Es war ein flackerndes Licht unter dem Horizont."

Der Kapitän befahl zu wenden. Während der Bug des Schiffs sich in die andere Richtung drehte, ging er mit dem Ersten Maat nach vorn und spähte weiter nach dem Licht. Jared blieb auf seinem Heckposten. Die beiden Männer gratulierten ihm nicht und sie warnten ihn nicht, aber er wusste, was hier auf dem Spiel stand. Wenn das Licht, das er da gesehen hatte, nicht das Handelsschiff war, würde der neue Kurs sie immer weiter von ihrem Ziel fortbringen.

Die Nachtwache zog sich dahin. Sie sahen kein Licht mehr, und der Kapitän ging zurück in seine Kajüte. Mit jeder Stunde wurde es Jared ungemütlicher zu Mute. Was, wenn er sich geirrt hatte? Dann hätte er seinen ersten Einsatz verdorben, er ganz allein! *Was machen sie auf einem Piratenschiff mit einem Matrosen, der Phantombilder sieht?* Als seine Wache zu Ende war, blieb Jared weiter an Deck. Er ging zum Bug, in der Hoffnung, das Licht wieder zu sehen. Aber nichts dergleichen geschah.

Langsam wurde der Himmel im Osten heller. Graue Streifen erschienen und warfen ihr Zwielicht über die unendliche Wasserfläche. Mit müden Augen spähte Jared auf den sichtbar werdenden Horizont. Es fiel ihm immer schwerer, die Augen offen zu halten. Er rieb sich mit dem Handrücken die Augen.

„SCHIFF IN SICHT!"

Auf der Backbordwache streckte Dalton seinen Arm nach vorn. Kapitän und Erster Maat sprangen aus ihren Kajüten. Jared spähte angestrengt in die Richtung, in die Dalton zeigte. Mit den ersten Sonnenstrahlen, die gerade über dem Horizont aufleuchteten, sprangen die viereckigen Segel des

Indienfahrers buchstäblich aus der See.

Der Kapitän nahm sein Fernrohr. „Das ist er! Das gleiche Schiff. Gut gemacht, Jared!“

„Gut gemacht!“, echote der Erste Maat.

Ein erleichtertes Grinsen zog sich über Jareds müdes Gesicht.

Am Vormittag hatte die Dove das Handelsschiff fast eingeholt. Es war die englische Duke of York, die regelmäßig diese Route befuhr. Sie lag tief im Wasser, ein Zeichen, dass sie voll beladen war. Als Devereaux befahl, die Piratenflagge zu hissen, drehte das Schiff bei, so dass seine Backbordseite auf die Dove zeigte. Ein paar Augenblicke später spuckten weiße Rauchwolken heraus, und Jared erlebte sein erstes Kanonenfeuer. Das Gefecht hatte begonnen.

Devereaux ließ die Dove genau auf den Indienfahrer zusteuern. Bei diesem Kurs konnte sie das Feuer nicht erwidern, bot ihm aber andererseits nur wenig Zielfläche dar. Rechts und links, vor und über der Dove pfiffen die Kugeln, die Einschlagfontänen kamen immer näher. Devereaux befahl dem Steuermann, den Kurs beizubehalten.

Sie waren jetzt so nah, dass Jared die Einzelheiten am Schiffsrumpf ausmachen konnte. Er war reich verziert. Die Gallionsfigur hatte ein englisch und streng aussehendes Männergesicht; Jared fragte sich, ob es den Namenspatron des Schiffs, den Herzog von York, darstellte. Das Heck war nicht weniger reich verziert: Frauenbüsten, Blätterranken und diverse Symbole wie der Mond, eine Nixe, ein Kreuz und anderes. Jared hatte einmal gehört, dass die Schiffsbauer genauso viel Zeit auf die Verzierung verwendeten wie auf den eigentlichen Bau des Schiffs; die Duke of York schien dies voll zu bestätigen. Auf Deck rannten Matrosen mit ernstem Gesicht aufgeregt in alle Richtungen.

Käpten Devereaux befahl dem Steuermann, zum Feuern beizudrehen. Der Bug der Dove drehte sich zur Seite, die Segel wurden schlaffer, die Kanonen richteten sich auf das Handelsschiff. Jared spürte die Wucht der Schüsse in den Deckplanken unter seinen Füßen. Es war eine gekonnte Breitseite, die mehrere Treffer landete, aber die dicke Haut der Duke of York nur wenig beschädigte.

Jetzt drehte die Dove in den Wind, hinter das ungeschützte Heck des Handelsschiffs. Rudy Shaws Kanonen waren wieder bereit. Mehrere Kugeln schlugen in einem Splitterregen voll in das Heck. Von irgendwo unter Deck kam Rauch hoch. Das schwerfällige Handelsschiff war ihnen ausgeliefert.

Ein weiteres Manöver brachte die Dove in Enter-Position. Der Bug drehte sich in einem Winkel, der sie vor den Kanonen des Indienfahrers schützte, auf die Steuerbordseite des Hecks.

„Bereit machen zum Entern!"

Jared packte seinen Säbel. Schulter an Schulter mit seinen Kameraden stand er bereit, an Bord der Duke of York zu springen. Enterhaken schossen durch die Luft, fassten ihre Beute und zogen das Schiff zur Dove. Mit einem lauten Schrei sprang Jared an Bord des Handelsschiffs. Auf dem Achterdeck war der Kampf bereits in vollem Gang, Jared lief deshalb mittschiffs. Matrosen auf dem Deck, Matrosen in den Rahen, Matrosen, die die Wanten herabkletterten - es waren genug, um Jared beschäftigt zu halten, aber weniger, als er erwartet hatte.

Ein dunkler schnurrbärtiger Matrose kam aus dem Laderaum und schwang wild ein Entermesser. Jared blockierte den ersten Stoß, dann den zweiten und dritten. Er tat es mit einer Leichtigkeit, dass der Blick des Matrosen flackerte und seine Stirn sich runzelte. Seine Hiebe wurden heftiger. Jared sprang zurück, so dass der nächste Streich wieder nur die Luft traf. Der nächste kam von oben. Jared wich ihm blitzschnell aus, die Klinge knallte auf Deck. Jared setzte seinen Fuß darauf, während die Spitze seiner eigenen Waffe keinen Fingerbreit vor der Kehle des Mannes schwebte.

Der Matrose sagte nichts. Große braune Augen quollen aus seinem von Panik gezeichneten, schweißüberströmten Gesicht. Jared stand reglos.

„W-w-warum st-stößt du n-nicht zu?"

Jared bewegte sich immer noch nicht. Er hörte wieder seine eigene Stimme: *Wartet nur bis zu unserem ersten Schiff, dann werdet ihr schon sehen, wie gut ich bin.* Es war gerade so wie damals im Wald mit Chuckers und Will, als er den Wolf im Visier hatte und es nicht fertig brachte, abzudrücken.

Der Matrose merkte Jareds Zögern und schlug die Klinge fort; der Kampf ging weiter. Dann sprang er nach links, statt nach rechts, und Jareds Klinge fuhr ihm in den Führarm. Das Schwert klapperte auf Deck, der besiegte Matrose sackte auf die Knie. „Stoß zu, du Teufel, stoß zu!", schrie er.

Jared schaute auf den roten Fleck an seiner Klinge. Er hatte Lust, sich zu übergeben, aber er musste etwas mit diesem Häufchen Elend machen. Ihn töten? Nein.

„Spring über Bord!"

„Was?"

„Spring über Bord!" Jared berührte die Kehle des Matrosen mit seinem Säbel. „Spring!"

Der Matrose sah zur Reling, dann wieder zu Jared. Ein, zwei Sätze, und er war fort. Jared hörte, wie er ins Wasser klatschte.

Jared Morgan tötete niemand an diesem Tag. Er schlug seine Gegner bewusstlos, sperrte sie in den Laderaum, warf sie über Bord, aber tötete niemand. Er probierte alle möglichen Methoden aus, sie nicht umzubringen; nach einer

Weile war es der reinste Sport. Als das Gefecht zu Ende war, hatte er nicht weniger als fünfzehn Männer besiegt.

Der Kampf war vorbei, als es Tracy gelang, den Kapitän gefangen zu nehmen. Man wurde sich rasch handelseinig: Die Ladung gegen das Leben des Kapitäns und seiner Männer. Sobald die Ladung an Bord der Dove war, würden Schiff und Besatzung weiterfahren dürfen. Es war nicht die normale Piratenart, aber der Kapitän und die Besatzung der Dove waren auch keine normalen Piraten. Der besiegte Kapitän ging auf die Bedingungen ein, obwohl er sie nicht glaubte. Mehr als einmal prophezeite er, dass die Piraten, wenn sie erst einmal hatten, was sie wollten, sofort ihr Wort brechen, ihn töten und das Schiff versenken würden.

Matrosen von beiden Schiffen luden Tabak, Felle, Reis, Seide und Indigo nebst einer hübschen Summe Gold auf die Dove um. Als sie fertig waren, holten die Männer der Dove zur großen Überraschung des besiegten Kapitäns ihre Enterhaken wieder ein und segelten davon.

„Habt ihr gesehen, wie Grinse-Jack gekämpft hat?“, fragte Derby.

„Ich hab euch doch gesagt, er kann nicht töten!“, knurrte Shaw. „Der bringt uns noch alle an den Galgen!“

Der Kapitän hatte nach dem Sieg einen Ruhetag angeordnet - der erste der Saison für die Dove. Das Schiff war fast unbeschädigt geblieben, kein einziger der Männer war getötet worden. Devereaux schwor Stein und Bein, dass er das in seiner ganzen Laufbahn noch nicht erlebt hatte. Er war des Lobes voll über die gute Leistung der Mannschaft, die Schnelligkeit, mit der sie die Befehle ausgeführt hatte, die Zielgenauigkeit von Shaws Kanonieren und nicht zuletzt Jareds wachsames Auge, das das Wendemanöver des Indienfahrers entdeckt hatte. Man fuhr in eine versteckte Lagune, wo ausgiebig gefeiert, die Beute inspiziert und erste Vorbereitungen für ihren Verkauf getroffen wurden. Im Augenblick sprachen die Männer einem Fass erbeuteten Rum zu.

Richard Derby erhob sich wackelig, in der Hand einen unsichtbaren Säbel. „Hatte gerade so ein dünnes Pickelgesicht erledigt, als ich unseren Grinse-Jack sehe.“ Er zeigte mit seinem Luftsäbel auf Jared. „Kitzelte so 'nen Burschen mit seinem Säbel am Hals und befahl ihm, über Bord zu springen! Und der hat das tatsächlich gemacht!“

Ein Chor von „Aahs!“ und „Oohs!“. Die Männer, die Jared am nächsten saßen, stießen ihn freundschaftlich in die Rippen. Derby fuhr zufrieden fort: „Ich denk mir also: Schau dir an, was Grinse-Jack als Nächstes macht! Und was macht er mit dem nächsten Knaben? Haut ihn mit 'nem Holzstück auf die Birne!“ Erneutes Gelächter. „Den Nächsten schickt er unter Deck und schließt die Tür zu! Wenn wir nicht aufpassen, versaut dieser Morgan uns unseren ganzen Ruf! Können wir uns das leisten, Freunde?“

Ein vielstimmiges „Nein!“ erscholl.

Erster Maat Tracy beugte sich zu Jared. „Stimmt das?“ Jared zuckte grinsend mit den Schultern.

„Schaut ihn euch an!“, rief Derby. „Grinse-Jack im Original!“

Rudy Shaw schüttelte seinen benebelten Kopf. „Der ist gefährlich, stinkgefährlich! Messer durch den Bauch und fertig, so macht das ein echter Pirat! Der bringt noch einen von uns um, der alte Feigling!“

Käpten Devereaux trat aus seiner Kajüte, die Männer wurden still. „Feiert euren Sieg, Männer“, sagte er. „Ihr habt's verdient, ihr habt euren Job gut gemacht.“ Hurra-Rufe. „Aber ich muss euch warnen: Das war ein leichter Sieg. Zu leicht. Über die Hälfte der Besatzung des Indienfahrers hatte die Schwindsucht oder Skorbut; auch die Kanoniere, deshalb haben sie so miserabel geschossen. Die waren voll daneben, als wir sie gefasst haben; darum waren sie auch von ihrem Konvoi getrennt, konnten nicht mehr mithalten. Weil sie so krank waren, habe ich niemand angeboten, sich uns anzuschließen; wollte nicht, dass sie ihre Krankheiten zu uns bringen. Also: Feiert euren Sieg; aber der Nächste wird nicht so leicht werden.“

Zwei Tage danach nahm die Dove Kurs auf Bristol in England, wo sie ihre Waren loswerden wollte. Sie lief natürlich nicht den Hafen selbst an, sondern eine Bucht in der Nähe von Baggy Point, etwas nördlich der Bucht von Barnstaple. Die Einfahrt in die Bucht von Bristol, in der Patrouillen der Königlichen Marine unterwegs waren, war zu riskant; die Dove hätte dort eingeschlossen werden können. Nach dem Verkauf der Beute wurde der Profit aufgeteilt: Je eineinhalb Anteile für den Kapitän, den Ersten Maat und den Steuermannsmaat, eineinviertel Anteile für den Kanonier, den Botsmann und den Schiffszimmermann, ein voller Anteil für alle anderen.

Auf dem Rückweg zu den Kolonien fing die Dove ein Schiff ab, das Waltran, Ingwer und Eisen nach Boston brachte. Die Waren gelangten immer noch in die Kolonien, jedoch über einen anderen Zwischenhändler, einen Freund von Käpten Devereaux, der sie vor Long Island in Empfang nahm. Danach fuhren sie nach Süden und nahmen den nach Guadelupe fahrenden Kolonistenschiffen Fisch, Getreide und Holz ab. Jedes Mal erwiesen die Männer der Dove sich ihren Vettern auf den Handelsschiffen als seemännisch hoch überlegen. Jared, der mittlerweile bei allen außer dem Kapitän nur noch „Grinse-Jack“ hieß, erregte weiter mit seiner unorthodoxen Kampfweise Aufsehen. Seine Gegner sprangen über Bord oder wurden über Bord geworfen, mussten einander fessseln, bekamen einen Schlag über den Schädel – wurden aber nicht umgebracht.

Auch die Mannschaft der Dove hatte ihre Verluste. Bootsmann Whitmore verschwand, als eine zweiunddreißig Pfund-Kugel einen Teil des Achterdecks fortriss. Jeremiah Lee und George Cabot kamen bei Säbelgefechten ums Leben. Sieben neue Matrosen schlossen sich nach dem üblichen Aufruf von Kapitän Devereaux der Mannschaft an. Die Verluste lasteten schwer auf Jared; er konnte den Tod nicht so leicht abschütteln wie seine Kameraden.

Die Dove und Jareds Taten wurden bald legendär. Für die Piratenhäfen auf den Bahamas war es eine schöne Legende, für Boston, Bristol und London ein Alptraum. In allen größeren Hafenstädten erschienen Plakate, die hohe Belohnungen für die Gefangennahme von Matrosen der Dove versprachen. Der Händler, der die höchsten Summen in Aussicht stellte, wohnte in Boston. Zwei von drei Schiffen, die die Dove kaperte, gehörten ihm. Sein Name war Daniel Cole.

Nach einer kurzen Verschnaufpause in New Providence fuhr die Dove zurück auf die offene See, um weiter zu jagen. Im Nordostkanal von Providence kam kurz vor dem Cherokee-Sund bei der Great Abaco-Insel eine voll beladene Brigg in Sicht. Sie war englisch beflaggt, und die Dove änderte sofort ihren Kurs, um ihr zu „helfen“ ihre Waren unter den Inselhäfen zu verteilen.

Das Handelsschiff sah die Dove fast im gleichen Augenblick und änderte seinen Kurs zurück auf die offene See. Obwohl es alle Segel hisste, schien es Devereaux nicht, dass es sich besondere Mühe gab zu entkommen. Die Dove ging auf Abfang-Kurs.

Doch kaum waren sie am Cherokee-Sund vorbei, als zwei Kriegsschiffe der Königlichen Marine aus einer Bucht hervorkamen. Es war eine Falle!

Die Dove machte kehrt und nahm Kurs nach Süden, verfolgt von den beiden Kriegsschiffen. Sie folgte der Küste der Insel, vorbei am Südwest-Kap und drehte dann wieder nach Norden in Richtung Mores-Insel. Die Westküste der Great Abaco-Insel war mit Hunderten kleiner Inseln, Buchten und Lagunen übersät. Devereaux war bereit, mit zwei englischen Marineschiffen Katz und Maus zu spielen - wenn er genügend Schlupfwinkel zur Verfügung hatte. Vier Tage lang duckte sich die Dove in Buchten, umsegelte Inselchen und versteckte sich in Lagunen, um die Verfolger abzuschütteln.

Während dieser Jagd lernte Jared den Zweimaster erst richtig kennen. Er war das vollkommene Piratenschiff: Schnell und wendig, mit wenig Tiefgang, aber einem breiten Rumpf. Es war genügend schnell, um Handelsschiffe einzuholen oder der englischen Marine zu entkommen, genügend flach, um in Buchten zu fahren, in die große Kriegsschiffe ihm nicht folgen konnten, und hatte mehr als genug Laderaum für Beutegut.

Devereaux spielte das Katz-und-Maus-Spiel meisterhaft. Es gab einige kritische Augenblicke, aber nie war das Schiff wirklich in Gefahr, aufgebracht zu werden. Nach mehreren Tagen dieses Versteckspiels schlüpfte die Dove am Nordende der Insel vorbei in das offene Meer. Die Kriegsschiffe waren nirgendwo zu sehen.

„Sieht aus wie ein Konvoi, Leute!"

Gegen den Wind erschienen hintereinander gestaffelt drei Segel. Bis jetzt hatte die Dove Konvois gemieden und sich auf Einzelfahrer konzentriert. Doch diesmal befahl Devereaux, „mit äußerster Geschwindigkeit" in den Wind zu drehen. Er befahl auch, die Flagge zu hissen, noch bevor der

Konvoi sie kommen sah. Bei der ersten Sichtung des Konvois war der Kapitän ohne sein Fernrohr an Deck. Er hatte Jared angewiesen, es aus seiner Kajüte zu holen und anschließend bei ihm zu bleiben.

„Drei Indienfahrer", sagte der Kapitän, den Kopf in Jareds Richtung geneigt. „Wie viele Kanonenreihen siehst du an jedem Schiff?"

Jared nahm die Schiffe ins Visier. Der Bug der Dove zeigte genau in ihre Richtung, aber sein Auf- und Abtanzen machte es Jared schwer, die Schiffe ins Visier zu nehmen. Er glaubte, bei jedem zwei Reihen Kanonen unterscheiden zu können.

„Schau noch mal hier durch." Devereaux hielt ihm sein Fernrohr hin.

Das eingeschränkte Gesichtsfeld des Fernrohrs machte das Anpeilen der Schiffe noch schwieriger. Kaum hatte Jared ein Schiff erfasst, machte die Dove den nächsten Satz, und fort war es.

„Gleich dich den Bewegungen des Schiffes an", sagte der Kapitän.

Jared ließ die Beine im Auf und Ab des schwankenden Decks mitgehen, während er seine Arme locker ließ. Da, endlich. „Sieht aus wie zwei Reihen Kanonen auf jedem ... Halt, Augenblick!"

„Die untere Reihe ist jeweils nur aufgemalt", bestätigte Devereaux seine Entdeckung. „Dürften Schiffe von Cole sein; der benutzt diese Abschreckungstaktik häufig. Manche Schiffe haben ja wirklich zwei Kanonenreihen, aber Cole ist zu geizig, um Laderaum zu opfern."

„Aber dreimal so viel Kanonen wie wir haben sie immer noch", stellte Jared fest.

„Ungewöhnliche Strategie, was?" Devereaux grinste seinen Schachpartner an.

Jared kannte ihn mittlerweile gut genug, um seinen See-

Instinkten und seiner Strategie zu vertrauen. Aber einen ganzen Konvoi hatten sie noch nie angegriffen.

„Es hilft, wenn man seinen Feind kennt“, fuhr Devereaux fort. „Handelskapitäne bekommen ihren Posten nicht, weil sie strategische Phantasie haben; es sind strikte Vorschrifts-Typen und Paragraphenreiter. Die meisten sind Tyrannen, die den ganzen Tag mit Argus-Augen darüber wachen, dass jeder auf ihrem Schiff die Regeln einhält; wer es nicht tut, wird schwer und öffentlich als Exempel für jeden bestraft, dem es in den Sinn kommen könnte, die Gesetze zu brechen. Also: Was werden diese drei Kapitäne wohl machen, wenn sie sehen, dass Backbord voraus eine Gefahr auftaucht?“

„Das, was in ihren Regeln steht.“

„Richtig. Und da steht für diesen Fall die Linien- Formation.“ Der Kapitän demonstrierte sie mit seinen beiden Händen. „Die Schiffe bilden eine Linie, Bug an Heck und im rechten Winkel zu unserem Kurs.“

„Damit sie alle drei gleichzeitig auf uns feuern können“, sagte Jared.

„Das ist das Eine, ja. Und was für einen Vorteil bringt diese Formation noch?“ Der Kapitän hielt seine Hände in der gleichen Position, damit Jared sie studieren konnte.

„Sie schützen so ihre schwachen Punkte“, antwortete Jared. „Bug und Heck!“

„Stimmt vollkommen!“ Devereauxs Augen glänzten aufgeregt. Es war die gleiche Art Begeisterung, die Jared von den Auswertungen ihrer Schachpartien kannte, nur dass diesmal die Schachfiguren Schiffe waren, das Spielbrett der Atlantische Ozean und eine Niederlage tödlich.

Der Kapitän zeigte auf die Schiffe vor ihnen. „Sie formieren sich schon“, sagte er. „An deinen Posten! Wir müssen schnell machen.“

„Aye, aye, Sir!“ Jareds Posten war bei den Steuerbordfallen, den Leinen zum Aufziehen und Herablassen der Segel mittschiffs am Großmast. Wenn der Kapitän erklärte, schnell zu machen, dann hieß das, dass es bald Arbeit für ihn geben würde. Kaum hatte er seinen Posten erreicht, als auch schon der Befehl erfolgte, die Segel zu stellen. Jared ging an seinen Platz am Großsegel und zog die Leine ein. Der Bug des Schiffs schob sich näher in den Wind, die Dove gewann an Fahrt. Es gibt bei der Segelstellung einen Punkt, bei dem ein Segelschiff am schnellsten fährt. Man entferne sich wieder von diesem Punkt, und das Schiff wird langsamer; man überschreite ihn und steuere direkt in den Wind, und das Schiff richtet sich voll auf, die Segel luven und es gibt keinen Vortrieb mehr. Das Wohl oder Wehe der Dove hing jetzt von der exakt richtigen Geschwindigkeit ab. Tracy stand am Ruder, seine Augen prüfend auf die Segel gerichtet, während er das Schiff immer mehr in den Wind drückte.

Genau wie der Kapitän es vorhergesagt hatte, gingen die drei großen Handelsfahrer auf Linienformation. *Dreimal so viele Kanonen wie wir*, dachte Jared, während die Schiffe immer größer wurden. *Was macht man, wenn die anderen dreimal so viel Kanonen haben?*

Die Dove schnellte direkt gegen die Formation. Jetzt waren weiße Rauchwolken auf allen drei Schiffen gleichzeitig zu sehen, einen Augenblick später hörte man den Donner des Feuerns. Rechts, links und über der Dove flogen Zweiunddreißig-Pfünder vorbei, einige fielen weit vor dem Bug ins Wasser. Die erste Salve brachte keinen Schaden, aber in seinen Gesprächen mit Magee hatte Jared gelernt, dass die erste Salve vor allem dazu diente, die richtige Schussentfernung festzustellen; wirklich gefährlich waren erst die folgenden Salven.

Neue Rauchwolken. Eine Kugel traf die Backbordseite der Dove. Ein plötzlicher Ruck, dann ein Schütteln, als das

Schiff in den heftigen Vorwärtskurs zurückfiel. Die nächste Salve. Dicht über Jared schwirrte es, dann ein trockener Knall. Das Großsegel flatterte, der Mast sah aus wie eine Ente mit einem gebrochenen Flügel. Das Schiff wurde langsamer. „Am gefährlichsten wird's, wenn wir gerade in Reichweite der Kanonen sind", hatte der Kapitän gesagt. Wie jetzt.

Jared sauste die Wanten zur Spitze des Großmasts hoch. Der Schuss hatte das Segel getroffen und vom Mast losgerissen; dieser selbst war unbeschädigt. Die gesamte Takelage musste erneuert werden, wozu jetzt natürlich keine Zeit war. Wie konnte man das Segel auf die Schnelle reparieren?

Von seinem luftigen Posten aus konnte Jared die drei Handelsschiffe vorzüglich sehen. Er kam sich vor wie das Schwarze auf einer Zielscheibe. Direkt in die Schusslinie von drei Handelsschiffen fahren - das war Wahnsinn! Bei diesem Kurs konnte die Dove nicht einmal das Feuer erwidern. Wenn Jared das Segel nicht schnellstens reparierte, waren ihre Über-lebenschancen gleich Null.

Er packte das zerrissene Tau. Mit fliegenden Händen spleißte er die Enden wieder zusammen. „Versucht es jetzt!", rief er nach unten. Das Schiff neigte sich gehorsam nach Steuerbord, sie wurden wieder schneller. Jared kletterte den Mast hinunter, dankbar, von der Zielscheibe wegzukommen.

Ein heftiges Flattergeräusch ertönte. Ein Spleiß hatte nicht gehalten. Er hastete zurück zur Mastspitze. „Etwas Leine!" Das Tau wurde schlaffer. Verbissen spleißte er das Tau neu. Wieder rief er seine Botschaft nach unten, wieder neigte sich das Schiff.

Noch eine dreifache Breitseite, wieder das Schwirren der Kugel-Armada, jetzt noch näher. Ein Volltreffer achtern; die Kugel schlug durch das Deck und zum Heck wieder hinaus. Die Heckreling explodierte in einem Splitterschauer. Der Großmast ruckte heftig und schlug gegen Jareds Wange, dass dieser die Glocken läuten hörte. Nur nicht fallen ...

Jetzt hatte die Dove die Formation fast erreicht, ihr Kurs zielte zwischen das mittlere und das letzte Schiff. Sie war nunmehr so nah, dass wegen des Schusswinkels sämtliche Kanonen des ersten Schiffs sowie die vorderen des mittleren und die hinteren des letzten Schiffs sie nicht mehr erreichen konnten; dafür war sie direkt im Schussfeld der übrigen Kanonen der beiden letzten Schiffe. Doch immer noch nicht erwiderte sie das Feuer, sondern fuhr weiter mit voller Kraft gegen die Formation. Jared klammerte sich noch fester an den Mast.

Der Donner der Kanonen klang doppelt laut, Mündungsfeuer spuckte aus ihren Rohren. Die Steuerbordseite des Vorderdecks flog in Stücke, Steuermannsmaat Wendell flog hoch in die Luft und über Bord. Wieder schüttelte es den Großmast wie mit einer Riesenfaust.

Der Bug der Dove pflügte durch die weiße Rauchwand, jetzt unerreichbar für sämtliche Kanonen. Dann ein Donnern und Beben, wie Jared es nocht nicht erlebt hatte. Die Kanonen auf beiden Seiten der Dove feuerten unaufhörlich ihre Salven. Die Backbordgeschütze zerstörten das Heck des mittleren Handelsschiffs, während die auf Steuerbord in Bug und Vorderdeck des letzten Schiffs einschlugen. Es war dieses dritte Schiff, das am übelsten zugerichtet wurde. Eine Salve nach der anderen schlug in seine Decks und in das darunter liegende Kanonendeck. Aus immer mehr Löchern schlugen Flammen und Rauch. Eine Kugel traf voll den Großmast. Fast majestätisch langsam neigte er sich zur Seite und fiel auf den Schiffsrumpf. Sein unterer Teil zerstörte einen Teil des Decks, während die Spitze und die Segel in den Ozean klatschten.

Auf beiden Schiffen rannten Matrosen aufgeregt hin und her. Es war ein Chaos, und es war noch mehr: Auf vielen

Gesichtern lag das blanke Entsetzen. Dass die Dove ihre Formation aufgebrochen hatte, das war demoralisierend.

Devereaux befahl, den Beschuss auf das letzte Schiff zu konzentrieren. Das Gewirr aus Tauwerk und Segeln hinderte dessen Kanonen daran zu feuern. Tracy hielt die Dove in dieser geschützten Position, während Shaws Kanoniere das angeschlagene Schiff weiter bombardierten. Die beiden anderen Handelsschiffe hissten die Segel und flohen. Ein paar Minuten später hisste das angegriffene Schiff eine weiße Flagge.

Es war ein Wiedersehen von alten Bekannten auf dem gekaperten Schiff, der Lloyd George. Und ihr Kapitän war kein Geringerer als Edmund Barlow. Das Aussehen des Mannes passte genau zu den Schreckensgeschichten, die Jared über ihn gehört hatte. Sein Gesicht war schmal, ebenso die Nase und der Strich, der der Mund sein sollte; Lippen schien Barlow keine zu haben. Seine Augen waren granithart, seine Stimme ein leises, drohendes Grollen.

„Dafür kommst du an den Galgen, Devereaux", begrüßte Barlow sein früheres Besatzungsmitglied.

„Aber nicht heute, Barlow." Devereaux war einen Kopf kleiner als Barlow. „Heute werden wir dich um das Zeug in deinem Laderaum erleichtern. Bist du immer noch derselbe engstirnige Tyrann wie damals auf der Dove?"

„Dass du nicht einmal den Namen geändert hast - Frechheit", sagte Barlow.

„Meinst du? Die typischen Piratennamen haben mir noch nie zugesagt. Habe Dove gemocht, sah keinen Grund, es zu ändern. Gefällt mir jetzt noch mehr. Muss schlimm sein, Barlow, wenn man von seinem früheren Schiff so erledigt wird, wie?"

Der Kapitän der Lloyd George zeigte keine Reaktion. Seine Augen verrieten Jared, dass er nicht jemand war, der sich Gefühlen hingab, sondern einer, der sich alles genauestens merkte, bis er es im richtigen Augenblick mit Zins und Zinseszins heimzahlen konnte.

Käpten Devereaux machte der Mannschaft der Lloyd George sein übliches Angebot: Wer das Schiff verlassen und sich der Dove anschließen wollte, durfte das gerne tun. Die Zahl der Männer, die vortraten, war erstaunlich hoch, und normalerweise hätte Devereaux nur einen Teil von ihnen genommen. Aber das hier war Barlows Schiff, und er verstand es gut, dass sie gut verstand, dass sie von der Lloyd George weg wollten. So erklärte er, dass es zwar zu viele seien, um sie alle auf der Dove zu beschäftigen, aber er sei bereit, jeden, der wolle, zu einem Hafen zu bringen, wo er sich einem anderen Piratenschiff anschließen könne.

Die nächsten Stunden waren eine einzige Prozession an Waren vom Handelsschiff zum Piratenschiff. Mehrere Matrosen, darunter auch Derby, bestürmten Devereaux, Barlow wegen seiner Vergehen gegen ihre Brüder den Prozess zu machen und ihn zu hängen. Sie verhandelten leidenschaftlich und lange mit Devereaux, aber der wies ihre Bitte ab.

„Dann lassen wir ihn wenigstens um den Mast laufen", forderte Derby. Bei dieser Bestrafung bildeten die Männer einen Kreis um einen Mast, und der Übeltäter musste in diesen Kreis hinein und um den Mast herumlaufen, während die anderen sein Hinterteil mit Säbeln, Messern, Gabeln und sonstigen scharfen Gegenständen bearbeiteten.

Der Kapitän lehnte auch das ab. „Derby", sagte er, „lass dich nicht von deiner Rachsucht verzehren. Lass ihn" - er zeigte auf Barlow - „nicht so viel Herrschaft über dein Leben bekommen. Wir haben ihn besiegt und ihm seine Männer und Ladung abgenommen. Lass es damit gut sein."

Derby beugte sich Devereauxs Entscheidung, aber es war deutlich, dass er nicht glücklich darüber war.

Als die Transaktion zwischen den beiden Schiffen abgeschlossen war, ging die Mannschaft der Dove von Bord der Lloyd George. Devereaux blieb bei Barlow, bis alle anderen gegangen waren, dann hob er kurz seinen Hut. „Das war hervorragend", sagte er. „Wir sollten es öfter machen." Er drehte sich um und trat auf die Laufplanke zwischen den beiden Schiffen. Jared machte ebenfalls kehrt, um ihm zu folgen. Aus seinen Augenwinkeln sah er, dass Barlow etwas aus seinem Hosenbund zog.

„Ich glaube, nicht", antwortete Barlow und richtete eine kleine Einschusspistole auf Devereauxs Rücken.

Jared packte seinen Säbel und sprang zu Barlow, während er gleichzeitig einen Warnruf ausstieß. Die Klinge bohrte sich in Barlows Schulter, gleichzeitig löste sich der Schuss. Durch die Wucht seines Stoßes nach vorne gerissen, geriet Jared mit dem Kopf nah an die Pistole. Die Explosion der Waffe klang wie ein Kanonenschuss in seinen Ohren. Verbranntes Pulver versengte seine linke Wange, die Wucht warf ihn auf Deck. Sein linkes Ohr fühlte sich an, als sei es durchgetrennt worden; ein dröhnendes Echo löschte alle anderen Geräusche.

Barlow lag ein paar Schritte vor ihm auf Deck, er fluchte, hielt seinen schlaffen Arm und hatte das Gesicht schmerzverzerrt. Die Pistole war zu Boden gefallen.

Wo ist Devereaux? Jared sah zur Planke. Sein linkes Auge zeigte nur verschwommene Bilder, aber was er mit dem rechten sah, war nicht gut. Der Blutfleck auf Devereauxs Rücken zeigte ihm, dass er zu langsam reagiert hatte. Er war auf die Knie gefallen. Derby versuchte gerade, ihm auf die Füße zu helfen. Jetzt fielen die Arme des Kapitäns schlaff nach unten, sein Kopf kippte in komischen Winkeln nach hinten.

Barlows Schuss war ein Signal für den Rest seiner Mannschaft. Eine kleine Welle bewaffneter Matrosen rannte auf Deck und zu ihrem Kapitän. Jared rappelte sich hoch und wehrte einen Mann ab, dann zwei, während Derby Devereaux auf die Dove brachte.

Es waren zu viele! Jetzt standen vier von Barlows Matrosen zwischen Jared und der Laufplanke. Von der Dove kamen Musketenschüsse, zwei Matrosen sackten zusammen. Es gab Jared den Fluchtweg, den er brauchte. Der Weg zur Planke war abgeschnitten, also fort und nach oben! Er sprang in die Wanten und kletterte zu den Rahen hoch, zwei Matrosen direkt hinter ihm. Jared war ein Meister dieser Jagd. Wenn die Dove in einem Hafen lag, hatte er es in freien Stunden ausgiebig geübt. Nur, dass es hier kein Spiel war ...

Unter ihm legte die Dove von dem Handelsschiff ab, die Laufplanke fiel ins Wasser. Er erreichte die Rahe. Ein Musketenschuss splitterte direkt unter seinem Fuß im Holz. Er hastete über die Rahe, fand ein Tau, packte es und sprang. Er flog durch die Luft über die Köpfe der schreienden Matrosen und die Reling der Lloyd George hinweg. Als das Seil seinen äußersten Punkt erreichte, ließ er es los und streckte sich nach den Steuerbord-Wanten der Dove aus. Seine Finger wollten sich um die Wanten schließen, aber sein Schwung riss ihn weiter. Er fiel herunter auf Deck und brachte mehrere Matrosen zu Fall.

Musketenfeuer, dann Kanonen. Der Großmast gefallen, Schlagseite nach Steuerbord, ein klaffendes Loch im Bug, es war das Letzte, was Jared von der Lloyd George sah.

Käpten Devereauxs Leichnam wurde fast unmittelbar nach seinem Tod der See übergeben. Leichen an Bord brachten Unglück; außerdem hatte man keine Möglichkeit, das Verwesen zu verhindern, und der Gestank wäre bald unerträglich geworden. Es war eine gedrückte Versammlung am Großmast, als die Matrosen nacheinander berichteten, was sie mit Käpten Jack Devereaux erlebt hatten. Die Zeremonie endete mit einem Ehrensalut. Jared sagte während der gesamten Zeremonie nicht ein Wort. Als alles vorbei war, ging er allein zum Bug des Schiffs und stand lange dort und weinte still.

Die Mannschaft wählte den irischen Rotbart, Patrick Tracy, zum neuen Kapitän der Dove. Richard Derby wurde Steuermannsmaat. Auf Empfehlung des neuen Kapitäns wählte man Jared Morgan - alias Grinse-Jack - zum Ersten Maat, obwohl sein Lächeln seit dem Tod von Devereaux noch nicht wieder erschienen war. Richard Shaw argumentierte, dass er selber doch der logische Mann für den Posten des „Ersten" sei, aber Tracy erwiderte, dass es niemand an Bord gab, der so gut mit den Kanonen umgehen konnte wie er. Das Lob besänftige Shaw ein wenig, aber es war deutlich, dass er einen anderen als Jared eher akzeptiert hätte. Jared selbst war erfreut, dass Tracy ihm diesen Posten anvertraute, aber Hochstimmung wollte nicht in ihm aufkommen; der Preis für seinen Aufstieg war zu hoch. Es war ein anderer als Jared, der jetzt über das Deck der Dove ging. Vielleicht war er zu lange ein Junge geblieben; es wurde Zeit, dass er erwachsen wurde und sich der Realität stellte. Nicht alles im Leben war Spaß. Wenn er jetzt auf die endlose Weite der See hinausschaute, sah er nichts als eine große Wasserfläche. Vorbei war sie, die alte Romantik. Stattdessen nagte dieser bohrende Schmerz. Das war also der letzte Ruheort von Käpten Devereaux ... Er fragte sich, wie viele andere an Bord der Dove ihrem toten Kapitän noch folgen würden.

Zwei Wochen später hielt die Mannschaft die letzte Zeremonie ab, die mit Devereaux zu tun hatte. Am Großmast wurde der persönliche Besitz des Kapitäns - seine Truhe, Bettzeug, Kleider, Bücher und sonstiges - versteigert. Die Gebote waren meist hoch; der Erlös ging an die Familie des Verstorbenen, bei Devereaux an einen jüngeren Bruder in Maidstone, südöstlich von London. Jared schaute stumm zu. Die persönlichen Habseligkeiten eines Toten meistbietend versteigern - es widerte ihn an. Aber seine Gefühle änderten sich, als das Schachspiel des Kapitäns an die Reihe kam. Auch er machte ein Gebot und erstand Brett und Figuren zu einem horrenden Preis. Sie waren es ihm wert; es war das einzig Greifbare, das ihn mit seinem toten Kapitän verband - ein wahrer Schatz.

Die Dove verbrachte den Großteil der Hurrikan-Saison auf der Katzeninsel, wo man eine neue Mannschaft ausbildete und die in dem Gefecht mit der Lloyd George erlittenen Schäden reparierte. Als die nächste „Jagdsaison" begann, waren Mannschaft und Schiff bereit.

In den Hafenkneipen hieß es, dass die Brixton, eine Handelsbrigg aus Boston, mit einer großen Ladung Fisch, Getreide, Holz und Gold zur Finanzierung der Saisongeschäfte in den Westindischen Inseln nach Martinique unterwegs war. Wochenlang kreuzte die Dove vor der Küste Floridas, in der Hoffnung sie abzufangen, und endlich wurde ihre Geduld belohnt.

Als die Brixton die Dove sichtete, hisste sie alles, was sie hatte, um ihr davonzufahren. Käpten Tracy leitete die Verfolgung, mit Jared am Steuer. Der Wind kam von Osten, und beide Schiffe segelten mit Steuerbordbug. Die Dove kam stetig näher.

Da erschien am Horizont eine Nebelbank. Die Brixton fuhr direkt darauf zu. „Wenn wir da hineinfahren, fassen wir sie nie", sagte Tracy. „Sind wir schon in Schussweite?"

„Ich kann sie erreichen", erklärte Shaw.

„Dann drehen wir bei und schießen mit unseren Backbordkanonen", befahl Tracy.

„Wartet!", rief Jared. „Vielleicht hab ich eine bessere Idee."

„Raus damit!"

„Dazu brauche ich ´ne Seekarte."

Man holte eine Karte herbei und stellte die Position der Dove fest.

Jared nickte, als er die Karte studierte. „Ich glaube, es wird klappen, Sir." Er zeigte auf die Karte. „Wir sind hier, die Brixton ist da und die Nebelbank dort, richtig?" Allgemeine Zustimmung. „Direkt hinter der Nebelwand liegt ein Archipel, quer zum Kurs der Brixton. Sie muss den Kurs ändern, auf Süd-Südost. Sobald sie im Nebel ist, wird sie zweierlei wollen: Erstens uns abschütteln und zweitens aus dem Nebel rauskommen. Ich glaube, wenn wir ihr weismachen, dass wir sie in den Nebel hinein verfolgen, wird sie in den Wind fahren und dann nach Norden, um aus dem Nebel herauszukommen. Mein Vorschlag ist: Wir tun so, als folgen wir ihr, aber stattdessen bleiben wir auf dieser Seite der Nebelbank. Wenn sie dann auf Nordkurs geht, um wieder herauszukommen, sind wir hier und nehmen sie in Empfang."

„Wenn sie tut, was du meinst!", zweifelte Shaw. „Reine Spekulation. Meine Kanonen spekulieren nicht, die treffen entweder oder sie treffen nicht."

„Die Schussweite ist enorm", stellte Jared fest.

„Aber es ist besser als ´rumzusitzen und gar nichts tun!", rief Tracy. Er kratzte sich am Bart. „Wenn ich die Brixton unter mir hätte, würde ich wahrscheinlich genau das machen, was Jared sagt, aber ..."

Jared und Shaw warteten auf seine Entscheidung.

„Wir machen, was Jared vorschlägt", sagte er schließlich. „Weiter hinter ihr her, bis sie ganz im Nebel ist, dann wenden und warten, bis sie wieder rauskommt. Rudy, bereite die Steuerbordbatterie vor. Wollen ihr ein Überraschungsgeschenk machen, wenn sie uns in den Schoß springt."

Und so lag die Dove eine Stunde lang vor der Nebelbank und wartete darauf, dass die Brixton erschien. Nichts. Auf Jareds Vorschlag segelte man parallel zur Bank gegen den Wind, denn wenn Jared die Strategie der Brixton korrekt geraten hatte, dann galt: Je länger sie brauchte, um wieder herauszukommen, desto weiter nach Osten war sie gefahren, bevor sie nach Norden umkehrte. Eine weitere halbe Stunde verging. Immer noch kein Schiff. Es sah aus, als ob Jared falsch geraten hatte.

Tracy hob seine buschigen Brauen und sah Jared an, wie um zu sagen: „Was machen wir jetzt?"

Im nächsten Augenblick kam nur etwa zweihundert Meter vor ihnen ein Schiff aus dem Nebel. Die Dove hatte goldrichtig Position bezogen, ihre Kanonen zielten genau auf die Brixton. „Feuer!", befahl Tracy.

Sie brauchten nur eine einzige Salve. James Magees Geschütz traf voll den Großmast; er stürzte ins Wasser und die Brixton war gelähmt. Laute Hurra-Rufe ertönten an Bord der Dove. Käpten Tracy sah seinen Ersten Maat an. „Jared, du bist ein zweiter Devereaux!"

Der Sturm kam plötzlich, und als sie merkten, dass es ein Hurrikan war, war es zu spät. Die Wellen wurden von einem Augenblick zum nächsten höher. Der Hagel und Regen war so heftig, wie Jared es noch nie erlebt hatte. Man reffte die Segel, um dem Wind weniger Angriffsfläche zu bieten. Da Tracy der erfahrenste Steuermann war, übernahm er das Ruder, doch von Zeit zu Zeit musste jemand ihm helfen, um das Schiff überhaupt auf einem geraden Kurs zu halten.

Über und unter Deck triefte bald alles. Der Wind heulte wie ein böses Tier. Weiß schäumende Brecher donnerten gegen das Schiff, als ob sie es in Stücke reißen wollten. Die Ladung unter Deck begann zu rutschen, Fässer zu rollen. Die Leinen der Takelage ächzten und knirschten. Der Bug schoss so tief nach unten, dass er gänzlich verschwand, bis er mehrere atemlose Sekunden später gischtüberströmt wieder hochkam.

Um die Gefahr des Kenterns zu verringern und den Schwerpunkt des Schiffs tiefer zu legen, befahl Tracy zwei Matrosen, die Vormarsstenge und die Leinen, die den Bugspriet hielten, zu kappen. Nur einer der beiden kam zurück; der andere wurde von einem Brecher mitgerissen und sofort von der wütenden See verschluckt.

Jared klammerte sich an die Wanten, um seine Hüfte ein Seil für den Fall, dass er über Bord gespült wurde. Das Brüllen des Windes war ohrenbetäubend, und Jared benötigte seine ganze Kraft, um sich am Schiff festzuhalten.

Ein Unheil verkündendes Knirschen und Krachen - das Geräusch, das der Alptraum jedes Matrosen war: Der Großmast bog sich nach hinten. Es war unwirklich, makaber, so grausig wie ein Finger, den man nach hinten biegt. Und doch real. Die Wanten des Mastes rissen aus ihrer Verankerung, er begann zu schwanken. Im gleichen Augenblick krachte der Bug in die nächste Welle und schoss nach oben; die Wucht ließ den Großmast vollends nach hinten kippen. Entsetzt sah Jared zu, wie Tracy und Derby versuchten, aus dem Weg zu springen. Vergeblich, das Takelwerk und die Segel waren zu viel. Sie wurden beide erschlagen. Der stets lachende Ire lag tot unter dem Mast begraben.

So plötzlich der Sturm begonnen hatte, wurde es wieder ruhig. Es war nur eine Atempause; sie waren im Auge des Hurrikans, und Jared hasste jede Sekunde davon. Es war, als ob der Sturm sich über sie lustig machte, ihnen ein wenig Zeit gab, um die Schäden zu besehen, ihre Wunden zu lecken und die Toten zu bergen, bevor er sie erneut überfiel.

Als der jetzt ranghöchste Schiffsoffizier übernahm Jared das Kommando. Man warf die Toten ohne Umstände in die See. Den rotbärtigen Kapitän wuchtete Jared selber über Bord; Zeit zum Trauern würden sie erst später haben - wenn sie dann noch lebten.

Der Großmast, den es mit seiner gesamten Takelage aus dem Deck gerissen hatte, musste ebenfalls über Bord. Die Dove würde mit dem Fockmast weitersegeln müssen. Die verschobene Ladung wurde erneut gesichert. Sie mussten rasch arbeiten und waren, völlig erschöpft, kaum fertig, als die zweite Hälfte des Sturms begann.

Jared übernahm zusammen mit Magee das Ruder; es brauchte ihre vereinten Kräfte, um einen stetigen Kurs zu halten. Der Himmel wurde schwarz, der Wind brüllte, die Wellenberge wurden doppelt so hoch wie der Fockmast, und die Dove war wieder den Elementen ausgeliefert.

Es wurde zu viel für das Schiff. Der Bug begann auseinanderzubrechen. Ganze Stücke wurden von den hämmernden Brechern fortgerissen. Wasser schoss in Zwischendeck und Laderaum. Als der Bugspriet das nächste Mal in einem Brecher verschwand, kam er nicht mehr hoch.

Jared brüllte den anderen zu, das Schiff zu verlassen. Das Deck neigte sich immer mehr nach unten. Jared band das Tau von seiner Hüfte los und sprang zusammen mit Magee ins Wasser, während die kleine Holzwelt, die ihre Heimat gewesen war, in den Wellen versank.

James Magee kam mehrere hundert Meter entfernt an eine große Planke geklammert wieder zum Vorschein. Jared hielt sich an einer Kiste fest. Jede neue Welle hob ihn turmhoch in die Luft, um ihn gleich darauf mit einer Wucht, die ihn fast bewusstlos schlug, in den nächsten Abgrund zu werfen. Überall schwammen die Trümmer des Schiffs.

Andere Matrosen außer Magee sah er nicht. Dann war auch der verschwunden, und Jared war allein im Atlantischen Ozean, mitten in einem Hurrikan und an eine Kiste geklammert.

Mehrere Stunden später ließ der Sturm nach, und ein erschöpfter Jared Morgan legte sich auf den Deckel der Kiste. Er hoffte, dass sie ihn tragen würde, er konnte nicht mehr. Er schlief ein.

Vier Tage und vier Nächte trieb Jared so über den Ozean. Hier und da war noch eine Planke zu sehen, weitere Überlebende schien es nicht zu geben. Die Sonne brannte umbarmherzig. Er war hungrig, durstig, übermüdet. Wie lange würde das noch so gehen, bis er tot war?

Am fünften Tag sah er ein Schiff, einen prächtigen Ostindienfahrer. Fast wäre er vorbeigefahren, doch dann riss sich Jared den Fetzen, der einmal sein Hemd gewesen war, vom Leib und begann heftig damit zu winken. Einer von der Steuerbordwache sah ihn, ein Ruderboot kam, um ihn aufzunehmen. An Bord führte man ihn in die Kapitänskajüte. Von den Männern, die ihn aus dem Wasser gezogen hatten, erfuhr Jared, dass das Schiff die frisch in Dienst gestellte Mary Woodley aus Rhode Island war, die ihre Jungfernfahrt zu den Bahamas machte.

Der Kapitän saß an seinem Schreibtisch, den Kopf über das Logbuch gebeugt, in das er gerade etwas eintrug - wahrscheinlich über den Schiffbrüchigen, den man da gerettet hatte. Als er fertig war, legte er die Feder zur Seite und sah den Geretteten an.

Der Mann, der vor Jared saß, war niemand anders als Edmund Barlow.

Kapitel 22

Für die Dozenten und Studenten des Harvard College war Philip ein zweiter Lazarus, der von den Toten auferweckt war. Die Reaktion war verständlich, hatten sie doch drei Jahre lang nichts von ihm gehört; jeder hatte angenommen, dass Philip tot war. Philip selbst gefiel die Parallele zu Lazarus überhaupt nicht. Lazarus war drei Tage im Grab gewesen und nicht drei Jahre, und die Welt in Bethanien, in die dieser zurückkam, war so gut wie unverändert. Da ging es Philip schlechter.

Harvard hatte sich verändert. Philips frühere Mitstudenten hatten ihr Studium beendet und sich über Neu-England verstreut, um ihr Berufsleben anzutreten. Sein Vater war nicht mehr im Lehrkörper, dafür war sein Geist um so lebendiger. Benjamin Morgan war zwar schon drei Jahre tot, aber wieder ins College gekommen war sein Sohn erst jetzt, und so sprach jeder, der Philip traf, ihm sein Beileid aus und erging sich in Erinnerungen an Benjamin Morgan. Es hörte sich an, als sei er erst vor einer Woche verstorben.

Man erlaubte Philip ohne Probleme, sein Studium wieder aufzunehmen, und gab ihm einen Stundenplan, der es ihm ermöglichte, in einem Jahr den Abschluss zu machen. Anschließend eine Dozentenstelle zu bekommen, war eine andere Sache. Wie Philip schon befürchtet hatte, waren alle

Stellen bereits vergeben. Glücklicher Lazarus, er musste nicht mit den Menschen leben, die ihn ersetzt hatten.

Philips Abenteuer regten die Phantasie der Studenten an. Für sie war er eine wandelnde Legende. Ihre allgemeine Unwissenheit über die Welt der Indianer ging ihm auf die Nerven. Dauernd wollte jemand wissen, wie es war, unter „Wilden" zu leben. Wie hatte er nachts geschlafen, wenn er doch jeden Augenblick skalpiert werden konnte? Stimmte es, dass manche Indianer Säuglinge aßen, um ihre Lebenskräfte aufzufrischen? Und die Frage, die Philip am allermeisten hasste: „Wie hast du diesen Wilden namens Wampas gefangen genommen und wie lange hast du gebraucht, um ihn vom finsteren Heidentum zu bekehren?"

Philip stattete dem „Wilden" regelmäßig Besuche ab. Es war die einzige Abwechslung, die er in Cambridge hatte. Wampas war in die indianische Fakultät aufgenommen worden und hatte sich schnell zum besten Studenten entwickelt. Seine Auffassungsgabe war phänomenal. Die beiden Männer wurden dicke Freunde, vor allem jetzt, da sie so viel gemeinsam hatten. Oft studierten sie zusammen, was die meisten als Vorteil für Wampas deuteten. Aber der Indianer hatte einen scharfen Geist und eine unvoreingenommene Sichtweise. Nach ihren Gesprächen hatte Philip immer den Eindruck, dass er selbst am meisten profitiert hatte.

Außerhalb von Harvard besaß Philip nicht mehr viel. Penelope hatte ein Jahr auf ihn gewartet und dann einen Freier nach dem andern gehabt. Nicht, dass sie übermäßig wählerisch gewesen wäre, sondern sobald ein Interessent sie näher kennen lernte, kam er zu dem Schluss, dass selbst ein Dr. Chauncy als Schwiegervater das Elend, Penelope zur Frau zu haben, nicht aufwiegen konnte. Penelope war nicht böse oder schwierig, aber sie jammerte pausenlos. Philip konnte aus irgendeinem Grund jammernde Menschen gut ertragen, und Penelopes Gejammer hatte ihn nie weiter aufgeregt. Aber es schien nicht viele Philips zu geben. Nach mehreren vergeblichen Versuchen, der Romantik eine Chance zu geben, besorgte ihr Vater schließlich einen fünf Jahre jüngeren Bräutigam für sie. Penelope konnte ihn nicht ausstehen, aber ihr Vater fragte sie nicht nach ihrer Meinung und setzte den Hochzeitstermin fest - und dann kam Philip zurück.

Edward Chauncy hatte ihm verboten, sein Haus wieder zu betreten, aber Philip kam wieder; er musste Penelope doch wenigstens erklären, warum sie nie Post von ihm bekommen hatte. Er unterschlug die Rolle von Daniel Cole und machte den Gastwirt zum Sündenbock. Vater und Tochter versicherten, dass sie jetzt im Bilde waren; ihre Blicke sagten laut und deutlich, dass sie ihm nicht glaubten. Aber Penelope wollte ihren Philip wiederhaben, anderweitige Verlobung oder nicht. Ihr Vater protestierte: „Kommt nicht in Frage." Philip sagte nichts.

Am Abend, als er wieder ging, gelang es Penelope, einen Augenblick allein mit ihm zu sein. Sie warf sich in seine Arme und küsste ihn so heftig, dass er sich auf die Oberlippe biss. Er machte sich frei und erinnerte sie daran, dass sie doch jetzt einem anderen versprochen war. Sie begann zu jammern: „Das ist nicht gerecht! Warum musstest du so lange fortbleiben? Mir ist gleichgültig, was Papa denkt, ich will Reginold nicht! Ich will ihn nicht und ich nehm ihn nicht!"

Philip erklärte, dass es zu spät war, das Aufgebot wäre doch schon bestellt. Mit einem Augenzwinkern und einem raschen Kuss auf seine Wange antwortete sie: „Das werden wir schon sehen, ich gebe dich nicht auf, Schatz!" Ade, Hoffnung auf einen schmerzlosen Abschied von Penelope. An diesem Abend verließ Philip das Haus der Chauncys mit dem festen Entschluss, es in Zukunft wie die Pest zu meiden.

Er wohnte auf dem Gelände von Harvard, wie früher

schon und doch war es anders. Früher war er dann und wann auf ein Wochenende oder einen ruhigen Abend in das elterliche Haus am Charles River gegangen. Jetzt gab es keinen Rückzugsort mehr, nicht am Charles River, nicht in Cambridge, auch nicht in Boston. Dem Bitten und Betteln seiner Mutter zum Trotz blieb er keine einzige Nacht in Coles Haus. Am Tag seiner Rückkehr blieb er nur so lange dort, bis er erfuhr, dass Priscilla geheiratet hatte und Jared verschwunden war. Als das Gespräch aufs Übernachten kam und Cole Wampas ein Quartier bei den Hausdienern anbot, erklärte Philip, dass sie leider wieder gehen mussten. Er hatte dann bei Priscilla vorgesprochen, die ihn über das Schicksal seiner Briefe aufklärte. Bruder und Schwester stimmten darin überein, dass man Cole nicht trauen konnte, und dann war das Gespräch ins Stocken geraten und Philip und Wampas waren nach Cambridge zurückgekehrt. Das war jetzt fast zwei Monate her, und Philip hatte keinen weiteren Besuch gemacht.

Was hielt ihn eigentlich noch in Cambridge? Er war zurückgekommen, um seine Familie zusammenzuschweißen, doch wie sollte er das machen, wenn nichts mehr da war, was man zusammenschweißen konnte? Seine Mutter gehörte einem anderen Mann, seine Schwester war ausgezogen, Jared vermisst. Hätte er das alles vorher gewusst, er hätte nie das Reservat verlassen. Sicher, da war noch sein Studium, aber das interessierte ihn eigentlich nicht mehr. Was sollte er im Reservat mit einem Doktortitel? Wampas hatte doch Recht; nicht viele im Reservat sprachen Griechisch oder Latein. Ja, was hielt ihn noch in Cambridge?

Es war spät am Nachmittag. Das Feuer des Herbstes spielte in den Bäumen. Philip erhob sich von seinen Büchern und machte einen Spaziergang. Bald stand er in einiger Entfernung vor dem alten Familienhaus der Morgans, einfach um es anzuschauen: Die Fassade mit ihren vier Säulen und den symmetrisch angeordneten Fenstern, den Rasen, der zum Fluss hinunterlief. Er lehnte sich an einen Baum und seufzte. Was vergangen war, war vergangen. Nein, er hätte das Rad der Zeit nicht zurückgedreht, selbst wenn er gekonnt hätte, es sei denn, um seinen Vater wieder lebendig zu machen. Die Erinnerungen, die sich mit diesem Haus verbanden, sie waren nicht alle angenehm. Aber was zog ihn dann hierher?

Er ging weiter, ein Stück flussaufwärts, und setzte sich an einem schönen Fleckchen ins Gras. Das sachte Murmeln des Wassers beruhigte ihn. Er schaute auf den Fluss und auf den Wald am anderen Ufer. Wäre er ein Vogel gewesen, hätte er nur in diese Richtung fliegen müssen, über den Wald und weiter nach Süden, bis er zu der Lichtung mit den verstreuten Hütten, dem Schulhaus, dem See und dem Maisfeld kam. Das heißt, von dem Maisfeld hielt man sich als Vogel besser fern; seine Wächterin warf ihre Holzstücke und Steine mit tödlicher Treffsicherheit.

Was mochte Weetamoo gerade machen? Wahrscheinlich Mais für die Abendmahlzeit zubereiten. Er sah ihre schlanken Finger und Arme vor sich, ihren anmutigen Hals, die braunen Wangen, die schwarzen, ach so schwarzen Augen - und das Herz tat ihm weh.

Philip hatte ein Lied auswendig gelernt, das er gerne sang, wenn er sich so fühlte wie jetzt. Er hatte es in einer Taverne gehört, eine Gruppe halb betrunkener Studenten hatte es gegrölt. Er selber sang es nie zum Spaß, sondern nur, wenn er allein und von Wehmut geplagt war. Jetzt sang er es der unsichtbaren Weetamoo vor:

Ich ging eines Tages so still für mich hin,
Nach fröhlichem Nichtstun stand mir mein Sinn.
Ich ging über's Land, und ich ging an dem Meer,
Der Wind und die Wellen, sie brausten gar sehr.

Und als ich so saß auf der Wies' buntem Kleid,
Mein Auge sie sah, die indianische Maid.
Sie setzte sich zu mir, sie nahm meine Hand
Und sagte: „Ein Fremder bist du hier im Land.
Doch wenn du mit mir kommst, so lad' ich dich ein
Hinein in das Häuschen, wo ist mein Daheim."
Wir wandern und wandern, zusammen voraus,
bis wir sind an dem Häuschen, wo sie ist zu Haus.
Zu freien sie bat mich und bot mir die Hand:
„Mein Vater ist Häuptling all über dies Land.
Mein Vater ist Herrscher, und König ist er,
Ich bin seine Tochter und heiße Moher."
„O nein, liebes Mädchen, das kann niemals sein,
Ich habe ein Schätzel bei mir schon daheim.
Das will ich nicht lassen, es liebt mich so sehr,
Sein Herz ist so treu wie wohl hundert Moher."
Es war früh am Morgen, ein Morgen im Mai,
Und was ich ihr sagte, brach ihr Herz entzwei.
„Ich muss dich verlassen, mein Liebes, ade,
Mein Schiff liegt bereit für die Fahrt über See."
Zum Abschied, da kniete Moher an dem Strand,
Und als ich vorbeifuhr, winkte sie mit der Hand
Und rief: „Wenn du kommst zu dei'm Liebchen daheim,
vergiss mich doch nicht und gedenke auch mein!"
Die Burschen und Mädchen all rings um mich her
Sind freundlich, doch lieber ist meine Moher.
Mein Schatz, das ich wollte, es blieb mir nicht treu,
Und weit über Land und Meer fuhr ich neu
Und drehte mich um und fuhr ganz zurück,
Zu meiner Moher - zu Frieden und Glück.

Priscillas Ehe mit Nathan Stearns dauerte weniger als ein Jahr. Zehn Monate nach ihrer Hochzeit starb er an den

Blattern. Das Leben mit ihm war nicht halb so unerträglich gewesen, wie Priscilla es sich vorgestellt hatte. Es gab niemand, der ihr treuer ergeben war als ihr Mann. Er hörte gerne auf ihren Rat in Geldangelegenheiten und gab ihr in allem freie Hand. „Was mein ist, ist auch dein", war sein Motto. Doch nicht alles war gleichmäßig verteilt; wenn es in ihrer Beziehung Leidenschaft gab, dann ganz auf seiner Seite. Was Priscilla betraf, so war sie eine treue, pflichtbewusste Ehefrau, die ihren Mann ein Stück weit lieb gewann. Als er starb, weinte sie, weil sie einen Freund verloren hatte.

Die Witwe Stearns tröstete sich mit der Verwaltung und Vermehrung des Vermögens, das Nathan ihr hinterlassen hatte. Als Gefährtin lud sie Anne Pierpont in ihr großes Haus in Nord-Boston ein. Unter ihren Fittichen konnte die junge Dichterin sich frei ihrer Kunst widmen.

Die beiden Frauen wurden bald zum Stadtgespräch der besseren Gesellschaft von Boston. Eine scheinbar endlose Parade von Freiern erschien an ihrer Tür, die einen, um Priscilla wegen ihres Geldes, die anderen, um Anne wegen ihrer jugendlichen Schönheit zu heiraten. Die Freier benötigten länger, um ihre Besuche vorzubereiten, als die Damen benötigten, um sie wieder fortzuschicken. Anne war entschlossen, Jared treu zu bleiben - erst recht, nachdem sie seinen Brief von den Bahamas erhalten hatte. Und Priscilla interessierte sich nicht für den richtigen Mann, sondern für die richtigen Investitionen.

Priscilla entwickelte ein großes Geschick als Geschäftsfrau. Weil sie wusste, dass die meisten Geschäftsleute Frauen nicht ernst nahmen, wickelte sie ihre Geschäfte über Mittelsmänner ab, während sie selber im Hintergrund blieb. Sie begann Kapital in die Konkurrenten von Daniel Cole zu stecken. Bei einigen investierte sie so stark, dass sie die anderen Investoren nach und nach aufsaugte und die Firma praktisch besaß. Mehrere Firmen konnte sie auf diese Weise übernehmen, stets sorgfältig darauf bedacht, sich hinter dem Schleier der Anonymität zu verbergen. Ihre finanziellen Erfolge brachten ihr große Zufriedenheit. Sie wusste nicht, was ihr wohler tat: Dass sie ihr Geschäft so gut beherrschte oder dass sie Daniel Cole so viele Mühen bereitete. Und doch, wie sehr ihre Konten sich auch füllten und wie sehr sie ihrem Hauptrivalen schadete, ihre Erfolge brachten ihr nicht die Erfüllung, die sie sich erhofft hatte. Ihre Kassenbücher trösteten sie wenig, wenn sie abends allein in ihrem Büro saß.

Anne ließ seufzend ihr Buch sinken. Der Seufzer war so laut, dass er Priscilla von ihrer Arbeit ablenkte. Sie sah von ihren Zahlen hoch und schaute ihre Freundin an. Das Mädchen saß in einem Schaukelstuhl, direkt neben einem großen Fenster, das auf den Garten zeigte. Hinter dem Fenster blühten gelbe und rote Rosen. Zwischen grünen Hecken lief ein Weg zu einem Brunnen mit einem kleinen Wasserfall. Die idyllische Umgebung da draußen schien so recht der richtige Rahmen für die Dichterin zu sein. Sie war jung, voller Hoffnung, stets zuvorkommend und freundlich. *So ganz anders als ich,* dachte Priscilla. Das weiche Sonnenlicht fiel auf eine helle Haut, fröhliche blaue Augen und eine Unterlippe, die so voll war, dass man sie mit dem Schmollmund eines Kindes verwechseln konnte. Priscilla beneidete Anne um ihre schlanke Taille und die zierlichen Hände, die das aufgeschlagene Buch hielten. Hätte Anne statt des Buches eine Puppe gehalten, sie hätte nicht noch unschuldiger aussehen können.

„Habe ich dich gestört? Entschuldige bitte."

Priscilla strich mit der Hand über das Kassenbuch. „Das

ist Routine-Arbeit, dabei muss ich nicht nachdenken." Sie legte ihre Feder hin und streckte sich. „Du darfst mich gern unterbrechen. Aber stört vielleicht dich etwas?"

Anne schaute auf das Buch. „Ja." Dann sah sie zu Priscilla: „Ach, eigentlich nicht."

Priscilla lächelte und betrachtete ihre Freundin amüsiert. „Ein wenig vielleicht ... Ich meine ... obwohl es nicht sein sollte."

„Du bist wirklich eine Meisterin der Worte", scherzte Priscilla.

Anne lachte mit ihr. „Es ist Anne Bradstreet ..."

„Die Dichterin, die du so magst?"

Anne nickte. „Jedes Mal wenn ich ihre Gedichte lese, wünschte ich, ich hätte sie zuerst geschrieben! Sie kleidet genau das in Worte, was ich fühle. Und sie macht das so furchtbar gut. Und dann denke ich: Warum soll ich es überhaupt noch versuchen?"

„Unsinn! Du dichtest gut!"

„Das ist sehr nett von dir, aber ... also, hör mal zu." Sie hielt das Buch näher an ihre Augen und las laut vor:

Der Seemann, der auf ruhigen Wellen fährt,
singt fröhlich und gebietet seinem Boot,
als sei er Herrscher über Wind und Flut,
Meister und König übers wilde Meer.
Da bricht der Sturm, und fort ist alle Lust,
dass er sich sehnt nach ruhigem Hafens Schutz,
der gegen alles Toben Schild ihm gibt.

Priscilla lächelte. „Du hast wieder an Jared gedacht, nicht?"

„Es ist jetzt so lange her, und nur ein Brief. Ob er überhaupt noch an mich denkt? Wenn er in einen Sturm gerät - ich glaube ... ich hoffe, dann wünscht er sich, hier bei mir zu sein."

Ihr Blick schweifte wie in weite Ferne. Sie sah Jared vor sich, allein auf dem Meer, wie er sich nach ihr sehnte. Dann wurde ihre Stimme nüchtern. „Du siehst also mein Dilemma. Mistress Bradstreet hat schon längst ein Gedicht aus meinen Gefühlen gemacht."

Wirklich verstehen konnte Priscilla ihr Dilemma nicht, aber sie war natürlich keine Dichterin; ihre Welt bestand aus Fakten und Zahlen, Bilanzen und Finanzspielräumen, Gewinnen und Verlusten. Es war eine greifbare Welt, nicht eine der Gedanken und Ideen und der Vorstellung wie bei Anne. „Wenn du meine Meinung hören willst: Ich finde deine Gedichte genauso gut wie die von Mistress Bradstreet; du brauchst dich wirklich nicht vor ihr zu verstecken." Annes Blick zeigte Priscilla, dass sie sie nicht überzeugte. „Lies mir doch mal das Gedicht vor, an dem du gestern Abend gearbeitet hast."

„Ich weiß nicht, ob man das schon vorlesen kann."

„Das überlass mal mir. Lies es, bitte."

Anne legte den Gedichtband von Anne Bradstreet auf den Lampentisch neben dem Stuhl und nahm ein Blatt Papier aus einem kleinen Sekretär. Ihre Stimme hatte eine sanfte Unschuld, als sie zu lesen begann:

O Kind, streck dich
nach Regenbögen!
Wünsche dir Brunnen
im Wüstensand!
Stell deine Füße auf Hänge,
die nach oben führen.
O Kind, glaube mir -
Nie ward geboren ein Tag

ohne Erlösung.
Nie blieb Nacht über ihre Zeit,
wir schoben den Vorhang,
und sie entfloh.

Sprich leise zu dem Himmelsraum -
sing frei zu der brodelnden Erde!
Jedes Echo hallt
hinein ins Morgen.
Jedes Gebet kommt auf Flügeln zurück
mit Hoffnung.

Für Priscilla waren die Worte des Gedichts wie Regentropfen auf verdorrtes Land. „Wie machst du das nur?", fragte sie.

„Gedichte schreiben?"

Priscilla schüttelte den Kopf und musste die Tränen zurückkämpfen. „Nein. In einer Welt wie der unseren den Optimismus nicht verlieren. Du schreibst von Regenbögen und Hoffnung. Ich wollte, ich hätte auch so einen Glauben."

Es klopfte an der Tür. Mit einem freundschaftlichen Klaps auf Priscillas Schulter begleitete Anne den schwarzen Diener, um zu öffnen, während Priscilla sich die Augen trocknete. „Wir reden später weiter", flüsterte Anne.

Priscilla presste die Lippen zusammen, setzte Zorn gegen Sentimentalität. Sie ärgerte sich über sich selbst, weil sie sich so gehen ließ. Sie hörte, wie die Haustür geöffnet wurde, dann eine Männerstimme, die etwas über Schornsteine sagte. Sie sprang auf. Sie hatte den Schornsteinfeger auf gestern bestellt! Sie würde ihm Bescheid sagen, dass ein ganzer Tag Verspätung nicht akzeptabel war. Sie marschierte kampfbereit zum Flur.

„Priscilla, schau her wer kommt, um unsere Schornsteine

zu fegen", rief Anne.

In der Tür stand ein großer, gut gebauter Mann mit lockigem Haar, dessen rotbraune Farbe man durch den Russ, der ihn von Kopf bis Fuß bedeckte, gerade noch erraten konnte. Er trug eine Sammlung von Besen und Bürsten, die gerade so schwarz waren wie er selber.

„Erkennst du ihn nicht?", fragte Anne. „Das ist Master Gibbs, der Mann, der Jared retten wollte, der, dem die Taverne gehört!"

„Gehörte", berichtigte der Russige. Er zeigte auf Priscilla. „Ihr seid Mistress Stearns?"

„Witwe Stearns", verbesserte ihn Anne.

„Lass mich das machen, Anne." Priscilla wartete, bis ihre Freundin und der Diener verschwunden waren, dann sagte sie: „Wo ist Foster? Ich hatte ihn bestellt, und er hätte schon gestern hier sein sollen."

Ein weißes Grinsen brach unter dem Russ hervor. „Schön, Euch wieder zu sehen", begann Gibbs.

„Ihr habt meine Frage nicht beantwortet."

Das Grinsen verschwand. „Foster ist vorgestern vom Dach gefallen und hat sich ein Bein gebrochen. Aber macht Euch bitte nicht zu viel Sorgen um ihn, das wird wieder. Ich hoffe, Ihr nehmt mit mir vorlieb. Ich arbeite zur Zeit für uns beide und bin so schnell hierher gekommen, wie ich konnte."

Sein Sarkasmus fiel auf taube Ohren. „Ihr hättet mir das gestern mitteilen sollen, so wäre es korrekt gewesen", entgegnete Priscilla. „Wenn Ihr mein Schornsteinfeger sein wollt, vergesst das bitte in Zukunft nicht."

„Ihr macht es mir einfach", stieß Gibbs wütend hervor. „Weil ich nämlich nicht Euer Schornsteinfeger sein will, Mrs. Stearns! Ich will nicht Euer Geschäft oder sonst etwas, das mit Euch zu tun hat!"

„Ihr dürft sicher sein, Master Gibbs, dass Master Foster von Euren Worten erfahren wird! Wenn es nach mir geht, wird er Euch entlassen!"

„Na gut! Wegen Euch habe ich meine Taverne verloren, warum soll ich nicht auch diese Arbeit verlieren? Vielleicht habe ich in zwei Wochen die nächste Arbeit, aus der Ihr mich verjagen könnt! Guten Tag, Witwe Stearns!" Er nahm die Besen und wandte sich zum Gehen.

„Wie könnt Ihr es wagen, zu behaupten, Ihr hättet wegen mir Eure Taverne verloren!", brüllte Priscilla hinter ihm her. „Ich habe nie jemand gesagt, dass ich die Information von Euch hatte. Schiebt nicht mir die Schuld zu, Master Gibbs!"

Gibbes drehte sich ebenso wütend um. „Und habt Ihr auch niemand gesagt, dass Ihr die Information von einem Gastwirt hattet, Mrs. Stearns?"

Priscilla versuchte sich zu erinnern. Doch, ihre Mutter war wütend gewesen, dass sie mehr auf die Worte eines unbekannten Wirts gab als auf die Worte eines so geachteten Geschäftsmanns wie Daniel Cole. „Mag sein, dass ich den Ausdruck Gastwirt benutzt habe", dehnte sie, „aber Gastwirte gibt es wie Sand am Meer; wie soll ..."

„Aber nur einer von ihnen schuldete sein Gasthaus Daniel Cole", schnaubte Gibbs. „Aber jetzt bin ich nicht mehr sein Schuldner, er hat es nämlich verkauft."

„Das tut mir Leid, Master Gibbs."

„Guten Tag, Mrs. Stearns."

„Wollt Ihr nicht meine Schornsteine fegen?"

Peter Gibbs ging ohne ein weiteres Wort hinaus.

Am Abend saßen Priscilla und Anne auf einer Bank im Garten. Es war der erste Tag im Jahr, an dem es außerhalb in der Abenddämmerung angenehm war. Der Geruch frischer Blüten erfüllte die Luft.

„Er mag dich“, sagte Anne.

Priscilla tat, als wüsste sie nicht, von wem Anne sprach.

„Master Gibbs“, erklärte Anne. „Er mag dich.“

„Mach dich nicht lächerlich! - Hast du die weiße Rose beim Brunnen gesehen? Hübsch, nicht?“

„Warum geben wir ihm nicht eine Chance? Er scheint ein guter Kerl zu sein.“

Priscilla strich stirnrunzelnd über ihr Kleid. „Du könntest nicht falscher liegen mit deiner Meinung, was für Gefühle Master Gibbs für mich hat. Er hasst mich. Wegen mir hat er seine Taverne verloren.“

„Dann hat Master Cole herausgefunden, dass er uns das mit den Briefen verraten hat?“

Priscilla nickte. „Master Gibbs sehen wir nie wieder. - Aber jetzt wird mir kühl. Gehen wir hinein.“

Anne erhob sich ebenfalls, folgte ihrer Freundin aber nicht. Priscilla drehte sich um und sah, wie Anne weiter tief in Gedanken versunken neben der Bank stand. „Kommst du nicht?“, fragte sie.

„Priscilla, ich habe kein Recht, so einen Vorschlag zu machen; es ist schließlich dein Geld, nicht meins!“

„Was für einen Vorschlag?“

„Warum kaufst du die Taverne nicht einfach?“

„Und weswegen sollte ich sie kaufen?“

„Um sie Master Gibbs zu verkaufen. Dann hätte er sein Wirtshaus wieder.“

Priscilla schüttelte den Kopf. „Unmöglich! Cole würde es nie an mich verkaufen, und Master Gibbs würde niemals mitmachen.“

Anne dachte einen Moment nach. „Du benutzt doch immer Mittelsmänner. Warum nicht auch hier? Dann merken weder Master Cole noch Master Gibbs, dass du dahinter steckst.“

Priscilla dachte nach. „Es wäre nur gerecht“, meinte sie. „Also gut, ich mach es, aber nur, weil ich mich schuldig fühle, dass Master Gibbs seine Taverne verloren hat. Ich will nicht, dass du etwas anderes hineinliest, verstanden?“

„Verstanden“, lächelte Anne.

Als Priscillas Agenten die Sache in die Hand nahmen, fanden sie, dass Cole wenig Bereitschaft zum Verkauf zeigte. Doch als Cole sah, dass die Käufer bereit waren, fast das Doppelte des Marktwerts zu zahlen, wurde er weich. Die Käufer gaben bekannt, dass das Wirtshaus den Besitzer gewechselt hatte und dass ein erfahrener Wirt gesucht wurde. Mehrere Bewerber wurden abgewiesen, bis schließlich Gibbs sich vorstellte. Man eröffnete ihm, dass der neue Besitzer das Haus nicht als langfristige Investition betrachtete und es sich, Gibbs' Interesse vorausgesetzt, arrangieren ließe, dass er eines Tages selbst der Besitzer würde. Wie erwartet, biss Gibbs an, und ein Vertrag wurde aufgesetzt, der ihn nach zehn Jahren zum Besitzer der Taverne machte, zu einem Verkaufspreis, der dem gegenwärtigen Marktwert entsprach.

Philip ging langsam die Stufen zum Stearn'schen Herrenhaus hoch. Eine Kindheitserinnerung schoss ihm durch den Kopf, als er das imposante Gebäude musterte: Priscilla, wie sie als kleines Mädchen eine Ecke des Wohnzimmers in ihr eigenes kleines Haus verwandelte. Den ganzen Tag verbrachte sie damit, alles so anzuordnen, dass es richtig war - die beiden Stühle, die den Eingang bildeten, schnurgerade Reihen von Tassen und Utensilien, ein Stapel Teller auf einer umgedrehten Kiste, alles in dreifacher Ausfertigung. Sie hatte mehr gewollt, aber ihre Mutter hatte ihr nicht mehr gegeben. Jetzt besaß Priscilla mehr als drei Tassen, viel mehr. Die gleiche peinliche Sorgfalt, die sie im elterlichen Wohnzimmer gezeigt hatte, beherrschte jetzt den zum Haus führenden Gartenweg.

Ein schwarzer Diener öffnete die Tür, direkt hinter ihm erschien Anne Pierpont. „Philip! Das ist ja großartig! Bitte, komm herein." Sie umarmte ihn, als sei er ihr Bruder.

War das das gleiche Mädchen, das Jared, Chuckers und Will durchs Haus gejagt hatte? Sie war wunderbar. Ihre Augen glänzten freudig erregt, ihr Lächeln war warm und echt. Ja, so war sie, die junge Frau, die Philip hier begrüßte: Unschuldig und anmutig, ohne Hintergedanken.

„Du willst sicher zu Priscilla." Anne nahm seinen Arm und führte ihn in den Salon. Auch hier war alles ordentlich und aufgeräumt. Getäfelte Wände, polierte Möbel. Sie setzten sich einander gegenüber auf ein Sofa. „Leider ist Priscilla gerade nicht zu Hause." Ohne Philip zu fragen, ob er etwas wollte, bat Anne den Diener, einen Tee zu bringen.

„Hast du Neuigkeiten von Jared?", fragte Philip.

Anne lächelte, ihr Schmerz war nicht zu sehen. „Nein, aber es ist lieb, dass du fragst."

Philip fragte sich unwillkürlich, wie es seinem Bruder gelungen war, die Hingabe dieser bemerkenswerten jungen Frau zu erringen. „Wenn dich das tröstet", sagte er, „ich weiß, wie es ist, wenn man Briefe schreibt, die nicht ankommen. Ich bin sicher, dass Jared sehr oft an dich denkt."

Anne legte ihre Hände wie zum Gebet zusammen und hob sie an ihre Lippen. Ihre Augen wurden feucht. „Das hast du schön gesagt." Und nach einer Pause sagte sie: „Du liebst deinen Bruder sicher sehr?"

Es war das erste Mal, dass jemand behauptete, dass Philip seinen Bruder liebte. Es gefiel ihm.

„Da ist ja unser entlaufener Mönch!" Priscilla stand in der Tür. Ihr rotes Haar war unter einem breitkrempigen Strohhut gebändigt und nicht unter einer Haube wie bei den meisten Frauen in den Kolonien. Sie trug ein gepunktetes

Schultertuch und ein Miederkleid mit weitem Rock. Alles an ihr verkündete die vermögende Frau.

Philip erhob sich.

„Missionsarbeit in Nord-Boston?“, fragte sie sarkastisch, während sie den Hut abnahm und ihn dem pflichtschuldig herbeigeeilten Diener aushändigte.

„Ich komme wegen dir. Ich benötige deine Hilfe.“

„Meine Hilfe? Das schmeichelt mir aber. Das gab es noch nie! Und wie kann ich dir helfen?“

Sie setzte sich auf einen Stuhl ihm gegenüber, während Philip seinen Platz auf dem Sofa wieder einnahm. Der Diener brachte den bestellten Tee; er hatte von sich aus eine dritte Tasse auf das Silbertablett gestellt. Anne goss ein, während Bruder und Schwester sich unterhielten.

„Ich habe gedacht“, sagte Philip, „wie gut es wäre, wenn wir unser altes Haus in der Familie halten könnten. Ich bin ein paar Mal dort gewesen, und irgendwie ist es nicht richtig, dass jemand anderes darin wohnt. Vater hätte sicher gewollt, dass es der nächsten Generation erhalten bleibt.“

„Und was hält dich davon ab, es zu kaufen?“ Sie wusste die Antwort natürlich; sie wollte ihren Bruder bewusst herausfordern.

„Ich habe bereits versucht, das Geld zusammenzubekommen - leider ohne Erfolg.“

Priscilla sah ihn an. Nein, sie würde ihm keine Brücke bauen; er sollte selbst mit der Sprache heraus!

„Ich habe gedacht ... also, ob du mir vielleicht das Geld für das Haus leihen kannst; es ist ja auch dein Geburtshaus. Ich würde es dir natürlich zurückzahlen.“

Priscilla trank von ihrem Tee. Sie sah Philip über den Rand der Tasse an. „Was für Sicherheiten hast du?“

„Priscilla!“, rief Anne. „Er ist doch dein Bruder!“

Philip erhob sich mit hochrotem Gesicht. „Ich hätte es

mir denken können, dass es ein Fehler war, hierher zu kommen. Vergiss es.“ Seine Stimme wurde leiser. Wie hatte er sich einbilden können, dass Priscilla seine Sicht teilte, geschweige denn bereit war, ihm zu helfen? Er wechselte das Thema. „Warst du in der letzten Zeit bei Mutter? Geht es ihr gut?“

Priscilla setzte ihre Tasse ab. Zog der liebe Bruder seine Bitte so plötzlich zurück, weil er darauf spekulierte, dass sie ihm ihre Hilfe von sich aus anbieten würde? Nichts würde sie ihm anbieten! „Mutter und ich sprechen nicht miteinander.“

„Ihr seid beide unmöglich!“, stellte Anne fest.

Es klopfte an der Tür, dann hörte man aufgeregte Stimmen. Einen Augenblick später eilte Peter Gibbs in den Raum ohne Priscillas Besucher zu beachten. „Ich will keine Almosen von Euch, Mrs. Stearns! Nehmt Eure Taverne und zündet sie an, wenn Ihr wollt, ich lass mich nicht von Euch kaufen, damit Ihr Euer Gewissen erleichtert!“

Priscilla, ganz die Dame, sagte zu Anne: „Ich glaube, Master Gibbs hat entdeckt, dass ich die Besitzerin der Taverne bin.“

„Und das sollt Ihr auch bleiben! Ich will nichts mit Euch zu tun haben! Unser Vertrag ist null und nichtig, versteht Ihr mich?“

„Wie habt Ihr es herausgefunden?“, fragte Priscilla.

„Nichts da, ich werde niemand ruinieren, bloß weil er sich verplappert hat! Ihr habt mir listig Euren Angelhaken hingehalten, und ich idiotischer Fisch hab angebissen! Nein danke, Mrs. Stearns!“

„Ich verschwinde wohl lieber“, meinte Philip.

Gibbs drehte sich in seine Richtung. „Hat sie Euch auch zum Besten gehabt?“

„Mehr als einmal. Ich bin ihr Bruder.“

„Mein herzlichstes Beileid."

„Das reicht!" Priscilla sprang auf. „So etwas lasse ich mir in meinem eigenen Haus nicht bieten! Und was Euch betrifft, Master Gibbs: Der einzige Grund, warum ich Euch nicht persönlich fragte, war, dass ich genau wusste, dass Ihr mein Angebot ablehnen würdet!"

„Da habt Ihr wohl Recht gehabt!", entgegnete Gibbs.

„Augenblick!", rief Philip. „Du hast einem Wildfremden geholfen, ein Wirtshaus zurückzukaufen, ohne dass er davon wusste, und deinem eigenen Bruder willst du nicht helfen, das Haus deiner Eltern zurückzukaufen?"

„Master Gibbs!", brüllte Priscilla. „Ihr habt einen Vertrag unterschrieben, und an den seid Ihr gebunden! Entweder Ihr erfüllt euren Teil des Vertrags, oder ich bringe Euch als Wortbrecher an den Pranger!"

„Ah, der Pranger!", rief Gibbs. „Jetzt kommen wir uns näher, davon versteht Ihr was!"

Priscilla gab ihm eine Ohrfeige.

„Ruhe! Bitte!" Selbst wenn sie laut wurde, klang Annes Stimme noch beruhigend. Sie trat in die Mitte des streitenden Trios und sah die Kontrahenten nacheinander an. Ihr Auge befahl ihnen, sich abzuregen. Es schien zu wirken. „Master Gibbs, wollt Ihr Euch nicht setzen und einen Tee mit uns trinken?"

Wie gemaßregelte Kinder nahmen die Streithähne Platz.

„Master Gibbs, meine einzige Absicht beim Kauf der Taverne ...", begann Priscilla.

Anne fiel ihr ins Wort. „Priscilla, bitte! Ich glaube, ihr habt alle drei deutlich gemacht, was ihr denkt; ich glaube, jetzt bin ich an der Reihe, wenn ihr nichts dagegen habt."

Priscilla lehnte sich auf ihrem Stuhl nach hinten. Die beiden Männer hielten den Blick gesenkt.

Anne rührte in ihrem Tee, bevor sie begann. „Ich finde,

euer Zorn richtet sich gegen den Falschen. Es ist nur natürlich, dass ihr ärgerlich seid; schließlich ist jeder von euch tief verletzt worden; aber nicht von den anderen hier. Ihr habt einen gemeinsamen Feind, einen, der nicht hier im Haus ist. Der Mann, der euch verletzt hat und der euer aller Feind ist, heißt Daniel Cole. Es war Cole, der die Geschäftsanteile der Familie an sich gebracht hat, Cole, der eure Mutter zu seiner Frau gemacht hat, Cole, der Master Gibbs die Briefe fehlleiten ließ und ihm seine Taverne fortnahm, als er versuchte, den Schaden wieder gutzumachen. Und ich selbst bin auch vom Ränkespiel dieses bösen Mannes betroffen; er hat mir meinen Jared weggenommen, und Gott vergebe mir, aber ich weiß nicht, ob ich ihm das je verzeihen kann."

Sie nahm ein Taschentuch hervor, mit dem sie ihre feuchten Augen betupfte.

„Bei alledem hat dieser Schurke triumphiert. Aber sein größter Sieg hat heute hier in diesem Zimmer stattgefunden, denn die, denen er geschadet hat, sind damit beschäftigt, einander zu beschimpfen, während er sich in aller Sicherheit ins Fäustchen lacht."

Mehrere Minuten lang sagte niemand etwas. Priscilla, Philip und Peter Gibbs starrten auf den Fußboden.

„Ich komme mir wie der Trottel der ganzen Stadt vor", meinte Gibbs schließlich.

Priscilla wollte ihm etwas antworten, überlegte es sich aber anders.

„Du bist eine weise Frau, Anne Pierpont", meinte Philip.

„Also, was machen wir?", fragte Gibbs.

„Ich schätze, uns zusammenschließen, um Master Cole niederzukämpfen", meinte Priscilla.

„Gott segnet keine Rache", entgegnete Philip.

„Nicht Rache", sagte Anne. „Sondern Hilfe. Wir sind doch bestimmt nicht die Einzigen, die dieser Mann getroffen hat. Allein hier in Boston muss es Hunderte geben, die Opfer von Daniel Cole geworden sind. Warum können wir nicht etwas tun, um diesen Opfern zu ihrem Recht zu verhelfen? Master Gibbs ist das genaue Beispiel. Die Taverne kaufen und es einem Mann übertragen, dem sie vertrauen kann, ist eine gute Investition für Priscilla, und es hilft Master Gibbs, seine Taverne zurückzubekommen! Warum können wir nicht das Gleiche bei anderen machen, die Coles Opfer geworden sind?"

„Ich hätte nie überhaupt Geld von Cole geliehen, wenn ich es anders hätte machen können", sagte Gibbs. „Wenn wir uns zusammentun, könnten wir den Menschen eine Alternative zu Cole bieten."

„Die Ausgleichsgesellschaft", stellte Philip fest.

„Der Name gefällt mir", bestätigte Anne.

Philip sah seine Schwester an. „Priscilla, du bist der Schlüssel! Ohne dich kann der Plan nicht gelingen."

Alle Augen richteten sich auf Priscilla. Philip hatte Recht; sie war der Schlüssel.

„Es wird nicht einfach sein", murmelte sie. „Ein Jahrzehnt dauert das mindestens."

Alle schwiegen. Sie wussten, Priscilla konnte man keine Entscheidung aufnötigen.

„Das erste Unternehmen der Ausgleichsgesellschaft wird sein", fuhr sie fort, „unser Familienhaus in Cambridge zurückzukaufen. Ich glaube, das wäre in Vaters Sinn."

Alle lächelten.

Constance Cole saß am Frühstückstisch. Mechanisch begann sie zu essen. Es war ein Teil ihres Tagesablaufs, eines Tagesablaufs, der sie praktisch zu einer Gefangenen machte. Sie durfte nicht allein ausgehen und nur selten Besuch empfangen, und das auch nur, wenn ihr Mann zugegen war.

Niemand, mit dem sie sich unterhalten konnte, niemand, für den sie sorgen konnte, Constance fühlte sich, als würde sie innerlich vertrocknen. Ihre Existenz war sinnlos. Sie durfte keinerlei Hausarbeit verrichten, denn das war selbstverständlich die Aufgabe der Dienerschaft. Da sie auch kein gesellschaftliches Leben führen durfte, gab es nichts, was sie planen und worauf sie sich freuen konnte. Philip hatte sich in sein Studium in Cambridge vergraben, Priscilla war ihr entfremdet, Jared vermisst. An diesem Morgen, wie an jedem Morgen, war das Frühstück ihre ganze Gesellschaft. Manchmal setzte Daniel sich zwar zum Frühstück zu ihr, sprach aber nie mit ihr. Er las die Zeitung oder Geschäftsberichte oder Kassenbücher. An diesem Morgen gab es einen frühen Besucher. Er hatte ihn Constance nicht vorgestellt, aber sie hörte, wie er im Nebenzimmer mit ihm sprach.

„Was habt Ihr für mich?", fragte Cole den unsichtbaren Besucher.

„Nun, im vergangenen Jahr habt Ihr hohe Verluste erlitten. Ungewöhnlich hohe Verluste durch Piraten. Wir hoffen jedoch, dass es hier zu einem Umschwung kommt, nachdem Kapitän Barlow berichtet hat, dass Devereaux tot ist."

Cole fluchte. „Und die Geschäfte vor Ort?"

„Stagnieren."

„Stagnieren?", fragte Cole. „Was soll das heißen?"

„Eure Konkurrenten sind überall auf dem Vormarsch - Handel, Lagerhäuser, Einzelhandel, alles. Zuerst dachten wir, es handele sich um eine Reihe unglücklicher Zufälle, aber als wir die Sache genauer untersuchten, stellten wir fest, dass eine einzige Gesellschaft dahinter steckt, die durch alle möglichen Mittelsmänner handelt."

„Was für eine Gesellschaft?"

„Sie nennt sich Ausgleichsgesellschaft."

„Nie davon gehört."

„Wir auch nicht, und die Sache ist sehr mysteriös. Wir haben versucht, an die Namen der Besitzer zu kommen, aber es scheint, dass sie anonym bleiben wollen. Sie halten sich sehr bedeckt."

„Ausgleichsgesellschaft. Ausgleichsgesellschaft ..." Cole begann hin und her zu gehen.

Der Geruch von Zigarrenrauch drang ins Frühstückszimmer, und Constance wusste, dass ihr Mann sehr aufgeregt sein musste. Vor dem Mittagessen rauchte er nur, wenn er sich über etwas ärgerte.

„Ich will alles über diese Ausgleichsgesellschaft wissen, wer sie besitzt, was für Ziele sie hat und vor allem ihre Schwächen! Versteht Ihr mich?"

Constance aß bedächtig zu Ende. Dann legte sie ihr Messer neben den Teller und faltete die Hände.

Kapitel 23

Charleston in South Carolina hatte sich schon frühzeitig den Namen einer Stadt gemacht, die keine Piraten duldete. Wie ihr Auge des Gesetzes die Freibeuterei betrachtete, zeigte sich deutlich in dem Prozess gegen den Gentleman-Piraten Major Stede Bonnet im Jahre 1718. Bonnet war ein reicher Plantagen-Besitzer aus Bridgetown, und es ist schwer zu sagen, warum er Pirat wurde; doch wussten Freunde und Verwandte später zu berichten, wie sehr er von Sir Henry Morgan, dem Seeräuber und späteren Gouverneur von Jamaica, und William Kidd, dem ehemaligen Piraten, der zum Gouverneur der Bahamas avancierte, fasziniert war, und einige spekulierten, dass er nach einer ähnlichen Methode Gouverneur der Westindischen Inseln werden wollte.

Ohne eine Silbe über seine Pläne zu verraten, ließ Bonnet sich eine Slup bauen, heuerte eine übergroße Mannschaft von siebzig Matrosen an, denen er regelmäßig ihren Lohn zahlte, und versuchte sich als Pirat. Nach einer unglaublichen Glückssträhne - der Major verstand rein nichts von der Seefahrt - und kurzer Zusammenarbeit mit dem berüchtigten Blackbeard wurde Bonnet gefangen genommen und vor Gericht gestellt. Der Prozess fand in Charleston statt.

Vize-Admiralsrichter Nicholas Trott leitete das Verfahren gegen Bonnet und dreiunddreisig seiner Mannen. Der Richter erklärte, dass Gott die See zum Nutzen der Menschen geschaffen habe und dass sie, wie das Land auch, der Obrigkeit und dem Besitz untertan sei. Von einem, der diesen von Gott gegebenen Besitz verletze, so Trott, sei nichts Gutes mehr zu erwarten, es sei denn durch das abschreckende Beispiel seines Todes. Am 10. Dezember 1718 wurde Major Bonnet bei White Point unmittelbar am Hafen gehenkt. Sein Prozess war das Vorbild für spätere Piratenprozesse.

Kapitän Edmund Barlow, der die Linie der Obrigkeit von Charleston gegen Piraten gut kannte, überlieferte Jared in ihre Obhut. Sein Gefangener, nur als „Grinse-Jack" bekannt - sowohl auf Barlows Schiff als auch während des Prozesses weigerte sich Jared, auf einen anderen Namen zu hören - war übel zugerichtet, als Barlow ihn ablieferte. Barlow erklärte es damit, dass seine Mannschaft, nachdem sie den Mann aus dem Wasser gezogen und seine Identität erfahren hatte, sich „fast wie ein Mann" erhoben und zur Strafe für die sinnlosen Greuel, die er und seine Kumpane von der Dove im Lauf der Jahre an Handelsschiffen verübt hatten, über ihn hergefallen sei. Sie hätten Grinse-Jack auf der Stelle gehängt, so Barlow, wäre er nicht persönlich eingeschritten. Als guter Staatsbürger lieferte er ihn hiermit der Obrigkeit aus, denn war es nicht besser, dass seine Hinrichtung ein Exempel für eine ganze Stadt als nur für die Besatzung eines Schiffes war?

Jareds Prozess war kurz. Man stellte fest, dass Grinse-Jack nicht weniger als siebenunddreißig ehrliche Matrosen mit dem Säbel niedergemacht hatte, ganz zu schweigen von den Verlusten an Schiffen und Ladung. Barlow selbst sagte aus, dass der Angeklagte ihn, Barlow, aus purer Bosheit mit dem Säbel angegriffen hatte. Die Lloyd George hatte sich bereits ergeben, der Laderaum war leer, und nichts anderes konnte die Tat erklären als ein unstillbarer Durst nach Blut. Das

Einzige, so Barlow, was ihn damals davor bewahrt hatte, ebenfalls durch Grinse-Jacks Hand zu fallen, war die tapfere Hilfe seiner Mannschaft.

Jareds Verteidigung war der kürzeste Teil des Prozesses. Er gab zu, Matrose auf der Dove gewesen zu sein. Sonst sagte er nichts. In weniger als einer halben Stunde befand die Jury ihn der Piraterei für schuldig. Der Richter verurteilte ihn zum Tod durch den Strang.

Allein in seiner Zelle, hockte Jared sich in eine Ecke und schloss die Augen. In Gedanken floh er aus dem feuchten Elend der Zelle, den falschen Anklagen und der bevorstehenden Hinrichtung in die Vergangenheit und dachte daran, wie Anne ihre Hand auf seinen Arm legte, an jenem letzten Abend als er auf dem Baum vor ihrem Fenster gesessen hatte, an dem Abend, wo er Romeo gewesen war und sie geküsst hatte. Dann dachte er an seinen Vater. Stimmte es, was die Bibel über den Himmel sagte? Würde sein Vater ihn in Empfang nehmen, wenn er starb? Was würde er davon halten, dass er als Pirat gehenkt worden war? Dann dachte er an seine Mutter und seine Schwester. Er war froh, dass seine Mutter nichts von seinem Tod erfahren würde; es war besser, sie dachte, er sei auf See verschollen. Priscilla würde, wenn sie je erfuhr, wie er gestorben war, wahrscheinlich erklären, dass sie so etwas Ähnliches schon immer geahnt hatte.

Komisch, wie alles anders wurde, wenn einem der Tod vor Augen stand. Zu Hause hatte Jared sich nie viel aus Priscilla und Philip gemacht jetzt, wo er den Tod vor Augen hatte, wünschte er sich, sie noch einmal sehen zu können. Er kicherte leise. Wenn alles wie geplant verlief, würde er morgen um diese Zeit seinen Bruder wiedersehen. Im Himmel.

Philip war noch nie gerne gereist, und seine Stimmung

war nicht die beste, als er in den Hafen von Charleston einfuhr. Die Ausgleichsgesellschaft eilte von einem Erfolg zum andern, besonders auf dem Handelssektor. Priscilla hatte Coles Strategie schnell durchschaut: Schalte die Konkurrenz aus und kontrolliere anschließend die Preise. Dem Ziel der Ausgleichsgesellschaft treu, war ihre Gegenstrategie ebenso einfach: Biete den Menschen eine Alternative zu Daniel Cole. Priscilla hatte mehrere Schiffe gekauft - eine Slup, zwei Briggs und eine Schnau - und keine Probleme, sie mit Matrosen zu bemannen, die für einen anderen Händler als Cole segeln wollten. Qualifizierte Kapitäne zu finden, war indes schwieriger, und hier begann Philips Rolle. Frauen galten bei Matrosen als Überbringer von Unglück; kein Kapitän übernahm ein Schiff, das einem Weibsbild gehörte. Und so hatte Philip etwas widerwillig sein Studium für kurze Zeit unterbrochen, um Kapitäne anzuheuern. Die Gesellschaft fand es am besten, nicht direkt in Boston selbst auf Anwerbung zu gehen, damit Cole nicht womöglich herausfand, wer hinter dem Unternehmen steckte. Philip war bisher in Philadelphia, New York und Plymouth; Charleston war seine letzte Etappe. Plymouth war eine Enttäuschung gewesen, und Philip hoffte, mindestens einen weiteren Mann in Charleston zu finden. Er hatte keine Lust, Priscilla nur drei Kapitäne für vier Schiffe bieten zu können, wenn er nach Boston zurückkehrte.

Das Schiff legte am Kai bei White Point an, und Philip ging an Land. Eine ganze Sammlung von Schiffen lag in der Bucht, von schwer bewaffneten Marine-Briggs bis zu kleinen Fischerbooten. Von vorn grüßten die Dächer und Türme der Stadt. Ein Master Cooper sollte Philip empfangen und ihm sein Quartier sowie die Örtlichkeiten für die Einstellungsgespräche zeigen. Aber im Hafen war kein Master Cooper, und so machte sich Philip alleine auf den Weg in die Stadt.

Das erste Wahrzeichen, an dem er vorbeikam, war der Galgen, zwei in den Boden gerammte dreieinhalb Meter hohe Pfähle mit einem stabilen Querbalken. Mehrere Schiffsstücke waren an den Galgen geheftet, die verkündeten, dass in genau einer Woche ein Pirat namens Grinse-Jack hier gehenkt werden sollte. Philip schauderte es; was für eine makabre Art, den Besucher zu begrüßen ...

Am nächsten Tag saß Philip hinter einem zerkratzten Tisch mitten im Hafen und hörte sich an, wie ein Matrose nach dem andern mit groben Witzen ausgeschmückt seine Erfahrungen auf See beschrieb. Im Augenblick berichtete ein dünner großgewachsener Mann mit einem hässlichen Mundwerk und ebenso hässlichem Mundgeruch in allen furchtbaren Einzelheiten, wie während eines schweren Sturms der Arm seines Kapitäns unter einem umgestürzten Mast eingeklemmt wurde und er ihn absägte, um das Leben des Mannes zu retten. Um sich abzulenken, ließ Philip seinen Blick über das bunte Treiben im Hintergrund schweifen. Der Hafen war ein Bienenkorb der Geschäftigkeit: Boote, die Waren und Matrosen zu den in der Bucht ankernden Schiffen brachten, Pferde und Fuhrwerke und Menschen, Menschen, Menschen.

Dann sah er sie und erstarrte. Ein Matrose und ein Indianer, die sich mit einem gut gekleideten Herrn in einer Kutsche unterhielten. Sie wandten ihm den Rücken zu, so dass er nicht sicher war, ob sie es waren, aber seine Hände wurden dennoch eiskalt und sein Atem ging schneller.

„Und dann die Sache, als drei Piratenschiffe aus Sierra Leone auftauchten. Der Käpten hatte mordsmäßig Angst, bis ich ihm sagte, wie wir sie abhängen konnten ...“, erzählte der Bewerber.

Der Herr in der Kutsche schien wütend auf den Matrosen und den Indianer zu sein. Er rief etwas, aber Philip war zu weit entfernt, um die Worte zu verstehen. Seine Augen waren auf den Matrosen und den Indianer gerichtet. Wenn er ihre Gesichter sähe, wäre er ganz sicher.

„Wollt Ihr hören, wie ich uns vor den Piraten gerettet hab, oder nicht?"

„Nein", murmelte Philip zerstreut, ohne den Blick von dem Duo zu nehmen. „Ich glaube ... ich habe eigentlich genug gehört ... äh, Master ...", er musste auf das Blatt vor ihm schauen, um sich an den Namen zu erinnern, „... Master Roberts ... Danke, dass Ihr gekommen seid. Ich werde meine Entscheidung in etwa einer Woche treffen."

„Also, ich weiß nicht, wie Ihr Euch entscheiden wollt, wenn Ihr mir kein Wort zugehört habt."

Philip warf einen schnellen Blick an Roberts vorbei. Der Herr in der Kutsche lehnte sich zurück und befahl seinem Kutscher loszufahren. Der Matrose und der Indianer traten zurück. Wenn sie sich umdrehen würden, musste es jetzt jeden Augenblick geschehen.

„Glaubt mir", sagte Philip beschwichtigend, „ich habe keinen schlechten Eindruck von Euch. Noch einmal besten Dank, dass Ihr gekommen seid." Er erhob sich, um dem Bewerber die Hand zu schütteln. Der sah ihn höhnisch an, nannte ihn einen Lügner und versicherte ihm mit einem Fluch, wo er die Ewigkeit verbringen würde, wenn es nach ihm ging, und eilte davon.

Philip sah schnell wieder hinaus. Hoffentlich waren sie noch da. Sie schauten genau in seine Richtung. Philip spürte, wie seine Brust enger wurde. Er ließ sich auf den Stuhl fallen, schob die Papiere auf dem Tisch zurecht und tat so, als schreibe er etwas. Hatten sie ihn erkannt? Was sollte er machen, wenn sie zum Tisch kamen? Laut um Hilfe rufen? Er konnte es nicht mehr aushalten, er musste wissen, ob sie zu ihm kamen oder nicht! Er begann langsam den Kopf zu heben und schielte zu ihnen hinüber. Sie waren fort. Er richtete sich vollends auf und schaute noch einmal genauer hin. Sie waren nicht mehr zu sehen.

„Seid Ihr Master Morgan?"

Philip zuckte zusammen, mehrere Blätter flogen auf den Boden. Er drehte sich um. Ein stämmiger junger Mann mit schwarzem Haar stand vor ihm.

„Parris ... Samuel Parris, Sir. Ich komme wegen der Kapitänsstelle. Ist alles in Ordnung, Sir?"

Philips Stimme zitterte. „Doch, ja." Es gelang ihm, die Papiere vom Boden aufzuheben und so zu tun, als ordne er sie; in Wirklichkeit wollte er nur das Zittern seiner Hände verbergen.

Der junge Mann setzte sich auf den Stuhl am Tisch. „Ihr seid doch Master Morgan, oder nicht?"

„Ja. Entschuldigt, wenn ich etwas zerstreut erscheine. Ja, ich bin Philip Morgan."

„Philip ... Philip ..." Der Mann kniff die Augen zusammen, während er den Namen wiederholte. „Doch, muss wohl stimmen ... Entschuldigt, Master Morgan, aber es ist wichtig. Darf ich Euch etwas Persönliches fragen?"

„Ich möchte die Fragen stellen, wenn es Euch recht ist", entgegnete Philip.

„Habt Ihr einen Bruder, der Jared heißt?"

Parris saß vornübergebeugt und flüsterte die Frage. Er betrachtete Philips Gesicht, um zu sehen, wie er reagieren würde. Es schien, dass Philip so reagierte, wie er es erwartete.

„Kennt Ihr meinen Bruder?"

Der junge Mann beugte sich noch näher. „Ja", flüsterte er.

Philip senkte ebenfalls seine Stimme und beugte sich nach vorn. „Master Parris, wisst Ihr, wo Jared ist? Wo kann ich ihn finden?"

„Ich heiße nicht Parris", sagte der andere. „Mein Name ist Magee. James Magee. Waren Schiffskameraden, Jared und ich. Als ich hörte, dass ein Morgan hier war, musste ich es riskieren, um herauszufinden, ob Ihr vielleicht mit ihm verwandt seid."

„Ich verstehe nicht", meinte Philip. „Riskieren? Und warum benutzt Ihr einen anderen Namen?"

„Weil ich meinen eigenen nicht mehr benutzen kann. Würde sofort an den Galgen kommen. So machen sie es mit Piraten."

„Piraten? Wollt Ihr mir weis machen, dass mein Bruder ein Pirat ist?"

Die Stimme des junen Mannes wurde hart. „Ob Ihr mir glaubt oder nicht, ich sage die Wahrheit. Wir waren beide an Bord der Dove, bevor sie in einem Sturm unterging. Damals habe ich Jared zum letzten Mal gesehen."

Philip hielt es für das Beste, anzunehmen, dass der Mann die Wahrheit sagte, um herauszufinden, was er im Schilde führte. „Ihr sagt, Ihr habt ihn zum letzten Mal gesehen. Glaubt Ihr, dass er in dem Sturm ertrunken ist?"

Magee schüttelte den Kopf. „Er lebt noch."

„Wie wollt Ihr das wissen?"

„Habt Ihr nicht die Plakate in der Stadt gesehen, dass Grinse-Jack gehenkt werden soll?"

Philip nickte. „Und was hat das mit Jared zu tun?"

„Er ist Euer Bruder. Grinse-Jack ist Jared."

Philip saß wie vom Donner gerührt.

„Tut mir leid, Sir, dass ich Euch das sagen muss, aber ich dachte, Ihr solltet es wissen."

„Ihr müsst Euch täuschen", brachte Philip hervor. „Ihr verwechselt meinen Bruder mit einem anderen Jared. Das kann nicht derselbe sein!"

Magee sah Philip lange und intensiv an. „Als ich Euren

Bruder kennen lernte, war es eine ganz ähnliche Situation wie gerade jetzt. Nur dass Daniel Cole die Fragen stellte und Jared eine Arbeit suchte. Ich war bereits bei Cole angestellt, damals - dachte, ich wäre ein gemachter Mann. Nach diesem Gespräch befahl Cole mir, Jared mit in eine Taverne zu nehmen, um seine Anstellung zu begießen."

„In die Good Woman Tavern, richtig?", fragte Philip. Die Puzzleteile begannen sich zusammenzufügen.

„Woher wisst Ihr das?"

„Ich kenne den Wirt - er ist kein Freund von Cole."

Magee schien die Auskunft zu akzeptieren. Er fuhr fort: „In der Taverne sind wir von Pressern betäubt worden, ein Matrose und ein Indianer ..." Der Blick auf Philips Gesicht ließ Magee den Satz unterbrechen.

„Sie sind gerade hier", stieß Philip hervor. „Ich habe sie vor ein paar Minuten gesehen, da drüben." Er stand auf und zeigte in die Richtung. Magee folgte seinem Blick. Sie hielten einen Augenblick Ausschau, dann nahmen sie wieder Platz.

„Sie haben meinen Vater getötet", erklärte Philip.

„Ich weiß. Jared hat mir's erzählt."

„Und wie kommt Ihr dazu, dass Grinse-Jack Jared sein soll?"

Magee lächelte. „Das war sein Spitzname. Egal, was wir gerade machten, er grinste immer. Er liebte das Piratenleben. So einen wie ihn gibt's kein zweites Mal! Er soll siebenunddreißig Matrosen getötet haben, aber das ist eine Lüge. Jared hat nie jemand getötet, nie." Magee kicherte. „Er ließ sie über Bord springen, warf sie selber über Bord, schlug sie auf den Kopf, aber getötet hat er sie nie. Es machte Spass, ihm bei der Arbeit zuzusehen ..." Seine Gedanken kehrten zur Gegenwart zurück, und sein Lächeln verblasste. „Nach dem, was ich so gehört habe, kennt niemand hier seinen richtigen Namen. Und wer ihn kennt, wie ich, der hält den Mund."

„Habt Ihr eine Vorstellung, warum der Matrose und der Indianer gerade hier sind?", fragte Philip.

Magee rieb sich mit dem Finger über die Nase und schüttelte den Kopf. „Ich weiß nur, dass sie für Cole arbeiten."

„Daniel Cole? Die arbeiten für Daniel Cole?"

Magee schien überrascht, dass Philip das nicht längst wusste.

Philip schlug mit der Faust auf den Tisch, immer wieder und immer wieder. Der heilige Zorn in ihm machte sich in Tränen Luft. „Ihr würdet mir nicht glauben, wenn ich Euch alles erzählte, was dieser Mann meiner Familie angetan hat! O Gott, bewahre mich davor, zu tun, was ich gerade denke!" Es dauerte mehrere Minuten, bis Philip seine Fassung wiedergewonnen hatte. Er wischte sich die Tränen ab und fragte: „Also, habt Ihr eine Vorstellung, warum der Matrose und der Indianer hier sind?"

„Vielleicht pressen sie mal wieder."

Philip dachte über diese Möglichkeit nach. Er holte heftig Luft, während er immer noch gegen seine Gefühle kämpfte. „Darf ich Euch fragen, was Ihr zur Zeit macht?"

„Ich bin Erster Maat auf einer Schnau. Wir befahren vor allem die Küstenrouten."

Philip fügte diese Information in den Plan ein, der sich in seinem Kopf zu bilden begann. „Das Wichtigste zuerst", sagte er. „Ich werde meinen Bruder retten, und dann werde ich Cole stellen. Wollt Ihr mir dabei helfen?"

„Was soll ich machen?"

„Ich muss sofort eine Nachricht nach Boston schicken. Fährt Euer Schiff dorthin?"

„Nein." Magee dachte einen Augenblick nach. „Aber ich kenne eins, das heute nach Boston segelt. Ein gewisser Shaw ist dort Matrose, der könnte die Nachricht überbringen. Er war auch auf der Dove."

„Ein Freund von Jared?"

Magee grinste. „Nicht ganz."

„Aber Ihr denkt, er wird die Botschaft überbringen? Das ist wichtig!"

„Doch, ich denke schon."

Philip suchte nach einem sauberen Blatt Papier und schrieb hastig einige Zeilen. „Sagt ihm, er soll das hier meiner Schwester Priscilla Stearns bei dieser Adresse übergeben. Es ist lebenswichtig, dass sie es bekommt. Ihr seid ganz sicher, dass Shaw das macht?"

„Das habe ich doch gerade gesagt!" Magees Stimme klang ärgerlich.

Philip unterbrach sein Schreiben kurz. „Ihr müsst mir das nachsehen, aber es geht um das Leben meines Bruders. Und noch etwas: Wie lange werdet Ihr noch hier in Charleston sein?"

„Wir sind ein, zwei Wochen hier."

„Ausgezeichnet. Könnt Ihr ein paar Leute von Eurem Schiff zusammentrommeln, die mir helfen würden?"

„Wobei?"

Philip erklärte Magee seinen Plan. Alles hing davon ab, dass Priscilla die Nachricht rechtzeitig bekam. Dieser Punkt war so wichtig, dass er Magee am liebsten noch einmal gefragt hätte, ob Shaw auch zuverlässig war. Er hatte sieben Tage, um alles vorzubereiten. Er betete, dass die Zeit reichte.

Die Sonne schien hell an Jareds Hinrichtungstag. Als man ihn aus seinem dunklen Verlies nach draußen zu dem wartenden Karren führte, traf ihn das Licht mit einer Gewalt, dass er sein Gesicht abwenden musste, bis seine Augen sich daran gewöhnt hatten.

Er hatte die Nacht und den Morgen allein in seiner Zelle

verbracht. Niemand hatte ihn besuchen dürfen, nicht einmal ein Geistlicher; ein Pirat war nicht viel besser als ein Tier. Jared war es recht so. Er hatte seit Jahren nicht mehr gebetet und keine Lust, jetzt, wo es ans Sterben ging, so zu tun, als ob er ein Beter war. Wie er es sah, würde er bald Gott gegenüberstehen, und alles, was er Gott zu sagen hatte - oder Gott ihm -, sagte man wohl besser, wenn er da oben angekommen war.

Mit zusammengebundenen Händen wurde er auf einen Karren verfrachtet, der von einem Pferd gezogen wurde. Er staunte, was für verrückte Vorstellungen er davon gehabt hatte, wie es war, wenn man dem Tod so nah war. Er hatte erwartet, dass die letzte Stunde seines Lebens seine Sinne schärfen würde, dass der Himmel blauer wäre, die Luft frischer, die Blumen duftender; schließlich würde er alles das ja zum letzten Mal erleben. Aber so war es nicht. Eher war ihm benommen zu Mute, von einer im Kopf sitzenden Erkältung. Seine Nase war verstopft, das Atmen strengte ihn an.

Langsam rumpelte der Karren durch die Straßen von Charleston. Hunderte von Menschen standen Spalier, Männer, Frauen, Kinder, die herausgekommen waren, um zu sehen, wie er gehenkt wurde, und um ihn auf dem Weg zum Galgen zu verhöhnen. Er sah kein einziges freundliches Gesicht. Sie schrien und fluchten, einige bewarfen ihn mit verfaultem Obst und Gemüse, einzelne Steine flogen. Zuerst war er dankbar, dass die meisten Geschosse ihr Ziel verfehlten, dann musste er kichern. Als ob es jetzt noch etwas machte, wenn sie ihn trafen ...

Der Henkerskarren bog zum Hafen ein. Weiter vorn kam der Galgen von White Point in Sicht. Das Pferd umrundete den Galgen, dann zog es den Wagen direkt wie unter eine Art Tor darunter durch. Unter dem waagerechten Balken blieb der Karren stehen. Etwa in Kopfhöhe hing daran ein Seil mit einer Schlinge.

Ein kräftiger Mann mit haariger Brust und kahlrasiertem Kopf stieg auf den Karren. Er schob Jared einen halben Schritt zur Seite, bis die Schlinge direkt vor dessen Gesicht hing. Er zog sie etwas weiter auseinander, schob sie über Jareds Kopf und zog sie wieder zusammen. Vor Jared war ein Meer von harten Gesichtern; sein Tod war für sie der Höhepunkt dieses Tages. Auf den Decks der Schiffe im Hafen standen aufgereiht die Matrosen; einige waren in die Wanten oder auf die Masten geklettert, um besser sehen zu können. *Ich wäre wohl besser auf See gestorben,* ging es Jared durch den Kopf. Die Wolken, der Wind und die Wellen wären viel freundlichere Zeugen seines Todes.

Der Henker schob einen kleinen Strauß in Jareds gebundene Hände.

„Blumen?“, fragte Jared.

„Tradition“, erwiderte der Henker.

Man verlas die Anklage, zur Warnung an alle, die versucht sein mochten, an ein Piratenleben zu denken. Der Henker trat von dem Karren zurück und wartete auf das Signal, den Karren in Bewegung zu setzen.

Ein plötzliches Geschiebe und Gedränge entstand. Jared drehte seinen Kopf. In den Augenwinkeln sah er einen Matrosen und einen Indianer. Der Matrose, die Mütze tief ins Gesicht gezogen, riss den Kutscher vom Sitz und packte die Zügel des Pferdes, während der Indianer auf den Karren sprang und einen Sack über Jareds Kopf warf. Das Letzte, was Jared sah, waren die intensiven schwarzen Augen des Indianers und das Aufblitzen eines Messers; dann war es dunkel um ihn.

Die Schlinge um seinen Hals rutschte ab. Jemand zog ihn heftig auf den Boden des Wagens, so dass er auf seine

Schultern knallte. Er zuckte zusammen. Der Karren ruckte an. Ein Schuss fiel, dann noch einer. Schreie und Flüche von allen Seiten. Er hörte, wie der Indianer ein- oder zweimal etwas befahl; er sorgte noch dafür, dass die Leute dem Karren fernblieben. Der Matrose trieb das Pferd mit heftigen Rufen an. Der Karren hüpfte und sprang über die ungepflasterte Straße. Dann wurde das Geräusch der Räder hohler und klappernder. War es der Hafen? Vielleicht das Pier?

Jareds Gehirn arbeitete. *Wie kommen der Matrose und der Indianer dazu, mich vor dem Strang retten zu wollen? Es macht keinen Sinn! Oder will Cole mich in die Sklaverei eines Handelsschiffs verkaufen? Oder auf eine andere Art umbringen? Gleichgültig, für den Augenblick bin ich jedenfalls gerettet. Als Nächstes muss ich zusehen, wie ich den beiden Burschen entkomme.* Er erinnerte sich, dass der Matrose Käpten Devereauxs Bruder war; vielleicht konnte er das zu seinem Vorteil nutzen.

Er versuchte sich aufzurichten und wurde heftig auf den Boden des Karrens zurückgestoßen. „Unten bleiben!“, brüllte der Indianer ihn an.

Der Wagen bog mehrere Male heftig um eine Ecke. Danach wurde es plötzlich dunkler. Waren sie in einen Speicher gefahren? Der Wagen hielt ruckartig an. Der Indianer zog Jared an einem Arm hoch, dann packte ihn ein anderes Händepaar. Jared versuchte sich loszureißen. Es gelang ihm, die Hände des Matrosen einen Augenblick abzuschütteln. Mit noch festerem Griff umschlossen sie ihn erneut.

Sie zogen Jared über einen Holzfußboden, dann über etwas, was sich wie eine Schwelle anfühlte, in einen kleinen Raum. Der Indianer legte eine Hand auf Jareds Kopf und drückte ihn nach unten. Als Jared versuchte, sich aufzurichten, stieß er mit dem Kopf an eine niedrige Decke, dann schloss sich die Tür und es war pechschwarz. Ein rasches Hämmern. Der Matrose und der Indianer hatten ihn in eine Kiste gesteckt und nagelten sie zu!

„Hey, was soll ..."

Mehr bekam er nicht heraus, dann schlüpfte die Hand des Indianers in den Sack und auf seinen Mund. „Sei ruhig, wenn du leben willst!", flüsterte der Indianer.

In nächsten Augenblick Schritte und Rufe. „Holt ihn, tot oder lebendig! Die Komplizen auch!"

„Da hinten sind sie!", rief jemand.

Ein Fluch war die Antwort. „Wie sind die da ´rausgekommen?"

„Wo?"

„Da! In der Schaluppe! Sie rudern zur Ausfahrt der Bucht!"

„John! Du gehst ans Ende des Piers und lässt sie nicht aus den Augen! Wenn sie ein Schiff besteigen, will ich wissen, welches es ist! Charles und Henry, ihr nehmt euch ein Boot und folgt ihnen! Der Rest kommt mit mir!"

Jemand neben der Kiste fluchte und schlug mit der Faust auf den Deckel. In Jareds Ohren klang es wie ein Donnerschlag.

Ein paar Augenblicke später war alles ruhig. Der Indianer hielt weiter fest seine Hand auf Jareds Mund. Wohl zehn Minuten lang saßen die drei schweigend in der Kiste.

Dann ein heftiger Schlag wie mit einer Axt, Nägel krachten. Jemand entfernte die Seitenwand. Ein Fluchtplan ging Jared durch den Kopf: Wenn er sich von seinen beiden Entführern losreißen konnte, würde er sie vielleicht im Labyrinth des Lagerhauses abschütteln oder vom Pier springen können und entkommen. Er wartete auf seine Chance.

Sie kam, als sie aus der Kiste kletterten. Der Griff des Matrosen um Jareds Arm lockerte sich. Jareds Schulter stieß blitzschnell gegen die Brust des Matrosen, so dass dieser zu Boden stürzte. Jared wollte das Gleiche mit dem Indianer machen. Es gelang ihm nur halb; der Indianer verlor zwar das Gleichgewicht, ließ aber nicht los, sondern zog Jared mit sich zu Boden.

„Jared Morgan! Hör sofort auf! Wir wollen dir helfen!"

Die Stimme. Er kannte diese weibliche Stimme. *Das kann nicht sein ...*

Einen Moment später zog ihm jemand den Sack vom Kopf. Über ihm stand Priscilla.

Priscilla unter einer Decke mit dem Matrosen und dem Indianer? Jared verstand überhaupt nichts mehr. Er sah den Indianer an. Nein, eigentlich sah er nicht so aus wie ... Er sah zu dem Matrosen hinunter, der noch auf dem Boden lag und gerade seine Mütze abnahm.

„Hallo, kleiner Bruder!"

„Philip!"

„Darf ich dir einen guten Freund vorstellen?" Philip zeigte auf den Indianer. „Er heißt Wampas. Wampas, das ist mein Bruder Jared."

Kapitel 24

Während die Obrigkeit weiter die flüchtige Schaluppe verfolgte, um Grinse-Jack zu fassen, schlichen dieser und seine drei Helfer sich zwei Straßen vom Galgen entfernt in die Stadt zurück. Philip, der Kopf hinter dem Plan, setzte darauf, dass die Ordnungshüter von Charleston annahmen, dass Jared versuchen würde, sich zu einem der Piratennester auf den Bahams durchzuschlagen. Es schien, dass er Recht hatte. Das Leben in der Hafenstadt fiel schon bald wieder in seinen gewohnten Gang. Mit jedem Tag, der verging und der Jared, wie man annnahm, weiter nach Süden brachte, wandten sich die Gespräche auf der Straße und in den Tavernen anderen Themen zu. Philips Plan war, noch einige Tage zu warten und sodann an Bord der Salvation, einer kürzlich von Priscilla für die Ausgleichsgesellschaft gekauften Brigg, nach Boston zurückzukehren. Ihre Ladung: Ein entkommener Pirat.

„Ich kann es immer noch nicht glauben, dass du Pirat warst!", sagte Philip.

Er saß in der Wohnstube eines bescheidenen Hauses, das einem Freund von Peter Gibbs gehörte, der ebenfalls Gastwirt und gerade auf Verwandtenbesuch in Philadelphia war. Vier Stühle standen in einem Kreis; auf zwei von ihnen saßen Wampas und Jared. Priscilla kam gerade mit einem Tablett

Erfrischungen herein.

„Es war nicht so, wie du denkst“, stellte Jared fest. „Zumindest nicht an Bord der Dove. Der Kapitän war der beste Mann, den ich je kennen gelernt habe. Wir waren keine finsteren Mordgesellen. Kurz bevor Käpten Devereaux starb, hatte er sich noch geweigert, sich an einem barbarischen Handelskapitän zu rächen.“

„Wie starb er?“, fragte Philip.

„Der Kapitän, den er beschützte, schoss ihm in den Rücken.“

„Du hast Recht“, meinte Philip. „Klingt nicht so wie die Piratengeschichten, die ich gehört habe.“

Jared beugte sich vor. „Das Schiff war eine eigene kleine Welt, wo jeder dazu gehörte und mit seinen persönlichen Fähigkeiten zum Wohl des Ganzen beitrug. Und jetzt kommt das Beste: Wir haben über alles abgestimmt. Es gab keinen König, keinen Diktator; wir waren eine Demokratie. Wir machten unsere eigenen Gesetze und wählten unseren Kapitän und Ersten Maat. Es war das Unglaublichste, das ich je mitgemacht habe. Ich wünschte mir nur, die Kolonialregierung wäre auch so gut.“

„Als Demokratie?“, fragte Priscilla. „Das würde nicht funktionieren, die Kolonien würden in Anarchie versinken.“

Wampas, der eine Hose und ein Leinenhemd trug, meinte: „Die Piraten scheinen so zu sein wie wir Indianer. Die Menschen wissen nicht, wer wir wirklich sind.“

„Das kann ich bestätigen“, erklärte Philip.

Die vier tranken Tee und knabberten Kürbisbrot. Jared bat Philip, ihm die Einzelheiten des Fluchtplans zu erklären. „Warum habt ihr mir den Sack übergestülpt?“, fragte er. „Ich hatte nur einen Gedanken: Wie kann ich den Leuten entkommen, die mich entführen?“

„Ich befürchtete, dass du vor lauter Überraschung meinen

Namen rufen würdest. Das wäre dumm gewesen. Wir fanden es besser, wenn du nicht wusstest, wer dich rettete; also beschlossen wir, dich einzusacken, bevor du einen von uns erkanntest."

Jared kicherte. „Ich habe nur ganz kurz einen Matrosen und einen Indianer gesehen. Eine tödliche Kombination, wie du ja weißt. Aber warum habt ihr euch so verkleidet?"

„Ich hatte die beiden ein paar Tage vorher im Hafen gesehen. Andere hatten sie natürlich auch gesehen, und das wollte ich ausnutzen."

„Und ihr habt nicht gedacht, dass der echte Matrose und Indianer auftauchen würden?"

Philip lächelte. „Wir wussten, dass sie da nicht auftauchen würden. Sie fühlten sich nicht besonders gut an dem Tag, dank einen Freund von dir, Parris, nein, Magee natürlich, James Magee."

„Magee lebt?", rief Jared aus. „Als ich ihn zuletzt sah, wurden wir beide von einem furchtbaren Sturm ins Meer gespült. Ich habe nie herausgefunden, ob er das überlebt hat."

„Wäre er nicht gewesen, wärst du jetzt tot. Er war es, der mir sagte, dass du Grinse-Jack bist, und er hat dafür gesorgt, dass der Matrose und der Indianer nicht da waren. Einige Freunde von ihm haben sie betäubt."

Jared klatschte vor Vergnügen in die Hände. „Dasselbe, was sie mit uns gemacht haben!"

„Jetzt dürften sie allmählich aufwachen", sagte Philip, „und feststellen, dass man sie der Beihilfe zur Flucht von Grinse-Jack verdächtigt."

„Weißt du, wo Magee jetzt ist? Ich würde ihn gern treffen."

Philip schüttelte seinen Kopf. „Ich kenne nicht einmal den Namen seines Schiffs; er hat nur gesagt, dass es eine Schnau ist. Übrigens hat er auch das Ablenkungsmanöver in dem Speicher am Hafen geplant. Wenn sie die Schaluppe erwischt haben, die vom Pier losfuhr, haben sie nichts gefunden außer drei Matrosen - einer in eine Indianerdecke gewikkelt -, die gerade zum Fischen hinausfuhren."

„Es scheint, dass ich vielen Leuten für meine Rettung zu danken habe", stellte Jared fest.

„Priscilla hat Wampas hierher gebracht, um uns zu helfen. Du bist schon der zweite Morgan, dem er das Leben gerettet hat. Ohne ihn hätte mich ein Bär zum Frühstück gefressen."

„Ich sehe schon, wir haben uns noch viel zu erzählen", lachte Jared.

„Wer ist eigentlich dieser Shaw?", fragte Priscilla.

„Shaw? Rudy Shaw?"

„Genau der."

„Wie kommt es, dass du den kennst?"

„Er hat mir Philips Nachricht überbracht", sagte Priscilla. „Er war ganz aufgeregt, sagte, wir müssten schnell machen. Dann sagte er: ‚Euer Bruder ist ein seltener Vogel; wär' schade, wenn er hängen würde.' Dann hat er sich umgedreht um zu gehen, und in seinen Bart gemurmelt: ‚Aber wenn er nicht hängt und wieder Pirat wird, lebt er nicht mehr lange, so wie er kämpft.' Was hat er damit gemeint?"

Jared hielt sich den Bauch vor Lachen. „Ich habe mich mal mit ihm duelliert. Er glaubt, ich eigne mich nicht zum Piraten."

Die vier lehnten sich, zufrieden über ihren Erfolg, zurück. Allmählich dämmerte es den drei Morgans, dass es das erste Mal war, dass sie seit Philip losgezogen war, um die Familienbibel zu suchen, zusammen waren. Philip versprach ihnen einen vollständigen Bericht und die Bibel zu zeigen, sobald sie in Boston waren. Er hatte sie bereits seiner Mutter vorgelegt, aber noch nicht Priscilla, die weiter kein Interesse gezeigt hatte.

„Wie geht es Mutter?“, fragte Jared.
Philip und Priscilla tauschten einen grimmigen Blick aus. Jared erriet, was es war, das sie ihm nicht sagen wollten. „Hat sie Daniel Cole geheiratet?“

Philip nickte.

Jared seufzte schwer. „Der Mann ist zu allem fähig. Ich bin sicher, Mutter hat keinen Schimmer davon.“

„Doch“, sagte Priscilla bitter. „Ich habe es ihr gesagt, wohl hundert Mal, aber sie wollte mir nicht glauben. Sie ist nicht weniger schuld daran als er, was wir alles durchgemacht haben.“

„Das ist nicht recht, Priscilla“, meinte Philip. „Cole hat der ganzen Stadt vorgemacht, dass er ein braver, biederer Handelsmann ist, und sie hat er auch ins Bockshorn gejagt.“

„Wie kannst du so etwas sagen? Sie lebt doch mit dem Mann! Sie muss wissen, was da vorgeht, sie müsste ja sonst blind sein! Für mich ist sie eine Verräterin!“

„Das ist nicht wahr!“, rief Jared. „Wir reden hier von unserer Mutter! Sie würde nie etwas tun, um uns zu schaden!“

„Aber sie lässt ihn alles machen, was er will!“, rief Priscilla zurück.

Der Streit war in vollem Gang und dauerte fast eine halbe Stunde. Jared verteidigte seine Mutter gegen Priscillas Angriffe, während Philip halbherzig zu vermitteln suchte. Wampas entschuldigte sich nach den ersten paar Minuten. Fast drei Jahre lang hatten die drei Morgans sich nicht mehr gesehen, aber sie stritten sich, als wären sie nie getrennt gewesen.

Die Fahrt zurück nach Boston auf der Salvation verlief harmonischer. Jared wurde in einer großen Kiste an Bord geschmuggelt. Philip und Priscilla, vornehm gekleidet wie es sich für Schiffseigner gehörte, gingen ganz normal an Bord.

Wampas fuhr nicht mit; er reiste auf dem Landweg nach Cambridge zurück. Er hatte vor, unterwegs kurz Station im Reservat zu machen. Als Philip von seinen Plänen hörte, bot er sich an, ihn zu begleiten; so hätte er Weetamoo besuchen können. Aber Priscilla fand, dass die Reise über Land zu lange dauerte; sie benötigten Philip in Boston, und das sofort. Sie hatten schon Verspätung. Sie benötigten Kapitäne für die Handelsschiffe, die sie gekauft hatten, und sie benötigten sie jetzt.

Die Salvation setzte ihre Segel und verließ den Hafen mit der Flut. Die frisch gebackene Mannschaft war während des ganzen Aufenthalts in Charleston an Bord geblieben. Die offizielle Erklärung war, dass die Fahrt nach Charleston eine Probefahrt war und dass sie Wache zu stehen hatten, als ob sie auf See waren. In Wirklichkeit ging es natürlich darum, die Matrosen daran zu hindern, bei der geplanten Hinrichtung von Grinse-Jack zugegen zu sein; Priscilla wollte es nicht riskieren, dass jemand Jared erkannte.

Sobald sie die offene See erreicht hatten, wurde Jared aus seiner Kiste befreit. Philip und Priscilla staunten nicht schlecht, wie lebendig ihr jüngerer Bruder an Deck wurde. Er bestand darauf, das Schiff von A bis Z in Augenschein zu nehmen und seinen Geschwistern zu zeigen, was alles repariert werden musste. Baff erstaunt schauten die beiden zu, wie er die Wanten hochkletterte, wie eine Katze über die Rahen lief, auf das Kommando des Ersten Maats Leinen zog und Segel einholte. Am Tisch des Kapitäns tauschte er mit diesem und dem Ersten Maat Seemannsgeschichten aus und zeigte seine Kenntnisse der Schifffahrtsrouten. Der Kapitän, ein älterer Mann, der nur noch so lange amtieren wollte, bis die neue Mannschaft eingearbeitet war, fragte Jared, ob er für den Rest der Fahrt nach Boston das Kommando über das Schiff übernehmen wollte. Jared nahm das Angebot wie ein vollendeter Gentleman an; nur Philip und Priscilla bemerkten, wie seine Augen aufleuchteten - wie früher, wenn der Vater seinem Betteln nachgegeben und ihm etwas erlaubt hatte.

Bei der nächsten Morgenwache übernahm Jared das Kommando. Er brüllte Befehle, prüfte Kursbestimmungen, übernahm, wo nötig, das Steuer und brachte die Salvation ohne Zwischenfälle sicher in den Hafen von Boston. Philip und Priscilla hatten ihren vierten Kapitän gefunden.

Jared Morgan und Anne Pierpont nahmen die Fähre von Boston nach Cambridge, um Annes Familie zu besuchen. Es war ein fröhliches Wiedersehen; Anne kam nicht so oft über die Bucht herüber, wie ihre Mutter gerne wollte. Das Haus war, wie bei den elf Geschwistern, die dort noch wohnten, wie nicht anders zu erwarten, voller Lärm und Treiben. Nach dem Abendessen machten Jared und Master Pierpont einen Spaziergang. Der ältere Pierpont zeigte sich tief beeindruckt, dass Jared jetzt Schiffskapitän war, und konnte nicht genug darüber hören, wie es ihm an Bord eines Handelsschiffs - so Jareds offizielle Version - ergangen war. Jared hatte seine eigenen Absichten bei dem Spaziergang: Er hielt bei Master Pierpont um die Hand seiner Tochter Anne an und bekam sie mit Freuden.

Am Nachmittag hatten Anne und Jared die Bäckerei ihres Vaters besucht, wo Jared sein Wiedersehen mit Will feierte. Der Junge mit den großen Ohren hatte die Lehrstelle angenommen, die Jared nicht gewollt hatte. Nach Aussage von Master Pierpont arbeitete Will gut und würde einmal ein guter Bäcker werden. Chuckers hatte seine Millie geheiratet und besaß bereits einen ein Jahr alten Sohn; ein zweites Kind war unterwegs. Er arbeitete nach einer Reihe von Fehlstarts jetzt in einer Schmiede und erklärte Jared, dass sein jetziger Chef, wie alle früheren auch, ein Dummkopf war, und dass er nur jemand brauchte, der ihm das nötige Kleingeld lieh, damit er seine eigene Schmiede aufmachen konnte. Millie flüsterte Anne zu, dass Chuckers jeden Monat etwas Neues vorhatte; mal wollte er Küfer werden, mal Möbel verkaufen, mal eine Schusterei aufmachen. Jared fand, dass sein früherer Freund ein unerträglicher Prahlhans und Trinker war; er war froh, als es Zeit zum Abendessen war und sie eine Entschuldigung hatten, sich zu Annes Eltern zu begeben.

Am nächsten Morgen lieh Jared sich für die Rückreise nach Boston eine kleine Einmast-Schaluppe. Sie bestiegen sie bei Watertown, flussaufwärts vom Haus der Morgans, das jetzt wieder in Familienbesitz war. Philip wohnte dort, wenn er seinem Studium nachging, Priscilla, wenn sie ihre Ruhe haben wollte, und Jared, auch wenn er noch nie dort gewesen war, wusste, dass auch er jederzeit eine offene Tür dort hatte. Ein Hausmeister bewohnte das Haus das ganze Jahr über und sah nach dem Rechten.

„Jared! Das Boot kentert gleich! Beug dich nicht so weit hinaus!“ Anne, die am Bug Jared gegenüber saß, rutschte auf die andere Seite, um Jareds Gewicht auszugleichen.

Da waren sie, die vier Fassadensäulen des weißen Hauses und der große grüne Rasen davor. Mit hungrigen Augen musterte Jared jede Einzelheit, die Bäume und den Stall dahinter, während sie langsam auf dem Fluss vorbeitrieben. Er setzte sich zufrieden in die Bootsmitte, so dass sich das Boot jetzt prompt zu Anne hin neigte. Mit unterdrücktem Schrei setzte sie sich gerade, beide Hände an die Bootsseite gepresst. „Sitz doch still, wir kentern sonst!“

Jared hörte sie nicht, er schwelgte noch in der Vergangenheit. „Man weiß es erst dann richtig zu schätzen, wenn es vorbei ist“, sagte er. „Was haben wir hier geschwommen, Chuckers, Will und ich.“

„Wenn du nicht still sitzt, kannst du heute auch schwimmen!“

Jared lachte. „Keine Angst, wir kentern nicht.“

„Und wenn doch?“

Er zuckte mit den Schultern. „Dann werden wir nass.“

Anne tat so, als ob sie wütend wurde, aber sie wussten beide, dass es nur ein Spiel war.

„Komm her“, sagte Jared.

„Nein, dann kentern wir sofort!“

„Wir kentern nicht! Halt dich am Mast fest und komm her.“

Sie sah ihn unsicher an. Er hielt ihr seine Hand hin. Auf wackeligen Beinen ging sie um den Mast. Das Boot schwankte bei jeder Bewegung. Jared hielt sie fest, und sie ließ sich schnell zwischen seine Knie sinken, ihr Rücken an seiner Brust. Seine linke Hand lag auf dem Ruder, der rechte Arm umschlang ihre Taille.

„Jetzt sehe ich, was du im Schilde führst, Master Morgan“, protestierte Anne. „Ich habe gedacht, du wolltest mir nur deine Segelkünste zeigen, als du mit dem Schiff zurück nach Boston wolltest, und in Wirklichkeit willst du mich die ganze Zeit allein für dich haben!“

Jared legte sein Kinn auf ihre Schulter. „So sind wir Piraten eben. Wenn ihr uns seht, ist es zu spät.“

Sie kuschelte sich zufrieden an ihn. Die Landschaft zog langsam an ihnen vorbei. „Das ist schön.“ Sie drückte fest seine Hand.

„Weißt du noch, wie ich dich vor drei Jahren das letzte Mal zu Hause besucht habe?“, fragte er.

Sie kicherte. „Du hast mich zu Tode erschreckt, da draußen in dem Baum!“

„Ich meine noch davor.“

Anne dachte einen Augenblick nach. „Ja, richtig, das

scheußliche Freier-Rohr!" Sie sah zu ihm hoch. „Hier ist es viel schöner."

„Das will ich nicht bestreiten." Er beugte sich über sie und gab ihr einen Kuss. „Wenn ich mich recht erinnere, hast du dich geweigert, mir zu sagen, dass du mich liebst."

Ein schelmisches Glitzern trat in ihre Augen. „Und wenn ich mich recht erinnere, habe ich gesagt, dass ich dir nicht etwas sagen muss, was du schon längst weißt." Sie senkte ihren Blick. „Vor meinen Eltern habe ich mich nicht getraut, auch nicht mit dem Rohr. Aber später habe ich es doch gesagt, oder nicht?"

Jared nickte. „Ich kann es gar nicht beschreiben, wie viel diese paar Augenblicke mir in den letzten Jahren bedeutet haben. Wenn ich spät abends auf Deck war und Wache hatte, dachte ich immer daran, wie ich da vor deinem Fenster auf dem Baum saß. Diese Erinnerung hat mich aufrecht erhalten; ich wusste: Das Mädchen an dem Fenster wartet auf mich, bis ich zurückkomme."

Er küsste sie noch einmal und zog sie noch fester an sich.

„Jared? Kann ich dich etwas fragen?"

„Klar."

Anne war sichtlich verlegen. „Es ist keine einfache Frage." Sie sah nach unten. „Aber ... ich finde, ich muss das wissen."

„Wäre es dir lieber, ich steige so lange aus dem Boot?"

„Jared!" Sie schlug gegen sein Bein. „Mach dich nicht über mich lustig."

„Entschuldige!" Jared lachte. „Was willst du wissen?"

„Also ... Du warst ja so lange fort. Und du warst nicht die ganze Zeit auf See. Manchmal warst du in einem Hafen, und ... ja, ich habe gehört, was Matrosen so in Häfen machen, vor allem, wenn sie weit fort von zu Hause und einsam sind. Und meine Frage ist also: Wenn du dann ... an Land warst, hast du da ... andere Mädchen gesehen?"

„Mädchen! Na, jede Menge! Mädchen überall - auf der Straße, auf dem Markt, auf ..."

Sie schlug erneut gegen sein Bein. „Jared! Sei nicht grausam! Du weißt, was ich meine!"

Er beugte sich über sie, bis seine Lippen das Haar über ihrem Ohr berührten. „Doch, ich weiß, was du meinst", flüsterte er. „Und die Antwort ist nein. Ein paar von meinen Kameraden haben mich zwar in ein entsprechendes Haus mitgenommen, aber ich konnte das nicht. Ein Gedanke an dich, und ich wusste: Das kann ich nicht."

„Und was hast du gemacht?"

„Ich bin durch ein Fenster gesprungen und fortgerannt."

„Jared Morgan! Wie ungehobelt!"

„Wovon redest du?"

„Na, stell dir doch vor, wie dem armen Mädchen zu Mute gewesen sein muss, als du aus ihrem Zimmer gesprungen bist! Du hast ihre Gefühle schwer verletzt!" Ihre Lippen verzogen sich grinsend. „Ich glaube, in der Bibel steht irgendwo: Wer andere ärgert, wird selber geärgert werden."

Jared knurrte spielerisch und stieß sie sacht in die Rippen. Anne quietschte und das Boot wackelte heftig. „Nicht, Jared, nicht! Wir kentern!"

„Ich liebe dich, Anne Pierpont", sagte er. „Ich liebe dich mehr als alles andere auf der Welt."

Sie waren jetzt in der Boston Back Bay. Boston Neck, der einzige Landweg in die Stadt, lag rechts von ihnen. Direkt vor ihnen lag eine Meerenge mit Graves Neck auf der einen Seite und Beacon Hill auf der anderen. Dahinter würden sie die Fähr-Anlegestellen auf beiden Seiten passieren, bevor sie selber anlegten.

„Ich habe ein Gedicht geschrieben, während du fort warst", sagte Anne.

„Nur eins?" Sie warf ihm einen warnenden Blick zu, und

Jared hob rasch beschwichtigend die Hände. „Entschuldige, ist mir so rausgerutscht."

„Willst du es hören oder nicht?"

„Natürlich will ich es hören! Hast du es dabei?"

Anne legte ihr Gesicht an seine Schulter. „Ich habe es immer dabei." Sie schloss die Augen und begann zu sprechen:

Der sanfte Wind der See
flüstert mir in mein Ohr,
wie deine liebe Stimme klingt.
Die Nacht weht durch mein Fenster,
der Mond hat deine Augen.
Schlanke Zweige,
die sich zerbrechlich biegen,
erinnern mich an Süßes:
deine Lippen auf meinen.
Doch dann zittere ich
vor dem heiseren Ruf der Welt,
der die Bilder verscheucht.
Bis zu dem Tag, wo Gottes Finger
ihn abreißt, den harten Zaun
zwischen Traum und Wirklichkeit
und beide eins macht.

Einen Augenblick schwiegen beide. Dann flüsterte Jared: „Das ist schön, Anne. Wirklich. Kannst du es mir bitte aufschreiben, damit ich es auch habe?"

Ihre Antwort war ein Kuss.

Priscillas Kutsche hielt in der King Street in der Nähe der Cornhill Street an. Sie stieg aus und ging unter der Figur der kopflosen Frau hindurch in die Good Woman Tavern.

„Master Gibbs", rief sie, kaum dass sie eingetreten war,

„diese Frau ohne Kopf vor Eurem Wirtshaus ist widerlich. Wann schafft Ihr sie endlich ab?“

„Freut mich, Euch zu sehen, Mrs. Stearns“, erwiderte Gibbs. „Und was meine Dame betrifft, trage ich mich mit dem Gedanken, von einem Holzschnitzer einen Kopf für sie machen zu lassen. Würdet Ihr gerne Modell stehen?“

„Mein Kopf über einer Bostoner Taverne? Das ist ja wohl das Letzte!“

Gibbs half ihr aus dem Mantel. Sie setzte sich an den nächsten Tisch und er setzte sich dazu.

„Und was bringt Euch unter mein bescheidenes Dach?“, fragte er.

Sie zog mehrere Papiere hervor. „Nichts weiter. Nur ein paar Sachen zum Unterschreiben.“

Peter Gibbs überflog die Dokumente, dann sah er über ihren Rand zu Priscilla.

„Stimmt etwas nicht?“, fragte sie.

„Und die bringt Ihr mir persönlich?“ Ein spitzbübisches Grinsen erschien auf seinem Gesicht.

„Ich weiß nicht, worauf Ihr hinaus wollt, Master Gibbs.“

Er legte die Papiere auf den Tisch. „Nun, Ihr hättet mir das hier doch durch einen Boten schicken lassen können, und stattdessen bringt Ihr es mir persönlich vorbei. Ich fühle mich geschmeichelt.“

„Das ist nicht nötig“, meinte sie spitz. „Ich kam gerade hier vorbei und wollte es erledigt haben, das ist alles.“

Gibbs lehnte sich auf seinem Stuhl nach hinten, legte den Kopf zur Seite und musterte sie. „Ihr denkt auch nur ans Geschäft, wie? Unternehmt Ihr eigentlich nie etwas, weil es Euch Spaß macht, einfach nur so?“

Sie zog eine Feder und ein Tintenfass aus ihrer Tasche. „Mir macht das Leben genügend Spaß, danke der Nachfrage. Wenn Ihr jetzt bitte unterschreiben wollt.“

„Nein."

„Nein? Was soll das heißen?"

„Dass ich nicht unterschreibe. Es sei denn, Ihr seid bereit, einen Spaziergang mit mir zu machen."

Priscilla setzte ihre ernsteste Geschäftsmiene auf. „Master Gibbs, das hier ist kein Spaß! Wenn Ihr nicht unterschreibt, gefährdet Ihr die ganze Transaktion. Ich muss darauf bestehen, dass Ihr unterschreibt."

Peter Gibbs beugte sich mit verschränkten Armen nach vorne. Auf seinen Wangen erschienen große Grübchen - Priscillas Schwäche. Sie biss sich auf die Zunge und schaute auf die Dokumente. „Versteht mich nicht falsch", dehnte er. Er legte eine Hand auf die ihre. Ihr Instinkt befahl ihr, sie fortzuziehen, aber sie tat es nicht. „Ich werde, was Ihr für mich getan habt, Euch nie zurückzahlen können", fuhr Gibbs fort. „Rein finanziell - ja; aber die Tat dahinter nicht. Ihr musstet mir nicht in dieser Weise helfen, und ich bin Euch dankbar. Lasst mich diese Dankbarkeit zeigen. Macht einen Spaziergang mit mir - und sei es nur, um mir zu zeigen, dass Ihr auch etwas unternehmen könnt, das nichts mit dem Geschäft zu tun hat."

Sie schaute ihn an.

„Bitte", sagte er.

Die Grübchen überzeugten sie. „Also gut", meinte sie. „Ein kurzer Spaziergang."

Sie fuhren in ihrer Kutsche zur Ship Street. Gibbs half Priscilla beim Aussteigen. Er bot ihr seinen Arm, und sie gingen die Straße entlang, mit der Bucht auf der einen Seite und der Stadt auf der anderen. Es war spät am Nachmittag; ein orangefarbenes Licht lag auf der Welt, die Schatten waren lang. Sie hielten einen Augenblick an und betrachteten die auf dem Wasser schaukelnden Schiffe. Vor ihnen erstreckte sich die Lange Hafenmauer in die Bucht hinein.

„In ein, zwei Monaten legt die Salvation ab", sagte Priscilla. „Es wird Jareds erste Fahrt als Kapitän sein. Wir haben ein großes Geschäft in Bauholz abschließen können. Er bringt das Holz nach London, wo ..."

„Entschuldigt mich", unterbrach sie Gibbs, „aber das ist schon wieder geschäftlich. Das ist auf diesem Spaziergang verboten. Wenn Ihr über etwas sprechen wollt, dann erzählt mir von Euch selbst."

Priscilla sah ihn an. „Das möchte ich lieber nicht."

„Gut, dann sagt mir, dass Ihr die dunkle Farbe der Bucht um diese Abendzeit mögt oder die bizarren Schatten. Alles, nur nichts Geschäftliches."

Sie nickte. Sie setzten ihren Weg schweigend fort. Ein paarmal fiel ihr etwas ein, das sie ihm sagen konnte, aber es war schon wieder geschäftlich. Ein unangenehmer Gedanke wuchs in ihr: Hatte Gibbs am Ende Recht? Dachte sie wirklich nur ans Geschäft?

„Schaut her." Gibbs drehte sie so, dass sie die Silhouette der Stadt vor sich sah. Die Sonne war gerade hinter den Dächern verschwunden und das Blau des Himmels war so blass, dass es fast weiß aussah. Der Turm der North Church ragte wie ein Finger über dem übrigen Gewimmel hervor. Jetzt schoben sich hellgelbe und orangefarbige Streifen über den Horizont.

„Das ist schön", erklärte Priscilla.

Peter Gibbs' Hand schob sich in die ihre, und sie zog ihre Hand nicht fort.

Ein paar Minuten später liefen ihnen Anne und Jared über den Weg, die gerade aus Cambridge angekommen waren. Die beiden Paare lachten herzlich über das unerwartete Zusammentreffen. Anne erzählte Priscilla aufgeregt von dem Besuch bei ihren Eltern und besonders, dass ihr Vater ihr erlaubt hatte, Jared zu heiraten. Peter Gibbs lud sie spontan alle in seine Taverne ein, wo er ein kleines Festessen spendierte. Die vier lachten und redeten bis spät in die Nacht.

Philip saß über seinen Büchern, als Jared, Anne und Priscilla ziemlich geräuschvoll zurückkamen. Sie beschrieben ihm den herrlichen Abend und entschuldigten sich, dass sie nicht daran gedacht hatten, ihn herbeiholen zu lassen. Er gratulierte Jared und Anne und zog sich dann für die Nacht zurück. Auf der Treppe hörte er, wie Jared und Anne Priscilla lachend mit den mehr als eindeutigen Gefühlen aufgezogen, die Peter Gibbs für sie zeigte.

Philip lag in seinem dunklen Zimmer auf dem Bett, starrte zur Decke hoch und ging die Ereignisse des Abends noch einmal durch. Während das Quartett in der Good Woman Tavern feierte, hatte er mit Wampas gesprochen, der mit einem Brief von Weetamoo aus dem Reservat zurückgekommen war. Der Brief war ungeöffnet geblieben, während Wampas Philips hundert Fragen beantwortet hatte. Jawohl, Weetamoo ging es gut. Sie unterrichtete fünf Kinder im Wigwam und hoffte, bald das gedruckte Lehrbuch zu bekommen. Die Druckerei der indianischen Fakultät am Harvard College hatte Wampas mitgeteilt, dass der Druck in ein bis zwei Monaten fertig wäre.

Wampas machte sich Sorgen um Weetamoo. Sie hatte sich verändert, sagte er. Sie behauptete zwar, dass es ihr gut ging, aber - wie Wampas es ausdrückte - ihre Worte waren richtig, aber ihre Seele litt. Wampas bat Philip, sie so bald wie möglich zu besuchen; ein Besuch von ihm, und wenn er auch nur kurz war, würde ihr vielleicht gut tun.

Als Wampas gegangen war, um in sein Zimmer im College zurückzukehren, las Philip Weetamoos Brief. Er bestätigte den Eindruck, den Wampas von ihr hatte. Die Worte waren in Ordnung - sie erzählte ihm von der Gemeinde und von ihren Schülern -, aber ihre Seele litt. Es war das, was sie nicht schrieb oder nicht schreiben konnte, was ihm Sorgen machte. Sie glaubte nicht, dass er je zurückkommen würde. Sie hatte ihn aufgegeben.

Vielleicht hat sie Recht, dachte Philip. *Sie hatte immer einen sechsten Sinn. Vielleicht hat sie es lange vor mir kommen sehen.* Es war schwer, gegen Tatsachen anzugehen, und die Tatsachen lauteten: Trotz seiner häufigen Abwesenheit war Philip nach wie vor ein exzellenter Student, und man sprach davon, speziell für ihn eine Stelle im Lehrkörper zu schaffen. „Dann haben wir ihn an der Angel", hatte der Rektor gemeint. Dann war da Penelope. Eine Frau, ein Wort, hatte sie ihren Vater überredet, die Verlobung mit Reginold Burns zu lösen. Der mächtige Harvard-Mann Edward Chauncy verkehrte wieder mit Philip, und Penelope machte sich fast jedes Mal wenn sie ihn sah, an Philip heran. Anfangs war es noch einfach, ihr aus dem Weg zu gehen, aber in letzter Zeit, wo die Erinnerung an Weetamoo zu verblassen begann und die Aussicht, ein Mann der Harvard-Elite zu werden, täglich als Köder vor seiner Nase hing, stellte Philip fest, dass er ihre Annäherungsversuche ermutigte. „Für den Fall, dass es sich ergibt, dass ich bleiben muss", wie er sich sagte. Und dann natürlich seine Position in der Ausgleichsgesellschaft, jetzt, wo die Geschwister Morgan wieder vereint waren. Nein, in absehbarer Zukunft sah er keine Möglichkeit, Cambridge zu verlassen.

Wollte Gott ihm damit vielleicht etwas sagen? Liefen nicht gerade alle Fäden in Cambridge und Boston zusammen? Alles, wofür er je gelebt hatte - bis auf seine Zeit im Reservat, die doch eigentlich nur ein kleiner Teil seines Lebens war.

Er hatte Weetamoo einen Antwortbrief geschrieben. Nachdem er ihn noch einmal gelesen hatte, fand er, dass er sich genauso anhörte wie ihrer: Die Worte waren alle richtig, aber der Geist war fort.

Harvard, Weetamoo, Penelope, die Ausgleichsgesellschaft - er schloss die Augen und versuchte, dem ständigen Kreisen seiner Gedanken Einhalt zu gebieten. Von unten klang Gelächter herauf. Jared hatte seine Anne, und danach, was Philip an diesem Abend gehört hatte, schien Priscilla in Peter Gibbs endlich jemand zum Lieben gefunden zu haben. Aber was hatte Philip? Wen liebte er? Wo war sein Schatz?

So viele Fragen. Aber er hatte keine Antwort, als er endlich in den Schlaf sank.

„Steh nicht da'rum wie ein Idiot, Watkins! Sag mir, was du mir zu bieten hast!" Zögerlichkeit kam bei Daniel Cole nicht gut an. Zögern war ein Zeichen von Schwäche, und in Boston galt nicht, dass die Schwachen das Erdreich besitzen.

„Ich glaube, es wird Euch gefallen, Master Cole." Der Sekretär beugte sich nach vorn und hielt Cole den Bericht hin. Cole riss ihm den Bericht aus der Hand und überflog ihn mit eiskalten Augen. Constance saß in einem sonnigen Alkoven gleich neben dem Salon und aß ihr Frühstück. Sie strich etwas Aprikosen-Marmelade auf eine halbe Scheibe Brot. Der Bericht des Sekretärs schien sie nicht zu erreichen.

Daniel Cole fluchte, drehte eine Seite um, fluchte erneut. Er hatte eine komplette Liste von Erwerbungen der Ausgleichsgesellschaft vor sich. Sie enthielt nicht nur die Good Woman Tavern, das Haus der Morgans und vier Schiffe, sondern auch verschiedene seiner Konkurrenten einschließlich ihrer Schiffe, Speicher und Waren. Gerüchte sprachen von bevorstehenden weiteren Käufen; sobald sie erfolgt waren, wäre der geschätzte Wert des Besitzes der Ausgleichsgesellschaft größer als sein eigener.

„Watkins, wenn du meinst, dass dies hier gute Nachrichten sind, bist du ein noch größerer Idiot, als ich dachte."

„Die gute Nachricht kommt auf der dritten Seite, Sir. Wir haben den Besitzer der Ausgleichsgesellschaft ausfindig gemacht."

Cole riss in seinem Eifer eine Ecke der zweiten Seite ab, als er umblätterte. Er las. Ein böses Lächeln überzog sein Gesicht. Er legte den Bericht zur Seite und schaute zu der nicht mehr ganz schlanken Frau, die bei ihrem Frühstück saß. „Hat die Flunder einen Haifisch in die Welt gesetzt", murmelte er. Dann, zu Watkins: „Bist du ganz sicher?"

Watkins reichte ihm zwei Papiere. „Das hier haben wir gestern Abend bekommen." Es waren Verträge mit Priscillas Unterschrift.

Cole beugte sich vor. Sein Finger klopfte im Takt gegen die Verträge in seiner Hand, während er im Flüsterton seine Order gab. „Ich will auf jedem Schiff, das diese Frau besitzt, in jedem Unternehmen, das sie hat, einen von meinen Leuten haben. Auch in ihrem Haus. Ich will über jede Aktion von ihr, über jedes Wort Bescheid wissen. Verstanden?"

„Ja, Sir." Der Sekretär entfernte sich.

Daniel Cole lehnte sich in seinem Stuhl nach hinten, nahm eine Zigarre aus dem Kästchen, zündete sie an und starrte auf seine Frau, die allein in dem Alkoven saß und wie jeden Morgen ihren Tee trank. Er schaute zu, wie der Rauch sich in ihre Richtung kringelte. Jetzt zuckte ihre Nase. Sie sah zu ihm hinüber. „Du weißt doch, dass ich es nicht mag, wenn du so früh am Morgen rauchst, und dann noch, während ich beim Frühstück bin."

„Ich weiß", sagte er. Er machte den nächsten Zug und blies den Rauch in ihre Richtung.

Ein Monat, und Daniel Cole hatte seine Harpunen bereit. Er würde in den Geschäftswassern von Boston auf Haifischjagd gehen, und sein Ziel war Priscilla Morgan Stearns. Sein Blut pochte schneller, wie bei jedem Jäger, der auf seine Beute zielt. Er hatte sie aufgespürt, kannte ihre Gewohnheiten und Schwächen und wusste, wo sie war. Die Jagd konnte beginnen.

Cole hatte nicht nur eine vollständige Liste über die Investitionen der Ausgleichsgesellschaft, er kannte auch ihre Zukunftspläne. Aus Privatgesprächen in Priscillas Salon wusste er, dass Jared bald nach China segeln würde. Es war ein ehrgeiziges Unternehmen. Cole hatte große Profite beim Zinnhandel gemacht, aber der wachsende Reichtum der Bewohner Bostons hatte einen Markt für feines Tafelgeschirr hervorgebracht. Eine etablierte Handelsroute nach China wäre ein Vermögen wert.

Er hatte auch erfahren, dass Philip bald ins Narragansett-Reservat zurückkehren wollte, was offenbar Stoff für hitzige Diskussionen im Familienkreis geliefert hatte. Der Plan gefiel Cole; er bedeutete einen Morgan weniger. Aber sollte Philip bleiben, so war Cole auch darauf vorbereitet.

Ein Matrose auf der Salvation war ein früheres Mannschaftsmitglied der Lloyd George und hatte Käpten Morgan als den berüchtigten Grinse-Jack identifiziert, was zu anderen Berichten passte, die Cole von dem Matrosen und dem Indianer nach deren Rückkehr aus Charleston erhalten hatte. Nach ihrer Festnahme durch die Obrigkeit waren sie verhört und wieder freigelassen worden. Die Freilassung stützte sich hauptsächlich auf zwei Tatsachen: Erstens bezeugten mehrere Gäste der Taverne, dass sie während der Flucht von Grinse-Jack an einem der Tische gesessen und fest geschlafen hatten. Und zweitens hatte während der spektakulären Befreiung der „Matrose“ um ein Haar seine Mütze verloren, und ein Augenzeuge hatte kurz eine Narbe auf der linken Seite seiner Stirn gesehen, eine Narbe, wie die von Philip Morgan. Cole war sich auch bald im Klaren, dass der Indianer, der Grinse-Jack befreit hatte, der gleiche sein musste, den Philip bei seiner Rückkehr aus dem Reservat dabei gehabt hatte. Das Puzzle passte vollkommen.

Ein entflohener Pirat und die Männer, die ihm zur Flucht verholfen hatten, waren im Visier des Jägers. Aber der Schlüssel zu seinem Sieg war Mrs. Stearns. Wie konnte er, was er über ihre Brüder wusste, gegen sie verwenden? Als Köder? Vielleicht. Oder als Erpressung? Daniel Cole lächelte das Lächeln eines Jägers, der sein Opfer gleich in die Enge trieb.

Joseph, Priscillas schwarzer Hausdiener, stand vor der Tür des Salons und lauschte sorgfältig auf jeden Satz des Wortgefechts, das im Innern im Gang war.

„Lasst ihn doch gehen!“, rief Priscilla. „Er war drei Jahre lang verschwunden, als die Familie ihn am nötigsten hatte. Jetzt ist es genau das Gleiche. Wir werden gut ohne ihn auskommen!“

„Philip“, fragte Anne, „warum bringst du Weetamoo nicht einfach hierher? Wir würden sie gern kennen lernen.“

Philip stand vor dem Kamin, die Arme verschränkt. Er war der Einzige, der nicht saß. „Sie würde nicht kommen“, meinte er. „Ihr Leben ist ihre Arbeit im Reservat. Schaut her: Ich bin nur deshalb zurückgekommen, um in der Familie nach dem Rechten zu sehen. Das habe ich gemacht, und jetzt ist es Zeit, dass ich wieder gehe.“

Peter Gibbs saß direkt neben Priscilla. „Da ich nicht zur Familie gehöre“, sagte er, „kann ich die Sache objektiv betrachten. Wie ich es sehe, Philip, wirfst du dein Leben fort. Schau dir an, was du alles hast: Eine sichere Stelle in Harvard, ein reiches Familienunternehmen mit deiner Schwester und deinem Bruder. Was willst du denn in dem Reservat? Mais ernten? Hütten bauen? Wenn du mich fragst:

Das wäre Perlen vor die Säue geworfen."

„Peter hat Recht", stellte Jared fest. „Jetzt sind wir endlich wieder alle zusammen. Warum willst du gehen, wenn du hier alles hast?"

„Die Frau, die ich liebe, ist nicht hier."

„Und was ist mit Penelope?", fragte Priscilla. „Sie verehrt dich. Ich weiß nicht, wie diese indianische Squaw aussieht, aber hier in Boston könntest du wesentlich schlechtere Partien machen als Penelope Chauncy. Und mit ihren Familienbeziehungen ist sie ideal für einen Harvard-Professor."

„Denkt ihr nicht, dass ich mir das schon hundert Mal überlegt habe?" Philips Hände bildeten eine Waage, deren Schalen sich auf und ab bewegten, während er sprach.

„Wir bringen alle unsere Opfer", erklärte Jared. „Anne will nicht, dass ich nach China fahre, weil das über zwei Jahre dauern kann, und ich möchte auch nicht so lange von ihr fort sein. Aber ich fahre halt, weil es das Beste für die Familie ist. Ich kann dir das mit Weetamoo gut nachfühlen, und vielleicht seid ihr ja wirklich füreinander bestimmt. Aber jetzt benötigen wir dich hier. Bitte, bleib in Boston, bis ich wiederkomme. Nach unserer ersten Lieferung aus China werden wir wissen, wie wir finanziell stehen."

„Ich weiß dein Opfer zu schätzen", erwiderte Philip, „aber ich sehe nicht, was für einen Unterschied es machen soll, wenn ich hier in Boston bleibe. Was ihr mir sagt, überzeugt mich alles nicht. Ich gehe morgen früh."

„Die zweite Mutter!", rief Priscilla. „Hat seine Ohren auf Durchzug gestellt und setzt seinen Dickschädel durch, egal, was es die Familie kostet! Gut, dann geh!" Sie stürmte aus dem Wohnzimmer, so dass Joseph auf seinem Posten im Schatten des Flurs erschreckt zusammenfuhr.

Am nächsten Morgen, als alles im Haus noch schlief, brach Philip nach Cambridge auf, wo er ein paar Sachen packen und sich von Wampas verabschieden wollte, bevor er seine Reise ins Reservat antrat.

Kapitel 25

Das erste Anzeichen für den Wind der Erweckung, der durch die Kolonien von Neu-England fuhr, waren die Geschäfte, die über Mittag zum Gebet schlossen. Dann bemerkte Priscilla, dass langjährige Bekannte, die nie besonders religiös gewesen waren, plötzlich fromm wurden. Sie versammelten sich zu spontanen Gebetszirkeln und gingen zum Gottesdienst, heißhungrig darauf, was der Pastor ihnen über die Wahrheiten des Wortes Gottes zu sagen hatte. Fast keine Straße konnte man entlanggehen, ohne aus Häusern und Geschäftslokalen Kirchenlieder zu hören. Die lauwarme Generation, die von dem religiösen Erbe ihrer Eltern gelebt hatte, war dabei, das Geheimnis persönlichen Glaubens zu entdecken. Hunderte von Dörfern und Städten waren betroffen, immer wieder hörte man neue Bekehrungsgeschichten. Priscilla war immun gegen das Fieber.

„Du bist besessen!“, rief Gibbs.

Priscilla saß vor einem Papierberg, der einen ganzen Tisch im Wirtshaus bedeckte. „Wenn ich nicht so sorgfältig in meinen Geschäften wäre, hätte ich es nicht so weit gebracht!“, konterte sie.

Peter Gibbs schob einen Besen über den Fußboden. Es war ein müder Tag für ihn. Nur zwei andere Gäste saßen in der Gaststube, beides alte Männer, die nichts Besseres zu tun hatten, als den ganzen Tag lang ihr Bier zu trinken, die Zeitung zu lesen und der Unterhaltung der anderern Gäste zuzuhören. Heute sorgten Priscilla und Gibbs für die Unterhaltung.

„Schau her: Es ist nicht viel los und ein wunderschöner Nachmittag. Warum gehen wir nicht in der Bucht spazieren?“, schlug er vor. Sie waren seit ihrem ersten Spaziergang häufiger dort gewesen. Es war ihre Lieblingsbeschäftigung. Hier konnten sie für sich allein sein, Hände halten, manchmal Arm in Arm marschieren, und sich den frischen Salzwind um die Nase wehen lassen. An kühleren Tagen wurden Priscillas Wangen so rot wie ihre Haare, und Peter wärmte sie, erst mit seinen Händen, dann mit einem Kuss.

Doch heute saßen Priscillas Gedanken besonders tief im Geleise des Geschäfts. „Nicht heute, Peter“, erklärte sie. „Ich muss diese Schiffspapiere fertig machen.“ Sie suchte unter drei Papierstapeln, bevor sie die Liste fand, die sie suchte.

„Ich bestehe darauf“, sagte Peter. „Zu deinem eigenen Besten.“

„Du bist nicht meine Mutter, und ich habe Arbeit.“

Peter stellte seinen Besen ab, marschierte zu Priscillas Tisch und legte die Papiere zusammen.

„Peter! Was machst du da? Leg sie zurück!“

Er stopfte die Papiere in einen Korb hinter der Theke. „Da!“, sagte er, „alles erledigt für heute!“

Priscilla befahl ihm fluchend, die Papiere auf der Stelle zurückzubringen. Die Reaktion erschreckte ihn; er hatte sie noch nie fluchen hören.

„Meintest du das gerade ernst?“, fragte er. Die Antwort stand in ihren Augen geschrieben.

„Meinst du etwa, Daniel Cole vergeudet einen ganzen Nachmittag oder nimmt sich Zeit für Spaziergänge? Und wenn ich mich nicht von ihm fertigmachen lassen will, kann ich das auch nicht! Er würde mich lebendig auffressen, wenn er könnte, aber ich lasse ihn nicht. Ich hatte gedacht, wir könnten häufiger zusammen sein, wenn ich meine Arbeit hierher bringe, aber wenn du so kindisch bist, arbeite ich von jetzt ab wieder zu Hause."

Mit rotem Gesicht holte der Wirt die Papiere aus dem Korb und warf sie auf den Tisch. „Bitte sehr, Mrs. Stearns! Vergebt mir, dass ich nicht sehe, dass Euer Finanzimperium zusammenbricht, wenn Ihr mit mir spazieren geht. Und an Eurer Stelle würde ich mir nicht so viel Sorgen um Daniel Cole machen; allmählich werdet Ihr ihm so ähnlich, dass es immer schwieriger ist, euch auseinander zu halten!"

Priscilla war schockiert. „So etwas Grausames sagst du mir? Das kann ich nicht glauben!"

„Es ist nicht grausam, wenn man die Wahrheit sagt. Seit dein Bruder fort ist, kennst du nur noch deinen Rachefeldzug gegen Daniel Cole!"

„Und warum nicht?" Die Tränen liefen Priscilla über das Gesicht. „Er hat meine Familie zerstört! Warum soll ich mich da nicht rächen wollen? Ich habe keine Ruhe, bis ich es ihm heimgezahlt habe!"

„Priscilla, hör dir deine eigenen Worte an! Höre, was du da gerade sagst! Der Mann hat schon gewonnen!"

„Das hat er nicht!"

„Doch! Er hat es geschafft, dich so zu machen, wie er selber ist. Du benimmst dich genauso egoistisch, hasserfüllt und anmaßend wie er. Du hast keine Freude mehr am Leben. Du hast nicht mehr den Glauben, den du früher hattest. Du kannst nicht mehr lieben. Ein Finanzimperium, das noch größer ist als das von Cole, wird dir das nicht zurückgeben!"

Priscilla weinte laut. Wie sehr sie seine Worte hasste.

Die Tür der Taverne flog auf. Es war Scroggins, der

Fischhändler vom Ende der King Street. „Gibbs!", rief er. „Schließt Eure Taverne und kommt, schnell! Ihr werdet es nicht bereuen!"

Peter Gibbs sah den Fischhändler neugierig an. Er war ganz rot im Gesicht und außer Atem. Peter hätte an ein Feuer oder ähnliches Unglück gedacht, wäre nicht die Freude gewesen, die aus dem Gesicht des Händlers strahlte. „Scroggins, von was redet Ihr?"

„Whitefield!", rief Scroggins. „Der Evangelist aus England! Er ist auf der Stadtwiese und predigt, gerade jetzt! Beeilt Euch, es wird Euch Leid tun, wenn Ihr ihn verpasst!"

Die Tür knallte wieder zu. Peter hörte, wie der Fischhändler seine Neuigkeit dem Schuster auf der anderen Straßenseite zurief.

Er lehnte sich gegen die Theke und sah zu Priscilla. Seine Füße gingen nervös hin und her. „Entschuldige, wenn ich dich eben angebrüllt habe. Aber so sehe ich es."

Priscillas einzige Antwort war ein Schniefen. Sie schwiegen lange.

„Es sind schon Leute aus sämtlichen Kolonien hier in der Gaststube gewesen und haben sich über diesen Whitefield unterhalten. Warum hören wir ihn uns nicht einfach mal an? Es heißt, dass er einem wirklich etwas über Gott zu sagen hat. Na, wie wär's?"

„Gott und ich sprechen schon seit Jahren nicht mehr miteinander", sagte Priscilla leise.

„Dann ist es vielleicht Zeit, dass ihr wieder anfangt."

Schweigen.

Peter räusperte sich und ging zur Tür. „Also, wenn du mich brauchst, ich bin dann dort."

„Peter?" Der Wirt blieb stehen, die Hand auf dem Türriegel. „Ich gehe mit, wenn es dir recht ist."

Tausende von Menschen hatten sich auf der Stadtwiese

versammelt, um den berühmten George Whitefield zu hören. Obwohl Peter und Priscilla sich mit einem Platz am Rand der Menge begnügen mussten, konnten sie den Evangelisten bemerkenswert gut verstehen. Was sie von ihrem Platz in Priscillas Kutsche aus sahen, war ein junger, schlanker Mann mit rundem Gesicht, der voller Energie zu sein schien. Er sprach nicht nur, er gestikulierte, sprang in die Luft, beschwor seine Zuhörer. Alles, was er tat, unterstrich die Dringlichkeit seiner Botschaft. Schon seine einleitenden Sätze fesselten Priscillas Aufmerksamkeit:

> Es ist eine Redensart - und Redensarten gründen für gewöhnlich auf Tatsachen -, dass es vor Anbruch des Tages am dunkelsten ist. Und ich bin überzeugt: Wenn wir uns unsere eigene Erfahrung anschauen, aber auch wie Gott in vergangenen Zeiten mit seinem Volk gehandelt hat, dann werden wir sehen, dass unsere Verlegenheit meist zu Gottes Gelegenheit wurde und dass, wo der Feind wie eine Flut hereinbrach, Gottes Geist und Vorsehung ein Banner gegen ihn aufgerichtet hat. Und ich glaube auch, dass, wie viel wir auch von bleibendem Glück und Wohlstand in Gemeinde und Staat, für unseren Leib oder unsere Seele oder die Dinge dieser Welt träumen mögen, das Leben doch immer wechselhaft sein wird: Dass nach dem Regen die Wolken wiederkommen und dass das glücklichste Land solch dunkle Tage erlebt, dass selbst das Volk Gottes zuweilen ausruft: „Alle Menschen sind Lügner, und Gott hat vergessen, uns gnädig zu sein."

Die Worte nahmen Priscilla gefangen. Der Mann konnte predigen, kein Zweifel; jede Silbe war deutlich zu verstehen, jedes Wort in jedem Satz hatte genau das richtige Gewicht. Aber was sie am meisten faszinierte, war, dass er so zu diesen Menschen redete, als ob er in ihren Häusern saß und sich mit ihnen unterhielt. Das war kein pompöses theologisches Traktat, wie man es sonntags von den Kanzeln hörte. Hier sprach ein Mensch zu Menschen über Gottes große Taten. Der Satz „Gott hat vergessen, uns gnädig zu sein“ brachte eine besondere Saite in Priscilla zum Klingen. Und es schlug noch eine Saite, als Whitefield über die Kirche sprach.

> Doch lasst mich genauer werden, Brüder und Schwestern! Es gibt mehr Ungläubige im Schoße der Kirche als außerhalb. Lasst es mich wiederholen, und vielleicht denkt ihr daran, wenn ich über das große Wasser fahre: Es gibt mehr Ungläubige in der Kirche als außerhalb von ihr! Denn nicht alle haben den Geist, die die Worte haben. Nicht alle, die Gott danken, dass sie den verheißenen Heiland haben, haben auch Teil an der Verheißung. Ich kann meinen Heiland in meinem Mund und auf meiner Zunge haben, ohne das, was er verheißen hat, in meinem Herzen zu haben.

Noch nie hatte Priscilla gehört, dass jemand in aller Öffentlichkeit das zum Ausdruck brachte, was dieser Mann hier über die Kirche sagte! Er demaskierte die Scheingläubigen, die ein frommes Mäntelchen trugen, aber darunter nicht anders waren als die, die nichts von Gott wussten. Das war ja genau das, was auch sie dachte! Vor Jahren hatte sie genau diese Gedanken in ihrem Tagebuch festgehalten, und hier stand dieser Mann und trug sie offen vor!

Es gibt nur wenige Christenmenschen, die sich vertragen, und noch weniger Verwandte, die in Frieden unter einem Dach leben können. Von anderen nehmen wir an, was wir von unserem eigenen Fleisch und Blut nicht ertragen, und wenn Gott nicht mehr Geduld mit uns hätte, als wir miteinander haben, wir würden täglich zugrunde gehen. Flüstert der Teufel dir ein: „Gib's auf, geh nicht mehr in die Versammlungen, bleibe in deinem Bett liegen und pflege dich"? Oh, wenn einer von euch heute so vom Satan versucht wird, möge Gott sich über seine Seele erbarmen!
Ich hatte mehr Ruhe in Moorfields und auf der Dorfwiese von Kennington, wo sie faule Eier und Schmutz auf mich warfen, dass mein Gewand so verkrustet war, dass ich mich kaum noch bewegen konnte - ich sage, ich hatte mehr Ruhe in diesem brennenden Busch als wenn ich mich pflegte. Ich erinnere mich, wie ich in Exeter predigte und ein Stein meine Stirn traf, dass sie blutete. Im gleichen Augenblick kam Gottes Wort mit doppelter Kraft zu einem Arbeiter, der mir zuhörte und ebenfalls von einem Stein getroffen wurde. Seine Wunde tat mir mehr Leid als meine. Ich ging zu einem Freund, und der Mann kam dorthin und sagte zu mir: „Sir, der Mann mit dem Stein hat mich verwundet, aber Jesus hat mich geheilt. Meine Fesseln sind erst zerbrochen, als die Haut auf meinem Kopf zerbrach." Ich frage euch alle, ob es euch nicht besser erging, als es kälter war als jetzt, denn das gab euch Kraft. Heute, an diesem Hitzetag, seid ihr schwach, so dass ihr euch Luft zufächeln müsst. So lullt der Wohlstand die Seele ein, und ich fürchte, viele Christen verdirbt er.

Hätte Priscilla nicht das Gegenteil gewusst, sie hätte gedacht, dass Peter Gibbs das alles für sie eingefädelt hatte. Sie musste an Philip denken, als Whitefield schilderte, wie schwierig es sein konnte, mit den eigenen Verwandten zusammenzuleben. Und seine Bemerkung, dass Wohlstand die Seele einlullte, traf voll ins Schwarze. Hatte sie nicht beschlossen, nie mehr zum Gottesdienst zu gehen? Hatte sie nicht Gott gegen das Gold getauscht und sich dadurch arm gemacht?

> Du sagst: „Oh, Ihr erschreckt mich!“ Dachtest du, ich wollte dich nicht erschrecken? Gott gebe es, dass ich dich genug erschrecken kann! Ich glaube, es wird dir nicht weh tun, aus der Hölle und Gottesferne heraus erschreckt zu werden. O geh hinaus und sage deinen Freunden, dass dieser Verrückte hier gesagt hat, dass die Bösen wie ein Feuerbrand aus der Hölle sind! Möge Gott dich wie einen Brand aus diesem Feuer herausreißen! Dank sei Gott, dass noch Gnadenzeit ist. Ach, dass doch heute der „angenehme Tag“ sein möchte für dich, dein „Tag des Heils“! Ach Engel des ewigen Bundes, komm herab, oh du Seelentröster, hab Erbarmen, Erbarmen, Erbarmen mit denen, die noch ferne sind, mit unseren unbekehrten Freunden, mit allen hier, die unseren Heiland noch nicht kennen!
> Herr, erwecke du die, die tot sind in ihren Sünden. Wenn sie auch am Rande des Höllenabgrunds stehen, bewahre du sie, dass sie nicht hineinfallen! Amen, Herr Jesus, Amen!

Die Menge zerstreute sich unter Buß- und Freudentränen. Es fiel Priscilla auf, wie ganz anders es war als bei den üblichen Sonntagsgottesdiensten, in die man ging, um den Nachbarn zu zeigen, dass man ein anständiger Bürger war oder um Ehre und Anerkennung einzuheischen, wenn man sich stolz in seine Familienbank setzte. Und obwohl die Pastoren jeden Sonntag über Gott sprachen, ermutigten sie die Gemeinde nie, ihn persönlich kennen zu lernen. Priscilla hatte sich mehr als einmal gefragt, wie viele der Gottesdienstbesucher überhaupt eine persönliche Beziehung zu Gott hatten.

Wie ganz anders war dieser frische Geisteswind, der hier durch Boston wehte und jetzt auch sie erfasste! Die geistliche Erweckung, die durch die Predigt von Männern wie Whitefield durch die Kolonien ging, betonte die persönliche Entscheidung und Verantwortung des Einzelnen. Die Erlösung wie auch das Wachsen in der Gnade war eine persönliche Sache zwischen dem Einzelnen und Gott. Aber was noch wichtiger war: Der Evangelist hatte Priscilla daran erinnert, dass ja Gott und der Nächste viel wichtiger waren als das Anhäufen von Reichtum. Sie spürte plötzlich eine Wärme in ihrem Herzen wie schon lange nicht mehr; es war die Wärme der Liebe Gottes.

Priscilla nahm Peters Hände und hielt sie fest. ,,Peter", sagte sie, ,,Liebster. Danke, dass du mich hierher gebracht hast! Kannst du mir diesen Nachmittag vergeben? Ich hatte mich in meinem Zorn so weit von der Wahrheit entfernt. Wie kann ich es dir je vergelten, dass du mich heute hierher gebracht hast?"

Die unwiderstehlichen Grübchen erschienen auf seinen Wangen. ,,Ich könnte mir schon eine Bezahlung vorstellen, aber ich weiß nicht, ob du das machst."

,,Was mein ist, ist dein", sagte sie. ,,Sag mir einfach, was du willst."

,,Ich will nichts, was dir gehört."

"Und was willst du dann?"

,,Ich will dich, meine liebe Priscilla. Nicht deinen Besitz, sondern dich."

Priscilla errötete heftig. „Wie meinst du das?"

Er nahm ihre Hände in die seinen. „Ich meine damit, dass ich dich liebe. Ich habe dich seit dem Tag geliebt, als du mit deinem Pferd in meine Gaststube kamst. Ich weiß, das ist jetzt ein Wunschtraum von mir, aber wenn ich dich um etwas bitten könnte, dann würde ich dich bitten, meine Liebe zu dir zu erwidern."

Priscilla machte ihre Hand los und legte sie auf den Mund. „Du liebe Zeit, was für ein Tag! Peter, ich bin deine Liebe doch gar nicht wert!" Sie kämpfte gegen ihre Tränen. „Ich ... ich weiß doch gar nicht mehr, wie man das macht, jemand lieben!"

„Dann lass es mich dir beibringen."

Sie warf sich in seine Arme. „Ja, Peter! Bring mir das Lieben bei, bitte!"

Als sie zurück zu Priscillas Haus kamen, fanden sie Jared und Anne in ein angeregtes Gespräch über Whitefields Gottesdienst vertieft. „Wart ihr auch da?", fragte Anne aufgeregt.

„Ja, und es war, als ob Mr. Whitefield nur für mich sprach", sagte Priscilla. „Er hat Gefühle in mir wachgerufen, die ich seit Jahren nicht mehr kannte."

Anne brach in Tränen aus.

„Habe ich jetzt etwas Falsches gesagt?"

„Nein, im Gegenteil!", rief Anne. „Heute hat Gott meine Gebete erhört."

„Du hast für mich gebetet?"

„Wie hätte ich das nicht tun können? Du warst doch so wichtig für mein innerliches Leben!"

Priscillas Gesicht war ein Fragezeichen. Anne erklärte: „Erinnerst du dich nicht mehr an die Bibelstunden in eurem

Haus?"

Peter sah amüsiert aus. „Priscilla hat Bibelstunden gehalten?"

„Oh, sie kennt die Bibel in- und auswendig, Peter!" Dann sagte sie zu Priscilla: „Du kannst dir ja nicht vorstellen, wie viel mir diese Stunden bedeutet haben. Du hast mir gezeigt, dass Gott mich liebt, auch wenn ich eine Frau bin, und dass er mir eine besondere Gabe gegeben hat und es eine Sünde und Schande wäre, wenn ich diese Gabe nicht zu seiner Ehre gebrauchen würde."

„Das weißt du alles noch?"

„Priscilla, dein Mut war es, der mir beigebracht hat, Gott zu vertrauen. Wenn du nicht gewesen wärst, ich hätte schon lange aufgehört, Gedichte zu schreiben."

Priscilla ging zu ihr und umarmte sie heftig. „Ich muss in der letzten Zeit eine große Enttäuschung für dich gewesen sein."

„Nein, überhaupt nicht!", entgegnete Anne. „Ich wusste, dass Gott das Werk, das er in dir angefangen hatte, eines Tages vollenden würde."

Für den Rest des Nachmittags tauschten die beiden Paare die Eindrücke aus, die Whitefields Predigt und das wunderbare Wirken des Geistes Gottes in den Kolonien in ihnen wachgerufen hatte. Jared erinnerte sich, wie sein Vater ihn immer gezwungen hatte, zur Kirche zu gehen und bei den Familienandachten dabei zu sein. Er sagte, dass er sich nie hätte vorstellen können, dass einmal ein Tag kommen würde, an dem er freiwillig in einen Gottesdienst ging oder sich danach sehnte, dass in der Familie die Bibel gelesen und gebetet wurde.

„Warum musst du dich danach sehnen?", fragte Peter.

„Das kannst du gleich jetzt haben!"

Anne holte ihre Bibel aus ihrem Zimmer. Jared schlug

Indianer band Priscilla an einen Pfosten. Cole entließ seine Komplizen: „Macht weiter, wie besprochen.“ Er zog einen Stuhl herbei und stellte ihn vor Priscilla.

„Mehrere Jahre lang habe ich dich falsch eingeschätzt“, begann er. „Und wenn es darum geht, meine Konkurrenz zu durchschauen, liege ich selten falsch. Aber ich muss zugeben, du hast mich zum Besten gehalten. Wahrscheinlich, weil du eine Frau bist; das gab dir einen Überraschungsvorsprung. Ich hatte mir nicht vorstellen können, dass eine Frau ein ernsthafter Gegner sein könnte.“ Er kicherte in sich hinein. „Also, da muss ich dir glatt gratulieren! Heute sehe ich meinen Irrtum ganz genau. Von allen Morgans bist du die Gefährlichste. Ich hätte es an dem Tag merken sollen, als ich nach Cambridge kam, um Geschäfte mit deinem Bruder zu machen. Aber eine Frau ... So dachte ich damals. Und selbst wenn ich dich damals ernst genommen hätte, ich würde immer noch gedacht haben, dass deine finanziellen Interessen an dem Tag aufhören, an dem du den richtigen jungen Mann triffst. Aber viel für junge Männer interessiert hast du dich ja nie, nicht wahr?“ Er schaute in Richtung Fußboden, wo Peter Gibbs lag. „Bis vor kurzem jedenfalls.“

„Was wollt Ihr von mir, Cole?“, fragte Priscilla. „Ihr habt meinen Vater umgebracht, meine Mutter gestohlen und jedem Böses getan, der mir etwas bedeutet. Warum dieser Hass?“

Cole ließ seinen Kopf nach hinten sinken. Er holte tief Luft, dann sagte er: „Du warst mir im Weg. Ihr Morgans ward mir immer im Weg. Erst dein Vater, jetzt du. Und bei Leuten, die mir im Weg sind, kenne ich nur eins: Fort mit ihnen! Es ist weiter nichts Persönliches, eigentlich rein geschäftlich.“

„Und was habt Ihr jetzt vor?“

Cole beugte sich grinsend nach vorn. Seine Fingerspitzen

vor, dass Priscilla den Abschnitt aussuchte, den sie lesen wollten. Die anderen schauten zu, wie Priscilla mehrere Passagen in ihrem Kopf durchging. „Ich hab's", sagte sie schließlich. „Wie wäre es mit Römer Kapitel acht?"

Peter neigte seinen Kopf und Jared sah Anne fest an, als diese die Worte des Apostels Paulus vorlas:

> *Wir wissen aber, dass denen, die Gott lieben, alle Dinge zum Besten dienen - denen, die nach seinem Ratschluss berufen sind. Denn die er ausersehen hat, die hat er auch vorherbestimmt, dass sie gleich sein sollten dem Bild seines Sohnes, damit dieser der Erstgeborene sei unter vielen Brüdern. Die er aber vorherbestimmt hat, die hat er auch berufen; die er aber berufen hat, die hat er auch gerecht gemacht; die er aber gerecht gemacht hat, die hat er auch verherrlicht.*
> *Was wollen wir nun hierzu sagen? Ist Gott für uns, wer kann wider uns sein? Der auch seinen eigenen Sohn nicht verschont hat, sondern hat ihn für uns alle dahingegeben - wie sollte er uns mit ihm nicht alles schenken?*
> *... Denn ich bin gewiss, dass weder Tod noch Leben, weder Engel noch Mächte noch Gewalten, weder Gegenwärtiges noch Zukünftiges, weder Hohes noch Tiefes noch eine andere Kreatur uns scheiden kann von der Liebe Gottes, die in Christus Jesus ist, unserm Herrn.*

Dann beteten sie. Sie beteten füreinander. Jared betete für seine Mutter. Anne betete um eine sichere Reise für ihn nach China. Peter dankte Gott für Priscilla. Es waren keine Gebete von der Art, die man in erbaulichen Büchern findet, auch nicht die langatmigen Litaneien der Prediger im Sonntagsgottesdienst; es waren die inbrünstigen Bitten und der inbrünstige Dank von vier Menschen, die soeben die Liebe

Gottes wiederentdeckt hatten.
„Wenn Vater uns jetzt sehen könnte“, lachte Jared, als sie fertig waren.

„Ja, besonders dich!“ Priscilla zeigte mit dem Finger auf ihn. „Wo du immer so aufsässig warst.“

Jared lehnte sich in seinen Sessel zurück und seufzte. „Aber etwas fehlt immer noch. Irgendwie finde ich es ironisch, dass wir hier sitzen und uns über Gott unterhalten, und Philip ist nicht dabei.“

„Ich habe die Bibel, Vater, wie du gewünscht hast.“

Philip stand allein mitten auf der ungepflasterten Straße, nicht weit von Muddy River Village. Genau an dieser Stelle hatte Benjamin Morgan sein Leben ausgehaucht. Philip hielt die Familienbibel der Morgans in seinen Händen und sprach zum Himmel. „Schau her.“ Er öffnete den Deckel der Bibel und zeigte auf die Namen, die darin geschrieben waren. Er las sie laut vor: „Drew Morgan, 1630; sein Sohn Christopher, 1654. Und hier ist mein Name, schau! Philip Morgan, 1729, Philipper 2: 3-4. Nanouwetea - Christopher Morgan - hat den Vers für mich ausgesucht.“ Seine Stimme wurde brüchig. „Und geschrieben hat es Weetamoo.“

Er starrte auf seinen Namen am Ende der Liste. Er kam sich wie ein Hochstapler vor. Er verdiente es nicht, dass sein Name in dieser Liste stand. Drew Morgan hatte sein Leben riskiert, um die Bibel und seinen Glauben in eine neue Welt zu tragen; Christopher Morgan hatte sein Leben ganz der Verbreitung des Evangeliums unter den Narragansett geweiht. Aber was hatte er, Philip, denn getan, um sich das Recht zu verdienen, in dieser Liste zu stehen? Nichts! Er verdiente nicht, dort zu stehen, weil er den Auftrag, den Christopher ihm gegeben hatte, missachtete. Er lebte gegen den Bibelvers, der da neben seinem Namen stand. Er stellte sein persönliches Wohl über das seiner Familie.

„Vater, ich bin so elend!“ schrie er zum Himmel hoch. „Hab ich nicht ein Recht, auch glücklich zu sein? Darf ich nicht die Frau heiraten, die ich liebe? Ist es falsch, dass ich bei ihr sein möchte? Ist das so falsch, so schrecklich?“ Er fiel auf seine Knie. „Bin ich böse, weil auch ich einen Sohn haben möchte, dem ich ein Vater sein kann?“

Die Bibel rutschte aus seinen Händen und fiel auf die Straße.

„Vater, ich wollte, du könntest sie sehen. Du würdest sie genau so lieben wie ich. Sie wird so eine wunderbare Mutter sein für deine Enkelkinder.“ Philip starrte auf die Stelle, wo der sterbende Benjamin Morgan seine letzten Worte gesprochen hatte. Er legte sich platt hin, die Wange in den Staub gedrückt, wie an dem furchtbaren Tag, und bat und bettelte seinen Vater an, wieder zu ihm zu reden. „Sag mir, dass ich es richtig mache, Vater, bitte, sag mir, dass es richtig ist...“

Philip hörte keine neue Botschaft. In sein Schluchzen hinein verwoben hörte er die Stimme seines Vaters, und sie sprach die gleichen Worte wie damals an seinem Todestag: *Die Familie ist wichtig, Sohn, vielleicht das Wichtigste auf Erden überhaupt.* Er hörte die Stimme Christopher Morgans: *Wenn dir auch sonst nichts gelingen sollte, dieses Eine tue: Bringe deine Familie in Einheit und Liebe zusammen.* Er hörte seine eigene Stimme, bezeugend, anklagend: *Gott ist mein Zeuge, dass ich alles tun werde, was ich kann, um zu vollenden, was heute hier begonnen hat: Die Einigung der Familie Morgan.*

Philip Morgan lag auf der Erde, an der Stelle, wo sein Vater gestorben war, und weinte, bis er keine Tränen mehr hatte.

Der Garten war festlich geschmückt, das Essen reichlich bei Jareds Abschiedsfeier am Abend vor seiner China-Fahrt.

Man feierte in kleinem Familienkreis hinter Priscillas Haus. Es gab wilden Truthahn, Entenbraten, Apfelkuchen, kandierte Früchte und andere Leckereien, und alle trugen ihre Sonntagskleider. Priscilla hatte darauf bestehen müssen, dass der Ehrengast anwesend war, denn Jared hatte eigentlich sein Schiff vor dem Auslaufen noch einmal inspizieren wollen. Anne war es schließlich gelungen, ihn zu überreden, an seiner eigenen Abschiedsfeier teilzunehmen. Jareds Erster Maat, James Magee, und sein Kanonier, Rudy Shaw, waren als Gäste zugegen, jeder begleitet von einer Dame, dazu Peter Gibbs, der gerade seine Absicht, Priscilla Morgan Stearns zu heiraten, an die Kirchentür genagelt hatte.

„Mich hat das gar nicht überrascht", sagte Anne, als die Rede auf die bevorstehende Hochzeit kam. „Ich wusste, dass er sie liebte, als er nach Cambridge kam, an dem Tag, wo Priscilla am Pranger war. Ich sah es in seinen Augen."

„Kommt mir komisch vor", versetzte Jared. „Da stimmt doch was nicht, wenn einer sich in eine Frau verliebt, während sie am Pranger ist."

Peter lachte mit ihm. „Ich muss zugeben, es hat mich schon nachdenklich gemacht, in was diese Familie sich alles reinreitet. Es fing alles an dem Tag an, wo sie das Pferd in meine Gaststube brachte ..."

Priscilla schlug ihn neckisch auf den Arm. „Kommst du denn nie weg von der Geschichte?"

Das Gespräch wandte sich China zu und all den Dingen, die Jared dort sehen würde. „Ich beneide dich", sagte Peter. „Ich würde gerne auch so weit reisen."

Jared legte eine Hand auf seine Schulter. „Das lässt sich arrangieren. Hab noch Platz für einen Matrosen auf meinem Schiff."

„Nein, das hast du nicht!" Priscilla nahm Jareds Hand weg. „Zwei Jahre von Peter getrennt, das halte ich nicht aus."

Sie hielt inne und drehte sich zu Anne. „Entschuldige bitte, jetzt hab ich ja gar nicht daran gedacht, dass du ...“

Anne lächelte. „Ich hab das nicht persönlich genommen.“ Sie wechselte das Thema. „Ich kann’s nicht erwarten, dass Jared wiederkommt! Er hat mir versprochen, mir ein paar Ballen richtige Seide mitzubringen!“

Plötzliche Stille. Alle Augen richteten sich auf das Haus. In der Tür stand Philip Morgan, Haar, Gesicht und Kleider von einer Dreckkruste überzogen. „Ich hoffe, es ist noch nicht zu spät, meinem kleinen Bruder eine gute Reise zu wünschen“, sagte er.

Kapitel 26

Zwei Tage, nachdem die Salvation mit Jared in See gestochen war, um nach China zu fahren, saß Philip allein im Salon von Priscillas Haus, eine aufgeschlagene Bibel auf dem Schoß. Es war früh am Abend. Anne war oben, Priscilla und Peter waren in dem Wirtshaus. Die tiefen Farben und langen Schatten des Sonnenuntergangs, die die Bäume grüner und den Himmel und das Wasser der Bucht blauer machten als sonst, ließen Philip in seinem Lesen innehalten. Eine Handvoll Ruderboote und Schaluppen fuhren langsam über das Wasser, dann und wann kam ein Pferdewagen oder ein Fußgänger die Straße entlang. Es war, als ob die ganze Welt zur Ruhe kam nach einem harten Arbeitstag. Die stille Szene wirkte wie ein Nebel auf Philip. Er gähnte.

Mitten in dem Gähnen hörte er ein Geräusch. Zuerst dachte er, es sei ein Hund, der irgendwo in der Ferne bellte, so heiser und undeutlich klang es. Dann wurde es lauter. Er konnte einzelne Laute ausmachen und merkte, dass es eine menschliche Stimme war, jedoch krächzend und außer Atem, die immer wieder dasselbe rief. Er beugte sich auf seinem Stuhl nach vorne und spitzte die Ohren. Die Stimme kam näher, und Philip erkannte das Wort, das sie schrie. Und die Stimme; sie gehörte seiner Mutter.

„Priscilla! Priscilla!“, schrie sie wieder und wieder.

Philip sprang auf und rannte zur Haustür. Er erreichte sie gleichzeitig mit dem Hausdiener Joseph. Die Tür ging auf, und da stand seine Mutter, das Gesicht rot vor Anstrengung, die Augen angstgeweitet. Sie drückte eine Hand gegen die Brust und rang nach Luft. Jetzt erkannte sie Philip, und ihr Ausdruck wurde überrascht, dann erleichtert. „Ach, Philip, Philip! Gott sei Dank, dass du hier bist!"

„Mutter! Was ist los?"

Er half ihr ins Haus. Oben auf der Treppe erschien Anne. „Mrs. Cole!" Sie kam heruntergerannt und half Philip, Constance Cole in den Salon zu führen. Joseph schloss die Haustür und folgte ihnen.

Sie setzten Constance auf ein Sofa. Philip traute seinen Augen nicht, wie stark seine Mutter gealtert war, seit er sie das letzte Mal gesehen hatte. Ihre Haut war totenbleich und runzelig, und selbst die Angst schaffte es nicht, ihren Augen Leben zu geben. Sie sah aus, als habe jemand sie betäubt. Anne strich ihr über die Hand. „Es ist gut, Mrs. Cole, es ist gut, wir sind ja bei Euch ..."

„Philip, Gott sei Dank, dass du da bist." Constances Stimme war nicht mehr als ein Flüstern. „Du musst sie aufhalten!"

„Wen soll ich aufhalten, Mutter?"

Eine Bewegung an der Tür ließ sie aufschauen. Sie sah zu Joseph, den Hausdiener. Die Angst in ihren Augen wurde noch größer. „Nicht, so lange er dabei ist!", stieß sie hervor. Sie presste sich an das Sofa. „Sag ihm, er soll gehen, Philip, bitte, bring ihn fort!"

Philip drehte sich zu dem Diener. „Du kannst gehen, Joseph, wir kümmern uns selber um Mutter." Der Diener wandte sich zum Gehen, und Philip sah einen Angstschimmer in seinen Augen, gerade so, als ob seine Mutter ihn angesteckt hatte.

„Mutter, was soll das alles?“

„Wo ist Priscilla?“, rief Constance.

„Mutter, sag mir doch, was los ist!“

Constance schaute zur Tür. Als sie sich vergewissert hatte, dass sie allein waren, sagte sie: „Er ist ein Spion!“ Ihre Augen waren so weit, dass ihre Pupillen fast nicht zu sehen waren vor lauter Weiß.

„Joseph ein Spion? Wieso? Für wen?“

„Für Daniel! Er erzählt ihm alles! Deswegen war ich so überrascht, dass du hier bist. Er hatte ihm erzählt, dass du zu den Indianern zurückgekehrt bist.“

„Ich hab's mir anders überlegt“, sagte Philip.

„Priscilla!“, rief Constance wieder.

„Was ist mit Priscilla, Mutter?“

„Lasst sie nicht gehen, das ist eine Falle! Sie soll nicht gehen!“

„Gehen? Wohin?“

„In den Speicher, um Daniel zu sprechen!“ Constances Augen zuckten, die Tränen kamen.

„Mutter, so beruhige dich doch! Was ist los?“

Seine Worte richteten wenig bei ihr aus. Sie sprach in unregelmäßigen Stößen. „Er ist mein Mann ... aber das ist kein Grund ... Ich kann nicht zulassen ... nicht mein kleines Mädchen ... ich darf nicht ... muss ihn stoppen ... ihn stoppen...“

Anne zog sie tröstend an sich. Sie riss sich sofort wieder los und packte Philips beide Arme. „Stoppe sie! Stopp Priscilla! Lass sie nicht gehen!“

„Priscilla ist nicht hier, Mutter“, erklärte Philip.

Die Nachricht brachte Constance vollends aus der Fassung. Ihr Gesicht zuckte, ihre Arme ruderten. Das einzige verständliche Wort, das sie noch herausbrachte, war „Priscilla“.

Anne hielt sie mit beiden Armen fest. „Ich kümmere mich um deine Mutter“, sagte sie. „Geh du in das Wirtshaus und sieh zu, dass Priscilla nichts passiert.“

Philip sah seine Mutter noch einmal an und nickte.

Er galoppierte durch die fast leeren Straßen und Wege von Boston zur King Street. Von dem Augenblick an, wo er die Stimme seiner Mutter erkannte, hatte er gespürt, wie seine Brust enger wurde - das erste Zeichen für einen bevorstehenden Asthma-Anfall. Ihre kratzige Stimme hatte auch seine Kehle kratzig gemacht. Jetzt spürte er, wie mit jedem Hufschlag sein Atem kürzer werden wollte. *Das kann ich jetzt nicht brauchen! Nicht jetzt!*

Da war das Wirtshaus. Er sprang von seinem Pferd und stürzte hinein, dass der Mann hinter der Theke instinktiv nach unten langte, wohl nach einer Waffe. Philip stellte sich rasch vor. Der Angestellte berichtete ihm, dass Priscilla kurz zuvor gegangen war, aber dass sie Master Gibbs mitgenommen hatte.

Philip stieg wieder auf sein Pferd. Aber wo sollte er suchen? Seine Mutter hatte gesagt, dass Cole Priscilla in einem Speicher sprechen wollte; in welchem, hatte sie nicht erwähnt. Sowohl Daniel Cole als auch die Morgans besaßen mehrere Speicher, über den ganzen Hafen verstreut. Philip zwang sich, ruhig zu werden und nachzudenken. Sehr wahrscheinlich würde Priscilla kaum bereit sein, sich mit Daniel Cole in einem seiner eigenen Häuser zu treffen, besonders um diese Abendzeit, wo die meisten Arbeiter nicht mehr da waren; dazu kannte sie Cole zu gut. Sie mussten also in einem der Speicher der Morgans sein. Philip trieb sein Pferd an, in Richtung auf die Bucht. Die Ausgleichsgesellschaft hatte drei große Speicher auf dem gleichen Pier; es war ihre größte Investition. Er würde es zuerst dort versuchen.

Die nassfeuchte Luft legte sich auf seine Haut und drang in seine Lungen. *Die Kälte des Todes*, dachte er. Es war ein unwillkommener Gedanke, aber er konnte ihn nicht abschütteln. Er erreichte das Pier. Beim Absteigen begann seine Luftröhre zu pfeifen.

Cole selbst würde bestimmt nichts unternehmen. Er benutzte gedungene Männer, um die schmutzige Arbeit zu erledigen wie den Matrosen und den Indianer. Philip tröstete sich auch mit dem Gedanken, dass Peter ja bei Priscilla war. Der Wirt war stark und gesund; er würde mit dem übergewichtigen Cole schon fertig werden.

Ruhig bleiben, nur keine Panik, die einen Asthma-Anfall auslösen konnte ... Philip ließ seinen Blick über das Pier wandern. In der Mitte entlang zogen sich die Speicherhäuser dahin, rechts und links, zwischen dem Wasser und den Gebäuden, verlief jeweils ein etwa zwei Meter breiter Fußsteg.

Von seinem Standort konnte Philip eine Seite des Piers einsehen. Das Pier schien verlassen dazuliegen, alle Türen waren geschlossen. Er ging zur anderen Seite hinüber. Auch hier war niemand zu sehen. Er wollte sich gerade entfernen, als er aus den Augenwinkeln eine Bewegung auf dem Wasser unter dem Pier sah. Er trat näher heran, um besser sehen zu können. Etwa zwei Drittel des Piers entfernt, dort, wo das dritte Gebäude begann, sah er einen kleinen Frachtkahn, dessen Ladung von einer Plane verdeckt war. Zwei Gestalten manövrierten das Boot durch die Stelzen des Piers hindurch.

Der Atem wollte Philip stocken, als er die beiden Gestalten erkannte - der Matrose und der Indianer! Die Sonne versank gerade hinter den Häusern der Stadt und verdunkelte die Schatten unter dem Pier. Philip trat noch näher an den Rand. Was machten Coles bezahlte Mörder hier? Warum waren sie unter dem Pier der Morgans? Und was war unter der Plane?

Der Hustenreiz kam. Philip versuchte ihn zu unterdrücken. Es gelang ihm nicht. Die Köpfe auf dem Lastkahn drehten sich in seine Richtung. Jetzt zeigte der Matrose auf ihn und rief irgendetwas; es klang wie „Morgan". Das Brennen in Philips Kehle wurde stärker, er keuchte und hustete erneut. Der Matrose sprang vom Kahn auf eine Leiter, die zum Pier hochführte. Philip konnte sich nur einen Grund dafür vorstellen: Der Mann war hinter ihm her!

Was tun? Hilfe herbeiholen? Nein. Bis ich zurück bin, kann es zu spät sein. Ich kann hier nicht verschwinden, bevor ich nicht weiß, dass Priscilla in Sicherheit ist.

Er lief zum ersten Speicher und blieb dort sofort wiederstehen. Würde der Matrose auf die Finte hereinfallen und ihn am anderen Ende suchen? Er lehnte sich an die Wand, zählte bis fünf und schaute um die Ecke. Es hatte funktioniert, der Matrose war nicht zu sehen. Philip bog um die Ecke und lief so schnell er konnte. Er musste den Raum zwischen erstem und zweitem Speicher erreichen, bevor der Matrose da war! Und er musste leise dabei sein, um sich nicht zu verraten.

Doch kaum war er ein Stück gelaufen, als sich eine unsichtbare Riesenhand um seine Kehle presste und die Luft abschnürte. Er blieb mitten im Laufen stehen und warf den Kopf nach hinten. Luft, Luft ... Stattdessen ein Gefühl wie flüssiges Feuer, das seine Kehle hinunterschoss, ein Pfeifen, ein wenig Luft und der nächste Hustenanfall. Hilflos zusammengekrümmt blieb er stehen, eine lebendige Zielscheibe. Das war das Ende ...

Priscilla und Peter waren dreißig Minuten vor Philip am Pier angekommen. Daniel Cole erwartete sie, unter dem Arm eine Ledertasche. Mit seiner freien Hand schob er eine widerspenstige weiße Strähne aus seinen Augen. Er war allein.

„Was soll das hier, Master Cole?“, fragte Peter.

„Ich kann mich nicht erinnern, Euch mit eingeladen zu haben“, entgegnete dieser kühl. „Das hier ist strikt geschäftlich.“

„Peter ist auf meine Einladung mitgekommen“, erklärte Priscilla. „Ich konsultiere ihn in sämtlichen Geschäftsangelegenheiten. Aber ist es überhaupt etwas Geschäftliches, Master Cole? Eure Einladung war ziemlich unbestimmt.“

„Wie ich in meiner Einladung an Euch schrieb, möchte ich mich hier mit Euch treffen, um Euch einen Vorschlag zu unterbreiten, der für mich und für die Besitzer der Ausgleichsgesellschaft gleichermaßen von Vorteil wäre.“

Peter und Priscilla sahen sich an. Cole grinste. „Ja, ich bin informiert. Aber das ist ja mein Geschäft, dass ich meine Konkurrenz kenne.“

„Warum hier?“, fragte Peter. „Und warum zu dieser Zeit?“

„Priscilla, meine Liebe, muss dieser misstrauische Kerl wirklich mit dabei sein? Ich glaube, wir könnten uns schneller einigen, wenn er uns nicht immer unterbrechen würde.“

„Bitte sagt uns Euren Vorschlag, Master Cole.“

Daniel Cole schloss die Augen und schüttelte unwillig den Kopf. „Könnten wir wenigstens hineingehen? Es wird kühl hier draußen. Außerdem hat mein Angebot zum Teil mit unseren Speichern zu tun, und das kann ich besser drinnen erklären. Der Speicher dort hinten, am Ende des Piers, ist der größte; er wäre am geeignetsten.“

„Warum wollt Ihr es hier machen, Master Cole? Warum geht es nicht in Euren eigenen Speichern?“, fragte Peter.

„Nun, wäre Priscilla zu einem von meinen Speichern gekommen?“

Peter musste zugeben, dass dem nicht so war.

„Seid Ihr zufrieden?“, fragte Cole. „Können wir jetzt?“ Er trat zur Seite und zeigte auf das Ende des Piers. Priscilla sah Peter an und nickte vorsichtig.

Sie gingen am Pier entlang. „Wie ich es sehe, liebe Priscilla“, erklärte Cole, „ist es sinnlos und töricht, dass wir so viel Kraft darauf vergeuden, uns gegenseitig zu bekämpfen, wenn wir durch eine Zusammenarbeit so viel mehr erreichen könnten. Wir sind ja schließlich verwandt.“

Der Gedanke, dass Cole ihr Verwandter war, ließ es Priscilla kalt den Rücken hinunterlaufen.

„Ich möchte vorschlagen, dass wir eine Partnerschaft eingehen. Jeder von uns trägt zu ihr bei, jeder von uns profitiert von ihr.“

Sie hatten den dritten Speicher erreicht. Priscilla schloss die Tür auf. Sie trat zuerst ein, hinter ihr Peter, zum Schluss Cole.

„Nehmen wir nur die Speicherkapazitäten ...“, fuhr Cole fort.

Priscilla durchquerte ein kleines Kontor und betrat den eigentlichen Speicher. Im Innern war es dunkel - bis auf ein Licht in der Seitenwand, am hinteren Ende. Aber dort gab es weder eine Tür noch ein Fenster. Jemand hatte eingebrochen!

Priscilla drehte sich zu Peter um, der gerade über die Schwelle vom Kontor zum Speicher trat. Hinter ihm waren ein Matrose und ein Indianer. Priscillas Schrei kam zu spät. Das dicke Brett in der Hand des Matrosen knallte auf Peters Kopf. Er fiel wie ein Stein zu Boden. Im nächsten Augenblick hatte der Indianer Priscilla gepackt, seine Hand presste sich auf ihren Mund.

Daniel Cole trat über den reglos daliegenden Gastwirt und lächelte Priscilla an. „Kommen wir zur Sache.“

Der Matrose schleifte Peter ans andere Ende des Speichers. Der Indianer folgte mit Priscilla. Der Matrose fesselte und knebelte Peter und ließ ihn auf dem Boden liegen. Der

bildeten eine Pyramide, deren Spitze seine Lippen berührte. Er sah aus wie ein kleiner Junge, der gleich sein großes Geheimnis verraten wird. „Ich habe einige Zeit darin investiert, dieses kleine Drama für dich und deine Brüder in Szene zu setzen. Ich brauchte einen Plan, der dich nicht nur in Verruf bringen und demütigen würde. Deine Prangerstrafe zeigte mir, dass du anschließend nur stärker bist als vorher, wenn man dich demütigt. Ich brauchte also einen Plan, der dich und den Familienruf der Morgans vernichten würde."

Seine Augen hüpften mit jungenhafter Begeisterung hin und her. „Lass sehen, was du von meinem Plan hältst. Es wird sich herumsprechen, dass dein Bruder Philip seit Jahren mit den Narragansett-Indianern ein Komplott vorbereitet, einen Aufstand, der noch größer ist als der von King Philip. Dazu benötigen sie natürlich Waffen und Pulver. Und woher bekommen sie das Zeug? Na, aus den Speichern von Philips Schwester natürlich!"

Priscilla wollte ihn unterbrechen. Er ließ es nicht zu. Das alles machte ihm zu viel Spaß.

„Stell dir meinen Schock vor, als ich eure Geheimoperationen ganz zufällig entdecke! Da du zur Familie gehörst, komme ich natürlich hier zu deinem Speicher, um dir deine bösen Pläne auszureden. Zufällig komme ich gerade an, als ein Riesenvorrat an Schießpulver in den Speicher geladen wird. Ihr entdeckt mich und wollt mich festhalten, aber ich kann mich losreißen. Während des Handgemenges fällt eine Lampe um, und das Pulver explodiert; das Feuer zerstört das gesamte Pier. Du kommst in dem Feuer um, ein unseliges Opfer deiner eigenen Bosheit. Philip wird im Reservat für seinen Anteil am Komplott verhaftet, aber noch vor seinem Prozess das Opfer eines aufge-brachten Kolonisten-Mobs. Ende der Morgan-Saga."

Cole lehnte sich grinsend zurück. „Na, wie klingt das?

Nicht schlecht, wie?"

„Ihr seid ein Dummkopf", erwiderte Priscilla. „Ihr habt gleich zwei Dinge übersehen: Erstens lagert hier kein Schießpulver, und zweitens wird Jared euch entlarven, wenn er zurückkommt."

Cole war unbeeindruckt. „Keine Sorge. Das Pulver stelle ich - genug, um das ganze Pier in eine Fackel zu verwandeln. Und was deinen Bruder Jared betrifft - oder soll ich ihn Grinse-Jack nennen? Ja, darüber weiß ich auch alles -, auf ihn wird der Galgen warten, wenn er zurückkommt. Wessen Wort werden die guten Leute von Boston wohl glauben: Das eines ehrlichen, gottesfürchtigen Kaufmanns oder das eines berüchtigten Piraten?"

Cole erhob sich von seinem Stuhl und rieb sich aufgeregt die Hände. „Meine Liebe, wegen deines Grinse-Bruders habe ich unser kleines Treffen hier ein paar Tage aufgeschoben. Ich wollte, dass er in See sticht. Soll er ruhig China sehen, bevor er gehenkt wird! Wenn er zurückkommt, werde ich mir seine Ladung schon unter den Nagel reißen. Sie ist ja wohl das Mindeste, was die Ratsherren der Stadt dem besorgten Bürger, der das Komplott der Morgans vereitelt hat, als Belohnung geben können."

Priscilla merkte, Cole hatte an alles gedacht. Ja, schlimmer noch: Die Leute würden ihm glauben. Die Geschichte, die er da ausgeheckt hatte, würde einen Skandal auslösen, und die Menschen liebten Skandale.

Cole trat umgeben von dem Muffgeruch schmutziger Socken und ungewaschener Wäsche näher an sie heran. „Und jetzt, meine liebe Priscilla, ist es Zeit, mit unserem kleinen Drama zu beginnen."

Hinter ihm, am anderen Ende des Speichers, öffnete sich eine Falltür im Boden. Der Kopf des Indianers erschien. Er nickte Cole zu.

„Ah, das Pulver ist da", säuselte Cole. „Mein Gehilfe hat soeben einen kleinen Kahn mit Pulver hier unter das Pier gelenkt. Wenn es losgeht, dürfte es die Hälfte dieses schönen Speichers sofort zerstören, die Splitter und Funken werden in alle Richtungen fliegen. Schau nicht so besorgt, drein, meine Liebe, die Explosion wird dich nicht töten. Ich möchte dir Gelegenheit zum Nachdenken geben, bevor du stirbst. Die Explosion wird ein Feuer entfesseln, das früher oder später hierher kommt und dich verbrennt. Eine gerechte Strafe für den Ärger, den du mir bereitet hast. Ich möchte, dass du mit ansiehst, wie deine kostbaren Waren in Flammen aufgehen, bevor du selbst verbrennst."

Cole wandte sich zum Gehen, kam dann aber noch einmal zurück. „Ach ja, noch eins. Fast hätte ich es vergessen." Er band einen Knebel fest um ihren Mund. „Die Explosion dürfte genug vom Pier zerstören, um jeden daran zu hindern, zu dir zu kommen, falls denn einer weiß, wo du bist. Dein Schweigen ist eine reine Vorsichtsmaßnahme. Wenn die Leute denken, dass der Speicher leer ist, werden sie sich darauf konzentrieren, das Ausbreiten des Feuers vom Pier in die Stadt zu verhindern. Das Ende des Piers kann ruhig abbrennen und ins Wasser stürzen; das juckt niemand, falls man im Innern keine Schreie hört, natürlich. Schreien geht also nicht, meine Liebe."

Priscilla versuchte, Cole etwas hinterherzurufen, aber der Knebel hielt; sie brachte nur ein undeutliches Murmeln zu Stande.

„Ach, und noch etwas", sagte Cole. „Bitte herzlichst um Entschuldigung, wenn ich deiner Mutter keine Abschiedsworte von dir übermittele. Es wäre nicht passend für unser Drama, zu sentimental. Wer Anarchie und Aufstand plant, denkt nicht an seine Mutter, wenn es ans Sterben geht." Er gluckste zufrieden.

Coles Absätze klapperten über die Fußbodenbretter. Priscilla sah, wie er sich über die Falltür zu dem wartenden Kahn hinunterbeugte. Von unten ertönte eine Stimme; die Worte konnte Priscilla nicht ausmachen.

„Wo ist er?“, rief Cole.

Eine unverständliche Antwort.

Cole fluchte, schaute zu Priscilla und suchte dann mit den Augen die Umgebung ab. „Wie lange dauert es, wenn die Zündschnur brennt?“, fragte er.

Er bestätigte die Antwort mit einem Nicken. „Anzünden!“

Cole starrte weiter in die Öffnung, offenbar um das Anzünden der Zündschnur zu verfolgen. Dann griff er in die Ledertasche und zog eine Pistole heraus. Er zielte in die Luke.

Der Knall war ohrenbetäubend. Eine Pulverwolke umkreiste Coles Kopf. Er warf die Pistole durch die Falltür und zog eine zweite aus der Tasche. Er winkte Priscilla zu und schritt schnell durch die Tür nach draußen.

Es musste etwas schief gelaufen sein, denn kaum hatte Cole das Kontor erreicht, als das Hinterende des Speichers in einem hellen Flammenblitz explodierte. Priscilla schloss instinktiv die Augen und drehte den Kopf zur Seite; im nächsten Augenblick ließ die Wucht der Explosion sie gegen den Pfosten schlagen, eine Wolke aus heißem Rauch und Splittern schoss an ihr vorbei. Ein Brett streifte ihre Stirn, ein zweites flog gegen ihr rechtes Schienbein. Der Knebel erstickte ihre Schmerzensschreie. Ein paar Sekunden schien alles weiß zu sein, ihr Kopf wollte sich drehen. Sie kämpfte mit aller Gewalt gegen das schwarze Loch, das sie verschlukken wollte. Jetzt nur nicht ohnmächtig werden, sonst war es aus ...

Sie begann zu beten. Sie bat Gott, jemand zu schicken, der sie retten würde. Sie betete für den auf dem Boden liegenden Peter, dass er überleben möge, selbst wenn sie starb.

Sie betete für ihre Mutter, zum ersten Mal seit Jahren.

Die Explosion hatte überall kleine Feuer entfacht, die sich nach und nach zu einem rasenden Inferno vereinigten. Bald würde der ganze Speicher oder das, was von ihm übrig war, ein einziges Flammenmeer sein. Aus der Falltür im Fußboden war ein klaffender Abgrund geworden, der fast so breit war wie das ganze Gebäude. Durch den Rauch und die Flammen hindurch erhaschte Priscilla einzelne Blicke auf Wasser und Pier. Überall Flammen. Priscilla und Peter waren gefangen, abgeschnitten vom Rest des Piers und von jeder Hilfe, die aus der Stadt kommen mochte.

Hinter ihr begann Peter zu stöhnen. Sie versuchte, ihn zu rufen, obwohl sie wusste, dass er sie nicht hören konnte.

Einen Augenblick vor der Explosion packte der Matrose Philip von hinten. „Hab ich dich!"

Philip stand vornübergebeugt und hustete immer wieder, als die starke Hand des Matrosen sein Haar packte und nach hinten riss. Er spürte die Spitze eines Messers in seinem Rücken. Die Haut bot ihr nur wenig Widerstand, bevor sie in sein Fleisch stieß. Ein heftiger Schmerz folgte, dann ein klebriges Gefühl zwischen Rücken und Hemd. Der Matrose zog Philips Kopf ruckartig nach hinten, als ob er ihm das Genick brechen wollte. Philip sah sein Gesicht; es war schmutzverklebt.

„Sieht nach einem Familienbegräbnis aus, wie ich sehe. Darfst gleich zu deiner Schwe-"

Ein Blitz und ein Knall, das Pier vor ihnen flog in die Luft. Die Wucht der Explosion ließ beide Männer nach hinten fallen, das Messer des Matrosen klapperte zu Boden.

Sie versuchten sich gleichzeitig aufzurappeln. Der Matrose klammerte sich an einen der Pfeiler, Philip schob seinen Rücken gegen den Speicher. Sie sahen wie zwei Boxer aus, die sich gegenseitig niedergeschlagen hatten.

Der Matrose kam auf die Knie und sah sein Messer, das ein paar Schritte entfernt lag. Der Kerl durfte es nicht in die Hände bekommen! Philip sprang mit aller Kraft auf den Matrosen, traf ihn seitlich und dieser rutschte über den Rand. Er versuchte sich festzuhalten, stieß einen ungläubigen Schrei aus, dann war er verschwunden. Philip hörte, wie er ins Wasser fiel.

Priscilla! Wo war Priscilla? Philip hastete zum Ende des Piers. Die Hitze des Feuers war wie eine Faust, aber schlimmer noch war das Feuer in seiner Kehle. Jeder Atemzug war Schwerstarbeit; je mehr er sich anstrengte, desto schwindeliger wurde ihm. Nur nicht ohnmächtig werden ...

„Gott." Sein Gebet war kaum mehr als ein keuchendes Flüstern. „Meinen Vater hab ich damals nicht retten können. Bitte gib mir die Kraft, meine Schwester zu retten." Er krümmte sich, kämpfte um ein wenig Luft, lief weiter.

Der Steg am Pier war eine Flammenwand. Philip lief zur anderen Seite; hier war es nicht besser. Er musste in den brennenden Speicher hinein und sehen, ob er innen bis zum Ende des Piers vordringen konnte. Er drückte gegen die Kontortür. Sie wollte sich nicht öffnen lassen, die Wucht der Explosion hatte den Rahmen verschoben. Philip stieß mit der Schulter gegen die Tür, bis er einen Spalt hatte, durch den er sich hindurchzwängen konnte. Er warf einen schnellen Blick zurück zur Stadt. Hunderte von Menschen, vom Lärm der Explosion aufgeschreckt, kamen auf das Pier zugerannt. Aber er hatte keine Zeit, auf sie zu warten. Er lief in das brennende Gebäude.

Das Kontor war voll Rauch; er biss Philip in Augen und Kehle. Er duckte sich so tief es ging und tastete sich vorwärts. Sein Fuß traf etwas Weiches. Er kniete sich hin. Ein dicker Arm, der Rest des Körpers lag unter einem losen Trümmerhaufen. Daneben lag eine Pistole. Philip räumte den Berg etwas zur Seite. Daniel Cole. Sein Gesicht und seine Arme waren blutverschmiert. Er gab kein Lebenszeichen von sich. *Jetzt haben deine Verbrechen dich eingeholt,* dachte Philip.

Er hörte gedämpfte Schreie und schob ein paar Bretter fort, die die Tür zum Innern des Speichers blockierten. Er schob sich hindurch. Am Ende des Speichers machte er zwei Gestalten aus, aber vor diesen gähnte ein Abgrund. Die eine Gestalt war seine Schwester. Sie war an einen Pfeiler gebunden, ihr Gesicht und Bein waren blutig. Neben ihr auf dem Fußboden lag Peter Gibbs.

Jetzt sah Priscilla ihn. Ihre Augen waren schreckgeweitet. Philip schaute sich um. Er musste über das Loch im Fußboden hinweg, aber es war zu breit, um zu springen. Ein Seil nehmen und sich hinüberschwingen? Aber es gab kein Seil, nicht einmal mehr einen Balken, an dem er es hätte festmachen können.

Vielleicht ein Brett? Wo war eins, das lang genug war? Er musste sich beeilen. Die Hitze war möderisch, in den Wänden krachte und knirschte es Unheil verkündend.

Unter einem Trümmerhaufen schaute ein Brett hervor. Er zog es heraus. Es schien lang genug zu sein. Er stellte es hustend aufrecht und ließ es über das Loch im Fußboden fallen. Das Ende des Bretts fiel auf die andere Seite und hüpfte hoch; Philips Ende hüpfte mit. Er versuchte es feszuhalten. Das andere Ende rutschte ab, das Brett fiel ins Wasser. Philip ließ es gerade noch rechtzeitig los, um nicht mit ins Wasser zu stürzten.

„Nein!" Halb rief, halb hustete er es, dann zu Priscilla: „Halte durch! Ich komme!"

Hinter ihm krachte ein Deckenbalken herunter; kleine Flammen tanzten darauf.

Er fand ein anderes Brett und zog es zum Loch. Diesmal drückte er, als das Brett hinunterknallte, mit dem ganzen

Gewicht auf sein Ende. Geschafft! Es gab jetzt eine schmale Brücke zwischen den beiden Hälften des Speichers.

Philip versuchte sich den Rauch aus den Augen zu reiben. Sie brannten und tränten nur noch mehr. Er blinzelte, um mehr sehen zu können. Ein falscher Schritt, und er läge im Wasser unter dem Pier.

Er setzte prüfend einen Fuß auf die Planke. Sie schien stabil genug. Er begann zu laufen. Ein Blick nach unten. Falsch! Die Bewegung des Wassers unter dem Pier ließ ihn die Balance verlieren. Seine Arme ruderten, er schwankte heftig hin und her. Noch ein Schritt, jetzt vorsichtiger. Der nächste. Er merkte, wie sein Gewicht die Mitte des Bretts nach unten bog und damit praktisch kürzer machte. Würde es jetzt noch reichen? Er machte den nächsten Schritt, das Brett bog sich noch mehr. Vom Wasser wehte ein kalter Wind hoch. Noch ein Schritt, noch einer und noch einer. Die letzten Schritte lief er hinüber. Die Brücke hatte gehalten!

Er lief zu Priscilla und nahm ihr den Knebel ab.

„O Philip, Philip, Gott sei Dank, Philip, Gott sei Dank! Peter? Ist Peter gesund?"

„Erst binde ich dich los." Philip zog an den Knoten ihrer Fesseln.

Endlich wieder frei! Als der letzte Knoten sich löste, sackte Priscilla nach unten, Philip fing sie gerade noch auf.

„Mein Bein", jammerte sie. „Au, mein Bein!"

„Versuche dein Gewicht zu verlagern", sagte Philip. „Kannst du laufen?"

Sie versuchte es. Ihr Bein gehorchte nicht. Philip ließ sie sanft auf den Boden gleiten. „Ich befreie Peter, bin gleich wieder da."

Priscilla nickte zustimmend.

Peter ging es nicht besser als Priscilla, als seine Fesseln fort waren. Er wurde sofort schwindelig, als er aufstehen wollte. Philip wollte ihn auffangen; das Gewicht des größeren Mannes riss ihn mit zu Boden.

„Peter! Peter, geht es dir gut?“, rief Priscilla.

„Er ist nur vom Schlag auf den Kopf benommen“, gab Philip Auskunft.

„Wie kommen wir hier raus?“

Philip schaute auf die Planke. Er hatte es selbst kaum darüber geschafft; jemand hinüber tragen - unmöglich! „Ich weiß es nicht“, sagte er. „Aber wir müssen. Gleich bricht hier alles zusammen!“

Ein großer Deckenbalken löste sich und stürzte in einem Funkenregen herab, wie um Philips Worte zu bestätigen.

„Wir gehen ans Ende des Piers!“, rief Philip. „Vielleicht finden wir ein Boot, sonst müssen wir eben schwimmen!“

„Schwimmen? Das schaff ich jetzt nicht!“, gab Priscilla zur Antwort.

„Wir müssen es versuchen“, flüsterte Peter. Er stützte sich auf seinen Armen hoch, wurde wieder schwindelig und sackte nach unten. „Bring deine Schwester hier raus ...“

Philip nickte. „Ich komm dann zurück und hol dich!“ Er half Priscilla auf die Füße.

„Wir können doch Peter nicht einfach hier lassen!“

„Geht!“, rief Peter. „Ich komm schon nach!“

„Ich kann nur einem von euch helfen“, erklärte Philip. „Und je schneller ich dich hier fortbringe, desto eher kann ich ihn holen. Also los!“

Priscilla schlang einen Arm um Philips Hals und ließ sich von ihm hochziehen. Sie humpelte auf Philip gestützt, durch die brennenden Trümmer zum hinteren Ende des Speichers.

„Entschuldigt, wenn ich störe, Käpten“, sagte der Steuermannsmaat, „aber ich glaube, das werdet Ihr sehen wollen.“

Kapitän Jared Morgan saß über seinem Logbuch, als er von dem Steuermannsmaat unterbrochen wurde. Er war, wie die gesamte Mannschaft wohl wusste, nicht in der besten Stimmung, und gerade deswegen herrschte er den Steuermannsmaat nicht an; wenn der es wagte, ihn trotz seiner gereizten Stimmung zu unterbrechen, musste es sich um etwas Wichtiges handeln.

Der Kapitän hatte gute Gründe für seine schlechte Laune. Die Salvation war noch keinen Tag auf See, als der Schiffszimmermann ihm gemeldet hatte, dass der Rumpf bedenklich leckte. Jared war der Sache nachgegangen und hatte festgestellt, dass der Zimmermann während der Vorbereitungen für die große Fahrt seine Pflichten vernachlässigt hatte. Da das Schiff relativ neu war, hatte er es nur oberflächlich überprüft; es schien, dass er mehr Zeit im Wirtshaus als auf dem Schiff verbracht hatte. Und jetzt kam es heraus: Ein Großteil des Rumpfes faulte vor sich hin und musste repariert werden, kurz: Die Salvation war nicht seetüchtig.

Käpten Jared hatte natürlich getobt. Er hatte den Schiffszimmermann umgehend seines Amtes enthoben und ihm die permanente Pensionierung garantiert, sobald sie wieder an Land waren - wenn sie es schafften. Es steigerte Jareds Unmut noch, dass er sich am Vorabend der großen Fahrt von dem Abschiedsfest hatte ablenken lassen; wäre er an dem Abend an Bord gewesen, er hätte die Schäden noch rechtzeitig entdeckt. Jetzt blieb ihm nichts anderes übrig als umzudrehen und zurück nach Boston zu segeln.

Über einen Tag lang war er wie ein brüllender Löwe durch das Schiff marschiert; wer ihn kommen sah, machte sich aus dem Staub. Wenn also der Steuermannsmaat seinen Kopf direkt in die Höhle des Löwen steckte, musste es sich um etwas sehr Dringendes handeln.

Als Jared das Deck betrat, sah er die Rauchwolke über

dem Bostoner Hafen. Es war gerade dunkel geworden, aber der Feuerschein erleuchtete die Wahrzeichen der Stadt deutlich. Jareds Herz stockte, als er sah, in welchem Teil der Stadt das Feuer loderte - genau dort, wo die Speicher der Morgans lagen. Er befahl, ihm sein Fernrohr zu bringen. Ein kurzer Augenblick, und seine Befürchtungen bestätigten sich: Das Inventar der Ausgleichsgesellschaft brannte lichterloh!

Käpten Morgan befahl, den Kurs zu ändern; der Bug der Salvation drehte sich in Richtung Flammen und Rauchsäule. Jared starrte unverwandt auf das brennende Pier. Es musste eine Explosion gegeben haben, so viel war klar, wenn man das Loch im dritten Speicher sah, das diesen fast ganz vom Rest des Piers trennte. *Aber was hat die Explosion verursacht?* So weit Jared wusste, wurde in den Speichern keinerlei Pulver gelagert. Aber was immer die Ursache, das Feuer breitete sich zusehends aus. Der größte Teil des zweiten Speichers brannte bereits, und die Flammen fraßen sich am Pier entlang auf die Stadt zu. Durch sein Fernrohr konnte Jared Menschen ausmachen, die das Feuer zu löschen versuchten; viel Erfolg schienen sie nicht zu haben.

Plötzlich erschienen am Ende des Piers zwei Gestalten aus dem Inferno. Jared hob sein Fernrohr in ihre Richtung. „Philip und Priscilla!"

„Mister Magee!", befahl Jared seinem Ersten Maat, „sofort beidrehen, auf einen Kurs, der uns bis auf ein paar Meter ans Pier bringt. Ich springe hinüber. Sobald ich drüben bin, steuerst du entgegengesetzt, verstanden?"

„Käpten", sagte Magee. „Schicken wir doch ein paar Männer ..."

„James." Jared legte seinen Freund die Hand auf die Schulter. „Das sind meine Geschwister, ich muss selber dahin. So lange ich nicht weiß, was da los ist, werde ich niemand befehlen, für mich hinüberzuspringen. Wenn ich Hilfe benötige, mach ich mich bemerkbar."

„Und wie willst du zurück?"

„Schickt ein Ruderboot, sobald ihr vom Pier fort seid. Könnte unsere einzige Möglichkeit sein."

„In Ordnung, Sir."

„Wird ein schwieriges Manöver", stellte Jared fest. „Jetzt wird sich zeigen, aus welchem Holz die Mannschaft geschnitzt ist."

„Wir werden Euch nicht enttäuschen, Sir."

Jared ging in seine Kajüte und legte sein Entermesser an. Zurück an Deck kletterte er die Backbordwanten zur Rahe hoch. Er suchte sich ein Tau aus, das ihn über die Reling und auf das brennende Pier schleudern sollte.

Die Salvation ging auf einen parallel zum Pier liegenden Kurs als wollte sie Backbord anlegen. Im letzten Augenblick drehte sie in den Wind. Auf den Masten zogen Matrosen an den Tauen, um die Segel neu zu stellen. Das Schiff wurde schneller; Jared musste seinen Sprung sorgfältig abpassen. Jetzt drehte der Bug vor dem Ende des Piers zur Seite. Jared sah deutlich, wie Priscilla und Philip riefen und winkten. Er packte das Tau und sprang, flog über das Deck, die Reling, das Wasser - und ließ los. Er landete auf dem Ende des Piers und rollte weiter zum brennenden Speicher. Bretter krachten, von oben kamen brennende Balken, die seine instinktiv hochgehenden Arme versengten. Die Salvation, der Order des Kapitäns folgend, entfernte sich vom Pier. Jared sah, wie ein Ruderboot zu Wasser gelassen wurde.

Priscillas Stimme, Philips Husten. „Jared! Hierher!"

Jared kam auf die Füße und eilte zu seinen Geschwistern. Priscillas Stirn war blutig. „Wie schwer bist du verletzt?", fragte er.

„Am schlimmsten ist mein Bein. Ich kann kaum laufen. Aber Peter ist noch drinnen! Holt ihn bitte raus!"

Jared sah Philip an: „Weißt du, wo Peter ist?“ Philip nickte. „Hol du ihn“, ordnete Jared an, „ich komm sofort nach! Kannst du schwimmen?“, fragte er Priscilla.

„Ich glaube schon. Bewegen kann ich das Bein, ich kann es nur nicht belasten. Jared, hilf Peter!“

„Hör genau zu! Sieh da hinüber!“ Er zeigte auf das Wasser. Ein Matrose kam in einem Ruderboot auf sie zu. „Wenn du schwimmen kannst, kann ich Philip helfen. Sonst muss ich als erster ins Wasser, damit du auch das Boot erreichst, und wenn wir im Wasser sind, gibt es kein Zurück mehr!“

Priscilla sprang ohne Umstände ins Wasser. Jared schaute auf die Stelle, wo sie verschwunden war. Da kam ihr Kopf hoch!

Mit dem Entermesser in der Hand drehte Jared sich um und folgte Philip in den brennenden Speicher. Er duckte sich unter brennende Balken und durch zwei Löcher in den Wänden, dann betrat er einen größeren Raum. Der Rauch war dicht und legte sich auf seine Lungen, obwohl er sich so nah wie möglich am Boden hielt. Wie musste es erst Philip ergehen?

Als er sich durch das nächste Loch duckte, sah er sie alle vier.

„Was für eine Überraschung! Die gute Mrs. Stearns habe ich erwartet, und stattdessen bekomme ich die Gebrüder Morgan!“ Ein Daniel Cole mit blutverkrusteten, zerfetzten Kleidern stand gegen einen Balken gelehnt, eine Pistole genau auf Jared gerichtet. Peter Gibbs lag auf dem Boden, sichtlich unfähig sich zu wehren. Philip kniete neben ihm. Der Matrose stand mit einem Messer über ihnen.

„Tut mir Leid, Jared“, keuchte Philip. „Ich wollte dich noch warnen.“

Der Balken an den Cole sich lehnte, knirschte. Das gesamte Dach des Speichers war kaum mehr als ein Skelett, das jeden Augenblick zusammenstürzen konnte.

„Sieht aus, als ob wir keine Zeit für Höflichkeiten hätten." Cole deutete in die Richtung des Bretts über dem Loch. „Aber besten Dank, dass ihr uns einen Notausgang gebaut habt." Er drehte sich zu dem Matrosen und zeigte auf Philip und Peter. „Mach sie alle! Um den anderen kümmere ich mich."

Der Matrose hob sein Messer.

„Devereaux! Nein!"

Der Matrose zögerte. Woher kannte Jared seinen Namen? Ein lautes Krachen; ein brennender Balken stürzte herab und begrub den Matrosen unter sich. Für den Bruchteil einer Sekunde war Daniel Cole abgelenkt. Ein Erinnerungsbild zuckte durch Jareds Kopf: Wie er an Bord der Lloyd George war und sah, wie Barlow seine Pistole auf Käpten Devereaux richtete. Der winzige Augenblick des Zögerns hatte seinem Kapitän das Leben gekostet. Nein, nicht noch einmal!

Jareds Entermesser stieß zu. Ein ungläubiger Schock lief über das Gesicht des reichen Händlers. Die Pistole fiel zu Boden, dann sackte Cole nach vorn. Jared befreite seinen Bruder und Gibbs von ein paar Trümmern.

Sie suchten sich ihren Weg durch das brennende Labyrinth zum Ende des Piers. Jared sprang als erster. Als er hochkam, sprang Peter; Jared zog ihn hoch. Zum Schluss sprang Philip. Im nächsten Augenblick kippte der gesamte Speicher mit einem hässlichen Krachen zur Seite und stürzte in einem großen Funkenregen zusammen.

Die Morgans und Peter Gibbs standen an Bord der Salvation und schauten zum brennenden Pier - erleichtert und doch bedrückt, denn das Feuer begann die ganze Stadt zu bedrohen. Die Flammen hatten mittlerweile den zweiten Speicher und die Hälfte des ersten verzehrt. Die Feuerwehrleute der Stadt kämpften auf verlorenem Posten.

„Sieht aus, als ob gleich die ganze Stadt brennt“, stellte Magee fest.

„Nicht, wenn ich es verhindern kann!“, rief Jared. „Holt Shaw!“

„Shaw?“, fragte Priscilla. „Den Kanonier?“

„Ich brauche Maßarbeit“, befahl Jared Shaw. „Wir müssen das Pier hier entfernen, bevor das Feuer die Stadt erreicht. Schaffst du das?“

Shaw stützte sich mit beiden Armen auf die Reling und starrte einen langen Augenblick hinaus. „Festes Ziel. In Reichweite. Schaffen wir.“

„Jared!“, protestierte Priscilla. „Das ist unser Speicher. Darin lagert fast unser ganzer Besitz! Vielleicht können wir wenigstens etwas retten. Wir müssen es versuchen, wir sind sonst ruiniert!“

„Priscilla, wir können doch nicht die ganze Stadt verbrennen lassen!“

„Aber dann verlieren wir alles!“

„Ich stimme Jared zu“, erklärte Philip. „Die Gefahr für die Stadt ist zu groß.“

„Natürlich stimmst du Jared zu!“, ereiferte sich Priscilla. „Ihr habt beide keinen Gramm Geschäftssinn. Ich habe die Firma aufgebaut, nicht ihr, und ich lass sie nicht so einfach vor die Hunde gehen!“

Peter, der sich immer noch schwach neben ihr an den Wanten hielt, sagte leise: „Priscilla, deine Brüder haben Recht.“

Sie wirbelte herum und öffnete den Mund, um ihm zu widersprechen. Er nahm ihre Hand. „Priscilla, es sind Menschenleben in Gefahr! Menschen sind wichtiger als irgendwelche Sachen! Wiederaufbauen können wir immer noch!“

Priscilla öffnete und schloss den Mund. Ihr Blick senkte

sich. „Du hast ja Recht.“ Tränen stiegen ihr in die Augen. „Ach, Peter, heute Abend hätte ich dich fast verloren. Und Philip. Und Jared. Und jetzt sind wir alle hier zusammen und in Sicherheit. Was will ich mehr?“

Die Salvation drehte ihre Backbordseite zum Pier. Man gab zwei Warnschüsse ab. Jared schaute durch sein Fernrohr. „Sie haben's kapiert“, stellte er fest. „Sie räumen das Pier.“ Er befahl das Feuer zu eröffnen.

Philip, Priscilla und Jared Morgan schauten zu, wie Rudy Shaws Kanonen das Vermögen der Familie Morgan in Trümmer legten. Mit jedem neuen Schuss explodierte ein Stück des Piers und stürzte ins Wasser, das die Flammen schnell löschte. An diesem Abend verloren die drei Kinder von Benjamin Morgan fast alles, was sie besaßen - bis auf sich selber. Und sie fanden, dass sie die glücklichsten Menschen in ganz Boston waren.

Epilog

Daniel Cole lebte nicht lange genug, um das ganze Ausmaß seines Scheiterns zu erkennen. Nicht nur gelang es ihm nicht, die Morgans zu vernichten, seine eigenen Schritte, die er vor seinem Tod unternommen hatte, erwiesen sich als ihre finanzielle Rettung. Die drei zerstörten Speicher schienen zunächst den Ruin der Morgans zu bedeuten; mit ihnen waren so viele Werte verbrannt, dass die Morgans nicht mehr in der Lage waren, ihren finanziellen Verpflichtungen nachzukommen.

Die Rettung war Daniel Coles Vermögen. Cole war ein krankhaft misstrauischer Mensch, angesichts seiner Geschäftspraktiken nicht weiter verwunderlich. Er hatte keine Erben, so dass jemand, der an sein Vermögen kommen wollte, ihn nur umbringen müsste. Um dem vorzubeugen, hatte Cole seine Investitionen auf den Namen seiner Frau eintragen lassen.

Coles Verfolgungswahn war die Rettung für die Morgans. Seine Witwe, Constance Morgan Cole, ersetzte der Ausgleichsgesellschaft alle Verluste, die sie durch ihn erlitten hatte, so dass die Morgans zu den reichsten Familien in Boston gehörten.

Die Sommersonne war gerade über den Horizont gestiegen, als eine Musketensalve durch die King Street dröhnte. Als Antwort ertönte eine Salve aus dem Norden der Stadt - vor Priscillas Haus, um genauer zu sein. Dann kamen sie, von Hochrufen begleitet, aus der Good Woman Tavern heraus, die beiden Bräutigame: Peter Gibbs und Jared Morgan. Sie begrüßten ihre Freunde und begaben sich dann zu Fuß zu dem Haus, in dem ihre Bräute auf sie warteten.

Auf halbem Weg stießen die männlichen Verwandten der Bräute - vor allem Annes Brüder und Vettern - zu dem Bräutigamszug hinzu, worauf die beiden Gruppen je einen Kandidaten für den „Flaschenlauf" bestimmten; Sieger war, wer als erster zur Tür von Priscillas Haus kam und die dort angebrachte Flasche mit einer Art Würzwein ergriff. Er hatte dann zu den anmarschierenden Bräutigamen zurückzulaufen und auf die Gesundheit der Bräute zu trinken, worauf die Flasche die Runde unter den Feiernden machte.

Als die Bräutigame das Haus erreichten, wurde erneut Salut geschossen, und die beiden Männer warteten im Garten auf ihre Bräute. Niemand außer ihnen durfte im Garten zugegen sein, bis die Bräute, von Philip geführt, ihre Plätze vor dem Geistlichen einnahmen. Erst jetzt wurden die Verwandten und Gäste eingelassen. Die Trauung begann.

Die beiden Paare nahmen sich an die Hand. Sie legten ihre rechte Hand auf den Rücken, während die Brautjungfer und der Bräutigam-Trauzeuge ihnen gleichzeitig die Handschuhe abnahmen. Philip half zuerst Peter, dann seinem Bruder Jared. Sodann wurde der von Priscilla und Anne ausgewählte Trautext verlesen:

So ist's ja besser zu zweien als allein; denn sie haben guten Lohn für ihre Mühe. Fällt einer von ihnen, so hilft ihm sein Gesell auf. Weh dem, der allein ist, wenn er fällt! Dann ist kein anderer da, der ihm aufhilft. (Prediger Salomo 4,9-10)

Die Paare gaben sich das Ehegelöbnis und küssten sich. Am Ende der Zeremonie küssten alle die Bräute. Die Musketen schossen erneut Salut, und die Freude war groß.

Einen Monat nach der Doppelhochzeit versammelte die Familie sich noch einmal im Garten: Peter und Priscilla Gibbs, Jared und Anne Morgan und Constance Cole. Das Treffen hatte Philip einberufen. Er stand vor seinen Verwandten, die sich im Schatten der großen Bäume niedergelassen hatten. In seinen Händen hielt er die Familienbibel der Morgans.

„Wie ihr alle wisst", begann er, „werde ich bald in das Reservat der Narragansett zurückkehren. Diesmal ..." - er lächelte - „ ... mit eurem Segen. Zwei mächtige Dinge sind es, die mich dorthin ziehen. Das erste ist meine Liebe zu Mary Weetamoo. Sie ist stets in meinem Herzen, und ein Leben ohne sie kann ich mir nicht vorstellen. Es ist mein Gebet, dass eines Tages jeder von euch sie kennen lernen kann. Ich weiß: Wenn dieser Tag da ist, werdet ihr verstehen, warum ich sie so liebe."

Anne meldete sich zu Wort. „Wenn sie dich so liebt wie wir dich, hat sie bereits unsere Hochachtung."

Philip zog errötend ein Blatt Papier aus den Seiten der Bibel und legte es die Bibel als Unterlage benutzend darauf. „Das Zweite, was mich dorthin zieht, ist das gewaltige Werk, das Gott dort im Reservat vollbringt. In diesem Brief hier berichtet Weetamoo von der geistlichen Erweckung, die dort im Gang ist. Als in dem nah gelegenen Charlestown ein kongregationalistischer Prediger namens Joseph Park aus Westerly predigte, gingen mehrere aus dem Reservat dorthin, um ihn zu hören, und jetzt hat die gleiche Erweckung, die in Boston und in den Kolonien Einzug gehalten hat, auch die Narragansett erreicht. Weetamoo schreibt, dass weniger Alkohol getrunken wird und statt Zank und Streit eine brüderliche Liebe sich ausbreitet. Die Indianer sehnen sich auch nach mehr Bildung, damit sie selbst die Bibel lesen und ihr Volk nach Gottes Geboten ausrichten können. Und damit bin ich bei mir selber: Ich werde ihr Lehrer sein. Weetamoo benutzt bereits das von unserem Vorfahren Christopher Morgan geschriebene Lehrbuch, um die Kinder zu unterrichten; ich werde der Lehrer der Erwachsenen sein."

Er machte eine Pause und sah seine Mutter an. „Es ist nicht dasselbe wie Harvard", sagte er, „aber ich werde tun, was ich liebe - an der Seite der Frau, die ich liebe."

Constance nickte lächelnd.

Philip hob die Familienbibel höher. „Doch eins muss ich noch ausführen, bevor ich gehe. Jahrzehntelang war diese Bibel verschollen. Es war unser Vater, der von ihrer Existenz erfuhr und die Vision hatte, sie zurück in die Familie zu holen, eine Vision, die er bei seinem Tod an mich weitergab. Die Erfüllung dieser Aufgabe hat mir mehr Mühe und mehr Freude gebracht, als ich mir je hätte vorstellen können. Hätte ich nicht die Bibel gesucht, ich hätte Weetamoo nie kennen gelernt. Und auch nicht Christopher Morgan oder Nanouwetea, wie die Indianer ihn nannten." Philip machte eine Pause; Bilder der Erinnerung an den alten Missionar zogen ihm durch den Kopf. Er fuhr fort: „Und jetzt glaube ich, ist es das Beste, wenn diese Bibel im Hauptzweig der Familie Morgan bleibt, damit sie nicht wieder verloren geht." Er sah seinen jüngeren Bruder an. „Jared, kommst du bitte hierher zu mir?"

Jared warf Anne einen überraschten Blick zu. Sie lächelte und strich ihm über die Hand.

Als Jared neben ihm stand, sagte Philip: „Heute übergebe ich diese Bibel an dich. Das ist mein Recht als ihr Verwalter. Ich übergebe dir hiermit feierlich die Aufgabe, dafür zu sorgen, dass die nächste Generation der Morgans - deine Kinder - Jesus Christus nachfolgt und den Familienglauben der Morgans weiterträgt."

Philip klappte die Bibel auf und las die Liste der Namen vor:

Drew Morgan, 1630, Sacharja 4:6
Christopher Morgan, 1654, Matthäus 28:19
Philip Morgan, 1729, Philipper 2:3-4

Darunter stand, in Philips Handschrift:

Jared Morgan, 1741, Johannes 15:13

„Der Vers lautet: *Niemand hat größere Liebe als die, dass er sein Leben lässt für seine Freunde.* Ich habe diesen Vers gewählt, weil du unter Einsatz deines Lebens Priscilla, Peter und mich gerettet hast. Es ist meine Meinung, dass du deine Liebe zu den Deinen nicht noch deutlicher hättest ausdrücken können." Er wandte sich wieder an alle. „Es ist das erste Mal, dass die Bibel von Bruder zu Bruder weitergegeben wird. Ich werde stets voller Stolz daran zurückdenken."

Philip reichte Jared die Bibel. Die beiden Männer umarmten sich.

Jared öffnete den Deckel der Bibel und schaute auf die Namensliste. Er schüttelte ungläubig den Kopf. „Nach dem, was Philip mir erzählt hat, kann ich mich nur unwürdig fühlen, dass mein Name auf dieser Liste erscheint, neben dem von Drew Morgan, der diese Bibel und seinen Glauben in die Neue Welt brachte, von seinem Sohn Christopher, dem großen Indianermissionar, und von Philip, der als der in die Familiengeschichte eingegangen ist, der die verlorene Bibel suchte und fand und zurückbrachte. Ich bete, dass ich so treu sein werde wie diese Männer."

Den Rest des Nachmittags verbrachte man damit, Jared zu beglückwünschen und sich von Philip zu verabschieden. Aber bevor er seine Familie in Boston verließ, um zurück zu den Narragansett und seiner Liebsten zu gehen, erfüllte Philip noch seine Pflicht, den anderen die Familiengeschichte der Morgans zu erzählen, wie er sie von Christopher Morgan gehört hatte. „Die Geschichte begann auf Schloss Windsor", sagte er, „an dem Tag, an dem Drew Morgan Bischof Laud kennen lernte. Denn an diesem Tag begann der Lauf seines Lebens sich zu neigen ..."

Weetamoo saß auf dem Turm in dem Maisfeld. Die Ernte versprach gut zu werden in diesem Jahr, und sie war so entschlossen wie eh und je, dass die Vögel sie nicht bekommen sollten. Ihre Gedanken wanderten zu den nächsten Unterrichtsstunden für ihre Schüler. Jeden Tag war ihr Wigwam voll von ebenso wissensdurstigen wie zappeligen Kindern, und sie hatte alle Hände voll zu tun, sie zu beschäftigen.

Da bewegte sich ein Maisstengel. Sie tat, was sie immer tat: Sie packte einen Stein und warf ihn nach dem ungebetenen Gast.

„Autsch!"

Sie hatte die Stimme seit einer halben Ewigkeit nicht mehr gehört, aber um so häufiger von ihr geträumt, und sie erkannte sie sofort. Der Kopf von Philip Morgan kam zwischen den Maispflanzen hoch; er rieb sein linkes Ohr.

„Pech für mich! Du zielst immer noch so gut!"

„Philip Morgan! Was machst du in meinem Mais? Versuchst du es mit der gleichen Tour?"

„Das letzte Mal hat es doch funktioniert!"

„Wie meinst du das?"

„Als du mich das letzte Mal mit Steinen beworfen hast, tat es dir hinterher Leid und du gabst mir einen Kuss."

„Das war letztes Mal. Jetzt bin ich älter und klüger; deine Tricks ziehen nicht mehr." Weetamoo ging zur Leiter und stieg von ihrem Beobachtungsposten. Sie kam zu Philip. „Bist du verletzt?"

Er rieb sich immer noch sein Ohr.

„Lass mich nachsehen", meinte sie. Sie zog seine Hand vom Ohr. „Es blutet ja nicht einmal!" Ihre Augen wanderten von seinem Ohr zu seinen Augen, und es war, als sei er nie fort gewesen.

Philip küsste sie zärtlich. „Ich hatte dir doch gesagt, dass ich zurückkomme."

Nachwort

Die Frühzeit der amerikanischen Kolonien war durch Kampf und Veränderung gekennzeichnet. Eine der grundlegendsten Veränderungen vollzog sich im Bereich der politischen Führung. Bestand diese ursprünglich aus Geistlichen, deren Tagebücher voll sind von biblischen Parallelen, so hatte sich zu Beginn der amerikanischen Revolution eine wachsende Führungsschicht aus Händlern und Patriziern herausgebildet. Die Revolutionsführer Hancock, Jefferson, Franklin und Washington stammten alle aus dieser neuen Oberschicht.

Eine der Ursachen dieser Verschiebung war ein religiöser Niedergang im späten siebzehnten und frühen achtzehnten Jahrhundert. Bereits die erste Generation der im Land geborenen Kolonisten teilte die religiösen Ideale ihrer Eltern nicht mehr. Das Ergebnis war der „Halfway Covenant", ein Versuch, Kindern von Gemeindegliedern die Kirchenmitgliedschaft zu öffnen, unabhängig davon, ob sie bereits Christen waren oder nicht. Es war praktisch ein Versuch, auch Nichtgläubige der Autorität der Kirche zu unterstellen. Das Ergebnis waren zunehmend gleichgültige Gemeinden, auf deren Kanzeln häufig nichtglaubende Pastoren standen.

Mit der Schwerpunktverlagerung der Kolonisten vom Dienst für Gott zum Anhäufen persönlichen Reichtums kam es unweigerlich zu Machtmissbrauch und Missständen, also genau dazu, wovor die Kolonisten aus England geflohen waren. Es brauchte ein wunderbares Eingreifen der Gnade Gottes - die Große Erweckung (Great Awakening) -, um die

Menschen zurück zu ihren geistlichen Wurzeln zu rufen. Innerhalb dieses historischen Rahmens spielt der vorliegende Roman. Die im Zusammenprall dieser Kräfte stehende Familie Morgan lernt, dass Selbstsucht zu Konflikten und Elend führt, Selbstlosigkeit dagegen zu Freude und Liebe.

Ich habe versucht, die Hauptelemente dieser Kolonialepoche wie folgt darzustellen:

Philip steht für die aufstrebende akademische Welt von Harvard. Seine Entdeckungsreise in das Narragansett-Reservat wird zu einem geistlichen Lehrstück: Er lernt, dass die Tiefe der persönlichen Frömmigkeit sich nicht aus dem Bildungsgrad ergibt.

Priscilla repräsentiert den großen Kampf zwischen persönlicher Spiritualität und den Verlockungen des Reichtums und der Macht des erfolgreichen Händlers.

Jared steht für den sich entwickelnden ausgeprägten Individualismus, der ein so großes Gütezeichen der Amerikaner werden sollte. Es ist Jared, der als Mitglied der Mannschaft eines Piratenschiffs Grundformen der Demokratie kennen lernt. Seine Erfahrung wird seine Kinder nachhaltig prägen.

Daniel Cole steht für eine außer Kontrolle geratene Händlerkaste, für die Glaube, Ethik und Ehrfurcht vor dem menschlichen Leben keine Rolle mehr spielt.

Eine Lektion, die wir von den ersten amerikanischen Kolonisten lernen können, ist, dass echtes Christentum nicht auf eine bestimmte Kultur oder ethnische Gruppe beschränkt ist. Es gibt viele ermutigende Berichte über Indianer, deren Leben durch Jesus Christus verwandelt wurde. Die meisten zahlten einen hohen Preis für ihren Glauben. Wie zwischen Hammer und Amboss gefangen, wurden sie von beiden Seiten - Kolonisten und Stammesbrüdern - verfolgt und ermordet. Ihr einziger Trost lässt sich am besten in den Worten des Apostels Paulus zusammenfassen, dem ihr Kampf nicht unbekannt war: *Unser Bürgerrecht aber ist im Himmel, woher wir auch den Heiland erwarten, den Herrn Jesus Christus...* (Philipper 3:20).

Die Große Erweckung war die erste gewissermaßen „nationale" Bewegung, die die extrem individualistischen Kolonien vereinte. Für Gottes Geist gab es buchstäblich keine Grenzen und kein Ansehen der Person; er wirkte unter Engländern, Holländern, Deutschen, Quäkern, Narragansett, Wampanoag und vielen mehr. Die Erweckung im Reservat der Narragansett hat tatsächlich stattgefunden.

Die Betonung der persönlichen Entscheidung für Jesus Christus machte die Große Erweckung zu einer wahrhaft evangeliumsgemäßen Bewegung. Die Ergebnisse waren weitreichend. Es wurde wieder mehr Wert auf den persönlichen Glauben gelegt - bei Pastoren wie Laien. Die positiven sozialen Veränderungen waren so auffällig, dass Benjamin Franklin sie in seiner Autobiographie ausführlich erwähnt. Die Große Erweckung vereinte die Kolonien im Geist Gottes, und die Bibel wurde wieder zum wichtigsten Buch in Neu-England. Dieses Wiederaufleben des christlichen Glaubens erklärt die vielen Hinweise auf Gott und die Bibel, die in den Gründungsdokumenten Amerikas erscheinen.

Was die Ursprünge der Demokratie betrifft, so diente die kongregationalistische Form der Kirchenverwaltung sicherlich als das frühe Modell, aber einen wirklichen Bruch mit den alten aristokratischen Formen hatten die Kolonisten noch nicht vollzogen, wie sich deutlich bei dem jährlichen Kotau vor den Eliten zeigte, wenn es um die Sitzordnung im Gottesdienst ging. Es war ein strafwürdiges Vergehen, in einer Kirchenbank zu sitzen, die zu „hoch" für den eigenen sozialen Status war. Die eigentliche Einübung in die Demokratie vollzog sich in den Siedlungen am Rand der Gesellschaft sowie, wie ich zu meiner großen Überraschung feststellte, an Bord von Piratenschiffen. Es war diese Entdeckung, die mich dazu brachte, Jared auf ein Piratenschiff zu verfrachten und nicht auf ein Handelsschiff mit seiner strikten Hierarchie.

Was das Piratenschiff Dove betrifft, so befuhr ein Handelsschiff dieses namens eine Mittelmeer-Route. Seine Bücher vermelden, dass es im Jahre 1736 zu einer Meuterei kam. Für meine Geschichte habe ich lediglich den Namen, aber nicht die Geschichte des Schiffs ausgeliehen. Alle anderen Schiffsnamen stammen aus zeitgenössischen Aufzeichnungen, mit Ausname der Salvation, die rein fiktiv ist. Auch Kapitän, Mannschaft und Abenteuer der Dove sind frei erfunden.

Der kurze Bericht über Major Bonnet Stede in Kapitel 23 ist historisch, ebenso das Gerichtsurteil von 1718.

Auch die Angaben über Personen und Ereignisse des Aufstands von „King Philip" sind - leider - Tatsachenberichte. Beide Seiten tragen ihr Maß an Schuld an dieser Tragödie.

Ich habe unter anderem auf folgende historischen Hintergrundinformationen, Praktiken und Sitten zurückgegriffen, die ich authentischen Aufzeichnungen entnommen habe:

- Begräbnisbräuche (Handschuhe, Ringe, Grabsteine, Kosten, allgemeines Verfahren);

- Speisen und Vorratshaltung;

- die Gefährdung durch Wölfe und Prämien für ihre Tötung;

- das Leben in Harvard, Aufnahmeprüfungen, Latein als Unterrichtssprache, ein typischer Studiengang);

- Gottesdienstordnungen und Kirchengebäude (einschliesslich der geschlossenen Bänke; die Anekdoten in Kapitel 3 basieren auf authentischen Berichten);

- Gebräuche im Bereich von Liebe und Ehe („Bundling", das „Freierrohr", die Prozession zum Haus der Braut und die Trauungszeremonie);

- für die Darstellung des Narragansett-Reservats eine

Karte aus dem Jahre 1709;

- für die Straßen Bostons und die Back Bay die Karte von Captain John Bonnet aus dem Jahre 1722;

- die Kolonien der „Betenden Indianer“ und ihre Lokalisierung;

- den „Baum des Zeugnisses“, wo es zu Massenerhängungen gekommen war;

- Berichte über Grausamkeiten auf Handelsschiffen.

Eine Bemerkung zur Familiengröße: Die vierzehn Kinder der Pierponts waren damals die Norm. Bei den Morgans beließ ich es mit drei Kindern - um der Klarheit der Handlung und der Gesundheit des Erzählers willen.

Historische Personen in diesem Roman sind: Der Sachem King Philip; John Sassamon, der erste indianische christliche Märtyrer; der Missionar John Eliot; der Evangelist George Whitefield; sowie, in einer kurzen Erwähnung, der unbeliebte Gouverneur Andros aus der kolonialen Frühzeit.

Erfunden sind u.a. die folgenden Personen: Die Familie Morgan, Weetamoo und Wampas (die Namen sind allerdings epochentypisch), Daniel Cole, Anne Pierpont und Peter Gibbs. Penelope und die Chauncys sind ebenfalls erfunden; den Nachnamen habe ich allerdings einem Charles Chauncy entliehen, der 1654 - 1672 der zweite Rektor von Harvard war. Die Besatzung der Dove wie auch der ruchlose Kapitän Barlow sind frei erfunden.

Zu den historischen Dokumenten, die ich in diesem Roman benutzt habe, gehören:

- John Eliots Algonquin-Bibelübersetzung;

- Roger Williams' ausführliche Studie *A Key into the Language of America* (für die Algonquin-Textbeispiele);

- die Gedichte von Anne Bradstreet, die als erste Dichterin Amerikas gilt (jeweils mit Autorenangabe);

- Philips Lied in Kapitel 22, dessen Original, *The Little*

Mohee, mündlich überliefert und in Bd. 1 der *Annals of America* der Encyclopaedia Britannica abgedruckt ist;

- John Higginsons Werk *The Cause of God and His People in New England*, das im Roman von Benjamin Morgan gelesen wird;
- *The Boston News Letter*, die erste Zeitung, die in den Kolonien erschien;
- *The Bay Psalm-Book* und die daraus gesungenen Lieder;
- das in Kapitel 7 zitierte Glaubenslied der Betenden Indianer („The Hymn Heard in the Air"), das auf die Zeit der Pilgerväter zurückgehen soll und heute noch gesungen wird;
- George Whitefields Predigt in Kapitel 25, die ich aus zwei Predigten zusammengestellt habe: „All Men's Place" und „The Burning Bush".

Anne Pierponts Gedichte entstammen aus verschiedenen Quellen. Ihre Grabsteininschrift in Kapitel 1 entnahm ich Aufzeichnungen über authentische Inschriften dieser Periode (es war eine der wenig schönen Inschriften); „O Kind" (Kapitel 22) habe ich mit freundlicher Genehmigung einer begabten Dichterin und Freundin benutzt: Judith Deem Dupree aus Pine Valley (Kalifornien); und die Verfasserin von Annes Liebesgedicht in Kapitel 24 ist meine begabte fünfzehnjährige Tochter Elizabeth.

In Kapitel 7 wollte ich den Leser an Philips Enttäuschung teilhaben lassen, die Sprache der Indianer nicht zu verstehen, und habe so die Algonquin-Sprache ohne Übersetzung benutzt. Wie Philip selber, muss der Leser die Absichten der Indianer aus ihrer Mimik, Körpersprache und Handlungen erschließen.

Jack Cavanaugh
San Diego, 1994

Ebenfalls erhältlich:

Jack Cavanaugh
Die Puritaner
Amerika Chronik Buch 1
Best.-Nr. 2507, 606 Seiten, Pb

Der junge Drew Morgan hat eine beneidenswerte Stellung. Persönlich ausgewählt von Bischof Laud, dem mächtigsten Mann in England nach dem König, ist es seine Aufgabe, sich in die Dörfer der Puritaner einzuschleusen, „Verräter" an die Kirche und die Krone auszuliefern und die geheime Identität des berüchtigten Verfassers von Flugblättern, Justin, aufzudecken. Doch dann verliebt er sich in die Tochter eines puritanischen Kuraten, und sein Leben gerät ins Wanken.

Weitere Titel in dieser Reihe:

Thom Lemmons
Jeremia - der Mann, der weinte
Best.-Nr. 2002, 340 Seiten, Pb

Thom Lemmons
Daniel - der Mann, der die Zukunft sah
Best.-Nr. 2007, 364 Seiten, Pb

Evelyn Minshull
Eva - die Männin
Best.-Nr. 2003, 192 Seiten, Pb

Margaret Phillips
Rebekka - die Ausgewählte
Best.-Nr. 2004, 240 Seiten, Pb

Gloria Howe Bremkamp
Martha und Maria von Bethanien
Best.-Nr. 2005, 250 Seiten, Pb

In Vorbereitung:

Elsie J. Larson
Matthias - der zwölfte Apostel
Best.-Nr. 2008, ca. 240 Seiten, Pb

ONE WAY VERLAG
WUPPERTAL UND LUTHERSTADT WITTENBERG

Weitere Titel in dieser Reihe:

David Aikman
Und dann blüht der Mandelbaum
Best.-Nr. 2801, Seiten 462, Hc

Sigmund Brouwer
Doppelhelix
Best.-Nr. 2802, 356 Seiten, Hc

Roger Elwood
Die große Täuschung
Best.-Nr. 2803, Seiten 284, Pb

Bill Myers
Blood of Heaven
Himmelsblut
Best.-Nr. 2804, Seiten 406, Pb

ONE WAY VERLAG
WUPPERTAL UND LUTHERSTADT WITTENBERG